QINLI
XIBU DAKAIFA
亲历
西部大开发 | 甘肃卷
GANSUJUAN

全国政协文史和学习委员会 编

人民出版社

引大入秦工程把大通河水跨流域东调 120 公里,滋润了兰州市以北 60 公里处干旱缺水的秦王川盆地

(牧原 摄)

引洮工程一期通水惠及 154 万群众

(长河 摄)

百万千瓦级太阳能
发电示范基地落户敦煌
（陇轩 摄）

甘肃酒泉市千万千
瓦级风电基地
（陇轩 摄）

兰新高铁
（飞天 摄）

中川机场 2 号航站楼
（克仁 摄）

临合高速
（汇峰 摄）

甘肃省庄浪县至天
水市二级公路通路
（生成 摄）

千万亩全膜双垄沟
播技术带动旱作农业新
跨越

（长河 摄）

旱作农业新技术保
证粮食增产增收

（兴旺 摄）

黑河流域治理新景象　　　　　　　　（陇轩 摄）

石羊河湖波荡漾 （陇轩 摄）

大规模修建梯田　走
出旱作农业发展之路
（长河 摄）

兰州新区

（玉兰 摄）

退耕还林恢复生态
（克仁 摄）

安定区巉口镇赵家
铺村退耕还林新貌
（方天 摄）

退牧还草改善草场结构
（方天 摄）

人饮工程造福陇原儿女新生活

（兴旺 摄）

远程教育造福梓莘

（育民 摄）

2010年甘肃非物质文化遗产展览场景

（晓萍 摄）

卫生建设便民为民　　　　　　　　　　　（牧中　摄）

体育场馆建设丰富陇原儿女文化生活　　　　　（生成　摄）

《亲历西部大开发》总编委会

主　　任：王太华

副 主 任：卞晋平　　龙新民　　方　立　　陈惠丰

　　　　　郑福田　　黄格胜　　何事忠　　罗布江村

　　　　　蔡志君　　罗黎辉　　杨嘉武　　参木群

　　　　　李晓东　　黄选平　　李选生　　洪　洋

　　　　　古丽夏提·阿不都卡德尔

编　　委：刘晓冰　　张燕妮　　张立伟　　王重道

　　　　　姚云峰　　黎　丽　　黄　健　　杨恩芳

　　　　　张邦凯　　钟　钢　　吴达德　　吴应伟

　　　　　刘　晓　　杜玉银　　单增卓扎　　周　敏

　　　　　樊东虎　　惠爱宁　　韩胜利　　谢光德

特邀编审：姜东平　　屠筱武　　曾　骅

本卷编委会

主　　任：黄选平
副 主 任：张余胜　　钟进良
编　　委：金庆礼　　孟　臻　　陈炳璋　　祁振仓
　　　　　李志强　　史振业　　陈　彪　　张蕊兰
　　　　　樊东虎　　张　麟　　赵志远　　袁维辉
　　　　　魏　戈

主　　编：黄选平
执行主编：樊东虎
副 主 编：张余胜
编　　辑：袁维辉　　姜洪源
执行编辑：石　磊　　张兰萍　　吕雪玥　　罗　宏
　　　　　王丽娟　　王小江　　韩　括　　胡　玥

前　言

1999 年 9 月，中共十五届四中全会决定实施西部大开发战略。2000 年 1 月，国务院西部地区开发领导小组召开会议，研究加快西部地区发展的基本思路和战略任务，部署实施西部大开发的重点工作。同年 9 月，中共十五届五中全会通过《中共中央关于制定国民经济和社会发展第十个五年计划的建议》，把实施西部大开发、促进地区协调发展作为一项长远的战略部署。西部大开发的序幕由此拉开。

西部大开发战略的实施，把西部 3 亿多人民与全国人民同步迈入小康社会的步伐协调到了一起，把西部地区的发展与全国的现代化大格局统筹在了一起。没有西部的小康，就没有全国的小康；没有西部的现代化，就没有全国的现代化。这是一段艰难却充满勇气的探索，这是一路峥嵘而蕴含希望的征程。

筚路蓝缕，以启山林。15 年来，在党中央、国务院的领导和支持下，内蒙古、广西、重庆、四川、贵州、云南、西藏、陕西、甘肃、青海、宁夏、新疆 12 个省、自治区、直辖市紧抓机遇、开拓创新，综合经济实力大幅提升，基础设施建设更加完善，生态环境持续改善，特色优势产业蓬勃发展，社会事业长足进步，人民生活水平显著提高，城乡面貌发生历史性变化。西部地区从中国经济的"配角"崛起为改革开放的"前锋"，驶入全面发展的"快车道"。

西部地区的崛起，不仅有强劲的"西部实力"，还有奋发的"西部精神"，更有独具特色的"西部经验"。在西部大开发加速发展阶段（2010—2030）的发力时期，通过征集整理西部大开发决策者、建设者们的所作所为、所见所闻，系统地回顾和梳理西部大开发历程中发生的重大事件和历史巨变，既能留下生动鲜活的第一手史料，又能向读者展示出我国在西部地区经济社会建设中的探索实践、丰硕成果和宝贵经验，从而不断坚定全面建成小康社会的信心和决心，为实现中华民族伟大复兴的中国梦而努力奋斗。

半个多世纪以来，人民政协组织推动各级政协委员、各党派团体、各族各界人士撰写了大量关于重要历史事件和历史人物的"亲历、亲见、亲闻"史料，为历史研究和爱国主义教育积累了丰富的资料，为国家经济发展、文化繁荣和社会进步提供了历史借鉴，发挥了文史资料"存史、资政、团结、育人"的重要作用。

十二届全国政协文史和学习委员会根据全国暨地方政协文史工作研讨会研究确定的《本届政协文史资料选题协作规划》，充分发挥人民政协的人才优势和组织优势，由全国政协文史和学习委员会组织协调，四川省政协文史资料和学习委员会牵头召集，西部12省（区、市）政协文史委员会共同完成了西部大开发史料的征编工作。

《亲历西部大开发》专题图书以省（区、市）为单位，独立成卷。各卷以"综述"开篇，力求较为全面地体现中央决策和实施西部大开发战略的发展历程以及各地区取得的巨大成就。文末附"大事记"，收录了各地在西部大开发进程中发生的重大事件，作为对正文的补充。全书内容丰富，史料翔实，文风朴实，相信能够为进一步推进西部地区深化改革、扩大开放、加快发展提供借鉴和参考。

《亲历西部大开发》是全国政协与地方政协文史工作部门大协作的成果。图书的顺利出版，离不开西部12省（区、市）各级领导的大力支持，离不开各界人士特别是亲历者的积极参与，离不开四川省政协和各省（区、市）政协领导以及全体文史工作者的辛勤努力和通力合作。在此，谨向所有给予帮助的单位及有关同志表示诚挚的感谢！

全国政协文史和学习委员会

2016 年 5 月

目　录

交 通 能 源

农 田 水 利

生 态 环 境

科 教 文 卫

惠 农 民 生

本 卷 前 言

　　实施西部大开发战略，是党中央、国务院在世纪之交做出的重大决策，是我国社会主义现代化建设的重要组成部分，对于优化国土开发格局、促进区域协调发展，对于扩大对内对外开放、培育新的经济增长地带，改变西部地区落后面貌、实现全面建设小康社会目标，具有十分重要的战略意义。

　　回首西部大开发15年，是甘肃经济增长速度最快、发展质量最好、城乡面貌变化最大、人民群众得到实惠最多的时期。2009年以来，甘肃加快实施西部大开发战略，推动经济社会发展取得了巨大成就。基础设施实现重大突破，宝兰铁路二线、兰新二线等标志性工程相继建成，连霍高速甘肃段全线贯通，航空网络迅速发展，全省四通八达的立体交通网络初步形成。生态环境保护明显加强，退耕还林、退牧还草、天然林保护、风沙源治理等生态工程稳步推进；重点流域综合治理取得阶段性成果，祁连山生态保护与综合治理、长江流域"两江一水"区域综合治理等规划获批实施，初步形成以黄河上游、长江上游、河西内陆河流域为主体的生态屏障和生态建设布局。特色优势产业快速发展，一批有竞争力、发展前景好、带动作用强的主导产业初步形成，在装备制造、新能源、新材料、生物医药、现代农业等高新技术产业和农畜产品加工业等领域，培育发展了一批特色优势产业，资源优势正在向产业优势和经济优势转化。改善民生成效显著，"两基"攻坚计划如期完成，公共卫生体系建设积极推进，卫生医疗条件明显改善，最低生活保障制度逐步完善，油路到乡，广播电视到村，电力、安全饮水到户，使偏远地区生产生活条件发生翻天覆地变化。改革开放深入推进，区域经济一体化趋势逐步显现，地区优势互补、协调互动，对内对外开放迈出新步伐，以兰白经济区、关中天水经济区、金武一体化、酒嘉一体化为核心的区域经济格局初步显现。特别是 2012 年以来，兰州新区、华夏文明传承创新区和国家生态安全屏障综合试验区获批，初步形成了甘肃省经济文化生态三大战略平台，有力地支撑了经济社会发展。今日甘肃万象更新、生机勃发，全省各族人民团结一心、奋发有为，正向着全面建设小康社会的目标昂扬迈进。

实践充分证明，党中央、国务院关于实施西部大开发的战略决策完全正确，将永载中华民族伟大复兴和人类社会文明进步的光辉史册！

值此西部大开发战略实施 15 周年之际，甘肃省政协文史资料和学习委员会按照全国政协的统一部署，遵循政协文史资料亲历、亲见、亲闻的原则，编著此书，以一个个小故事反映甘肃省西部大开发的成果，从一个侧面展现党中央、国务院对甘肃各族人民的亲切关怀和大力支持，展现甘肃广大干部群众积极进取、奋发向上、求真务实、开拓创新的精神风貌，展现甘肃经济发展、社会事业、生态建设、民族团结等方面取得的辉煌成就。我们深信在党中央、国务院的坚强领导下，坚持深入实施西部大开发战略，甘肃必将进一步加快转型发展，与全国一道实现全面建成小康社会的目标，迎来更加美好灿烂的明天。

综　述

甘肃省西部大开发实践之路

黄选平

黄选平[*]

　　西部大开发战略实施以来，在国家的大力支持下，我省坚持以科学发展观为指导，抢抓政策机遇，完善发展思路，更加注重夯实基础，更加注重产业升级，更加注重改善民生，更加注重改革开放，有力推动了经济社会的较快发展。1999 年到 2013 年，我省生产总值由 932 亿元增加到 6268 亿元，年均增长 11%；固定资产投资由 384 亿元增加到 6407 亿元，年均增长 22.3%；公共财政预算收入从 58 亿元增长到 606 亿元，年均增长 18.3%；城镇居民人均可支配收入由 4476 元提高到 18964.78 元，年均增长 10.9%；农民人均纯收入由 1413 元提高到 5107.8 元，年均增长 9.6%。事实说明，西部大开发以来的 15 年，是甘肃经济社会发展最好最快的时期，也是人民群众得到实惠最多的时期。

　　一是基础设施建设取得重大进展。综合交通运输体系初步形成，截至 2013 年底，公路通车里程达到 13 万公里以上，高速公路通车里程达到 3000 公里以上，国家高速公路甘肃段全线贯通；实现了所有县城通二级以上公路、所有乡（镇）通沥青（水泥）路和 58% 的建制村通沥青路或水泥路；兰渝、兰新二线等一批重大铁路项目进展顺利，铁路营运里程达到 3000 公里以上。民航机场设施条件得到改善，新建金昌、张掖和夏河等机场，通航机场达到 8 个。水利基础设施建设成效显著，盐环定扬黄续建甘肃专用工程

---

　　* 作者系甘肃省政协党组成员、副主席。

全面建成，引洮供水一期工程实现阶段性通水目标。能源通道建设取得新进展，先后建设了 14 条，8000 多公里的油气输送管道，兰州—天水—宝鸡 750 千伏输变电工程及一批电网配套工程开工建设。

二是生态建设和环境保护成效明显。先后实施了退耕还林、退牧还草、天然林保护、三北防护林等重点生态建设工程，累计完成退耕还林 2816 万亩、退牧还草 1.04 亿亩、三北防护林 396 万公顷，实现了 7000 多万亩国有天然林全面禁伐和封山禁牧，森林覆盖率达到 11.28%。甘南黄河重要水源补给生态功能区、石羊河流域重点治理、敦煌水资源合理利用与综合保护等重大项目加快推进，重点流域综合治理取得阶段性成果，石羊河民勤青土湖干涸 51 年后，2010 年首次形成湖面；敦煌月牙泉水位逐年上升；黑河调水工程连续 13 年向下游泄水 143 亿立方米；张掖黑河湿地成为国家级自然保护区。张掖市、陇南市、甘南州和永靖县、渭源县、天祝县获国家生态文明示范工程试点市、县。祁连山生态保护与综合治理、长江流域"两江一水"区域综合治理、渭河源区生态保护与综合治理等规划获批实施，初步形成以黄河上游、长江上游、河西内陆河流域为主体的生态屏障和生态建设布局。

三是特色产业发展和结构调整步伐加快。坚持推动传统产业改造升级，兰州石化基地建设进展顺利，全省原油加工量由 876 万吨增加到 1554 万吨，钢、钢材产能双双突破 1000 万吨，10 种有色金属产量达到 323 万吨。河西新能源基地加快建设，酒泉千万千瓦风电基地一期全面建成，全省风电已建成并网 705 万千瓦、光电 300 万千瓦，2014 年将实现千万千瓦级风电能源基地建设目标，风能、太阳能产业实现了从无到有和快速发展。陇东能源化工基地加快建设，《陇东能源基地开发总体规划》获批实施，华亭煤业 60 万吨煤制甲醇项目建成投产，庆阳石化 600 万吨炼油升级改造加快推进。积极培育战略性新兴产业，兰州、天水等市装备制造产业加快发展，金昌、白银等新材料基地建设有序推进，2013 年战略性新兴产业占工业增加值比重达到 13.15%。大力发展现代服务业，着力打造"精品丝路、绚丽甘肃"旅游品牌，甘肃银行正式挂牌营运，引进 5 家全国性股份制银行。

四是农业发展和新农村建设不断加强。农业经济稳步发展，实施"四个一千万亩工程"，全省已形成 1500 万亩全膜双垄沟播、1100 万亩农田节水灌溉、1000 万亩马铃薯脱毒种薯和 700 万亩优质林果业，特色优势作物面积达到 2805 万亩，粮食生产实现"十一连丰"，2013 年粮食总产量 1139 万吨。农村基础设施逐步改善，农村水、电、路、气、房、人居环境等设施建设不断加快。扶贫攻坚深入推进，加快实施易地扶贫搬迁工程，探索出了就近安置、县域内跨乡（镇）统一协调集中安置、依托园区安置、城镇化安置等八种搬迁模式，累计搬迁贫困群众 14.2 万户 71.1 万人，90%以上的搬迁群众实现了稳定脱贫目标；启动实施六盘山片区、秦巴山片区和藏区区域发展与扶贫攻坚规划，我省 58 个县（市）纳入片区扶贫开发范围。

五是民生保障和社会发展水平不断提高。教育事业加快发展，全省"两基"攻坚任务全面完成，实施了农村初中校舍改造、中小学校舍安全等工程，高中阶段毛入学率达到 85%，中等职业学校招生规模达到 15 万人，高考录取率提高到了 77%。公共卫生体系建设积极推进，医疗设施建设步伐加快，重点支持重大疾病防控机构、县级医院、乡（镇）卫生院、村卫生室建设，省、市、县疾病预防控制、城乡医疗救助和医疗保障体系基本建立。文化设施建设进度加快，实施了乡镇和社区体育健身、农家书屋等工程，广播电视、农村电影放映工程实现全覆盖。城乡社会保障体系加快建设，2013 年城镇职工医保、城镇居民医保率和新型农村合作医疗参合率分别达到 98%、97.5%、97.5%以上，参保人数超过 2500 万。

六是改革开放取得积极进展。国有工业企业改制重组和产权多元化改革基本完成，粮食、农垦、流通和公路交通等领域国有非工业企业改革加快推进；农村综合配套改革不断深入，土地流转、集体林权制度、水利工程管理体制等涉农改革取得重要进展，新一轮医药卫生体制改革全面推进。努力扩大对内对外开放，积极开展与周边省（区）、东部省（区）之间的经济合作，先后与陕西、内蒙古、新疆、广东、安徽等省（区）签署经济合作框架协议，加强能源、产业、商贸、文化旅游等方面的合作。坚持"引进来、走出去"的办法，积极开展招商引资，金川公司、酒钢集团等以资源利用为重点的境外投资初见成效。2013 年全省外贸进出口总额达到 102.8 亿美元，实际利用外资 4.5 亿美元，与 28 个国家的 45 个省、州和城市建立友好关系。

七是国家支持政策效应全面显现。近年来，国家为甘肃量身订制了一系列支持政策和区域规划，有力推动了经济社会转型跨越发展。2010 年《国务院办公厅关于进一步支持甘肃经济社会发展的若干意见》出台后，国家部委和中央单位加大落实力度，从政策支持、项目建设、工作对接等方面提出具体措施，先后出台支持我省发展的政策性文件、协议 59 件，支持我省建设了一批基础设施、生态环境、优势产业、民生改善项目。2009 年至 2013 年，国家有关部委先后编制了《甘肃省循环经济总体规划》《关中—天水经济区发展规划》《陕甘宁革命老区振兴规划》，指导我省区域经济和产业发展，推动了甘肃国家级循环经济示范区、天水装备制造业和陇东能源化工基地建设。2013 年以来，兰州新区、华夏文明传承创新区和国家生态安全屏障综合试验区的获批，使我省初步形成了经济社会发展的"三大战略平台"，有力支撑了我省加快转型发展。

八是扶贫开发硕果累累。我省扶贫开发工作至今先后走过了"四个阶段"。第一阶段：1982—1993 年，即"三西"农业建设时期。主要开展了以"三西"农业建设为重点的农村扶贫开发，主要任务是限期解决一些最贫困地区农村"食不果腹、住不避风雨"的绝对贫困问题。第二阶段：1994—2000 年，即实施《国家八七扶贫攻坚计划》时期。我省提出《四七扶贫攻坚计划（1994—2000 年）》，确定到 2000 年底实现贫困人口"双三百"（人均 300 元钱，300 公斤粮）的目标。到 2000 年底，全省农村贫困面由 1982 年底的 74.8% 下降到 3.36%，基本解决了"一方水土不能养活一方人"的问题。第三阶段：2001—2010 年，即实施《中国农村扶贫开发纲要》的十年。瞄准 756 万贫困人口，以 51 个扶贫开发工作重点县的 919 个重点乡、8790 个贫困村为重点，强化以工代赈、整村推进、易地扶贫搬迁、劳动力培训转移、产业化扶贫五大重点，加大对口帮扶和社会扶助力度，扶贫开发整体上从以解决温饱为主要任务转入巩固温饱成果、加快脱贫致富、改善生态环境、提高发展能力、缩小发展差距的新阶段。通过这十年的扶贫开发，基本建立了贫困地区最低生活保障维持生存、扶贫开发解决贫困群众发展的工作机制，形成了扶贫开发工作长效机制。第四阶段：2011 年至今，即新时期扶贫攻坚时期。主要是推进"1236"扶贫攻坚行动和"联村联户、为民富民"行动。"1236"扶贫攻坚行动主要是，紧扣持续增加收入这一核心，确保扶贫对象年均纯收入增幅高于全省平均水平 2 个百分点，到 2016 年贫困地区农民人均纯收入达到 7000 元以上，到 2020 年达到 12000 元以上，进一步缩小与全国纯收入的差距；做到不愁吃、不愁穿；落实义务教育、基本医疗和住房三个保障；在基础设施建设、富民产业培育、易地扶贫搬迁、金融资金支撑、公共服务保障和能力素质提升六方面实现重大突破。其中，"一个核心""两个不愁""三个保障"是攻坚目标，既明确了脱贫致富的根本任务，也体现了全面建成小康社会的基本要求；"六大突破"是攻坚重点，既抓住了贫困地区加快发展亟须破解的瓶颈制约，也切中了脱贫致富亟须解决的要害问题。"联村联户、为民富民"行动主要以全省 58 个贫困县、8790 个贫困村为重点，由 40 多万名干部联系 40 多万特困户。各级单位、广大干部都有联系帮扶的对象，贫困县、贫困村、特困户都有联系的单位和干部，从参与范围到联系对象，均实现了"全覆盖"，在干部和特困户之间形成了"直通车"。这两大行动形成我省新时期扶贫攻坚的总体战。

2015 年，甘肃省委、省政府深入学习贯彻习近平总书记关于精准扶贫、精准脱贫的一系列重要指示，特别是在陕甘宁革命老区脱贫致富座谈会上的重要讲话精神，坚持把精力和措施进一步聚焦到扶贫开发上来，研究制定了《关于扎实推进精准扶贫工作的意见》和与之相配套的，涵盖贫困地区基础设施短板弥补、富民特色产业培育、社会事业发展等为重点的 17 个专项计划实施方案；明确了全省精准扶贫精准脱贫的目标任务；提出从 2015 年到 2020 年，按照前三年集中攻坚、后三年巩固提高的阶段安排，前三年集中攻坚，每年稳定减少贫困人口 100 万人以上，到 2017 年底贫困地区农村居民人均可支配收入达到 7000 元以上，其中扶贫对象人均可支配收入达到 4000 元以上；基本生产生活条件明显改善，基本公共服务和社会保障水平显著提升。后三年巩固提高，到 2020 年贫困地区生产生活条件进一步改善，稳定实现"两不愁、三保障"，消除绝对贫困，所有贫困县实现脱贫；基本完成农村小康主要监测指标，努力与全国一道全面建成小康社会。

省委、省政府紧紧围绕对象、目标、内容、方式、考评和保障"六个精准"，着眼扶贫政策措施的系统性、针对性、操作性、突破性和激励性，着力聚合用好各方面的资源、资金、项目、力量和平台，努力走符合甘肃实际的聚合式精准性扶贫开发路子。我们坚信在党中央、国务院西部大开发战略的指引下，通过 15 年来的经验总结、开发路子探索，西部大开发的路子会越走越宽，陇原儿女从西部大开发战略中得到的实惠获得感更强，山川秀美的新甘肃将与全国人民一同步入小康社会。

综合决策

　　综合决策篇作为西部大开发战略的支撑点，是党中央关心支持西部经济社会发展的见证，有的重大决策是专门为甘肃量身定做的务实之举，在加强基础设施建设，促进甘肃发展方面发挥了巨大的作用。本篇收录的部分重大项目只是甘肃实施西部大开发诸多项目的"冰山一角"，旨在给读者提供一个回忆实施开发的路径，参考阅读重大项目的引言。

对甘肃西部大开发情况的回顾

邵克文[*]

甘肃实施西部大开发战略的基本思路及规划编制

2000 年 1 月，中共中央、国务院《关于转发国家发展计划委员会〈关于实施西部大开发战略初步设想的汇报〉的通知》（中发〔2000〕2 号）正式下发。这个文件明确了西部大开发的意义、指导思想、重点任务和政策文件，是指导西部大开发的纲领性文件。以这个文件的下发为标志，一场覆盖西部 12 个省（区、市）广袤疆土的大战略拉开了序幕。

从 1999 年 10 月到 2008 年 2 月，我在甘肃省计划委员会（后改为发展计划委员会、发展和改革委员会）任主任，并在 2005 年以前兼任甘肃省西部开发领导小组办公室主任。作为全省宏观经济管理部门的负责人，我参加了省委、省政府研究西部大开发思路、规划、政策及重大项目的各种会议，陪同主要领导到基层调研，参与了一系列重大项目的决策过程，并直接组织了许多项目前期阶段的推进和协调工作。即使 2008 年到省政协工作以后，我仍然关注着我省西部大开发的进展情况，并通过政协参政议政方式，继续为甘肃经济社会发展尽绵薄之力。可以说，我是甘肃实施西部大开发头几年的亲历者和见证人。把这段历史的重要事件回忆并记载下来，对还原历史、借鉴经验，更好地推动甘肃经济社会发展具有现实的指导作用。

---

　*　作者时任甘肃省发展和改革委员会主任、兼任甘肃省西部开发领导小组办公室主任，政协甘肃省第九届、第十届委员会副主席。

现将我在西部大开发头几年亲历、亲见、亲闻的一些重要事件介绍给大家，力求能从宏观上、省级层面上反映出我省西部大开发头几年轰轰烈烈抓项目、搞开发、大发展的状况。我着重从西部大开发战略的思路及规划编制、重大项目的决策及审批过程、各级领导干部抓项目能力及水平的提高、扩大对内对外开放及发挥政协作用四个方面做了一些回顾。另外，在最后加了一些话，对有些问题作了必要说明。

一、理清开发思路

2000年初，中央2号文件下达以后，为了抓住历史赋予甘肃的这一难得机遇，省委印发了通知，要求在全省范围内迅速开展关于实施西部大开发战略的大学习、大讨论。4月10日，省委、省政府成立了甘肃省西部地区开发领导小组，5月初组建了领导小组办公室。6月，江泽民总书记在我省考察并主持召开了西北五省（区）党建工作和西部大开发座谈会。之后，省委于6月25—28日举办了省、地主要领导干部学习班，进一步用中央领导讲话精神统一思想，积极投入到西部大开发热潮中去。从2001年起，省委、省政府连续三年在每年年初召开全省西部大开发汇报会，交流各地、各部门实施西部大开发战略的进度和经验，加深对省情、地情的认识，进一步理顺各自的开发思路，形成相互启发，你追我赶，竞相发展的局面。

1999年4月14日，国家计委在西安召开西部大开发战略座谈会。会后，按照省委、省政府的部署，我们在省计委内部组织班子开始研究我省西部大开发的思路、政策和项目。理清开发思路，关键是两条：一是吃透国家的精神，二是深化省情的认识，把两者结合起来，弄清我们要干什么、何时干、怎么干，而这中间关键是要提出符合国家西部大开发支持重点，又关系甘肃经济社会长远发展的大项目，只有这样，开发才能落到实处。所以，随着国家战略、省情变化，开发思路要不断调整，也就是说开发思路有明显的阶段性特征。对我省开发思路的梳理也是分阶段的，大致可以分为以下四个阶段：

第一阶段，从国家计委西安会议到1999年6月。西安会议尽管对西部大开发的目标、任务、方式、政策进行了探讨，但主要是围绕西部大开发的必要性和可行性展开的。为了争取国家决策支持，把我省的一些要求提前纳入国家的总体性想法中，我们在组织全委研究，多次邀请有关部门、大专院校、研究单位和企业的专家、学者及管理人员座谈，分析省情，探索西部大开发的新思路、新机制、新办法，以及请求国家给予支持政策的基础上，向国家计委报送了《甘肃省计委关于西部大开发战略思路的意见建议》，讲西部事情的比重相对大一点。

第二阶段，从 1999 年 7 月到 2000 年 6 月。采取边学习、边研究、边实干、边完善的方法来梳理开发思路。1999 年 6 月，江泽民总书记在西安主持召开西北五省（区）国有企业改革和发展座谈会，系统地阐述了西部大开发的战略构想，特别是 1999 年 10 月 21—26 日朱镕基总理在甘肃考察时指出，西部大开发，生态建设、基础设施建设是重点；要以市场为导向，加快产业结构调整；加快扶贫攻坚，与退耕还林还草结合起来；积极推进科教兴省战略，使我们对国家西部大开发战略的内涵增进了了解。通过各种研讨会、座谈会，我们的思路拓宽了，对省情的认识更深了。这个阶段碰到的最大难题就是项目不足，特别是能带动经济发展、增强经济实力的大项目比较少。这一时期，正好面临经济体制改革，一方面，政府要转变职能，不再管竞争性项目，因而政府负责的生态、公路等公益性项目提出了很多，市场决定的产业发展项目成了难点；另一方面，国有企业改革滞后，又面临亚洲金融危机和我国加入世贸组织等问题，不少企业更多考虑的是生存问题，而不是发展问题；也有的企业习惯于有问题找政府，而不是找市场，面对市场也不善于抓机遇。为此，我们加强对行业、企业的调研，从中筛选了一些好的项目，同时，把一些有市场前途的小项目打捆包装，把一些以前因缺乏资金难以实现的项目也拿出来，初步形成了西部大开发的项目清单。2000 年 2 月 24 日，省委、省政府召开议政会，我就甘肃西部大开发的基本思路作了汇报，时任省委书记孙英听了汇报后说："计委提的思路是好的。"4 月 6 日，省委常委会研究了《甘肃在西部大开发的基本思路》的汇报，给以基本肯定，但一些同志认为内容都涵盖了，文字太长，需进一步概括，使表述更简洁、更明确。随后，我们同省委政研室、省政府研究室一起进一步概括、提炼，最后形成甘肃省实施西部大开发战略的基本思路：以市场为导向，以基础设施、生态环境建设和结构调整为重点，以壮大城市经济为龙头，实施科教兴省、开放带动和可持续发展战略，走发挥比较优势、壮大支柱产业、发展特色经济的路子，把甘肃建成全国重要的有色冶金新材料基地、综合性高新石化基地、中药材加工基地、林牧业基地和旅游大省，充分发挥甘肃在西部大开发中的桥梁、纽带和依托作用。4 月 17 日，省委以印发《关于甘肃省实施西部大开发战略的基本思路的通知》（省委发〔2000〕21 号）形式下发全省，随后根据 7 月 12 日省委常委会议纪要精神，把思路中"以基础设施、生态环境建设和结构调整为重点"改为"以基础设施、生态环境建设和结构调整为切入点"，而且明确这是当前及今后一段时间我省西部大开发的基本思路。

第三阶段，从 2000 年 7 月到 2002 年 3 月。江泽民总书记 2000 年 6 月 20 日在兰州召开了西北五省（区）西部大开发与党建工作座谈会，省委立即召开常委会议，传达学习会议精神，要求按会议精神重新审视我省的思路、重点、措施，进一步修改完善，使其更加符合甘肃实际。同时，要求把工作重点转到研究和实施我省西部大开发规划上来。省委、省政府分别于 2000 年 7 月 31 日和 8 月 10 日讨论了《甘肃省西部大开发规划》。这一时期，关于我省西部大开发的基本思路，在各种会议或省情介绍中有多种提法，比较有代表性的有以下几种：

1. 2001 年 2 月 9 日，时任省长陆浩在全省西部大开发汇报会上提出，甘肃实施西部大开发要走"发挥比较优势、发展特色经济的路子"。

2. 2001 年 6 月 18 日，省委办公厅、省政府办公厅《关于印发〈进一步完善实施西部大开发战略思路的调研方案〉的通知》（省委办发〔2001〕40 号）中，对前面省委的思路作了补充完善，即在"以基础设施、生态环境建设和结构调整为切入点"后面增加了"在继续加强农业和农村工作的同时"一句话。

3. 2002 年 1 月 18 日，省委、省政府召开实施西部大开发对策专家学者座谈会，时任省委书记宋照肃在会上指出，我省西部大开发思路就是

"走出一条路子，突出一个重点，实施三个战略，强化六个意识"。走出一条路子：就是要走出一条发挥比较优势、发展特色经济的路子；突出一个重点：就是要突出以西陇海、兰新线甘肃段为主轴的生产力布局，"以线串点，以点带面"，逐步推进全省经济的开发与发展；实施三个战略：就是要实施科教兴省、开放带动和可持续发展战略；强化六个意识：就是要强化机遇意识、市场意识、开放意识、改革意识、科学意识和人才意识。

第四阶段，2002年4月以后。由于国家颁布"十五"规划，勾画了新世纪我国经济社会发展的蓝图，国务院和国家有关部门相继出台了实施西部大开发战略的政策措施，需要结合省上的实际，把中央精神体现在我省的思路中；通过近两年的实践，省上和各地创造了一些新经验，需要充实到全省的发展思路中来，西部各省（区、市）也有一些好经验应当借鉴，加上2002年上半年要召开省第十次党代会，需要在总结以往工作、深入分析省情的基础上，提出今后实施西部大开发的思路，省委组织有关部门人员和对西部大开发有所研究的科研院所、大专院校研究人员，参与开展进一步完善西部大开发战略思路的调研。我们参与了侧重结构调整、城市及工业经济、基础设施建设等方面的调研。2002年4月18日，省委书记宋照肃在省第十次党代会上提出，今后五年我省实施西部大开发的总体思路是：坚持开放开发的方针，突出西陇海兰新线经济带甘肃段的生产力布局，实施科教兴省、开放带动、可持续发展战略，大力推进农业产业化、工业化、城镇化、信息化建设，努力走出一条发挥比较优势，发展特色经济的路子。

二、编制西部大开发规划

编制《西部大开发——甘肃开发规划》时，国家同时部署了"十五"规划编制工作。党的十六大提出全面建设小康社会目标，又开始编制甘肃省全面建设小康规划，因此，西部大开发规划如何与"十五"规划、小康建设规划既相区别，又相衔接就成了一个重要的问题。我们最初对如何编制《西部大开发——甘肃开发规划》也不是很清楚，只是把握一个原则，就是深化对国家西部大开发战略的学习和理解，深化对省情的认识，把国家西部大开发支持重点与甘肃实际结合起来，具体化、甘肃化。伴随国家西部大开发战略逐步明确，编制的方向、重点也明朗起来。国家部署西陇海—兰新线经济带建设以后，我们又开始编制西陇海—兰新线经济带甘肃段建设规划，并注意与西部开发规划衔接。《西部大开发——甘肃开发规划》，既不是单个领域的专项规划，也不是全面的"十五"规划，而是包含部分重点领域、带有一定综合性的特殊专项规划。重点领域的多少，取决于国家西部大开发支持范围有多宽。按照这个思路，咬住西部大开发具体化、甘肃化这个基本原则，我们开始编制全省的西部大开发规划。

在学习理解《中共甘肃省委印发〈关于甘肃省实施西部大开发战略的基本思路〉的通知》精神基础上，按照省政府关于编制"十五"专项规划的安排部署，2000年3月，我们开始收集、整理、消化有关材料，并发出通知要求各地州市、有关部门同步编制西部大开发规划。在充分听取专家、学者与有关部门意见建议的基础上，拿出了《西部大开发——甘肃开发规划》的提纲。从6月中旬开始，集中精力着手规划的编制，起草了近3万字的规划（初稿），先在计委内部进行了研究讨论，针对提出的意见建议对规划（初稿）进行深入细致的修改，形成了1.8万字的规划（征求意见稿）。7月28日，时任省政府常务副省长郭琨主持召开了西部大开发规划与政策座谈会，省直各有关部门、行业、大企业及专家学者就规划（征求意见稿）展开了热烈的讨论，就产业结构调整提出了许多好的意见建议，并推荐了一批重大项目。7月31日，省政府常务会议对《西部大开发——甘肃开发规划》进行了审议；8月10日省委进行讨论，对规划总体认可，要求做适当修改后征求各方面意见。一是向国家征求意见；二是向省人大、省政协，老同志，各地（州、市）领导征求意见，特别要求各行各业提出近期可以实施的重大项目。8月30日，省政府办公厅下发了《关于对〈西部大开发——甘肃开发规划（征求意见稿）〉征求意见的通知》。9月13日，我和省西部办的同志一道向时任国务院西部办综合组组长宁吉喆汇报了甘肃省的西部开发规划，以及我们对国家的一些请求，宁司长表示"尽量吸收"。这样，在广泛征求社会各界意见的基础上，经过反复修改，十易其稿，终于敲定了《西部大开发——甘肃开发规划》，内容包括甘肃在西部大开发中的地位和作用，开发的指导思想、原则和目标，开发的重点，推动大开发的保障措施四个方面。在编制规划过程中，议论和争议比较多的有这样几个方面：

关于规划名称。开始，考虑到西部大开发规划是一个特殊专项规划，由水利、公路、铁路、民航、电力、生态建设、结构调整、科技、教育、人才等子项规划来支撑，是一个比较全面的规划，带有一定的综合性，故参照国家西部大开发规划的提法，把名称取为"总体规划"。但在省政府常务会上，有的领导提出规划是阶段性的，现在是西部大开发的序曲，不能叫总体规划，就改成《西部大开发——甘肃开发规划》。之后，参照西部一些省的做法，又将名称改成《西部大开发甘肃省发展规划》。

关于规划的期限。一开始，考虑到规划本身具有的阶段性特点，我们参照国家西部大开发规划确定的 10 年期限，确定我省规划期为 10 年，即 2001—2010 年，重点放在前 5 年。但在省政府常务会上，有的领导提出西部大开发过程很长，规划 10 年太短，建议考虑更长远一点。但由于规划的近期目标和重大项目主要通过"十五"规划和年度计划来实现，西部大开发规划必须与"十五"规划衔接一致，"十五"规划的规划期为 2001—2010 年，因此我们仍将西部大开发规划期确定为 10 年。

关于支柱产业的问题。这是规划编制中花时间、精力最多的地方，也是讨论中大家最关注的问题。从 2000 年 3 月向省政府汇报全国西部地区开发会议主要精神及贯彻意见，到 10 月规划定稿，五大支柱产业先后有 6 次不同提法，除旅游业没有变化，其他 4 个产业都有变化。其中石化、有色冶金仅是提法上有一些改变，其他两个产业提法和内容上都有较大变化。如"特色农副产品加工"的变化过程是：农副产品加工——林牧业基地——特色农副产品及以其为原料的加工业——特色农副产品加工——特色农副产品深加工——特色农副产品加工；"生物药品"的变化过程是：生物医药——中药材加工基地——生物制药——生物制药和中药材现代化加工——中药材现代化加工和生物制药——生物药品。这中间的变化，每一次都是对省内产业现状、产品市场供求状况、企业发展设想和支撑项目等省情认识不断深化的结果。

规划设想我省实施西部大开发战略分三个阶段进行：第一阶段，夯实开发基础，目标是到 2010 年全面开发的基础设施条件基本具备，生态环境建设初见成效、特色支柱产业初具规模、合理经济结构框架初步形成、名牌产品的市场占有率大幅提高、良性开发机制初步建立，为全面开发奠定坚实基础，创造良好开局；第二阶段，到 2020 年，基础设施比较完善，生态环境建设大见成效，特色支柱产业在全国具有竞争优势，经济结构基本合理，特色经济初具规模，社会事业全面发展，城乡人民生活水平有明显改善；第三阶段，经过几代人坚持不懈地艰苦奋斗，到 21 世纪中叶，把甘肃建成经济繁荣、社会进步、生活安定、民族团结、山川秀美、人民富裕的新甘肃。

规划确定了当前及今后一个时期的开发重点是：加快基础设施建设（包括水利、交通、电力、通信信息、城市基础设施），加强生态环境保护和建设，巩固和加强农业基础地位，积极调整经济结构（包括工业结构调整、第三产业调整、所有制结构调整、区域布局调整），发展科教和文化卫生事业（包括科技、教育、人才、卫生、文化、人口），集中力量建设一批标志性工程。在支柱产业方面，通过调整、改造、改组和实施标志性工程，培育壮大有色冶金新材料、石油天然气与精细化工、特色农副产品加工、生物药品、旅游业等特色支柱产业。在建设标志性工程方面，提出了一批关系发展全局、带动作用较大的标志性工程。"十五"期间有：公路主干线高等级化工程、兰渝铁路、石化"1161"工程（第一个"1"指 1000 公里的兰州—成都—重庆成品油输送管道工程；第二个"1"指近 1000 公里的青海涩北—西宁—兰州输气管道工程；"6"指 60 万吨大乙烯工程，第三个"1"指 1000 万吨炼油扩建工程）、有色"512"工程（"5"指加强兰州、白银、金昌、西成（西和县至成县）、靖远五大有色基地建设；"1"指通过重点企业的改扩建，使 10 种有色金属生产能力达到 100 万吨；"2"指有色金属深加工能力达 20 万吨以上）、中心城市基础设施改扩建工程、重点旅游景区基础设施建设工程、黄河长江上中游退耕还林工程、河西防沙治沙工程、引洮工程、天然林保护工程、农业节水灌溉工程、高校改建扩招工程等。在区域布局调整上，明确提出推进城镇化发展、建设西陇海兰新线经济带甘肃段，加快老、少、贫地区的发展。在建设西陇海兰新线经济带甘肃段方面，明确提出要加快以兰州为核心的兰州—白银经济核心区的发展，使兰州尽快成为西部一个重要的现代交通通信枢纽和经济、科技、商贸、金融、信息中心，成为西部大开发的"桥头堡"。规划还从培育市场主体、扩大对内对外开放、改善投资软环境、优惠政策、多渠道筹措资金等方面提出了推动西部大开发的保障措施。

2000年6月，江泽民总书记视察甘肃讲话中提出，以线串点，以点带面，依托亚欧大陆桥发展西陇海—兰新经济带，在交通干线上重点发展一批中心城市，带动周围地区发展的思路。西陇海—兰新经济带甘肃段聚集了我省几乎所有的主要城市，初步形成了一条产业聚集带，可以说是我省区域开发布局的一条主轴，随着宝兰二线建设、陇海兰新铁路全线复线化及并行的G30（连云港至霍尔果斯高速公路甘肃瓜州至星星峡段）全线高速化，将进一步形成以铁路干线为主、公路主干线为辅的复合轴，为沿线地区的建设带来极大的机遇。按照省委、省政府的部署，我们在2002年2月正式启动了西陇海兰新线经济带甘肃段开发规划的编制工作，成立了编制领导小组和有领导、专家学者、管理人员参加的编制班子，多次召开专家学者论证会。3月6日、8日，在北京分别向国家计委宏观经济研究院、中科院地理科学与资源研究所的部分专家请教，征求他们的意见和建议，同时到省内一些地方进行了专题调研。11月28日，省委、省政府在天水召开了建设西陇海兰新线经济带甘肃段座谈会，进一步听取了部分地（州、市）和企业的意见。会后，我们对规划做了新一轮的修改。

2003年2月10日，省政府常务会议审议通过了《西陇海兰新线经济带甘肃段开发规划》。规划内容包括：基本思路、指导思想和开发目标，主要任务和开发重点，政策措施三个部分。

规划制定中，出现的最大争议就是西陇海兰新线经济带甘肃段的范围问题。《西部大开发——甘肃发展规划》中，我们已把全省14个地（州、市）

涵盖进去了。在天水召开的建设西陇海兰新线经济带甘肃段座谈会上，一种意见是把陇南、甘南纳入这个经济带，以实现区域共同发展。为这个问题，专门请示了国务院西部开发办，他们表示只有国土面积小，人口、GDP 比重大，才叫突出了重点。最终，我们采纳国家意见，把范围缩小，只纳入陇海兰新铁路线上的城市。同时，明确了节点城市，划分了核心区、带动区、辐射区，既突出了重点，实现了非均衡发展，又推进了区域共同发展。

规划按照"节点城市—轴线开发模式"，以铁路线上市场化进展较快、经济实力较强、发展潜力较大的天水、定西、兰州、白银、武威、金昌、张掖、酒泉、嘉峪关等城市的市区为节点城市，非市区范围为带动区。节点城市和带动区组成西陇海兰新线经济带甘肃段（以下简称"甘肃段"），直接辐射平凉市、临夏州和礼县、西和、成县、徽县、两当，间接辐射庆阳市、甘南州和宕昌、武都、康县、文县。

培育建设甘肃段的战略构想是：以西陇海兰新线铁路为主轴，依托节点城市，突出建设兰州白银核心经济区，加快构筑经济聚团区，逐步形成城镇布局合理、城市功能完善、生产要素聚集、特色经济鲜明、人居环境优美，充满活力的经济增长带和绿色生态走廊，辐射带动全省经济持续、快速发展。

规划中，甘肃段的生产力布局划分成三个区域：兰州都市区，包括兰州、白银、定西三市。该区依托兰州、白银的技术优势建设现代工业技术体系，改造提升传统产业，发展高新技术产业，加快都市区建设，在甘肃段率先起飞。依托黄河水资源，围绕兰州发展大中小城市和建制镇，成为甘肃段最大经济聚团区。发展区内交通、网通、流通、融通，培育以要素市场为重点的大兰州市场体系，形成以兰州为中心的"一小时经济圈"，成为甘肃段最具活力的增长极。天水经济区。该区通过提高骨干企业工业装备水平，做大做强主导产业，提高市场竞争能力，发展壮大特色文化旅游业，增强经济实力。强化产业聚集，逐步形成秦城—北道—社棠—秦安经济聚团区。河西走廊绿洲经济区，由武威、金昌、张掖、酒泉、嘉峪关五市组成的多中心区域。该区围绕优质特色农畜产品发展加工业，上规模、上水平、创品牌，建成全国一流的现代农业示范区和特色农畜产品加工业基地，改造提升有色冶金和石化产业，大力发展特色文化旅游业。规划根据河西城市和产业分布状况，构筑了三个经济聚团区，一个是武威—金昌—永昌聚团区，一个是张掖—临泽—高台聚团区，再一个是酒泉—嘉峪关—玉门聚团区。对各个经济聚团区明确了今后产业发展方向，尽可能避免产业趋同化。

甘肃西部大开发重大项目建设纪实

西部大开发要靠项目来支撑，大开发要有大项目，快开发要有好项目。按照省委、省政府对省发改委和西部办的要求，抓项目，尤其是抓能增强发展后劲、带动全省经济发展的重大项目，就成了我们工作的重中之重。"跑部北京"成了我们的常规工作。我查了一下工作笔记，从2000年到2007年底，8年我去北京共有86次之多，最多的是2006年，竟去了16次。平均每年去北京10次左右，时间短的，当天去第二天回；时间长的，要在北京住一周。除了每年有一次是专门参加会议外，其余不是陪同省委、省政府主要领导到国务院及国家有关部门、大企业集团谈项目、签协议，就是带领处室同志到国家发改委各司局汇报、衔接项目情况。

一、基础设施项目

（一）首当其冲是水利建设项目。我省干旱、半干旱区占全省总面积的75%，既存在资源性缺水的问题，又有工程性缺水的因素，两方面的情况都很突出。历届省委、省政府都十分重视甘肃的水利建设。西部大开发中，一如既往把水利工程建设摆在突出位置，先后实施了"引硫济金"（指从青海省门源县硫磺沟，穿越祁连山冷岭到金昌）调水工程、东乡南阳渠工程、景电一期等大型灌区续建配套与节水改造项目、引大灌溉调整工程、疏勒河综合开发、盐环定引水二期等一系列重大水利工程。最具代表性的，并作为我省西部大开发标志性项目的就是九甸峡水利枢纽暨引洮供水一期工程。

引洮工程（后更名为九甸峡水利枢纽暨引洮供水一期工程）是甘肃

省水利建设史上最大的一项水利工程，也是甘肃人民期盼了半个多世纪的圆梦工程。这个项目的提出和建设始于 20 世纪 50 年代，限于当时的技术水平和经济条件，工程多年后以失败告终。1992 年，省委、省政府把引洮工程列为中部地区扶贫开发的重点项目，成立了引洮工程筹备处，前期工作重新启动。在设计单位勘测规划成果的基础上，经过多方案比选，最终确定从洮河九甸峡筑坝引水的方案，并编制了可行性研究报告上报国家。由于我省筹资能力弱，当时考虑九甸峡水利枢纽利用外资建设，并与加拿大马休斯国际公司进行了历时三年的境外项目融资谈判，达成原则协议后，因国家统筹考虑等多方面情况而放弃。2000 年，西部大开发高潮刚刚兴起，省委、省政府即把引洮工程列为我省的标志性工程。至此，前期工作开始加速，我也把相当一部分精力投入到引洮工程的争取上来。这一时期，恰逢国家投资体制改革一系列方案相继出台，对治水方针和大型水利工程提出了许多新的思路，为了满足国家审批的要求，引洮工程顺势而变，不断作出新的调整。有时，按原来工程规范要求刚刚完成了某项工作，新的规范下来了，马上又推倒重来。可以说，引洮前期工作走过了在不断变化的政策环境下迂回曲折的道路。我翻阅了那几年的笔记本，基本上每周，一段时间，甚至每天都有引洮工程的记载。从 2004 年至 2007 年间，我为引洮工程参加的各类会议不下百次。到北京汇报衔接，或陪着领导去，或和省计委主管农业的副主任、农经处长去，粗略估计有 50 多次。曾有位记者在写《梦圆九甸峡》一书采访我时问道：你任职期间，花的精力最多、下的功夫最大的项目有哪些。我不假思索地答道：引洮工程。现将几个关键点上发生的事回顾如下：

1. 项目建议书阶段

这一阶段，有两次大的调整。一次是建设规模。我省原来将九甸峡水利枢纽和引洮灌溉工程作为一个完整项目提出，总投资达到 100 亿元以上。2000 年 5 月 25 日，时任国家计委副主任汪洋到甘肃，时任省委书记孙英、省长宋照肃等向他汇报了甘肃西部大开发的进展情况和需要国家支持的几个重大项目。在谈到引洮工程时，汪洋建议，可将九甸峡枢纽拿出来，作为经营性项目去干，灌溉工程可分成两期，这样就形成了今天项目的雏形。另一次是工程定位。2001年，根据朱镕基总理对大型水利工程"三先三后"（先节水、后调水，先治污、后通水，先环保、后用水）的指示和温家宝副总理提出的大型调水工程首先满足城乡人民生活用水需求等意见，将引洮灌溉工程更名为引洮供水工程，并按照工程定位调整的要求，编制了引洮供水区社会发展、工农业生产发展、产业结构调整、环境保护和治理、水资源利用及节水、水污染防治、水价调整与运行机制七个专题报告，邀请省内外专家进行了咨询。在此基础上，重新编制了《洮河九甸峡水利枢纽及引洮供水一期工程项目建议书》上报国家计委、水利部审查通过。同时，多方面筹措资金先期完成了通往九甸峡的专用公路、供电工程等开工前的准备工作。万事俱备，只欠东风。2002年7月15日，朱镕基总理检查黄河防汛工作到达兰州。当天晚上，我陪同时任省委书记宋照肃、省长陆浩、常务副省长郭琨看望了随同总理来兰的时任国家计委主任曾培炎和水利部部长汪恕诚，汇报了引洮工程思路调整和前期进展情况，表达了甘肃人民希望尽快上马的强烈愿望。二位领导有备而来，明确表态支持。7月16日，在宁卧庄大礼堂召开大会，宋照肃汇报了甘肃实施西部大开发战略的情况后，重点讲了请求国家支持引洮工程、扩大退耕还林面积等问题。朱镕基总理讲话着重谈了生态建设和退耕还林问题，对我们期盼已久的引洮工程并未表态。第二天，送朱镕基总理一行去机场的路上，宋照肃、陆浩再次恳求总理同意引洮工程上马。事后陆浩省长告诉我，总理要求引洮工程思路要调整好，主要是解决中部11个县的城市用水、农村人畜饮水，余量可用于农业灌溉，说了："你们准备好了，就'放炮'（宋照肃汇报时的话，即开工之意）吧！同时叮嘱曾培炎，甘肃比较困难，可以将你们（指国家计委）提出的主干渠以上工程国家补助三分之二调整至补70%。"总理一锤定音，9月18日，国务院总理办公会议通过了九甸峡水利枢纽暨引洮供水一期工程项目建议书。2003年，国务院西部开发办将引洮工程确定为西部地区当年新开工的14个重点工程之一，并在中央新闻媒体上予以公布。

2. 可行性研究报告阶段

立项以后，又经过一年多紧张工作，按照可行性研究报告深度要求编制出了可行性研究报告书。其间，国家环保局出具了工程环境影响审批意见，水利部对引洮工程水资源报告作了批复，黄河水利委员会办理了引洮工程取水许可证，国土资源部下发了对建设用地预审意见的复函。与此同时，省里正式组建了九甸峡水利枢纽工程公司，开始了开工前的各项准备工作。2004年4月，国家发改委主任办公会议审查通过了可研报告。6月20日，国务院第54次常务会议研究引洮工程可研报告时未能通过，要求在生态环境影响、水资源、地方配套资金来源等方面做进一步评估论证。9月27日，时任国家发改委副主任刘江在京召集水利部、国家环保总局、中咨公司等部门的领导和专家开协调会，我代表甘肃省参会，分析研究了工程建设存在的问题，确定对国务院常务会议提出的几个问题进行更深入的比较和论证，并明确了各个部门的任务及时间进度要求。至此，又进行了长达两年的可研补充论证工作。2004年10月，洮河水资源论证完成，并经水利部审查同意。12月，国家环保总局对工程项目环境影响复审报告出具了审查意见。对地方配套资金的落实，省政府召集财政厅、发改委等部门根据现有财力，对各渠道资金来源及强度逐年进行了认真测算和分析，原定资金筹措方案中，除定西市自筹有一定困难外，其余各渠道资金基本能够落实。另外，对刘江在协调会上增补的节水措施和工程运行管理两个问题，重新进行了充分论证，做出了专项规划报告。在上述工作的基础上，完成了《可行性研究补充报告》，并通过了中咨公司评估。

这时，国家发改委副主任分工有所调整，时任副主任姜伟新负责提交国务院常务会议审议的重大项目的汇总和报告工作。我们多次找他汇报引洮工程新的进展情况，希望他尽快提交上会。姜伟新对项目工作非常熟悉，考虑问题细致，处理问题果断。他明确表示，必须把国务院领导关心的每一个问题都回答清楚，不能有任何漏洞，如果再次上会仍然通不过，这个项目就危险了。为慎重起见，2005年4月6日，姜伟新带领国家有关部门专程赴项目区调研，看了枢纽现场，听取了我们的详细汇报，对我省已做的工作比较满意，同时要求对库区移民搬迁规划、枢纽坝型方案等问题进一步研究论证，特别提出对移民安置区的耕地面积标准、宅基地标准、水利工程、道路建设、供电线路、供水工程、村镇通信、广播电视及服务设施等每一项都要落实好，并征得移民同意，每户移民都必须在移民任务书上签字。姜主任的要求提醒了我们，要高度重视移民安置工作，把更多精力投入到移民问题上来。对我省担心的定西市自筹资金落实困难问题，姜主任表态，这部分资金由国家承担。

2006年4月20日，国家发改委主任办公会议再次审查通过了工程可研报告，报送国务院待批。7月5日中午12时徐守盛和我在送国务院西部开发办一位副主任去中川机场的路上，突然接到姜伟新电话，他告诉我："国务院常务会议刚结束，你们最关心的那个项目可研报告通过了。"我听后如释重负，联想到这几年争取引洮工程的艰辛和付出，不禁潸然泪下，立即电话报告了时任常务副省长徐守盛。

可研阶段，还有一个重大调整，就是对九甸峡水利枢纽的坝型由原设计的混凝土重力坝改为混凝土面板堆石坝。2004年4月，省政府调整了九甸峡水利枢纽公司的股东结构，决定由省电力投资公司（以下简称省电投公司）控股建设九甸峡枢纽项目。省电投公司作为业主后，立即全面介入，对枢纽工程的各个环节进行了全面深入的分析研究，不可避免的坝型调整问题摆到了桌面上。我第一次了解到这个问题，是时任九甸峡公司总经理刘晓黎告诉我的，他向我详细介绍了两种坝型的优劣比较。技术上的问题当时我听得不是很明白，但经济账我听得清清楚楚。改成面板堆石板，投资可以节省上亿元，工期可提前两年（重力坝设计工期6年，面板堆石坝只需4年）。我建议他们做深入的工作，最好由权威设计研究部门拿一个具体方案来，这样才好做上面的工作。省电投公司委托西北勘测设计研究院组织专家开始做论证工作，并补充做了大量的地质勘探，用两个多月时间，完成了《九甸峡水利枢纽工程可行性研究坝型比较专题报告》，提出了更准确的数据，面板堆石坝和重力坝相比，投资省2.9亿，工期缩短14个月，而且施工难度较小。省电投公司董事长李宁平曾专门陪同时任省长陆浩到张掖，实地察看了黑河龙首二级的面板堆石坝工程，详细考察了面板堆石坝的特性和优点，同意将比选方案上报。2004年9月14日，我陪同时任常务副省长徐守盛到水利部水电水利规划设计总院正式提出调整坝型的请求。听完我的汇报，在场的水规总院副院长和各位总工都认为难度太大，第一，坝型比选是可研阶段的工作，现在实际工作已到了初步设计阶段，要求调整坝型，还没有这样的先例；第二，变坝型以后，环评等许多工作要重新做，今年想开工根本来不及；第三，改变坝型要组织专家进行论证，专家会上能否通过也难有定论。徐省长强调，九甸峡水利枢纽是经营性项目，业主提出了坝型调整的方案，我们要尊重业主的选择权，请水规总院组织专家进行论证比选，我们最终尊重专家们的意见。10月9日，省委、省政府主要领导又一次到水利部拜会部长汪恕诚，汇报引洮工程可研审批和坝型调整问题。汪部长态度很明确，现在关键是可研尽快通过，并打算以个人名义给温家宝总理、曾培炎副总理写信，再催促一下，至于坝型问题，由企业自己去折腾，水规总院可以组织专家复审一次，技术上把好关。2005年5月21日，我和九甸峡公司负责人陪同徐守盛专程拜访了水电界泰斗潘家铮院士，在听了我们的意见和诉求后，潘院士答应先放下手头工作，立即研究九甸峡大坝问题。6月21日，由水利部总工程师刘宁在北京京民大厦主持召开了九甸峡水利枢纽坝型比选技术讨论会，国内一些著名的水利水电专家悉数到会。我代表甘肃省汇报了坝型调整的理由和我省的意见，省水电设计院总工程师作了坝型比选技术方案的汇报。专家们讨论中始终有两种声音，一种是坚持已审过的重力坝不变，技术上是可行的，没有必要改变；一种是同意从实际出发，改为面板坝。关键时刻，潘家铮院士讲了话，他从10个方面做了严谨深入的分析，条理清晰，理由充分，结论为推荐面板坝是合理的。潘院士一言九鼎，为比选方案讨论会做出了结论。紧接着，2005年7月2日至7日，受国家发改委委托，中咨公司对九甸峡水利枢纽坝型比选方案进行评估，并形成了评估意见，面板堆石坝作为推荐方案。至此，坝型调整的技术论证和审批工作全部完成。

2006年11月22日，在卓尼县燕子坪九甸峡工地召开了隆重的引洮工程开工典礼大会，省发改委、省水利厅，甘南州、定西市、酒泉市领导和九甸峡公司分别发言，时任省长徐守盛讲话，省委书记陆浩宣布"九甸峡水利枢纽暨引洮供水一期工程"正式开工。

3. 初步设计阶段

2006年8月底，水利部水规总院召开了引洮供水一期工程初步设计报告审查会，顺利通过专家组审查。2007年1月31日，水利部批复了引洮供水一期工程初步设计报告，核定引洮供水一期工程年调水量2.19亿立方米。工程建成后，可解决安定、陇西、榆中、会宁等6县155万城乡人口的饮水问题，同时发展高效农业灌溉面积19万亩。总投资概算为37.21亿元，其中国家投资19.82亿元，省内多渠道自筹解决17.39亿元。这项工程前期工作基本结束，全部转入由九甸峡公司和引洮水利水电开发公司两个法人组织施工的阶段。这一时期，我们的工作重点转向移民安置问题。九甸峡水利枢纽水库淹没影响涉及卓尼、临潭、岷县3县7个乡23个行政村共1.3万人。早在2002年就开始了移民规划设计工作，经过5年多时间的调查、分析、复核和论证，编制完成了移民规划，现在正式开始实施，遇到的问题之多，难度之大，情况之复杂，工作之艰巨，完全超出原有预计。但在省委、省政府的坚强领导下，在甘南州、定西市、卓尼、临潭、岷县，加上安置区所在的酒泉市瓜州县4县政府及九甸峡公司的全力配合下，特别是1.3万移民从大局出发，服从国家需要，举家外迁，保证了九甸峡水库下闸蓄水前全部移民迁出任务的完成。

（二）解决交通"瓶颈"约束是西部大开发的又一个重点。西部大开发，交通须先行。通过以干线铁路扩能和干线公路高等级化为重点，加快铁路、公路、机场和油气管道建设，尽快形成以兰州为中心，以铁路和干线公路为主骨架，畅通周边省（区），连接县（乡、村），布局合理，开放型、多层次的综合交通运输网络，就成了甘肃西部大开发的首要任务。

1. 公路。西部大开发一开始，把干线公路高等级化和路网改造放在公路建设的首位。按照省委、省政府"国道主干线高速或高等级公路，省到地（州、市）二级公路，地到县三级公路，县到乡沙石路"的要求，首先打通兰州 5 个高速出口，接着建设与周边省会城市的高速通道，先后开工建设了尹家庄至中川机场、兰州至临洮、天水至巉口、巉口至兰州柳沟河、柳沟河至古浪、白银至兰州、兰州忠和至海石湾、刘寨柯至白银、兰州至平凉、宝鸡到天水（甘肃段）、天水过境段、天水经甘谷至定西、定西至罗汉洞、康家崖至临夏、武都至文县罐子沟、西峰至长庆桥至凤翔路口等高速公路。为了缩短审批时间，同时也考虑到我省资金困难，当时还采取分段（注：100 公里以内只需报交通部批）报批、先高等级后高速等措施，加快高速路建设，如将连云港至霍尔果斯（G30 线）划分成古浪至永昌、永昌至山丹、山丹至临泽等多个路段，有些路段先建一级公路，再改造成高速公路。

宝天（甘肃段）公路是出甘肃向东进入陕西的最近通道，道路状况严重影响甘肃的对外开放和形象。最初，由于我省资金十分短缺，对宝天公路牛背—北道段，按照山岭重丘区二级公路标准设计修建。但建成后却发现明显不适应。特别是雨季经常塌方，严重影响通行，成了这条国道干线的卡脖子路段，给甘肃东出通道造成严重影响。省委、省政府领导多次要求下决心改造，天水市的呼声也非常强烈。刚开始到交通部汇报时，他们认为这条路在路网规划中已完成了，短期内不可能重新建设。2003 年 6 月 5 日上午，我陪同时任常务副省长徐守盛、副省长孙小系实地察看了北道至牛背这条公路，下午在天水研究了这条路的改建和线路走向问题。会议决定，牛背至北道是连接西安和兰州两个省会城市的最近通道，必须上高速，抓紧进行，举全省之力来搞。线路走向倾向于沿林区走，这样可以避免来回跨河，避免和铁路多处交叉，缺点是桥隧比例高，要通过麦积山自然保护区，审批有一定困难，设计部门需进一步优化设计方案。7 月 8 日，徐守盛又带队到交通部约见胡希捷副部长，汇报了北道至牛背改建高速公路等问题。胡部长表态，交通部认为天宝路已经完成，又要改高速，只能先做前期工作，能否进入"十五"规划很难说。9 月 1 日，省委、省政府主要领导出面到交通部约见了时任交通部部长张春贤，重点汇报了牛背至北道公路的现状和我省修建高速公路，打通到陕西出口的要求，对已做的前期工作和线形选择方案也一并谈了。张春贤表态，既讲了现在安排宝天高速有地质问题复杂、车流量比较小、与 G312 线天巉路重复等约束条件，又考虑到甘肃省委、省政府的迫切要求，答应近期组织专家到现场察看，或由部领导带队以最快速度到现场研究。这个表态我们都非常满意。更没想到的是，我们刚回到兰州就得到信息，张春贤带交通部有关司局领导和专家将于次日到兰，利用双休日时间到宝天高速公路进行方案研究。我因去南京参加国家计委召开的西气东输领导小组会议，未参加陪同张春贤的活动，事后听交通厅领导说，张春贤看后立即拍板，同意宝天高速马上开展前期工作，并表态提高这条路的国家补助标准，要求把这条路建成高标准的绿色文明之路。天宝高速北道至牛背段90.9 公里，桥隧比占达 60% 以上，投资估算达 70 亿。2005 年 8 月开工，2009 年 9 月建成通车。

2. 铁路。以扩能、提速和完善路网布局为目标，先后开工建设了陇海兰新铁路甘肃段复线、兰青铁路二线、敦煌铁路、西安至平凉铁路、天水至平凉铁路、兰州铁路集装箱中心站、兰州西客站等项目。其中，兰渝铁路是省委、省政府确定的实施西部大开发战略的标志性工程。

兰渝铁路早在 20 世纪初，伟大的革命先行者孙中山先生在《建国方略》中已经提出。这条铁路起自我省的兰州，经过渭源、岷县、宕昌、武都进入四川，可以解决我省南部不通铁路的问题，有利于我省南部贫困地区脱贫和经济发展，是打通我省到四川、重庆乃至经广西出海的新通道，全长1000 公里左右。它的修建将缩短兰州与成都、重庆的运输距离 277 公里和498 公里，且不用爬秦岭，可彻底解决宝成线运能紧张和西南、西北通道严重不合理绕行问题，对我省的意义特别重大。从 20 世纪 90 年代，就开始了历经多年的艰苦争取及前期工作。沿线群众和地方政府对修建这条铁路的积极性很高。1994 年 5 月，沿线 8 个地（州、市）、25 个县（市、区）自发组织了"兰渝铁路协作会"，不间断地做了许多呼吁推动工作。

1997 年 7 月，甘、川、渝三省市计委成立了兰渝铁路筹备协调小组，每年开一次会，对前期工作中的重大问题及时沟通协调。经"兰渝铁路协作会"发起，在兰渝线一带曾经战斗过的罗青长、傅崇碧等 105 名老红军、老将军 1999 年联名致信党中央、国务院，恳请修建兰渝铁路，时任总理朱镕基专门作了批示。从 1995 年开始，甘、川、渝三省市全国人大代表、政协委员连续多年在全国"两会"提出关于修建兰渝铁路的建议、提案累计达 100 多份。在政协委员的呼吁下，2000 年 9 月，全国政协组成以时任副主席杨汝岱为团长，叶青、邓成城为副团长的兰渝铁路考察团，吸收中国国际工程咨询公司、铁道部、国家发展银行的领导参加，对这条铁路全线进行了考察。调研考察结束后，以全国政协办公厅名义上报了《关于建设西北西南大通道的情况和建议》，朱镕基总理和几位副总理分别作了批示。甘、川、渝三省市人民政府从 1995 年开始先后四次联合行文报国务院，申请将兰渝铁路纳入国家"十五"规划，开展前期工作。

正是在三省市政府的大力推动和社会各界的呼吁下，兰渝铁路的建设开始纳入议事日程。2004 年 2 月，国务院审议通过的《中长期铁路网规划》将兰渝铁路作为西北至西南的新通道正式列入。在此前后，运量分析、线路比选等各项前期工作也陆续开展起来。在线路走向上，开始有多个方案。省内这一段，设计部门最初提出在武山与陇海线接轨，省上认为这样缩小了兰渝线的辐射面，表示不同意。随后我们建议从兰州市八里窑出线，经临洮到岷县的方案，设计部门考察后认为沿线地质条件差，而且要穿越阿干煤矿采空区，否定了这个建议，最后确定从兰州出线，经渭源到岷县的方案。另外，沿途一些城市为了改变不通火车的现状，还提出了许多绕行的方案，经做工作，从大局出发都放弃了。省外线路走向上，四川省提出"从兰州经广元、南充、广安至重庆"方案，目的是把小平同志家乡广安也带进来。这样，从南充要拐一个大弯，对作为西北、西南大通道的定位来说并不合理，而且进入重庆的线路也要有新变化。铁道部为此事组织铁道部经济规划研究院和铁道部第一、二、四设计院的专家，对线路走向又进行了数次调研，深入进行比选，最后一致推荐经广元、南充至重庆的方案，同时，同意到广安修一条支线，得到了四川省的认可。为了争取兰渝铁路尽快上马以及敦煌铁路 2004 年开工，对铁道部提出的实行主辅分离，将兰州铁路局现有学校、医院全部交地方的问题，尽管当时地方也有不少困难，省政府领导还是全部承诺，并于当年8月底完成移交。

至此，兰渝铁路建设的条件趋于成熟。2005年3月7日，利用全国"两会"间隙，三省市事先约好同时到铁道部商谈，由陆浩省长代表三省市汇报，强烈要求兰渝铁路"十一五"期间动工。铁道部表示，兰渝铁路已纳入中长期规划，肯定要上，但何时上，取决于投资方式，目前全国在建铁路项目很多，投资缺口比较大，如用传统的铁道部一家包办的方法，这个项目可能讨论到2020年。如果采取新思路，实行部省合资建设，项目很快可以考虑。铁道部提出，他们拿总投资的50%，三省市联合向国家申请国债30%，三省市按各自线路投资比例出资20%。三省市领导原则同意这个意见，并于3月13日签订了合资建设兰渝铁路的协议书。有了这个突破性的进展，大家非常兴奋。3月17日，陆浩省长召开会议，将涉及省内的各项工作明确下来，成立了甘肃省协调领导小组，由省电力投资公司作为甘肃投资方。关于申请国债问题，由我省主动牵头与川渝两省市协商，以三省市政府名义联合行文报国务院，同时以三省市主要领导名义给曾培炎副总理写信，并联合到国家发改委汇报。事后，我陪同时任常务副省长徐守盛数次找国家发改委领导和有关司局汇报，申请给兰渝铁路安排国债问题。得到的答复是，支持兰渝铁路继续往前做工作，但申请国债补助定不下来，因为每年国债发行总量不是提前定的，能给铁路安排多少也不知道，兰渝一条线要这么多，难度很大。这些意见反馈到铁道部以后，又和三省市反复协商，对出资方案做了调整。

2007年2月2日，时任甘肃省委书记陆浩、省长徐守盛，时任四川省委书记杜青林、省长蒋巨峰，时任重庆市委书记汪洋、市长王鸿举与铁道部共同签署了《关于加快兰渝铁路建设前期工作的会议纪要》，将所有未定事宜明确下来：一是确认兰渝铁路走向方案。二是铁道部与三省市合资建设兰渝铁路，资本金按总投资的50%考虑，资本金中铁道部出资50%，另外45%申请国债资金35亿元，其余由三省市按各自境内铁路投资比例分担；三省市负责征地拆迁工作，承担费用，征地拆迁费用可作为三省市出资计入资本金。三是铁道部与三省市组成联合工作小组，共同研究决策建设中的重大问题。5 月份，国家发改委批复了项目建议书，线路长度 800 公里，投资估算 555 亿元。由于线路经过地区地质地形条件复杂，桥隧比例很高，可研阶段又做了调整，线路长度达到 910 公里，总投资 780 亿元。不久，国家发改委正式批复了兰渝铁路的可行性研究报告。

2007 年 9 月 16 日，兰渝铁路在兰州举行开工大会，三省市和铁道部领导先后讲话，时任国务院副总理张德江专程来兰参加开工典礼，并宣布兰渝铁路全面开工。至此，漫长而曲折的前期工作告一段落，兰渝铁路转入施工阶段。

3. 民航。围绕形成以兰州中川机场为区域枢纽，省内支线机场布局合理，航线畅通的航空运输网络的目标，主要抓了中川机场改扩建、敦煌机场改扩建、嘉峪关机场改造、庆阳机场复航改造、新建夏河机场、金昌机场等民航工程，实现了天水、张掖等军民共用机场。

4. 管道。配合中石油集团开工建设了青海涩北—西宁—兰州天然气输气管道工程，兰州—成都—重庆成品油输油管道工程，西气东输一、二期工程，新疆鄯善站至兰州原油管道工程、乌鲁木齐至兰州成品油管道工程等项目。

（三）我省能源蕴藏量丰富，无论是常规能源，还是可再生能源，发展潜力都很大。优先发展能源，是西部大开发中产业发展的重点方向。按照优先发展水电，择优发展火电，加快电网建设，积极开发利用天然气、风能、太阳能、沼气等清洁能源，优化全省能源结构的原则，加大黄河流域、白龙江、白水江及黑河流域水利资源的梯级开发，建设了黄河小三峡水电站、炳灵寺水电站、柴家峡水电站、黄河河口水电站、洮河莲麓水电站、白龙江苗家坝水电站和汉坪咀水电站、张掖黑河流域梯级水电站等一批水电工程，完成了连城电厂二期、靖远电厂三期、平凉电厂二期、崇信电厂、大唐景泰电厂、张掖电厂、永昌电厂扩机、华亭矿区煤矸石电厂、兰铝自备电厂、甘谷电厂"以大代小"工程等项目；配合电源和城市电网的建设，进一步完善330 千伏网架，建设了安西—张掖—金昌—永登等几条 750 千伏送变电工程；针对我省风能资源的优势，先行建设了安西、玉门低窝铺风电场，并组织完成了河西地区 1000 万千瓦风电场的测风资料收集和设计工作，为日后建设"陆上三峡"打下了基础；开展了黑山峡电站梯级开发方案前期工作；由省计委安排前期费用，与省煤田地质勘探局合作，开展了陇东地区的找煤工作，第一次完成的是储量为 16 亿吨的正宁南部煤矿，并转让出采矿权，开始了矿区规划和矿井建设。

二、生态工程

生态环境保护与建设，是国家西部大开发的战略重点之一，也是省委、省政府下很大功夫着力抓好的一项重要工作。除认真抓好退耕还林、退牧还草之外，根据甘肃的特殊省情和生态现状，还抓了几个对区域生态环境有影响的大项目。

（一）退耕还林。退耕还林是国家确定的西部大开发战略的切入点。1999 年 10 月 21—26 日，朱镕基总理在甘肃实地察看了定西小流域治理和兰州市造林绿化工程后，强调西部大开发要把生态建设放在突出位置，要求甘肃加大退耕还林和荒山造林工作的力度。省委、省政府初步考虑：2000—2010 年的 11 年，在全省退耕还林 8000 万亩，其中退耕地还林 3000 万亩，荒山造林 2920 万亩，确定在 46 个县开展试点。由于领导重视，群众积极性高，1999 年，7 个地州市的 41 个试点县实际完成退耕还林 121.37 万亩，经省上检查核实为 107.11 万亩。但第二年国家验收后只承认了 65.7 万亩，还有 41.41 万亩不认账。这不仅影响群众积极性，也影响到 2000 年完成任务的兑现工作。我们不断向国家反映，到北京找国家计委、西部办、林业局汇报，希望国家能予承认，结果到 2001 年才顶替完。

2004 年，国家考虑到当时粮食供求形势的新变化，决定适当调减当年任务，把退耕还林重点放到巩固成果上。当年仅安排我省 485 万亩，其中退耕地还林 45 万亩，荒山造林 440 万亩。由于国家每年下达任务在秋季，各县（区）都参照上一年的任务自行调整提前进行预整地。2004 年，大部分县（区）按上一年任务量的一半进行了预整地，部分雨水条件较好的地区还种上了苗木，但当年国家实际下达的任务却比上一年减少了 89%，许多地方地已整好，合同也签订了，退耕农户对任务骤减意见很大。省政府紧急开会研究，决定对已整地农户每亩给予10元的青苗费补偿，继续耕种；已经种了树苗的地块，在以后年度纳入计划。尽管我们多次向国家反映情况，争取将超造地纳入当年计划，但一直没有成功。到2005—2006年，国家安排我省退耕还林202.6万亩，要求重点解决2004年的超造面积，这个问题才得到解决。

退耕还林试点时，还出现过两个问题。一是国家要求"退耕还林以营造生态林为主，营造的生态林比例以县为核算单位，不得低于80%。"我省2000年的试点中，林种、林草比例不尽合理，据省上检查验收汇总，在核实面积中，经济林占到36.8%。二是有的地方退耕还林种的是灌木，这算不算生态林，出现了不同意见。2001—2002年，国家在呼和浩特和我省定西两次召开退耕还林现场经验交流会，明确退耕还林的生态目标是第一位目标，但又不是单纯的生态建设，必须要有双重目标，把生态与经济很好地结合起来，走一条生态与经济效益的双赢之路；要充分尊重自然规律，干旱、半干旱地区应以选择耐旱灌木为主，全国则宜乔则乔，宜灌则灌，统一了大家的思想认识。

在试点中，还不时收到一些群众告状信。省上领导非常重视，基本上每一封来信，都批示计委、林业、粮食三部门组成联合工作组去调查，对查实的问题都做了认真处理，促进了退耕还林工作的健康发展。

退耕还林是一项宏大的系统工程，其复杂性、艰巨性、长期性，不深入其中，很难理解。为了确保退耕还林保质保量顺利进行，2002年，省政府成立甘肃省退耕还林工程建设领导小组，时任副省长贠小苏任组长，我和时任林业厅厅长马尚英任副组长，之后又成立了领导小组办公室。为了确保"退得下、还得上、稳得住、能致富、不反弹"，领导小组围绕种苗及其费用、检查验收办法及其费用、确定粮食补助的小麦玉米比例及其调运费用、补助粮钱的发放地点、林权证发放、退耕地农业费减少等一系列问题进行了研究，制定了相应的管理办法和政策措施。除完成当年建设任务，做好政策兑现外，重点开始放到巩固成果、发展后续产业上来。通过开展农村能源建设、生态移民、基本口粮田建设、调整农村产业结构、劳务输出等办法，使退耕农户开始走上了生态恢复、民生改善、脱贫致富的多赢之路。

（二）退牧还草。国家在开展农田退耕还林的同时，在西部地区的大草原开始实施退牧还草工程。我省地处青藏高原东部江河源草原的玛曲、碌曲、夏河、卓尼、迭部、合作，地处蒙、甘、宁西部荒漠草原的安西、肃北、阿克塞、肃南、天祝、山丹、民勤、永昌等 14 个县陆续纳入国家实施范围开始建设。这 14 个县市有天然草原面积 1.5 亿亩，农业人口 75 万人。2003—2004 年国家安排退牧还草试点任务 2280 万亩。试点结束后，2005 年和 2006 年第一批各安排建设任务 1100 万亩，2006 年第二批安排建设任务 530 万亩，2007 年安排建设任务 870 万亩，五年累计国家安排我省退牧还草任务 5880 万亩。工程总投资 13.85 亿元，其中国家投资 10.05 亿元，地方配套及自筹 3.8 亿元；涉及农牧户 5.42 万户 24.36 万人。

鉴于退耕还林的经验，实施退牧还草工程一开始，省政府就成立了由分管省长任组长，西开办、发改委、财政、农牧、粮食、审计、监察、扶贫、国土资源等部门主要领导为成员的退牧还草领导小组及其办公室，研究制定了工程项目管理办法和补助陈化粮变现管理办法；在进一步完善草原家庭承包责任制的基础上，编制了甘肃省退牧还草建设规划和年度项目实施方案；建立了退牧还草工作报告制度、退牧还草工程质量终身负责制、招投标制、合同制、项目监理制等一系列管理制度，保证了工程顺利实施。

为加大后续产业开发力度，根据各地的不同情况，采取不同的方式发展后续产业，有的项目区依托农业资源优势，加大对舍饲棚圈、饲草料基地、良种引进及规模养殖等后续项目的扶持和建设力度；有的项目区将牧区水利、牧民定居和扶贫开发等项目与退牧还草项目有机整合，新建牧民住房、人畜饮水点、引进良种牛羊，解决牧民定居问题；省上也在一些地方开展牧民定居示范村建设工程。这些措施促进了项目区畜牧业结构的调整和牧民收入的增加、生活的改善。

（三）兰州南北"两山"绿化工程。1999 年 10 月，朱镕基总理在甘视察工作。他对兰州的生态环境建设非常关心，专程到徐家山和九州台视察了南北"两山"绿化工程，听取了兰州市和"两山"绿化办负责人的汇报。兰州市当即提出，利用3年时间在"两山"绿化48万亩，需投资10亿元的问题，朱镕基当场表示认可。24日，在宁卧庄大礼堂，省委、省政府领导汇报工作后，朱镕基作了重要讲话，着重强调了西部大开发要把生态环境建设和基础设施建设放在突出位置的问题。25日，我参加了省政府召开的综合部门负责人会议，研究落实朱镕基总理指示的具体措施和责任分工。时任兰州市委书记王军对这件事非常重视，雷厉风行地行动起来，立即召开了一系列会议，研究落实"两山"绿化的方案，并委托省林业勘察设计院、省水利水电勘察设计院、兰州市城建设计院等五家具有资质的设计单位，用两个多月时间编制出了可行性研究报告，经省计委审核后报到国家计委。2001年1月下旬，中咨公司到兰州进行评估，经过现场勘察和认真核算，认可了可行性报告中的各项数据，同意报请国务院批准。

2000年这一年，兰州市紧锣密鼓，出台了许多政策措施，加紧推进"两山"绿化工程。制定了"两山"绿化建设的优惠政策，报请省人大批准了《兰州市南北"两山"绿化建设管理办法》，成立了"两山"环境绿化工程指挥部，明确了当年绿化8万亩的任务，并两次贷款2亿元，先期启动了工程。

但是可研报告在国家计委主任办公会议研究时未获通过，我立即让省计委驻京联络处负责人了解清楚原因：一是怕别的城市攀比；二是建设规模过大；三是对用国债资金搞城市绿化有不同意见。国家计委三位领导在2000年5、6月间先后到甘肃参加有关会议，给我们提供了一个绝佳做工作的机会。真是天助人佑。省委、省政府领导在向他们汇报时，都把"两山"绿化工程作为一个重点问题，并请他们到现场考察。5月10日，时任国家计委副主任王春正由我陪同上了"两山"。5月24日，时任国家计委副主任汪洋由我陪同看了"两山"。汪洋在听汇报时，还出了一个很好的主意，建议将绿化规模调整到33万亩，另外，他提出，建设周期不宜太长（国家计委有的同志曾建议将建设期延长到8年，以减少每年的投资额度），国债发行多少年看不清楚，没有了国债，靠预算内基建投资安排绿化工程将更困难。

同时，要制定政策，鼓励多种经济成分进入。6 月 18 日，时任国家计委主任曾培炎参加中央召开的西部开发座谈会到兰，当晚，我向他汇报了"两山"绿化和引洮工程等问题；第二天，由市委书记王军等领导陪同看了"两山"绿化工程。三位领导看完以后，态度都非常明确，认为兰州市"两山"绿化工程这些年干得不错，扩大面积非常必要，应该给予支持。

国家计委通过"两山"绿化工程的可行性研究报告送到国务院以后，一年之内三次上总理办公会，均提出一些新的问题，退回要求做补充论证。第一次指出，工程规划建设规模过大、中央补助比例偏高，要求将原规划面积 48 万亩调整为 33 万亩。第二次指出，"两山"工程用水成本很高，需要对引水工程的经济效益进行深入研究。兰州市将原方案又作了调整和修改，其中一个措施是采用相对较低的农灌电价的办法来降低引水成本。第三次，2000 年 12 月 5 日朱镕基总理提出，降低水价、电价不是个办法。运行管理费用实际也难减少。仓促上马，可能为后人背上包袱。建议对这个项目再慎重考虑，能否改变一下运作方式。回来后，兰州市再次邀请中咨公司专家帮助论证"两山"工程的运行模式，论证之细致，修改幅度之大，在我省办过的项目中是不多的。

为了再次审批时能顺利通过，时任省委书记宋照肃、省长陆浩联名给朱镕基总理写了一封信，汇报兰州市 2000 年造林已取得的成果，表达了甘肃省委、省政府搞好"两山"绿化工程的信心和决心。再次修改后，国家计委《关于兰州市南北"两山"绿化工程有关问题的请示》以"特急"件报了上去。2001 年 4 月 11 日，朱镕基总理批准了这个报告。国家计委迅速下达了可行性研究报告和批复，明确工程建设期 3 年（2000—2003 年），总投资概算 6.6 亿元，其中：中央专项补助 4.6 亿元，甘肃省级机动财力 0.3 亿元，兰州市财政统筹 1.4 亿元，承包单位投资 0.3 亿元。至此，这个造福兰州市人民的"两山"绿化工程进入全面实施阶段。

（四）甘南黄河重要水源补给区生态保护与建设项目。甘南是黄河重要的水源补给区，也是黄河、长江上游的河源区、"中华水塔"的重要组成部分。由于自然、人为等多种因素的影响，其生态环境已变得极度脆弱，局部地区已经不堪重负。这一问题，引起了社会各界人士的广泛关注。2001年，兰州大学等高校的9名专家、教授，向国家有关部委和省委、省政府领导上书献策，时任副省长洛桑·灵智多杰非常重视，专门研究部署，及时成立了由省发展计划委牵头的课题组。经过3年多的深入研究，于2005年5月正式出版了课题研究成果《青藏高原甘南生态经济示范区研究》一书。之后，我按照省委、省政府领导把甘南生态保护"做成一个大项目"的要求，积极协调甘南州着手项目的规划编制工作，拨付了前期工作经费，召开了规划编制协调座谈会，围绕项目名称、发展思路、建设内容、资金筹措等方面征求意见。一开始，甘南州政府按照《青藏高原甘南生态经济示范区研究》一书的思路，想把全州8个县（市）全纳入。但专家讨论时提出甘南既有黄河流域，又有长江流域，合在一起不科学，最后决定只搞黄河流域6个县并相应将名称改为《甘肃甘南黄河重要水源补给区生态保护与建设规划》（以下简称《规划》）。正式上报时又根据国家发改委的意见，与国家"十一五"规划纲要相衔接，更名为《甘肃甘南黄河重要水源补给生态功能区生态保护与建设规划》。

在协调甘南州政府确定编制单位时，开始我们考虑请一个有国家级资质的单位承担，但对方提出的费用太大，为了培养省内规划编制队伍，便委托甘肃省林业调查规划院开展《规划》的编制工作。由于省林业调查规划院是第一次做这样大型的生态类规划，缺乏经验，因此拿出的初稿不够成熟，专家评审时提出了许多意见。我们立即安排省西部开发办组织有关人员深入研究分析，进一步理清思路，明确规划的内容和重点，经多次修改完善，拿出了《规划》的审查稿。

由于国家从2004年开始考虑对退耕还林建设进行调整，也在征求地方的意见，我们建议在甘南藏区搞生态保护与建设，得到了认同，并与国务院西部办商定"成果共享，工作地方做"。国务院西部开发办即以《关于协调编制甘肃甘南黄河重要水源补给区生态保护与建设规划的函》形式，委托我省西部开发办组织编制该规划。2006年3月15日，国务院西部开发办副主任曹玉书在京主持召开有刘东生、孙鸿烈、任继周等6位两院院士和9位著名专家参加的《规划》评审会，我省徐守盛、洛桑·灵智多杰等领导和我，以及甘南州的同志参加了评审会。一致认为，《规划》内容详实，思路清晰，操作性较强，基本符合国家的要求。6月12日，曹玉书再次主持召开有国家发改委、财政部、水利部、农业部、国家环保总局、国家林业局有关负责同志参加的规划协调会，提出了进一步修改完善《规划》的具体意见。9月下旬，中国国际工程咨询公司受国家发改委委托，赴甘南实地考察评估，并通过了《规划》。国家发改委于2007年12月4日正式批复了《甘肃甘南黄河重要水源补给生态功能区生态保护与建设规划》，总投资45亿元，涉及甘南藏族自治州的玛曲、碌曲、夏河、卓尼、临潭和合作6县市，面积3.06万平方公里。至此，规划的立项工作完成。12月20日，在甘南合作召开了启动仪式，我宣布了国家发改委批复，时任省长徐守盛讲话，省委书记陆浩宣布甘肃甘南黄河重要水源补给生态功能区生态保护与建设工程启动。

（五）石羊河流域生态环境综合治理规划。石羊河流域是我国内陆河流域人口最密集、水资源开发程度最高、用水矛盾最突出、生态环境问题最严重的流域之一。多年来，由于流域水资源过度开发，经济和社会发展用水严重挤压生态用水，地下水超采严重，导致流域生态与环境急剧恶化。下游民勤盆地现状绿地面积约1313平方公里，比20世纪50年代减少了289平方公里，其北部湖区已濒临干涸，"罗布泊"景象已经显现。2001年7月30日，温家宝总理在《国内动态清样》上批示："石羊河流域生态综合治理应提上日程。当务之急是建立流域统一管理机构，大力实施节水工程，有效控制土地沙化和草场退化。决不能让民勤成为'第二个罗布泊'。"这是我见到的总理关于石羊河流域问题的第一个批示。（写这篇回顾时，我又了解了一下，截至2011年，温家宝总理关于石羊河问题的批示已达16次之多）。时任全国政协副主席钱正英分别于2001年8月、2002年6月，两次带领几十名两院院士及专家深入民勤，对湖区生态和石羊河流域治理进行深入的考察，所到之处无不使她触目惊心。在宁卧庄大礼堂讲话时，她说，石羊河流域生态环境综合治理必须要有具体规划，目标要明确、措施要具体，规划完成后争取国家立项。"如果不从根本上治理，恐怕在我有生之年就能看到民勤变成第二个罗布泊。"当时我也在场听她的讲话，确有振聋发聩之感。

根据省委、省政府要求，我们即安排省计委农经处委托省水利水电勘测设计院牵头，编制石羊河流域生态环境综合治理规划。规划单位深入石羊河流域做了大量基础性调研勘察工作，取得了许多第一手的数据资料，历时两年，完成了规划初稿。2003年12月，在兰州召开审核会，请省级有关部门、科研单位和专家学者进行了认真讨论，并对规划作了精心修改。规划报到水利部后，省委、省政府主要领导向国家发改委和水利部多次汇报衔接，不断深化规划思路和治理措施，完善规划方案。规划先后经过了水利部及水规总院三次审查和中咨公司一次评估，每一次审查都有新的意见提出，再据此修改完善。我记得比较大的修改发生在2006年4月29日，石羊河规划在水利部部长办公会议讨论时未能通过，主要认为在治理思路和措施上存在一些问题，一是没有全面围绕水资源合理配置来安排治理措施，过多依赖从外流域调水；二是把建设节水型社会作为解决石羊河水资源问题的根本出路，这一条突出不够；三是对某些工程措施的经济技术可行性和生态环境影响论证比选还不够深入；四是管理机制和体制等非工程措施仍然较弱。5月18日，水利部派出的调研组到达我省，先到石羊河流域进行实地调研，察看现场，并在兰州与我省座谈，深入交换了意见。对规划的修改意见初步明确并征得省政府同意后，由我率省发改委和水利厅的同志，于5月31日到水利部，向副部长矫勇作了汇报。矫勇用非常简洁准确的语言对石羊河流域治理的指导思想作了概括："应该是以节水型社会建设为主线，以全流域可持续发展为目标，抢救民勤、修复中游、保护上游，核心措施是节水和管理。真正体现出汪恕诚部长对你们讲的，石羊河流域治理要张掖模式（体制机制）加以色列模式（高技术节水）。修改时对部长办公会议担心的几个问题要一一回答清楚。"在部、省取得一致意见的基础上，对石羊河治理规划又作了新一轮修改，主要是进一步扩大了压田面积，对水量分配方案重新核定；压减了生态移民人数，对种植业结构再次调整；工程措施对上中下游统筹考虑；对民勤调水延伸工程建设的必要性重新说明。修改完成后，将规划名称正式定为《石羊河流域重点治理规划》，于 2007 年 8 月上报待批。就在规划初稿完成，并经水利部水规总院第一次审查同意后，在报批的程序上发生了分歧。国家发改委农经司及分管主任认为，石羊河流域在甘肃省境内，不存在跨流域问题，按现行规定应由甘肃省政府自己审批，国家发改委和水利部给予指导。我们认为石羊河流域生态恶化带来的影响已超出其流域范围，不仅仅是影响甘肃，而且工程投资巨大，甘肃省无力承担。大家都很清楚，审批程序问题，实质是投资比例问题。为此事，省委、省政府领导又多次到国家发改委汇报，据理力争。当时，我们持有一个重要文件做依据，即2005 年 7 月 16 日，温家宝总理在中国治理荒漠化基金会筹备委员会安成信同志专报的《决不能让民勤成为第二个"罗布泊"》上批示："决不能让民勤成为第二个'罗布泊'，这不仅是个决心，而是一定要实现的目标。这也不仅是一个地区的问题，而是关系国家发展和民族生存发展的长远大计。盼发改委会同甘肃省将这件事情列入议事日程，统筹规划，落实措施，科学治理，务求实效。" 2005 年 9 月 25 日，我陪同时任常务副省长徐守盛到国家发改委，再次与副主任杜鹰和农经司一位领导谈审批程序的问题。最后，杜鹰主任答应，他和主要领导碰头，重新研究这个问题。为保险起见，我们建议以书记和省长的名义，给国家发改委主任马凯写一封信，反复陈述我省的理由和意见。最终，国家发改委同意了我省的意见，问题得到圆满解决。

在积极修改、审批规划的同时，一些省内能自己干的事情已迅速行动起来。2001 年以来，先后成立石羊河流域管理局和石羊河流域管理委员会，批准下发了流域水资源分配方案、地表水量调度管理办法、流域水事协调规约等一系列强化水资源管理的文件。武威市也制定了水权制度改革实施及相关配套文件，采取以人定地、以地定水、以电控水、凭票供水等措施，将水权落实到户。

为了尽快遏制流域生态恶化趋势，经积极争取，国家发改委同意在规划未下达前，先期启动实施应急项目。2006 年国家下达补助资金 1 亿元，用于凉州西营灌区、清源灌区和民勤环河灌区节水灌溉工程。2007 年又下达补助资金 4.4 亿元，用于上述几个灌区的节水灌溉工程和西营河专用输水渠工程。

石羊河流域重点规划审批的各项准备工作已经成熟。2007年10月1日，温家宝总理利用节假日来民勤县视察，在时任省委书记陆浩、省长徐守盛、省委副书记刘伟平、省委秘书长姜信治和我的陪同下，先后考察了红崖山水库、宋和村防沙治沙展览馆、青土湖和几户移民家庭。晚上，又召开了防沙治沙座谈会，在几位专家发言时，总理不时提出许多意见，最后他说："有几件事情回去后抓紧办，第一，石羊河流域的治理、民勤的防沙治沙和'决不能让民勤成为第二个罗布泊'这项任务，既是民勤人民肩上的担子，也是省内的一项重要工作，同时我也建议提高到国家项目上。第二，我们要抓紧对规划进行审批，这个审批工作实际上是集思广益，使整个治理工作少走弯路或不走弯路。"时任国家发改委主任马凯也陪同视察，中午休息时，我到房间看望了他。我知道规划审批已成定局，无须再谈，现在最关心的是资金配置方案。马凯说中央拿70%，其余30%省（市、县）自筹。我强调武威市困难，甘肃也困难，全省在建水利工程比较多，自筹比例太高确实拿不下来。马凯表示这个筹资方案不好再变了。我立即将这个重要情况报告了陆书记和徐省长，建议趁着总理在民勤的东风，由两位领导出面和马凯再争取一下。晚饭刚一结束，我陪同陆、徐两位领导去见马凯，陈述困难，深入做工作。马凯最后表态，中央补助90%，我省自筹10%。一听这话，我们三位都喜出望外。

2007年12月7日，国家发改委、水利部印发了《石羊河流域重点规划》的通知，工程总投资47.49亿元，其中2006—2010年投资31.04亿元，2011—2020年投资16.45亿元。《规划》提出的治理目标是：到2010年，民勤蔡旗断面下泄水量由现在的0.98亿立方米增加到2.5亿立方米以上，民勤盆地地下水开采量由现在的5.17亿立方米减少到0.89亿立方米；到2020年，民勤蔡旗断面下泄水量进一步增加到2.9亿立方米以上，民勤盆地地下水开采量进一步减少到0.86亿立方米。

2012年，时隔几年之后我再到民勤。县上的同志告诉我，已关闭机井3018眼，压缩配水面积44.18万亩，蔡旗断面下泄水量已经达到3.48亿立方米，削减地下水开采量 4.48 亿立方米。这几项指标均超额完成了规划目标。我还到了青土湖，湿地开始恢复，由于下泄水量增加，已形成了若干个水面，干涸了 50 多年的青土湖终于露出了水波荡漾、芦苇丛生的原貌。

（六）特色优势产业。按照西部大开发要"有所为，有所不为"的方针和发挥比较优势、发展特色经济的原则，结合甘肃实际，我省西部开发规划提出了重点发展五大产业：有色冶金新材料、石油天然气与精细化工、特色农副产品加工、生物药品、旅游业。

有色冶金是我省的传统支柱产业，也是西部大开发确定的产业发展重点。不仅要扩大生产规模，更要发展深加工和新材料，增强产品竞争力。先后实施了金川公司矿山改扩建、金川公司镍精炼节能降耗改造和 20 万吨铜电解、兰铝 26 万吨电解铝大型预焙槽更新改造、甘肃稀土公司高性能稀土贮氢合金粉、中铝 20 万吨铝板带箔等一大批项目。特别值得一提的是酒钢集团这几年快速发展的情况。

酒钢是我省有色冶金产业的支柱，也是西北地区规模最大的钢铁联合企业。西部大开发战略实施以来，在国家调整产业结构、发展特色经济政策的引导和甘肃省"工业强省"战略的推动下，酒钢的发展步入快车道。尽管当时已建成了具有国内先进水平的高速线材、中板轧机和新一代炉卷轧机等，使产品结构得到一定程度的改善，但企业规模偏小，高附加值产品较少，影响企业进一步发展的问题仍然严重，尤其是地处内陆，远离市场，使得这些制约因素更显突出。

加速产品结构调整，推进装备升级和产品换代，实现企业的可持续发展，是酒钢适应钢铁市场竞争的必然要求。结合编制"十五"发展规划，酒钢提出充分利用资源优势和良好的配套条件，建设 200 万吨碳钢薄板连铸连轧和 53 万吨不锈钢等项目，实现产品由以线棒材为主向以板带材为主、品种由以碳钢为主向以碳钢和不锈钢并重的转变，并委托包头钢铁设计研究总院编制了 2004—2010 年产品结构调整规划。2004 年 5 月 15 日，时任中央政治局常委、国家副主席曾庆红到酒钢视察，酒泉钢铁公司领导汇报了企业调整规划，曾庆红同志予以充分肯定。

2004 年 6 月，省发改委邀请省冶金行业办对这个规划进行讨论，提出了许多重要的修改意见。为了做好规划上报审批的铺垫工作，6 月上旬，我陪同时任副省长孙小系专程向国家发改委主任马凯作了汇报，并到国家发改委工业司和中咨公司进行汇报衔接。7 月 7 日，我又和时任常务副省长徐守盛向主管工业的副主任张国宝作了汇报。两位领导均同意酒钢的项目可以一揽子上报核准，省发展改革委遂于 8 月将酒钢的结构调整规划正式上报。10 月底，受国家发改委委托，中咨公司组成专家组到现场进行评估。根据专家组的意见，对规划进行了修改调整，进一步突出了循环经济的发展理念，在对资源、市场等条件全面分析的基础上，取消了榆中钢厂 H 型钢项目，并对本部的生产规模、布局、产品方案和工艺流程进行了优化。在此基础上，省发改委又于 2005 年初上报了酒钢产品结构调整规划的补充报告。在将近一年时间内，规划还没有批下来，我很着急，酒钢的几位领导更着急，时任董事长马鸿烈、总经理虞海燕等人隔三岔五就来找我们。我们了解到的实际情况是，主要对酒钢的不锈钢项目有不同意见，鉴于国家对不锈钢布局考虑了太钢、宝钢两个点，有些同志主张短期内不再扩点。我和马鸿烈先后到工业司去了多次，从西部大发展的战略重点、甘肃产业结构和发展需要、酒钢调整产品结构的必要性等方面，不厌其烦地进行说明，争取同情和支持。2005 年 4 月 23 日，又陪同时任常务副省长徐守盛到张国宝处汇报。张国宝明确表态，同意上酒钢的不锈钢项目，酒钢处于内地，在戈壁滩上发展到现在非常不容易，如果不上一些高附加值产品，矿石吃完了怎么办，必须以矿定产，尽量上高附加值，延长服务年限。并表示其他领导的工作他去做。2005 年的最后一天，国家发改委下发了酒钢结构调整核准项目的批复，同意新上一条薄板坯连铸连轧生产线、一条 1750 毫米冷轧及涂镀层生产线和一条不锈钢生产线，项目总投资估算 109 亿元。这些项目完成后，酒钢将可以生产 200 万吨碳钢热轧薄板、53 万吨不锈钢板，以及冷轧板、镀锌板、彩涂板等高附加值产品。在这些新上项目中，设备技术均采用当时国际先进水平，使产品处于国内领先地位，竞争能力明显得到增强。

在本部主导产业发展的同时，多元化经营、综合发展也同步推进。根据省政府的决定，兰州钢厂实施破产重组，由酒钢兼并异地重建。新建的榆中钢厂 2002 年 12 月开工，一年时间完成基建工程，实现了当年出铁、出钢目标。2003 年开工了 2 台 30 万千瓦火电机组作为自备电厂，虽有曲折，但最终得到国家核准，2007 年相继并网发电。2004 年又开工建设了嘉峪关至策克口岸全长 459 公里的铁路，还组建了 10 多个农工商企业，发展无公害蔬菜、鲜花和酿造葡萄酒生产线，建成了亚洲最大的单体地下酒窖，品牌"紫轩"系列葡萄酒已畅销国内外。

石化产业发展也新上了一大批项目。先后实施了兰炼 1000 万吨炼油扩建工程、庆阳石化 300 万吨炼厂搬迁改造项目、兰州石化公司 11.5 万吨丙烯酸及脂、银光公司 10 万吨 TDI 改扩建、华亭 60 万吨甲醇、刘化集团节能技术改造、西北永新 5 万吨涂料生产线搬迁技改等。

60 万吨大乙烯，是我省西部大开发的标志性工程，它的建成对石化行业发展具有特殊意义。由于兰炼、兰化是第一个五年计划时苏联援建的两个项目，素有炼油、化工行业"摇篮"及"长子"之称，但随着国际国内两个市场的对接和石化工业的迅猛发展，"两兰"（兰炼、兰化）无论从生产规模上，还是从设备装置先进性上，都无法同改革开放以后新建的石化企业相比，竞争优势越来越弱。通过技术改造，上规模、上水平已势在必行。大乙烯工程提出较早，前期工作从 1995 年就开始了。当年，兰化公司已完成了规划方案的编制工作。1996 年 5 月，中国石化总公司和甘肃省政府联合向国家计委上报了《兰化 50 万吨/年乙烯工程建议书》。原考虑以合资方式建设，兰化公司曾先后与 20 多家外资企业进行了技术交流和合资合作方式探讨，最后选择与美国菲力浦斯公司合资建设，双方股比各占 50%，并签署了合资意向书。2001 年，外方退出。由于国内石化行业机构改革和隶属关系的变化，以及兰化、兰炼资产优化组合几经调整，再加上外资退出等原因，致使大乙烯工程一度进展缓慢。

省委、省政府将大乙烯确定为甘肃省实施西部大开发的标志性工程后，不断加大争取的力度。省上做的工作主要在三个方面：一是主要领导到北京或向来甘视察的中央领导汇报。我记得 2001 年、2003 年分别向时任国务院副总理吴邦国、黄菊都汇报过，请求给予支持。并且多次到国家计委向曾培炎、张国宝等领导谈这个项目。我和工业处处长到国家计委工业司汇报衔接就更多了。我们提出的理由是，甘肃是国家布局的西部重化工基地，石化工业产值占甘肃工业产值的 30% 以上，这个地位不能动摇，否则我省工业化进程将受影响；兰州大乙烯所需原料，在"两兰"主业合并后，通过优化产品结构，基本可以满足，从而实现炼化一体化，原料价格比全国其他拟建装置低；大乙烯可以充分利用兰州石化公司现有场地和相应的公司设施，建设投资较省。这些汇报获得了同情和支持，对中石油集团既是支持，也是压力。二是明确承诺对大乙烯工程在征地拆迁、环境评估、水电蒸汽供应等需要地方政府解决的问题上全力给予协调支持。例如，环评审查时，环保部门提出兰州市西固区环境容量有限，我们当即协调近期内关停西固电厂的几台小机组，腾出环境容量，满足大乙烯工程排放需要。时任省委书记陆浩还亲自找国家环保局副局长潘岳做协调，才解决了这个问题。三是邀请中石化规划院根据大乙烯的产品方案和我省工业的实际情况，为大乙烯工程的后续加工进行了详细规划，提出了 20 多个围绕大乙烯工程的再加工项目，并在省内多个行业和企业进行了讨论、衔接，扩大就地加工，为甘肃培育新的增长点。

中石油集团及兰州石化公司对这个项目一直没有放松。作为业主，当时考虑的主要约束性因素，既有资金投入问题，更多考虑市场前景，因为乙烯后续产品的消纳，基本在西南和东部地区，远离产品生产地，有运输成本和信息滞后问题。合资外方退出后，中石油集团曾经考虑让兰州石化公司利用大庆拆下的旧装置扩大生产规模，但省上和兰州石化公司都不认同，中咨公司评估时也认为搬迁浪费太大，建议新建为好。中石油集团也认为上述意见有道理，很快放弃了这一方案。兰州石化公司即着手进行内资建设可行性的研究，提出把现有 16 万吨乙烯装置，通过技术改造扩大到 24 万吨，另外新建 36 万吨乙烯的方案。同时，鉴于东部地区几个大乙烯工程已先后上马，也需要对兰州大乙烯工程的产品方案、技术流程进行深入的分析比较，经反复优化，最终设计采用了"大规模、短流程、低成本、差别化"的方案，并对下游产品的加工做了统一规划。按此方案编制的可研报告，很快得到国家发展计划委员会的批准。方案获批后，中石油集团又提出兰州大乙烯，已批 36 万吨，设备按 45 万吨订货。这样，项目建成后，将实际形成 70 万吨乙烯生产规模，聚乙烯、聚丙烯、苯乙烯、丁苯橡胶等一次加工产量将达到 120 万吨。同时，二次深加工副产品产量达到 40 万吨，项目总投资 53 亿元。2005 年 4 月，45 万吨乙烯工程正式开工建设，2006 年 10 月工程竣工，11 月 20 日创造了 6 套主装全部一次开车成功的记录，兰州石化公司终于形成 70 万吨乙烯的生产能力。

重点发展的五大产业的另外三个——特色农副产品加工、生物药品和旅游业，在这一时期都新上了许多项目，获得了长足发展。这些项目，一是星罗棋布，分布在全省各市（州、县），包括一些重点乡（镇）；二是基本上都属民营企业，资金以自筹和银行贷款为主，政府仅对技改和高科技项目安排少量的导向资金；三是紧紧依托当地资源优势，以资源开发性项目为主；四是和当地群众利益挂钩，项目能直接增加农民收入。

（七）民生工程。西部大开发中，省上坚持"抓好两头"，在集中力量抓好关系全省发展大局的重大项目的同时，又着力安排好与人民生产生活密切相关的中小项目。根据国家的要求和国债资金的投向，农村分批实施了通县、通乡公路工程，村村通电、通广播电视，农村"六小"工程（节水灌溉、人畜安全饮水、乡村道路、农村沼气、农村水电、草场围栏），生态移民、小城镇建设、市县疾控中心、县医院、县中医院、县妇幼保健站、乡（镇）卫生院等一大批项目。这些项目，国债安排的资金量不少，但省、市、县政府安排的配套资金更多，国债资金实际发挥了导向作用。城市实施了道路、供水、污水处理、垃圾无害化处理、电网改造、集中供热、天然气进户、城市社区卫生院等一批工程。文化教育方面，组织实施了"两基"攻坚、农村中小学危房改造、高校扩招基础设施建设、优质高中、农村初中改造工程、中等职业学校、农村中小学现代远程教育试点工程等项目，极大改善了全省各级各类学校的办学条件。完成了省博物馆改造工程，新建了

"四库全书"楼，安排了许多市、县博物馆的改扩建，新建了一大批县级"两馆"（图书馆、文化馆）和乡村图书室等。利用国债资金，安排了 20 多个旅游项目，对天水麦积山、平凉崆峒山、武威雷台等重点景区的基础设施进行了改造，新建了 21 个国家粮食储备库，新增库容 19.6 亿斤。建成了国际太阳能技术促进转让中心，这是联合国工发组织在我国的两个机构之一。在兰州市中心滩，开工建设了会展中心、甘肃大剧院以及相配套的五星级酒店等地标性工程，使"兰洽会"等国内外大型招商活动、文艺演出有了固定场所。这一系列民生工程和公益性设施直接惠及群众，使他们感受到了改革开放和西部大开发带来的巨大变化，体会到党和政府对群众生活的重视和关心。

提升干部能力素质　推动发展项目实施

实施西部大开发战略，归根结底项目建设是载体，也是支撑。省委、省政府在大力促进项目建设的同时，通过搞好培训、现场观摩、加强管理，在实践中学习提高，不断推进各级领导干部抓项目能力和水平的提升。

一、加强项目前期论证和培训工作，提升谋划项目水平

西部大开发实施以来，各级领导干部的项目意识普遍增强，大家越来越清醒地认识到，对我们这样经济欠发达的地区，增长主要靠投资拉动，高增长要有大投入，大投入要有大项目，找项目、抓项目、上项目的积极性空前高涨。但随着那几年投资力度的加大和建设进度的加快，一些地区、部门原来储备的项目开始减少，特别是关系全局、能够带动全省经济和区域经济发展的重大项目储备不足的问题开始显现。怎样谋划项目、增加项目储备成为影响全省加快发展的一个重大问题。省计委作为全省抓项目的综合部门，对这个问题的感触更深。2003 年全省西部开发汇报会时，我作了个发言，从计委工作的角度，着重谈了当时项目建设的现状，以及如何开阔思路、谋划项目的问题，引起了与会同志的共鸣。围绕这个问题展开了热烈的讨论，提

出了许多好的建议意见。我印象深刻的有以下几个方面：

（一）谋划项目，要立足当地的优势特色资源和市场需求，引导、调动企业的积极性，变单一的政府谋划为主转向企业、政府和投资者共同谋划，从单个的项目谋划为主转向通过行业规划来谋划项目为主。对政府投资的公益类项目，各地各部门要按照投融资体制改革要求，跟踪国家的投资方向和投资重点，结合当地的急需和薄弱环节，通过搞好规划来谋划项目，把单个项目与生产力布局、行业发展规划等联系起来考虑，避免重复投资和盲目建设。

（二）对竞争类项目，各级政府要根据市场需求，从当地实际出发，分类指导，做好规划，营造环境，搞好服务，引导和调动企业谋划项目的积极性。具体讲，可以围绕大企业谋划项目，如围绕兰州石化大乙烯在兰州及其合理的经济范围内发展后续加工。围绕深度开发和配套服务谋划项目，如以玉米加工为龙头，发展玉米淀粉、玉米油、麦芽糊精、谷氨酸、味精、饲料等系列产品。围绕农畜产品加工谋划项目，如定西地区根据本地马铃薯种植面积大、产量高的优势和市场需求，大力发展马铃薯产业，并根据国内淀粉市场的变化，在发展粗淀粉的基础上，进一步发展高档精淀粉、法式薯条、薯饼等产品，形成了包括粗淀粉、薯条、普通薯精淀粉、专用薯全粉、变性淀粉等多个系列和品种在内的马铃薯系列深加工产品，进一步把马铃薯产业做大、做强。围绕高新技术谋划项目，如白银市，通过与中国科学院的合作，促成了中科院白银高技术产业园的建立，引进了一批高新技术产业项目。

（三）谋划项目要坚持扩大对内对外开放，舍得拿出最好的企业、最优良的资产，请国内外同行、知名的企业来兼并、"嫁接"，实现"双赢"。如兰石与美国国民油井的合作、兰州石化与美国路博润公司的润滑油合作等，效果十分明显。要根据国家利用外资改组国有企业、允许向外商转让上市公司国有股和法人股的新政策，推进省内企业同国内外大公司和企业集团联合协作，利用他们的品牌、销售网络以及资金技术人才来发展壮大自己，在更大范围内推进资源的优化配置。

（四）谋划项目要建立和完善项目储备库。加大项目筛选和项目论证工作力度，千方百计充实高新技术产业化、传统产业技术改造和农村基础设施、城市基础设施等方面的项目储备，并依据国家的宏观经济政策和各地经济发展需要，不断充实、更新、完善项目库，特别要充实那些关系全省和区域发展全局的重大项目，真正做到建设一批、开工一批、储备一批、论证一批。

2003 年，省委、省政府提出"发展抓项目，改革抓企业"的新思路。当时各级领导干部抓项目的积极性越来越高，但一些同志不熟悉国家产业政策和投资导向，不善于谋划项目，不了解建设项目的程序，不懂得运作项目的一般规律，出现了不会抓，不善抓，甚至胡乱抓的情况，如有的地方"饥不择食"，以为"捡到篮子里的都是菜"，引进了一些破坏资源、污染环境的项目；有的地方考察不够，和一些没有经济实力、信誉很差，以"转让项目"谋利的公司签订开发合同，耽误了项目开发的有利时机；个别地方重签约，轻落实，项目迟迟不能落地。针对这些情况，省委十届四次全委（扩大）会议提出了西部大开发要真抓实干，全力以赴抓好项目建设的总体要求。一段时间，省委、省政府领导逢会就讲，领导干部"不抓项目就是失职，不会抓项目就是不称职"，并要求从省上开始抓好项目培训工作。我们立即行动起来，在委内成立了培训工作领导小组，由我任组长，组织各业务处室开始编写教材。确定的原则是，教材要实用性强，一听就懂，学会就能用，尽可能采用案例说明，最好是亲身经历的例子。教材包括十二讲：发展抓项目的意义和着力点、项目的选择、项目建设程序及管理、项目决策分析概论、建设项目的评估及贷款申报程序、政府投资项目管理及投融资体制改革、建设项目与利用外资、农村产业结构调整与农业产业化、扶贫开发和扶贫资金的管理使用、建设用地审批管理、建设项目环境管理和影响评价、工程项目管理与稽查。教员以业务处室有经验的处长为主，并请省国土厅、省环境保护局、国家开发银行甘肃省分行、省经济研究院承担了与其业务相关内容的编写和讲课任务。2004 年 4 月 2 日，省委组织部和省发展计划委联合举办的"抓项目促发展"培训班在省委党校举行了开班仪式，我主持并作了当前经济形势的动员报告。到 5 月中旬，共举办了 8 期培训班，参加培训的有 14 个市（州）党委和政府分管领导，61 个省直部门的分管领导，86 个县（市、区）党政主要领导，各市（州）计委主任、副主任，省直有关厅局计划、财务、基建处室负责人等，共 455 人。参加培训的同志普遍反映，教材针对性、实用性很强，拿回去就能用；讲课方法生动灵活，印象深刻，一听就明白，这样的培训班非常管用。许多市县借鉴省上的办法，也举办了项目培训班，而且请我们一些处长去讲课。

为了配合各级领导和部门抓项目，我们在举办"抓项目促发展"培训班的同时，还与省委政策研究室、省经贸委一起组织省直有关部门编辑出版了《项目建设指南》一书。内容包括三部分：第一部分是国家、省推动经济社会发展的政策和法规，包含国家 2004 年投资政策、鼓励非公有制经济发展、社会事业全面发展、税收优惠政策、各金融机构项目建设贷款等内容；第二部分为项目建设一般程序和国家产业导向，包含项目建设程序、项目环境影响评价及审批、土地管理及项目建设用地、国家重点鼓励发展的产业、产品和技术目录、工业行业近期发展导向、外商投资创业指导目录、外商直接投资、借用国外贷款等内容；第三部分为项目建设行业政策与具体程序，包含甘肃省有关行业政策及资金投向、工业、农牧业、林业、水利、农业综合开发、资金管理和监督、科技、教育等内容。

为了总结交流各地抓项目促发展的经验，推动各级领导干部抓项目能力和水平的不断提高，2005 年 5 月 18 日，省政府在白银召开了"全省抓项目促发展现场会"，肯定了白银市的经验，参观了白银市那几年新引进建设的项目，宣读了对完成固定资产投资任务的甘南等 5 个州（市）的颁奖决定。会上，省政府领导提出发展抓项目要上下齐抓共管，明确责任，分级负责，落实到人，严格考核，今后县一级侧重抓 1000 万元以上的项目，市（州）一级侧重抓 1 亿元以上的项目，省上重点抓 10 亿元以上的项目，推动了全省抓项目工作深入开展。

二、加强项目管理

1998 年到 2007 年底，国家累计下达我省国债资金 336.8 亿元，共安排

500多个项目，涉及20多个行业，其中以农林水利、交通、城镇基础设施、能源、社会事业这几个领域为重点。这些项目的实施促进了基础设施和民生的改善，解决了许多我们多年想解决而没能解决的问题。但由于国债项目申报、下达时间都很短，各个行业对项目管理要求又不统一，再加上量大面宽，我们经验不足，项目实施中一度出现了不少问题。2002年5月，国家计委组织到14个省进行检查，投资司司长包克辛带队到甘肃。我陪同他到天水、成县、康县、武都、宕昌、岷县、合作、碌曲、夏河等地检查，另有两个组到河西和中部检查，共查了185个项目。检查组通报情况时，既肯定了我省这几年国债建设的成绩，又指出了存在的问题，主要有：

1. 挪用国债资金搞其他项目建设，甚至发工资的问题。

2. 不少项目前期工作很差，有些列为当年开工的项目，第二年才能开工。

3. 地方配套资金不到位，既有承诺不落实的问题，但更多的是不能按工程进度及时下达资金。这类问题尤其普遍。

4. 不按规矩办，擅自扩大建设规模或提高建设标准，造成原本就有的资金缺口进一步扩大。

5. 不按招投标程序办理，有些单项工程不招标，有些招标不规范。

6. 个别工程质量有问题。

7. 市（县）计委、项目主管部门对国债项目检查面不大，对已出现的问题协调不够。

我们立即采取措施加强对国债项目的管理：召开电话会议进行检查整改的部署；发传真到各地（州、市）要求开展自查自纠；对每个项目检查发现的问题都发出整改通知，不仅发到主管部门和业主单位，同时还发给地（州、市）主管领导；对重大问题限期整改，经派人抽查，如无改进，将采取制裁措施。第一步，停止该项目后续资金安排；第二步，停止项目所在地国债项目的安排；第三步，对非常严重的情况，停止该地所有预算内投资的安排。7月底，省计委组织了8个组再次到各地检查，历时半个月，发现违规问题大部分得到解决，滞留资金情况得到改善，未按时开工的项目已全部开工，总的情况有所好转。

2003年5月，国家审计署组织对我省公路项目进行了一次专项检查，又发现一些项目有挪用国债资金、违法分包、挤占成本、设计施工单位资质不合格、擅自变更建设内容等问题。5月28日，省政府领导在听取检查组的汇报后严肃指出，对每个检查出的问题都要分析症结，查清责任，定出整改措施，一个一个项目落到实处。借这次督查，推动国债项目管理上水平，凡是挪用国债资金的，不仅要将钱退回来，还要追究当事人的责任。会后，省计委再次组织力量对整改项目逐个进行检查，我还专门到天水，检查了清水到北道、清水到张家川两条公路的情况，并召开了整改工作会议。这些现象使我们认识到，强化对建设项目的管理是个长期任务，除了成立重点项目稽查办公室，使检查、督查工作常态化外，更重要的是要从制度建设入手，落实项目法人责任制、招投标制、合同管理制、工程建设监理制；实行工程质量终身责任制，严把设计、施工、监理、检查等关口；强化对企业的资质审查、资信登记和动态监管。2002年起，省政府又建立了与地州市签订国债项目责任书的制度。通过这些带有治本性的措施，提高了项目法人和管理部门的项目管理水平，确保了项目建设的质量。

三、提高自身抓项目的能力与水平

要提高全省抓项目的能力和水平，必须从自身做起。我们重点抓了这样几件事：

一是改革了省计委预算内基建投资管理办法。根据省政府的要求，取消了沿袭多年按切块基数分行业安排投资的传统办法，集中财力办大事。同时，明确政府投资只管社会公益性项目和政府确定的重大事项，对一般竞争性项目，不再安排政府投资。

二是集中力量抓大事。西部大开发之初，我们拿出的计划本子存在项目分散、投资额小、传统型多的问题。这种状况远不能适应西部大开发、甘肃大发展的要求，我们不满意，省委、省政府领导也多次指出，省计委要抓大事，要有大手笔，要运作大项目。我们积极引导全委干部转变观念，转变职能，转变方法，把工作重点和精力都放到抓大事上来。明确今后办公会议只研究大项目问题，各处室汇报工作只谈大项目进展情况，每年年末或年初都要列出大项目清单，前期费用只安排给大项目。强调要加强和大企业的联系，共同谋划大项目。通过这一系列措施，委内工作有了明显改进，逐步形成了议大事、抓大项目的风气。

三是注重抓项目前期工作。为了加大项目前期工作的力度和深度，省计委从 2000 年开始将项目前期工作正式纳入计划，拿出一定资金补助项目前期工作。当年列入前期项目计划的有 53 项，安排省拨款和省农业专项资金共 1480 万元。2001 年下达了三批项目前期工作计划，涉及 60 个项目，安排前期费用 4851 万元。根据各地前期工作开展情况，也给予适当的经费补助，以调动地方的积极性。2001 年 5 月，我们召开了首次"全省重点项目前期工作座谈会"，明确建立项目前期工作目标责任制，实行责任、任务、进度到人的"三落实"制度；对重大项目成立建设协调领导小组，实行"四定"（定任务、定进度、定人员、定责任），推进项目前期工作的规范化、科学化。

四是建立了省上的重点项目储备库。按照竣工一批、续建一批、新开工一批、前期工作一批的抓项目要求，省上在 2001 年建立起重点项目储备库，包括每个项目的名称、建设规模、投资总额、资金来源、主管单位或业主、前期工作进展情况等内容，实行动态管理，不断充实、完善。2001 年，我们把纳入规划的大小项目全部纳入项目库，总投资达到 4800 亿元。后来按照地县抓中小项目、省上抓大项目的分工，提高了省上项目库的入库标准，只保留了 296 个项目，总投资 3200 亿元，平均每个项目投资 10.8 亿元。随着国家产业导向的变化和抓项目水平的提高，省上项目库质量也相应提高，虽然储备项目个数和投资总额有所减少，但单个项目的投资额增大了。2005 年，省上筛选和储备的重大项目有 164 项，总投资 2600 亿元，但平均每个项目的投资额达到 15.9 亿元，增加了 5.1 亿元。

五是深化投融资体制改革。2005 年 7 月，省政府发布了《甘肃省政府投资项目管理暂行办法》，以及与之配套的投资咨询评估、企业投资项目核准、企业投资项目备案、境外投资项目核准、外商投资项目核准等文件，进一步界定了政府性投资和各类专项建设资金的投资方向、投资范围和投资方式，明确了各类投资的管理办法，简化了审批程序，推动全省投资管理工作走上更加规范、科学、有序的轨道。

扩大对内对外开放及发挥政协作用的几件事

2000 年 4 月 21—28 日，时任省委书记孙英、省长宋照肃率领省直综合部门、部分地（市）负责人组成的甘肃省党政学习考察团，以及由部分企业负责人组成的企业考察团，主动走出去，到浙江、上海等省市学习考察、洽谈合作项目，以促进在实施西部大开发中东西联动、优势互补、互惠互利、共同发展。同时，邀请福建、浙江、上海、广东等东部省市党政领导带队到我省进行考察、交流和合作，拉开了西部大开发中扩大对内对外开放，加强甘肃与东部地区合作交流的序幕。

一、制定优惠政策

伴随扩大对内对外开放，"走出去、请进来"，不断有外省和国外各界人士考察团（组）、企业、新闻媒体来甘考察了解甘肃的投资领域和投资环境，国内各类招商洽谈会和有关西部大开发的研讨会也频频召开，迫切需要一个统一的、综合性的甘肃西部大开发优惠政策，但国家的西部大开发政策尚未出台，怎么办？根据这一实际情况，省政府确定了"两步走"的工作步骤：

第一步，为了争取时间，先对省上现行的优惠政策和国家个别部门新出台的对西部地区的优惠政策进行搜集、清理、归纳和综合。我们收集了省上近年出台的 30 多份政策性文件，进行深入研究，对其中失效的、重复的、交叉的、难以操作的或是相互抵触的内容，按照"符合现行法律法规、尽量放宽变通优惠、注意连续性稳定性"的原则，结合国家个别部门新出台的一些优惠政策，进行逐条清理归并、简化修改，补充了一些新政策，经多次召开有关部门座谈会，反复征求意见，报省政府审定后，于 2000 年 8 月 22 日发布了《甘肃省西部大开发优惠政策》（甘政发〔2000〕50 号），包括 8 章 53 条，涉及市场准入、国民待遇、鼓励投资、税收、土地、人才、投资服务等方面内容。在政策制定过程中，有许多不同意见，需要反复协调。如对国家"'两免三减半'优惠政策，扩大到限制乙类项目，并在期满后，三年内可再减，按 15% 税率征收企业所得税"，（"两免三减半"政策是指外商投资企业可享受从获利年度起 2 年免征、3 年减半征收企业所得税的待遇）。这一条，争论较大。有的认为税权在国家，地方无权减免；有的认为甘肃财政困难，减免承受不起；有的认为如果这一条都没有，和其他省区比较我们就没有什么优惠了。省政府开会研究西部大开发优惠政策的头一天，我和时任省财政厅厅长苏志希俩人再次权衡协商，取得一致意见，保留了这一条。同时，苏志希还提出新增"对生产性外商投资企业，还免征 3% 的地方所得税"这一条款，使我们的税收优惠政策更为丰富。

第二步，国务院《关于实施西部大开发若干政策措施的通知》（国发〔2000〕33 号）和国务院办公厅《转发国务院西部开发办关于西部大开发若干政策措施实施意见的通知》（国办发〔2001〕73 号）下达后，按照省委、省政府的部署，我们围绕优惠政策措施的落实，先后召开了部分民营企业、合资企业座谈会，听取他们对修改补充完善政策措施的意见建议，并结合收集、研究兄弟省区西部大开发优惠政策，派专人赴重庆、成都、陕西等地考察学习，对 2000 年 8 月制定的我省西部大开发优惠政策进行了补充、完善，在进一步征求有关部门意见的基础上，制定了《甘肃省实施西部大开发若干政策措施》，省政府于 2003 年 5 月 15 日以甘政发〔2003〕38 号文印发全省执行。内容包括税收和财政、信贷和融资、土地利用、矿产资源开发、扩大对内对外开放、引进和留住人才、大力改善投资软环境、附则八个方面，共 43 条。

二、大力改善"三个环境"

西部大开发以来，我省为了适应对内对外开放形势，采取了许多措施，如 1999 年，建立了外商投资企业的法律咨询、投诉受理和法律调解三个中心；2000 年，成立了"甘肃省招商引资联合服务中心"，实行"一个地点办公、一个窗口对外"的"一条龙服务"和"统一受理、限时办理"等制度，取得了一定成效。但是，到 2001 年年中，一些地区仍没有一户外商投资企业，世界 500 强在甘肃落户的也只有一、两家，全省利用外资总规模还处在全国后位，特别是一些外商纠纷案件不断发生，引起了大家思考。时任省委书记宋照肃委托省政协就营造投资环境问题开展专题调研。省政协几位副主席率领部分常委、委员以及有关专家学者组成调研组，于 7 月 23 日—8 月 13 日历时 20 天，赴天水、酒泉、兰州、白银 4 地市就甘肃软环境进行了专题调研。同时，委托全省 14 个地（州、市）政协就这一专题也各自进行调研，并在全省工业企业范围内进行问卷调查。通过深入调研，深感我省不少投资建设项目都程度不同地受到了方方面面的阻碍，乃至一些居民、农民当满足不了不合理的要求时，就围堵建设工程，甚至出现了国家重点工程两年内被堵 300 多天的怪事。甘肃万轩铝业发展有限公司成立合资企业后，经董事会一致通过，对原公司进行体制改革，富余职工每月发放 450 元，下岗培训。但部分职工封锁厂区，拦截上班车辆，阻止在岗职工正常生产，而且围堵省政府 3 天。事后，中方违约，单方经营，结果亏损达 6000 多万元，造成外商提出撤资。天水庆华仪器厂与中国轻骑集团合资引进一条摩托车生产线，由于地方和企业对落实优惠政策意见分歧，致使刚开建的年产 10 万辆摩托车的生产线被迫停产（注：指 2001 年调查时）。建在兰州安宁开发区的众邦电线电缆厂，是按先开工后办手续的优惠政策建设的，工厂已投产一年多了，但建设手续迟迟办不下来，有关部门否定先开工后办手续的做法，认定工厂建设是违规操作，还要罚款。许多企业已经开工投产了，手续还未办下来，投资者有后顾之忧。他们反映，从申办土地到办好相关手续一般都要 2—3 年，远比发达地区费时费事。据香港合资企业金力房地产有限公司港方代表反映，因合作双方纠纷投诉 8 年，还未得到解决，港方代表称："照此办理，还有哪一个境外投资者敢贸然涉足甘肃！"据调研组统计，省级各类审批项目共 1000 多项，办一个外资企业要盖 100 多个图章。据对全省 306 户工业企业的问卷调查结果显示：80% 认为我省开放政策落实工作做得一般或较差，81% 认为政府部门办事效率一般或低，52% 认为目前企业税率偏高，77% 认为市场秩序有待整顿规范。这些数据说明我省投资环境存在问题较多，亟待改善。调查组还筛选了 22 个典型例子集中反映了全省软环境方面存在的问题，这些问题不同程度地抵消了我省扩大开放的各种努力。调查结束后，省政协召开八届十七次常委会议，提出了《关于改善投资软环境扩大对外开放的建议》。省政协的调查和建议，引起了省委、省政府的高度重视，省委常委会议专题听取了省政协的汇报，认真研究了省政协的建议，决定在全省范围内开展一次营造"三个环境"的大讨论。2001 年底，省委、省政府发出了《关于开展营造"三个环境"大讨论的通知》（"三个环境"指投资环境、建设环境和干事创业环境），要求以大讨论推进思想观念、工作作风和政府职能的转变，推进行政大厅和行政首问制度，推进依法治省的进程，推动各项政策的落实。"三个环境"的大讨论在全省热烈开展起来，省委、省政府还组织了多次督查、汇报活动，推动了这项工作的深入开展。各地、各部门高度重视，从转变职能、改进作风、简化审批、提高效率入手，认真解决妨碍环境优化的突出问题。协调处理了一批久拖不决的投资纠纷案件，清理了现有法规和政策规章，开展了行政审批制度改革，公布了一大批取消、下放、转移的审批核准项目，废止了一批政府规章，整顿规范了市场经济秩序。2004 年，为了巩固大讨论的成果，规范政府行为，省政府又颁布实施了行政许可规定、限时办结、首问责任制、公务人员吃拿卡要等行为处理办法、开展末位淘汰制试点、机关政务公开实施方案、企业投诉处理办法、外商投资投诉处理办法、开展企业评议政府部门活动等一批新的规章制度，促进政府职能转变，全力打造"服务型政府"。2006 年初，省政府政务大厅正式建成运行，开展了"一站式"服务。全省各个市（州）和各县（区、乡）相继建立了"一站式"服务政务大厅，为投资者和群众提供高效便利的服务，协调解决了一大批企业和投资者个人的困难和问题。

三、拓宽融资渠道

随着投资环境的改善，我省对内对外开放逐步形成良好局面。通过"走出去、请进来"，主动出击，在继续加大对外开放的同时，加大对内开放的力度，加强了同东部沿海省市的经济技术合作与交流，抓住"兰洽会"等几大节会的有利时机以及外引内联等有效形式不断扩大招商引资，项目合同个数、引进和到位资金数额都大幅度上升，一批规模大、起点高、技术含量高、知名度高的非公有制企业纷纷到甘肃创业，加快了地方经济发展。2000 年至 2007 年，全省共实施省外合作项目 4046 项，实际引进到位的省外投资 473.14 亿元。到 2007 年，已有中国水利水电建设集团、华能集团、徐州矿务集团、深圳东部集团、中牧集团、广东科龙、浙江卡森、珠海中富、上海开开、福建盼盼等一批央企和东部地区的知名大企业进入甘肃。中粮（集团）公司与美国可口可乐公司两家世界 500 强企业，在兰州建成了西北第一家可口可乐瓶装厂，使甘肃实现了引入世界 500 强大企业零的突破。

为了进一步拓宽融资渠道，给我省的建设项目筹措更多的资金，省委、省政府高度重视同银行加强联系，主动上门拜访，定期交流情况，成立了省金融办，及时协调银地、银企之间的关系。时任副省长冯健身利用对金融业务的熟悉和良好人脉关系，于 2005 年 5 月帮助省里与国家开发银行搭建了信用合作平台，签订了 500 亿元贷款额度协议，主要用于基础产业发展、城市基础设施、高新技术产业、旅游、大学扩建等方面。之后，与建设、工商等银行也签订了信用合作协议。这些协议的签订，大大增加了我省信贷资金规模，推动了项目的建设和固定资产投资的扩大。

2000 年前，改革开放 20 多年，全省累计外资投入 9.86 亿美元，经过 2000 年年检的全省外商（含合资、合作）企业仅有 503 户。2000 年当年，外商在我省直接投资达到 6200 万美元，扭转了之前近五年全省外商投资额和户数下降的趋势。2000 年至 2006 年，外商直接投资合同项目 393 个，吸收外商直接投资合同金额 11.82 亿美元，实际使用外商直接投资 4.93 亿美元。西部开发头几年，全省利用外资比较大的项目有：日元贷款农业节水灌溉、重点风沙区生态环境综合治理、刘寨柯至白银高速公路，西班牙政府贷款兰州天然气管网，世行贷款西部扶贫开发、畜牧综合发展、甘肃牧业综合发展、甘肃文化遗产保护，亚行贷款罗汉洞至定西高速公路、张掖小孤山水电站、武都至罐子沟高速公路、张掖黑河水电梯级开发、白银城市基础设施建设，世行贷款和英国政府赠款西部地区基础教育发展，世界粮食计划署和国际农业发展基金会联合投资的甘肃农村综合发展等一大批项目。利用外资项目的实施，拓宽了融资渠道，扩大了投资规模，不仅弥补了项目资金缺口，而且引进了国外先进的管理理念和方法，促进了我们许多干部观念的转变和管理水平的提高。

四、建言在秦王川设兰州新区

城市空间狭窄的问题一直制约兰州市的经济社会发展，历届市委、市政府不间断地进行了探索。实施西部大开发之初，兰州市提出向东往榆中方向拓展；"十一五"提出以老城区和榆中盆地为主的"东扩西展，南伸北拓"城市空间发展战略，后来又提出移山造地，发展"兰北新区"的方案，这些举措都取得了一定成效。

2010年，省委、省政府提出"实施中心带动战略、在未来全省经济快速发展中发挥兰州白银核心经济区引领作用"后，省政协把这一内容作为围绕制定"十二五"规划调查研究的重点课题之一。按照省政协工作部署，我带领调研组于3月下旬至4月上旬深入兰州、白银两市的永登、靖远、景泰、白银、平川5个县（区），就这一课题进行专题调研。期间，邀请省直有关部门、大专院校、国有大型企业的负责同志和专家学者，分别召开5次座谈会，就推进兰白核心经济区建设中的重大问题进行研讨；同省测绘局一道首次绘制了《兰州白银两市0—3度区域分布示意图（部分）》，弄清了这一区域的基本地理信息；到省引大入秦工程管理局调研，摸清了秦王川地区的供水情况；赴河南、陕西两省，学习借鉴中原城市群和西（安）咸（阳）一体化发展中好的做法与经验。

调研中我们深感"发展空间有限，土地资源短缺"已成为兰白经济区发展的最大"瓶颈"。就当时兰州市发展空间现状来看，把秦王川作为新区优先开发，是推进兰白经济区发展的突破口和战略选择。这主要是因为：

兰州市区东西长约 60 公里，南北极为狭窄，最宽处不足 5 公里，最窄处仅 1 公里左右，受"'两山'夹一谷"地理条件的限制，城区发展空间狭小，城内 4 区平均容积率达 1.42、平均建筑密度达 0.37，老城区基本上已无发展空间。为了适应旧城区改造和发展新兴产业的需要，兰州市已开始推进"兰北新区"建设，即围绕秦王川盆地、黄河北部和榆中盆地三大区域，实施移山造地、基础设施建设和重点功能配套，打造卫星城、综合性新城区和新型产业园区。我们调研组认为，黄河北部，基础设施投入相对较少，共享程度高，邻近效益好，但移山造地规模大，地质灾害较多，湿陷性黄土地质熟化期长，土地近期供给不足；榆中盆地能减轻移山造地熟化期的影响，有利于新兴产业的空间布局和主城区功能布局的优化，但可利用土地不多，人口也较多，水资源供应不足，又难以和白银进行对接。

秦王川盆地海拔较高（平均海拔 2000 米左右），离兰州城区较远（沙井驿到中川的直线距离与城关区东部到榆中的距离差不多，都在 40 公里左右），干旱少雨，多年平均降水量 285 毫米，冷暖分明，光照充足，植被稀疏，水电路等基础设施条件不足，投入较大。但相对而言具备优先开发的优势：

一是土地面积大。集中联片较为平坦的土地有 433 平方公里，与此相邻高差在 75 米以下的土地还有 150 平方公里。这是兰州市和我省储备的最大一块土地资源，是兰州市建成区的 3 倍多，紧邻的皋兰还有 200 平方公里可开发利用，继续向东到黄河边的大范围内，大部分属沟谷、平坝和低山交错的丘陵、河谷地区，还有相当的发展空间。

二是人口少（不到 13 万人），且大部分属农业人口，开发安置难度小。

三是有一定的水源保障。经国家发改委批准的《引大入秦工程供水结构优化调整方案》调整了供水结构，可满足城乡 115 万人的供水需要；供水区规划布局了 8 座调蓄水库，总库容量 2145 万立方米，年调蓄能力 6028 万立方米，全部建成后可实现季节性供水到常年供水的转变，保证新区近期发展的需要。

四是已形成一定发展基础。空港循环产业园已完成部分基础设施建设，道路、供排水已初具规模，吉利汽车、兰州分离科学研究所生物化学产业园、高新技术农业等项目已经入驻。着眼于兰白区域经济快速发展的需要，就拓展城市发展空间而言，建议兰州市在进一步组织区域经济、地质、水文、气象、环保、生态、地震等方面的专家到秦王川实地考察、科学论证的基础上，克服存在困难，优先开发秦王川盆地。这是客观条件下的现实选择。我们明确提出"在充分论证的基础上，可以确定兰州新区就是秦王川新区，或者包括秦王川新区和皋兰县、榆中县、景泰县、白银区的部分。"调研中间，我和时任省政协主席陈学亨交换了看法，我们俩不谋而合，都认为兰州市往秦王川这一片拓展是现实选择。我们还同国家发改委宏观经济研究院《兰州白银区域经济发展规划》课题组进行讨论、沟通，取得共识，他们在补充调研时又专门到秦王川进行了考察。2010 年 5 月 23 日，国家发改委宏观经济研究院常务副院长王一鸣带领课题组部分成员在兰州向我和省发改委、兰州市、白银市领导，就兰州白银区域经济发展规划前期专题研究情况作了汇报，对兰州新区空间设置的几个方案进行了深入的比较分析，认为兰州新区设在秦王川相对比较合理一些。经过反复讨论，与会同志取得一致意见，同意兰州新区设在秦王川。6 月 3 日，我们听取了兰州市委、市政府领导对调研报告的反馈意见，也得到他们对兰州新区设在秦王川的肯定和认同。6 月 9 日至 11 日，省政协十届十一次常委会议通过了我们的调研报告，并报送省委、省政府，省委书记陆浩做出了重要批示。

文章写完以后，我觉得对撰写的过程及文中有些问题，有必要加以说明。正式动笔以后，我翻阅了 1999 年以来的工作笔记，并对照记载每天活动要点的《效率手册》，将重要活动的内容、人物、时间确定下来，同时查阅了一些重要规划和文件，构思了文章的提纲。这时，才感到工作量之大，有些问题下笔之难，远远超出了原来的预计。我邀请了原省西部开发办副主任胡其昌同志，专程从成都来兰州协助工作。胡其昌以惯有的严谨认真态度和对西部开发全面工作熟悉的优势，又查阅了大量的笔记、资料和原始文件，帮助完成了文字整理工作。我们俩又在一起，对个别记忆不甚清晰的问题重新做了回忆、探讨和分析，力求达到文史资料的基本要求：每一个活动、每一个文件、每一个项目都要客观真实，时间、地点、主要内容和经济数据都准确还原出来。为此，又进一步查对了大量原始文件和基础资料。西部大开发中，主要活动和重大项目都涉及省委、省政府主要领导，限于工作范围，我只能将本人所了解的有关情况写出来。为方便叙述，多数活动"以省委、省政府领导"名义概括。对重要活动中出现的领导名称，当时任多个职务的，也只提按分工承担的主要职务，以简化称谓。个别当时的领导人，由于众所周知的原因，没有再出现。

在写作的这段时间里，我每天都沉浸在对西部大开发头几年那些激动人心日子的回忆中。那时，整天紧张忙碌，每周甚至每天都能听到项目立项、计划下达、资金到位、项目开工之类的好消息，又会遇到审批受阻、办理不顺、项目超支这样一些困难和问题。想起这一切，我至今感奋不已。我深深感谢历届省委、省政府领导对我的高度信任和支持；深深感谢省发改委各位副主任、处长和职工对我工作的理解和支持；深深感谢那些年为争取重大项目和我一起辛劳奔走的市州和县（市、区）领导，以及业主单位的同志们。在写"引洮工程"一段时，我想起了原水利厅副厅长金涛，他为这个项目的上马作了很多贡献，退休没几年，因病逝世，我至今都怀念他。

关中—天水经济区建设回眸

裴根福[*]

2008 年《关中—天水经济区发展规划》（以下简称《规划》）编制工作启动以来，我被抽调到市关中—天水经济区规划办公室工作，从此与关中—天水经济区结缘，主要承担我市关中—天水经济区建设上下衔接、政策争取、合作交流、宣传推介等日常工作，先后参与国家《规划》、省政府《实施意见》、天水市《实施方案》的起草和专家论证、新闻发布工作，承担市党政代表团赴关中、平凉、庆阳考察，市领导赴国家部委、甘陕两省有关部门的对接协调、材料准备，以及关中—天水经济区相关活动的组织协调工作。现就个人亲历、亲见、亲闻的事作一回顾。

关于关中—天水经济区背景

关中—天水经济区是国家西部大开发三大重点经济区之一，是国家主体功能区 18 个重点开发地区之一，也是国家"十二五"重点区域。2009 年 6 月 10 日，经国务院同意，国家发展改革委正式印发《规划》；以 6 月 25 日国务院新闻办举行新闻发布会为标志，关中、天水的发展上升为国家战略。关中—天水经济区为什么能上升为国家战略，我个人认为，大的背景是国家实施西部大开发战略。

* 作者系天水市关中天水经济开发区办公室副主任。

西部大开发战略是党中央总揽全局、面向新世纪做出的重大决策。1999年6月，江泽民同志在西安提出"必须不失时机地加快中西部地区发展"号召。1999年9月，中共十五届四中全会通过的《中共中央关于国有企业改革和发展若干重大问题的决定》明确提出，国家要实施西部大开发战略。1999年11月，中央经济工作会议把实施西部大开发战略作为一个重要工作予以部署。2000年1月，国务院西部地区开发领导小组召开西部地区开发会议，研究加快西部地区发展的基本思路和战略任务，部署实施西部大开发的重点工作。2001年3月，九届全国人大四次会议通过的《中华人民共和国国民经济和社会发展第十个五年计划纲要》，对实施西部大开发战略再次进行了具体部署。2006年4月，国家发展改革委和国务院西部办在西安召开了构建跨行政区的大关中城市群座谈会。2006年12月，国务院常务会议审议并原则通过国家发展改革委、国务院西部办编制的《西部大开发"十一五"规划》，正式将成渝、关中—天水、北部湾经济区列为西部大开发三大经济区。

关于关中—天水经济区形成过程

2006年2月，陕西省"十一五"规划提出"关中率先发展、陕北跨越发展、陕南突破发展"的战略目标。2006年4月，国家发展改革委和国务院西部办在西安召开构建跨行政区的大关中城市群座谈会，陕西方面的有关专家提出，关中地区只有五座中心城市，发展关中城市群，需要增加中心城市数量，建议将其周边的三门峡、运城、临汾、延安、庆阳、平凉、天水、陇南、汉中、安康、十堰等城市都纳入大关中城市群，构建以大西安为中心的大关中城市群体系。参加座谈会的国家发展改革委、国务院西部办领导强调，建设大关中城市群要在国家西部大开发这一背景下考虑，在编制西部大开发"十一五"规划时考虑构建跨省级行政区的经济区，这一经济区要有地缘、文化、经济等方面内在联系。据我所知，最早提出建设关中—天水经济区概念的是时任国家发展改革委副主任王金祥。

对于国家为什么要建设关中—天水经济区，2010 年 4 月，我在西安参加国家发展改革委组织的关中—天水经济区座谈会时，有幸聆听国家发展改革委分管西部开发的副主任杜鹰对此问题的诠释。杜鹰指出，西部大开发战略是个百年工程，不能遍地开花，只能走"点线面"的路子，要"以线串点，以点带面"。国家在西部选定了三个点：成渝地区、关中—天水地区、广西的北部湾，这三块区域最有希望成为西部乃至全国新的经济增长极。因此，在研究西部大开发"十一五"规划时，选择了成渝、关中—天水、北部湾（广西）三个重点经济区作为新的增长极。这三个经济区的经济总量占西部地区近 30%，聚集生产要素的能力较强，发展条件较好，发展潜力很大，对周边的辐射和带动作用明显。

"关中—天水"之名弥足珍贵

在东部率先、中部崛起、东北振兴、西部大开发总体战略指导下，国务院先后密集出台批复了海峡西岸经济区、中原经济区、辽宁沿海经济带等区域发展规划，仅西部地区就有成渝、关中—天水、广西北部湾、陕甘宁革命老区、呼包银榆、新疆天山北坡、贵州黔中经济区、晋陕豫黄河金三角区域合作规划，以及宁夏内陆开放型经济试验区、云南省加快建设面向西南开放重要桥头堡等发展规划。在诸多经济区、经济带中，将一个城市之名镶嵌在经济区、经济带名称中，仅有关中—天水经济区。

关中—天水经济区之名对天水来说，是天水有史以来、最有价值的国字号"金字招牌"。但这一命名从提出，到进入西部大开发"十一五"规划，再到 2010 年《中共中央国务院关于深入实施西部大开发战略的若干意见》提出将关中—天水经济区打造成具有全国影响的经济增长极，期间有专家曾经提出，关中—天水经济区一边代表一个区域，另一边代表的是一个城市，存在两边不对等的问题，建议用大关中经济区、关中—陇东经济区或关中—陇右经济区替代。在《规划》课题组征求意见座谈会上，国务院原西部开发办副主任曹玉书同志讲，关中—天水经济区命名是科学的、恰当的，写入国家西部大开发"十一五"规划，得到国家的肯定和认可，不存在改变或替代的问题。曹玉书同志进一步指出，名字只是一个符号，发展才是硬道理。

关于《规划》形成过程

《关中—天水经济区发展规划》编制始于 2007 年，历时两年，分为四个阶段。

第一，规划启动阶段。2007 年 12 月 19 日，国务院西部开发办在西安市召开《关中—天水经济区发展规划》编制工作座谈会。2008 年 2 月，我市成立了由市长任组长，市委副书记、市委常委、常务副市长和市长助理任副组长，市直 14 个部门主要负责人为成员的关中—天水经济区规划协调领导小组，从市发展改革委、市委研究室、市政府研究室、市工信委、市农业局、市交通局、市建设局、市文化局、市旅游局、市招商局等部门抽调 12 名同志组建了办公室；成立了由 10 个部门的主要负责人任组长的专业规划编制小组。

2008 年 3 月 24 日，在甘肃省西开办负责人的带领下，我随市政府、市发展改革委、市关中—天水经济区规划编制办公室领导前往国务院西开办汇报关中—天水经济区发展规划编制工作时，赵艾司长建议，天水要紧密结合实际，找准天水在关中—天水经济区的发展定位，谋划好建设重点，认真筛选一批重点项目，加强与关中地区的对接，力争能够进入关中—天水经济区发展规划。

2008 年 4 月初，我随市政府分管领导和省西开办、市发展改革委负责人前往浙江大学中国西部发展研究院，与承担关中—天水经济区规划的课题组进行了座谈。课题组就规划编制工作的思路、规划的重点及对我市在经济区中的定位谈了初步想法。课题组认为，关中、天水之间有内在的联系，已经形成了一定规模的产业集群和生产要素的流动，国家提出建设关中—天水经济区就是要从政策方面助推和促进这一重点区域的发展，形成一核多极的发展模式。在这个经济区中，天水是重要的一极，其作用是独一无二的，离开天水就谈不上是关中—天水经济区。天水的发展不仅仅是融入关中的问题，更重要的是天水要通过加快发展辐射带动毗邻地区大发展。因此，《规划》中必须体现天水的特色。8月份，市关中—天水经济区办公室负责人再次赴浙江大学中国西部发展研究院，与承担关中—天水经济区发展规划的课题组进行沟通，在规划中尽最大程度体现天水的发展诉求。

第二，研究编制阶段。2008年初，原国务院西部开发办委托浙江大学中国西部发展研究院作为规划课题开展调研和草案编制工作。市政府组织相关部门负责同志，对国务院西开办委托陕西省发改委经济研究所编制的《关中—天水经济区发展规划提纲（草稿）》进行了认真讨论，并提出了修改意见后上报国务院西开办。之后，围绕《规划提纲（草稿）》，规划协调小组办公室组织市直10个部门进行了深入调研，并与陕西省关中的五市一区进行对接，分别提出了装备制造、现代农业、旅游开发、文化产业、商贸流通、城市建设、交通运输、农业园区、科技、教育10个专项发展规划，作为《规划》编制的基础性资料。

国家发展改革委高度重视《规划》编制工作。5月中下旬，由国家发展改革委西部开发司处长胡长顺、浙江大学中国西部发展研究院常务副院长金祥荣率领的国家发展改革委关中—天水经济区发展规划调研组先后赴甘、陕两省调研，先后在兰州、天水、西安召开座谈会。5月19日至20日在天水调研，调研组先后赴天水农业高新技术示范园区、华天科技股份有限公司、天水长城开关厂有限公司、甘肃省工业职业技术学院、天水军民合用机场、天水星火机床有限公司，就我市农业产业化、装备制造业、交通运输业、历史文化名城保护和旅游业发展、职业教育和劳动力输转等情况做了深入细致的现场调查了解，与市领导及市直有关部门负责人进行座谈，为规划的编制获取更为详细的资料。11月底，课题组完成了《规划（草案）》，并征求陕甘两省意见。

第三，规划完善阶段。2008年底，国家发展改革委西部开发司（国家机构改革，国务院西开办职能并入国家发展改革委）司长秦玉才同志召集各位副司长、处长，对关中—天水经济区战略定位、发展目标、空间布局、重点任务、政策措施等重大问题进行反复讨论修改，经过集思广益，逐段逐句进行斟酌推敲修改，形成征求意见稿后，先后征求国家发改委内 15 个业务司局、国务院 35 个相关部门的意见，再次征求陕西、甘肃两省政府的意见并修改完善。

第四，评审报批阶段。2009 年 1 月 15 日，受国家发改委副主任杜鹰同志的委托，会议由原国务院西部开发办副主任曹玉书同志主持，来自国务院发展研究中心、中国科学院、中国社会科学院、国家发展改革委有关司局及陕甘两省的陆大道、汪应洛、徐德龙等 20 多位国内区域经济学研究的专家学者对《规划》进行了评议。会后，国家发展改革委西部开发司认真研究吸纳了各方面的意见，形成了《规划（讨论稿）》。

2009 年 6 月 25 日，国务院新闻发布会正式发布关中—天水经济区发展规划。我作为工作人员，有幸列席了国家发展改革委组织的《规划》讨论会、专家论证会，以及国新办《规划》发布会，见证了国家级规划的编制、论证、发布历程。

关于《规划》实施成效

争取政策成效显著。几年来，天水市以关中—天水经济区为战略平台，加强与国家有关部委、省上有关部门的汇报衔接，得到大力支持，天水市被确定为国家公路运输枢纽、国家先进制造高新技术产业化基地、国家外贸转型升级专业型示范基地、全国老工业基地改造城市、全国循环农业示范市、国家商标战略实施示范城市、全国数字城市地理空间框架建设试点城市、国家中医药养生保健旅游创新区；天水经济技术开发、天水农业科技园区晋升为国家级园区；麦积山创建为国家 5A 级景区并成功申报世界文化遗产，麦积山国家地质公园通过国土资源部命名；天水市被连续评为全国科技进步先进市；秦州区成为国家可持续发展实验区；秦安县被命名为中国民间文化艺术之乡；清水县被命名为中国温泉之乡；《麦积圣歌》获第十届中国艺节文华优秀剧目奖；5个公共图书馆被评定为国家等级馆；5个景区晋升为国家4A级景区；新增4处全国重点文保单位；大地湾国家考古遗址公园被国家文物局正式批准立项；5户企业技术中心晋级国家企业技术中心；14户企业商标获中国驰名商标。

《规划》项目进展顺利。宝鸡至天水、天水至定西高速公路建成通车，连霍主干道在天水境内实现高速化，天水与西安、兰州实现了高速公路对接。天水至平凉铁路（天水段）已基本完成桥梁、隧道、涵洞、路基等线下工程并开始铺轨架梁，关山、六盘山隧道开始施工；宝鸡至兰州客专（天水段）工程已进行桥梁桩基和隧道施工；十堰至天水高速公路（天水段）、洛门至礼县二级公路、宝鸡至天水高速公路温泉出口进行了路基土石方、桥梁、隧道等施工；天水至平凉高速公路可研也已通过专家评审；天水至平凉庄浪二级公路建成通车，陇南两当至麦积党川战备公路建设进展比较顺利；天水军民合用机场迁建工程场址选址已初步完成，目前正在优化建设方案。中卫至贵阳天然气管道项目（天水段）已经竣工并加压通气，兰州东—天水—宝鸡750千伏输变电基础工程铁塔组立全线贯通，天水凯迪生物质能源发电项目正式生产运营，实现并网发电。渭河流域综合治理工程在分步实施。甘谷浙江商贸城开业，天水商贸城加快建设。初步编制中华始祖文化园策划方案，西安—宝鸡—天水丝绸之路精品旅游走廊已成为经济区精品旅游线，麦积山景区进入全国前100个黄金旅游景区行列，关中成为天水主要客源地之一。启动实施地质找矿三年突破行动，发现铷、磷等大型、特大型矿产地10余处。

产业园区加快建设。我市将园区经济建设作为落实《规划》的有力支撑，不断加快园区扩容升级，提升承载力，增强园区经济实力。为了支持关中—天水经济区建设，省政府出台了支持华天电子科技园、天水星火数控机床工业园、长城电工电器产业园建设的意见，并列为全省重点园区。天水星火数控机床工业园主园区建成投产并形成完整产业链，华天电子科技园二期项目部分厂房投用，长城电工电器产业园一期投入试生产，天水卷烟厂技改项目开始调试设备，甘肃电科院电工产品综合检测实验研究基地开工，"一区多园"格局初步形成。工业企业"出城入园"启动实施，完成首批入园项目。国内首台多工位柔性剪切生产线在天水锻压公司诞生，国家高低压电器质量监督检验中心工程启动建设。天水麦积区三阳川循环农业示范园区、天水花牛苹果产业园区、武山蔬菜科技示范园区、清水核桃产业示范园区、秦安蜜桃产业示范园区、甘谷设施蔬菜产业示范园区、张家川畜牧产业示范园区、秦州秀金山现代农业综合开发示范园区等八大农业园区顺利推进，果品、蔬菜、畜牧特色产业不断壮大，形成了以麦积、秦州、秦安为主的花牛苹果生产基地，以秦安为主的鲜食桃生产基地，以麦积为主的山地葡萄生产基地，以秦州为主的甜樱桃生产基地，以清水为主的优质核桃生产基地，以甘谷、武山两县为主的设施蔬菜生产示范基地，以天水农业高新技术示范区为主的航天蔬菜生产示范基地，以清水、张家川两县为主的高原夏菜基地，以及以张家川、清水为主的肉牛、肉羊，以甘谷、武山、秦安为主的瘦肉型猪，以秦州、麦积为主的禽蛋奶和特种养殖等畜牧业生产基地。

交流合作日益深化。按照"连接陇东南、融入大关中、合作共发展"的思路，与关中及平凉、庆阳、陇南市政府，科研院所和企业相继建立了关中—天水经济区文化、旅游、教育、科技、卫生、农业、商务、金融、工商、海关、统计、法制、人力资源、环境保护、人口和计划生育等一系列双边或多边合作协议。中国西电、中航工业一飞院、魏氏彤泰、汉辅纸业、西安菩提、陕西兰环等关中企业与我市企业开展了合作。天水华天集团在西安建立了分公司，天水众兴菌业落户杨凌并建成日产100吨金针菇生产线，杨凌在关中及平凉、庆阳、陇南建立了航天育种示范推广基地；天水加入丝绸之路国际旅游合作联盟，幸福航空开通西安往返天水新航线和天水—西安—重庆航线；24家企事业单位与西安29家科研院所开展科技合作；选派200余名教育工作者到西安挂职学习，西安市为我市培训500多名高中新课程教师，接收712名陕师大免费师范生顶岗实习；天水大型新编历史秦剧《麦积圣歌》与陕西省国家精品剧目《迟开的玫瑰》在西安、天水两地交流演出；天水与关中文化影视企业合作拍摄了电影《时间都去哪儿了》，与平凉市合作创排了大型秦剧《水洛城》；与关中12家医疗机构开展了科研合作；

西安体育学院、陕西理工学院体育学院在天水体育运动学校建立了大学生教育实习基地、西安体育学院天水市竞技运动学院。西安与天水联合举办了关中—天水经济区城市人才合作联盟"人力资源管理能力提升专题培训讲座",召开了关中—天水经济区甘肃东部四市第四次联席会议。

开放开发迈出新步伐。坚持把开放开发作为推动发展的强大动力,全方位扩大对外开放。高起点筹办了甘肃省公祭伏羲大典,成功举办了中国西部商品交易会、伏羲文化旅游节、轩辕文化旅游节、花牛苹果节、蔬菜博览会、"唱响中国"天水演唱会、"走进名城看天水"旅游考察、甘肃省(东片区)首届创业项目博览会等活动。天水市国际商会、陕西商会、河北商会、河南商会、川渝商会、江苏商会、宝鸡商会、浙江商会相继成立。交通银行、甘肃银行、兰州银行入驻天水。积极组团参加世博会、西博会、广交会、津洽会、西洽会、兰洽会等重大节会活动。多次组团赴长三角、珠三角、环渤海、关中等地区招商引资取得丰硕成果,国家高低压电器检测中心、上海延安药业、武汉凯迪生物质能源、扬州起重电控、宁波低碳轻钢、广东不锈钢管、山东威龙鲜食葡萄基地等一大批项目落地。天水作为关中—天水经济区向西开放的门户和次核心城市,随着国家西部大开发、向西开放、丝绸之路经济带、关中—天水经济区建设的深入推进,天水正在成为开放开发的热土。

国家批复《甘肃省建设国家生态安全屏障综合试验区》的决策过程

魏　戈*

2013 年 12 月 18 日，国务院常务会议审议通过了《甘肃省加快转型发展，建设国家生态安全屏障综合试验区总体方案》。2014 年 1 月 13 日，国家发改委以（发改西部〔2014〕81 号）印发实施。作为此项工作的参与者、亲历者，我备感自豪与欣慰。

甘肃地处黄土高原、青藏高原、内蒙古高原三大高原交汇处，地跨长江、黄河、内陆河三大流域，地形地貌复杂，自然环境多样，是黄河、长江的重要水源补给区，是高原湿地和荒漠湿地的重要分布区，是腾格里、巴丹吉林、库姆塔格等大沙漠汇合南移的阻挡区，是黄河、长江上游和河西走廊战略通道的生态屏障，生态系统复杂多样，生态地位重要。在全国"两屏三带"生态安全屏障中，甘肃是青藏高原生态屏障、黄土高原—川滇生态屏障和北方防沙带的重要组成部分，也是三大生态安全屏障的纽带。甘肃生态环境的改善，不但影响到自身的可持续发展，也关系到全国的生态安全。

近年来，在国家大力支持下，甘肃紧紧围绕国家的生态战略部署，先后实施了长江流域防护林体系建设、防沙治沙、天然林保护、退耕还林（草）等国家重点生态工程和石羊河流域重点治理、甘南黄河重要水源补给生态功能区生态保护与建设、敦煌水资源综合利用等一批重大项目，使局部地区的

---

* 作者系甘肃省发改委西部开发办调研员。

生态环境得到了有效改善，在实践中也积累了在甘肃这样一个生态地位重要、经济相对滞后的省份实现绿色发展和可持续发展的成功经验。但总体上看，全省生态环境恶化的趋势仍未根本扭转。

2010年5月，国务院办公厅印发的《关于进一步支持甘肃经济社会发展的若干意见》（国办发〔2010〕29号），明确将甘肃定位为西北乃至全国的重要生态安全屏障。党的十八大作出了全面推进经济建设、政治建设、文化建设、社会建设、生态文明建设"五位一体"总体布局的战略部署。为了改善生态现状，缓解瓶颈制约，促进经济发展，2012年4月，甘肃省第十二次党代会提出，要坚持把生态建设和环境保护作为一项重大战略任务，全力打造"国家生态屏障建设、保护与补偿实验区"（以下简称"国家生态屏障试验区"）。同时，要求深入实施"3341"项目工程（打造三大战略平台、实施三大基础建设、瞄准四大产业方向，确保到2016年全省固定资产投资规模超过1万亿元），全力打造经济、文化、生态三大战略平台，建设国家生态安全屏障综合试验区便是其中的生态战略平台。

为了科学谋划和推进综合试验区建设，2012年6月，甘肃省发展和改革委员会（以下简称"发改委"）委托中国科学院地理科学与资源研究所（以下简称"中科院地理资源所"）进行"甘肃建设'国家生态屏障建设、保护与补偿实验区'研究工作"。为更好地完成研究任务，课题组聘请财政部财政科学研究所苏明副所长和刘军民副主任牵头进行生态补偿政策的研究，聘请甘肃省扶贫办杨维军处长参与生态扶贫研究工作，聘请兰州大学郭晓东副教授和南京农业大学刘红光博士参与生态型产业发展的研究。此外，为了保障研究质量，课题组还聘请陆大道、郑度、傅伯杰三位院士以及中科院地理资源所刘毅所长和刘纪远研究员（前所长）担任学术顾问。

按照计划安排，课题组一行于7月下旬赴甘肃兰州调研。与甘肃省政府咨询专家，甘肃省发改委规划处、农经处、社会处、资环处、产业处、西开办和以工代赈办，以及环保厅、农牧厅、林业厅、国土厅、水利厅、人社厅、文化厅、旅游局等部门进行了座谈和交流。经过四个月的深入调研、科学研究和广泛讨论，课题组完成了《甘肃建设"国家生态屏障建设、保护与补偿实验区"综合研究报告（征求意见稿）》（以下简称《报告》）。《报告》初稿完成后，甘肃省组织省内有关部门和专家进行了讨论，提出了修改意见。

2012年10月10日，甘肃省人民政府在北京飞天大厦组织召开了专家咨询座谈会，对《报告》进行了评审。甘肃省政府刘伟平省长、中国科学院丁仲礼副院长以及12位院士专家和甘肃省有关部门领导出席了座谈会，另有3位院士给出了书面评审意见。与会专家认为，《报告》体现了《关于进一步支持甘肃经济社会发展的若干意见》中提出的将甘肃建设成为生态文明省的总体要求，提出的相关政策建议具有可行性和可操作性，建议国家有关部门尽早批准实施。根据院士专家提出的具体意见，课题组对《报告》进行了进一步修改，形成了正式研究报告。随后，陆大道等14位院士专家正式提出了在甘肃省建设"国家生态安全屏障综合试验区"的建议，并以中国科学院专报信息形式上报中央办公厅、国务院办公厅。

甘肃建设国家生态安全屏障综合试验区受到了党和国家领导人的高度关注。2013年春节前夕习总书记视察甘肃时，对建设生态安全屏障综合试验区给予了肯定，并提出了进一步建设"经济发展、山川秀美、民族团结、社会和谐的幸福美好新甘肃"的新要求。2月7日，李克强总理对甘肃省委、省政府主要领导致信作出了"请发改委统筹研究支持"的重要批示。同时，我省建设国家生态安全屏障试验区得到了全国人大和国家有关部委的大力支持，全国人大将生态安全屏障综合试验区列入2013年全国人大常委会12件重点督办的建议，并专门来我省开展调研督办。各级领导、有关部门和专家学者的大力支持，是对我省建设国家生态安全屏障综合试验区的充分肯定，也极大增强了我省加快转型发展、与全国同步建成全面小康社会的信心。

2013年初，甘肃省政府向国务院上报了《关于请求批准甘肃省建设国家生态安全屏障综合试验区的请示》，国务院办公厅批转国家发改委会商有关部门研究办理。国家生态安全屏障综合试验区建设得到了国家部委的大力支持，3月中旬以来，在国家发改委的指导下，省发改委编制了《甘肃省加快转型发展，建设国家生态安全屏障综合试验区总体方案》，于5月底上报国家发改委。期间，省发改委副主任孙晓文、西部开发办副主任周强及王志亮等同志驻守北京，与国家发改委的领导同志一道对总体方案进行了修改完善。7月初，国家发展改革委办公厅印发总体方案征求意见稿，广泛征求国家28个部委意见，在充分吸纳有关部委反馈意见的基础上，形成了上报国务院的请示，经过14个国家部委会签后，10月18日，国家发改委正式上报国务院。2013年12月18日，国务院常务会议审议通过了《甘肃省加快转型发展，建设国家生态安全屏障综合试验区总体方案》，2014年1月13日，国家发改委以发改西部〔2014〕81号文件印发实施。

甘肃建设国家生态安全屏障综合试验区，是以国家战略定位为指导，坚持生态建设与经济发展协调推进、生态项目与富民产业统筹结合，可以从根本上解决制约甘肃发展的难题，增强自我发展能力，从而推动甘肃转型跨越发展；是缩小城乡区域发展差距、实现和全国同步建成小康社会目标的必然举措，也有利于探索内陆欠发达地区转型跨越发展、扶贫开发攻坚与生态文明建设相结合的路子。甘肃建设国家生态安全屏障综合试验区，不仅有助于解决甘肃生态环境问题，破解发展瓶颈，同时对于全国深入实施主体功能区战略、优化国土空间开发格局，探索体制改革路径、推动主体功能区规划实施具有重大意义。

编制兰州白银经济区承接
产业转移示范区规划

李和平[*]

2012 年、2013 年，注定是兰州改革发展史上难忘的年份，国家级新区、国家级承接产业转移示范区相继落地兰州大地，这穿越时空的激越强音，成为激励兰州向东承接产业转移、向西扩大开放开发的号角……

大 背 景

2012 年 8 月 20 日，国务院印发了《国务院关于同意设立兰州新区的批复》，同意设立兰州新区，原则同意《兰州新区建设指导意见》。至此，兰州新区成为继上海浦东新区、天津滨海新区、重庆两江新区、浙江舟山群岛新区之后，国务院批复的第五个国家级新区，也是西北地区的第一个国家级新区。

紧接着，同样一件事关兰州、白银未来发展的大事也在紧锣密鼓地进行。2012 年 9 月，省发改委会同国家发改委西部司在北京邀请组织国家发改委宏观经济研究院、中国社会科学院等单位专家对上报的《兰州白银经济区承接产业转移示范区实施方案》进行了论证，这是争取国家发改委批复前的最后冲刺。

———————————
* 作者系兰州市实施西部大开发战略领导小组办公室副主任。

早在 2010 年底，国家发改委根据《国务院关于中西部地区承接产业转移的指导意见》精神，在西部地区开展了承接产业转移示范区试点工作。按照国家要求和省政府部署，甘肃省发改委组织编制了《兰州白银经济区承接产业转移示范区实施方案》，2011 年 10 月，省政府向国家发改委正式上报了《关于报请审批兰白经济区承接产业转移示范区实施方案的函》。2012 年 1 月，省政府出台了《关于加快开发开放积极承接产业转移的实施意见》，要求紧紧抓住国内外产业加速向中西部地区转移的重大机遇，充分发挥我省在区位方面、资源能源与原材料保障、土地与劳动力供应、市场潜力等方面的比较优势，加大招商引资和承接产业转移力度，推进大开放、大开发，促进工业转型跨越发展。

国家级承接产业转移示范区——这是一块耀眼的金字招牌，它体现了国家发改委在推进区域经济协调发展进程中统筹谋划的战略意图，西部各省（区）都在进行激烈角逐……

经过一年多上下不懈的努力，2013 年 3 月 12 日，国家发改委下发了《关于甘肃兰州白银经济区承接产业转移示范区实施方案的批复》（以下简称《实施方案》），同意设立甘肃兰州白银经济区承接产业转移示范区。这是继广西桂东、重庆沿江、宁夏银川之后，国家在西部地区批复的第 4 个国家级承接产业转移示范区，充分体现了党中央、国务院和国家发改委等有关部委对甘肃经济社会发展的关心与支持。兰州白银经济区承接产业转移示范区的设立，也是省委省政府和省直有关部门、两市一区共同努力的结果，建设兰州白银承接产业转移示范区，将进一步加快甘肃实现跨越式发展迫切愿望的进程。

启动规划编制

国家发展改革委要求甘肃省政府编制《甘肃兰白承接产业转移示范区规划》（以下简称《规划》），3 月下旬，省发改委立即组织兰州市发改委、白银市发改委和兰州新区经济发展局抽调的人员组成了规划编制组。

3月28日，省发改委副主任、省西部开发办公室主任孙晓文亲自拟定了《甘肃兰白经济区承接产业转移示范区规划》提纲框架建议。这是这位在全省发展改革系统中品格和学识受到普遍尊敬的老领导深思熟虑的结果。规划文本框架由序言、总体要求、承接转移示范任务与重点、兰州市与兰州新区的主要任务、白银市与白银工业集中区的主要任务、支撑体系、政策措施等部分组成。

兰州与白银地处西陇海兰新经济带和呼包银兰经济带交汇处，是国家"一五"、"二五"和"三线"时期重点建设的老工业基地之一，今天处于国家主体功能区兰州西宁格尔木重点开发区之内，是甘肃省人口集聚度高、经济基础好、资源环境承载能力强、发展潜力大的重点地区，经济总量占全省三分之一以上。编制好《规划》——这是一副责任重大沉甸甸的担子，实施好承接产业转移规划，扎实推进兰州白银经济区率先发展，尽快形成甘肃经济发展的战略新高地，特别是充分发挥省会城市的辐射带动作用，统筹城乡加快发展，形成全省区域经济新的增长点，为甘肃实现跨越式发展起到带动作用。

借鉴他山之石

为了搞好兰州白银承接产业转移示范区规划编制工作，4月上旬，编制组走出去学习重庆建设沿江承接产业转移示范区、安徽建设皖江承接产业转移示范区的成功经验。省发改委区域办副主任汪德元、西部办副主任魏戈及王忠义带领兰州市发改委李和平、白银市发改委王子明和兰州新区经发局徐海宁一行6人急赴重庆和安徽，认真听取了重庆市西部开发办、安徽省皖江办同志介绍的本地区承接产业转移的经验和做法，实地考察了落地企业。

重庆是中国长江上游迅速崛起的内陆开放型城市，总面积8万平方公里，辖38个县（区），人口3200万。2011年2月，重庆沿江承接产业转移示范区获得国家发改委批复，世界500强企业有225户相继落户重庆。

两年间，重庆按照"一带三片"布局，以国家级两江新区、西永和寸滩保税港区，4个国家级高新技术产业开发区和经济技术开发区以及重庆市政府批准的40多个特色产业园区为主要载体，综合利用统筹城乡配套改革、三峡库区移民扶贫开发等已有的各项政策，着力打造"五低"商务环境，即低税费成本、低物流成本、低要素成本、低融通成本、低土地房产成本的营商环境，形成了"1+2+4+N"开放型经济体系。重庆加强与世界500强、国内沿海发达地区的项目对接，高起点有选择地承接先进制造、电子信息、新材料、生物、化工、轻工、现代服务业七大产业，打造了18条产业链，建设了涪陵、九龙坡、巴南3个产值3000亿级，永川、荣昌2个产值2000亿级，璧山和双桥2个产值1000亿级产业承接基地。电子信息产业声名显赫的惠普、富士康、明基等知名企业入驻重庆，以笔记本电脑为主的电子制造业由过去几乎为零提高到30%，年产笔记本电脑、打印机5000万台。重庆生产的各种乘用汽车、商用和专用车172万辆，摩托车1000万辆，零部件本地配套率达70%。2012年，国内外区域合作引资实际到位超过5000亿元，外贸进出口和出口增幅位居全国第二，进口增幅位居全国第四。

2011年开通了重庆—新疆—哈萨克斯坦—白俄罗斯—波兰—德国的"渝新欧"国际贸易铁路联运大通道，实现了统一报关、统一运单、便捷通关等便利化。每周发一班从重庆出发的"渝新欧"国际贸易铁路联运专列直达德国杜伊斯堡，只用15天时间，比海运节约一半时间。

皖江城市带承接产业转移示范区，是甘肃省委书记王三运在安徽主政期间，于2010年1月争取国务院批复设立的国家级承接产业转移示范区，在沿安徽皖江413公里流域，规划面积7.5万平方公里，占全省面积的45%，包括合肥、芜湖、马鞍山、安庆、巢湖、滁州等9个地级市共59个县（市、区），辐射安徽全省，对接经济发达的长三角地区。当年安徽提出了"一年打基础、三年见成效、五年大发展"的目标，制定了"五个一"的工作思路，即建立一个强有力的领导推进机制、出台一套促进示范区的政策文件、设计一套衡量示范区建设成效的指标体系、开展一系列招商活动、制定一套塑造示范区整体品牌的宣传方案。

经过三年的快速发展，皖江示范区各类合作园区达到89家，投资额30

亿以上的 39 家，苏州新加坡升级版工业园、郎溪京都产业园等一批合作园提速；示范区内落户的中央企业签约项目累计 630 个，总投资 1.3 万亿元；江苏、浙江、上海成为承接产业转移的主要来源地，到位资金 4778 亿元，占 57.5%，与珠三角地区合作项目 991 个，总投资 2974 亿元；形成了家用电器、汽车、装备制造等主导的产业；康佳、青岛海尔、上海申花、京东方薄膜液晶屏、雨润、银鹭等著名企业纷纷移师皖江示范区，以 10—20 亿元以上巨额投资扩大生产规模，以冰箱、洗衣机、空调为主的白色大家电制造占全国生产量的 70% 以上。2012 年，皖江示范区生产总值由三年前的 8400 亿元增加到 11400 亿元，年均增长 14%，人均地区生产总值由 28960 元提高到 36830 元，财政收入由 1319 亿元增加到 1919.9 亿元，年均增长 24%。

重庆、安徽皖江承接产业转移显著的成效、经验和做法使规划编制考察组一行深受启发。

规划编制进行时

4 月中旬，省发改委区域办副主任汪德元、西部办副主任魏戈，王忠义与编制组的其他六位同志一起搜集查询资料、测算核对数据、制作图表、分工起草各个章节，《规划》编制工作紧张有序进行。

省发改委承担了《规划》编制的重头戏，包括总体要求中的指导思想、示范任务、主要目标、产业承接重点与空间布局；支撑体系中的基础设施、招商引资、对口承接、技术创新、园区建设、区域合作；保障措施中的加强组织实施、政策支持、体制创新、责任考核等内容编制。

兰州市负责编制"兰州主城区产业布局调整与主要承接任务"，我作为兰州市实施西部大开发战略领导小组办公室成员，也参与了此项工作。我们提出了通过合理调整兰州主城区产业布局，突出发展金融、科研、教育、医疗卫生等服务业，原则上不再布局工业项目，引导工业企业出城入园，有效降低主城区环境污染，缓解交通拥堵，改善城市人居环境，优化城市功能，提升城市品位；积极发展都市居民需求量大、技术含量高、资源消耗少的现代服务业和战略性新兴产业，率先实现文化产业成为支柱性产业；重点承接总部经济、商贸物流、商务会展、服务外包、医疗卫生、文化艺术、休闲娱乐等都市服务业，银行保险、证券信托、融资租赁、商业代理、消费信贷等金融服务业，文化旅游、创意设计、文艺创作、文化传播、文化与科技融合等文化产业，科技研发、创业孵化、信息技术、生物医药等高新技术产业。提出了加大兰州高新技术产业开发区、兰州经济技术开发区两个国家级开发区的产业承接转移力度，建成国家级文化和科技融合示范、科技研发、文化教育、总部经济、产业技术创新、现代物流基地；加大四个省级开发区的产业承接转移力度，把省级开发区建成承接发展贵金属新材料研发、有色冶金及新材料、精细化工、碳纤维新材料、现代高载能产业、青藏高原矿产资源深加工、新型建材、物流配送、货运仓储、精品蔬菜果品等加工基地。

兰州新区作为兰州市新的产业集聚区及城市功能拓展区，在空间上分为现代农业建设示范区、生态林业建设示范区和核心发展区，主要通过招商引资、出城入园、承接产业转移等多种途径，实现产业聚集发展。其中核心发展区主要集聚产业和人口，重点布局发展装备制造、石油化工、生物医药、现代物流等产业，完善行政、商住、教育、文化和其他服务功能。围绕建设国家重要的产业基地，重点承接现代装备制造、石油化工、高新技术、生物医药、电子信息、现代物流、现代农业七大产业，培育发展现代产业集群，建成先进制造业基地、高新技术产业基地、现代物流基地和石油化工基地。

白银市提出了结合发展循环经济、资源枯竭型城市转型和老工业基地改造，依托现有产业基础，重点加快国家级白银高新技术产业开发区、省级白银西区经济开发区、平川经济开发区和刘川、景泰、会宁工业集中区等六区建设，加大产业承接和转型发展力度，打造有色金属及稀土深加工、化工、能源和先进高载能等3个千亿元循环经济产业链，形成功能互补、联动推进、聚合发展的"一带三链六区"产业布局。

4月20日，征求意见稿几易其稿终于完成。

4月22日，省发改委分别致函征求兰州市政府、白银市政府、兰州新区管委会和省工信委、省财政厅、省国土厅、省商务厅、省科技厅、省教育厅、省文化厅、省环保厅、省政府金融办、省国税局、省地税局、兰州海关等 12 个省有关部门的意见。省有关部门对《规划》内容提出了中肯的修改建议，尤其是对《规划》提出的政策措施进行了反复沟通，在充分吸收相关意见的基础上，编制组进一步进行了补充完善，形成了《规划》（送审稿）。

4 月 26 日，省发改委会议室气氛热烈，投影大屏幕逐字逐段显示着征求过省有关部门、两市政府和兰州新区管委会修改意见的《规划》文本内容和图表，这是省发改委多年沿用的讨论修改重要文件的一种工作方式，孙晓文主任亲自主持对《规划》（送审稿）进行了修改。

5 月 10 日，省政府常务会议讨论通过了《规划》。

6 月 17 日，省委常委会议审定通过了《规划》，由省政府正式印发实施。

7 月 1 日，省政府印发了《甘肃兰白经济区承接产业转移示范区规划》。

《规划》的主要内容

兰州白银经济区承接产业转移示范区是西部地区第 4 个国家级承接产业转移示范区，规划范围包括兰州市、白银市所辖行政区域，即兰州市城关、七里河、西固、安宁、红古 5 区和皋兰、榆中、永登 3 县，白银市白银、平川 2 区和靖远、景泰、会宁 3 县，总面积 3.4 万平方公里，总人口 501 万人。示范区将构建"一带三片区"产业承接发展布局，形成以兰州新区、兰州主城区、白银工业集中区三个片区为支撑的 410 公里沿黄河产业集聚带。规划期限为 2013—2020 年。

第一部分主要明确了《规划》的指导思想、示范任务、主要目标、产业承接重点与空间布局，提出以市场为导向，以结构调整为主线，以体制机制创新为动力，坚持在承接中调整、在优化中发展，突出了"五个着力"，坚持"五个原则"，与国家批复的《实施方案》相一致。

主要任务——提出了积极探索产业转移承接发展新模式和区域合作新途径，突出产业优化、创新转型、开放合作、循环经济、民生改善等方面的创新探索，加快产业承接转型发展，增强可持续发展能力，充分发挥示范效应，加快兰州白银一体化进程，推动兰州白银核心经济区率先发展，形成全省新的经济增长极，带动和辐射全省及西北地区经济发展与对外开放。

主要预期目标——细化的指标测算与预期主要考虑到兰州白银核心经济区是全省经济发展的中心带动力量，所列指标均高于全省平均水平。

到 2015 年，示范区承接产业转移的能力水平和层次不断提高，经济发展方式显著转变，人民生活水平明显提高。综合经济实力明显增强，示范区承接产业转移项目投资额累计超过 5000 亿元，地区生产总值超过 3200 亿元，年均增速 14% 以上，两市经济总量占全省的比重每年提高 1 个百分点，占比争取达到 40%，城镇化水平达到 64%；产业结构不断优化，研发投入占地区生产总值的比重达到 2.2% 以上，战略性新兴产业比重大幅提高，循环经济、低碳经济技术快速发展，资源产出率明显提高，节能减排取得新进展，单位生产总值能耗年均下降 3.6% 以上，初步形成具有较强竞争力的现代产业体系；民生事业显著改善，利用承接产业转移累计吸收富余劳动力35 万人，城镇居民人均可支配收入达到 27500 元，农民人均纯收入达到8000 元，城乡差距明显缩小；承接产业转移的合作体制机制初步形成，产业承接体系实现良好对接，产业合作的共建共享机制取得新突破。

到 2020 年，示范区承接产业转移项目投资额大幅提升，生产总值在2015 年的基础上翻一番，产业规模和核心竞争力跃上新台阶，布局合理、结构优化、资源节约、具有较强竞争力的现代产业体系更加完善，生态环境进一步优化，可持续发展能力显著增强，成为全省发展的带动力量和西部地区重要的经济增长极。

产业承接重点与空间布局。提出了立足资源禀赋、产业基础、潜在市场，加快经济结构调整和产业转型发展，采取补链承接、提升承接、延伸承接等多种方式，高起点高标准承接装备制造、能源原材料、高技术、轻纺工业、现代服务业、文化产业等重点产业，加快发展战略性新兴产业，构建特色鲜明、高度集聚、竞争力强的现代产业体系；规划文本还鲜明提出了构建"一带三片区"产业承接发展空间布局。依托黄河兰州、白银段410公里沿线，发挥资源禀赋和现有产业优势，加快建设兰州新区、兰州主城区、白银工业集中区，合理布局特色优势产业，积极承接产业转移，构建沿黄河产业聚集带；利用沿黄生态优势，集聚发展现代农业产业带和特色文化旅游产业，打造千里黄河风情线，构建黄河文化为核心的兰州都市圈文化产业区，配套建设特色小城镇和生态宜居社区；搞好流域生态建设和环境保护，加强水土流失和城市地质灾害综合治理，促进可持续发展。

第二部分至第四部分确定了兰州新区、兰州主城区、白银工业集中区产业承接发展方向和主要任务。在《实施方案》的基础上，重点突出了两市一区产业转移的空间落地，以国家级开发区、省级开发区和其他工业园区为重点承接区域，明确了产业园区的定位，突出产业空间布局，引导产业向园区集聚，加快产业补链接环。在现有产业基础上，对承接产业发展的途径、重点、方式等方面与《实施方案》相衔接，并加以细化。提出要加快经济结构调整和产业转型发展，采取补链承接、提升承接、延伸承接等多种方式，高起点承接装备制造、能源原材料、高新技术、轻纺工业、现代服务业等重点产业。

第五部分是落实《规划》的支撑体系。主要从基础设施、招商引资、对口承接、技术创新、园区建设、区域合作六个方面进行了阐述。在交通、水利、管网等方面提出了支撑示范区建设的重大项目，与"十二五"规划布局一致，提出了招商引资模式创新，鼓励示范区各开发园区、企业与东部沿海地区的市县、园区建立对口合作机制，共建产业园区，发挥商会协会的桥梁纽带作用，实现同行业"抱团承接"。

第六部分主要是《规划》实施的保障措施，从组织实施、政策支持、体制创新、责任考核四个方面提出了要求，重点在财政、税收、金融、土地、产业、环保六个方面提出了支持示范区建设的政策措施，并明确了相应的责任部门。

建设兰州白银承接产业转移示范区，将会得到国家更多的政策资金和项目支持，将有利于突破行政区划限制，整合区域优势资源，创新区域合作机制，增强整体竞争实力，为西部地区承接产业转移探索新途径、新模式，发挥典型示范和辐射带动作用，推动经济社会实现跨越式发展。

推进嘉酒区域经济一体化的经过

王　尊[*]

2000 年 6 月 20 日，中共中央总书记江泽民视察甘肃时指出，要在西陇海兰新线经济带多发展中心城市，以线串点、以点带面，充分发挥中心城市在西部大开发中的辐射带动作用。

在实施西部大开发这一重大战略背景下，嘉峪关市在西陇海兰新线经济带建设中的位置是什么，把嘉峪关建设成为什么样的城市，用一种什么样的思路扬长补短，成为全市人民开始探索和破解的重大课题。

小思路的提出：区域性中心城市

2000 年 7 月 11 日，嘉峪关市委召开常委扩大会议，传达了江泽民在兰州主持召开西部大开发座谈会议时的讲话精神，并按照他"不断研究新情况、解决新问题、形成新认识、开辟新境界"的要求，认真总结嘉峪关改革开放 20 多年的成功经验，实事求是地分析了市情特点、有利条件和发展差距，明确提出了在西部大开发中实现全市经济超常发展的基本内涵和工作重点。

同年 11 月 18 日，市委七届五次全委会议按照中央、省委《关于制定国民经济和社会发展第十个五年计划的建议》精神，第一次提出了把嘉峪关建设成为区域性中心城市的总体设想。即：按照优势互补、互惠互利、联合

* 作者系嘉峪关市人民政府研究室主任。

协作、共同发展的原则，与周边地区、各大中型骨干企业开展多领域、多层次、多形式的经济联合和技术协作，努力把嘉峪关建设成为基础设施完备、生产要素聚集、综合实力强大、科教文化发达、各项功能健全的区域性中心城市。并明确提出了要抓住国家将部分"军工"与"三线"企业转移到工业集中区的政策导向，争取将嘉峪关作为中核四〇四厂、东风航天城和玉门油田的部分后勤和经济要素供给基地。

提出这一初步设想的政策依据，是当时省委、省政府关于"努力把嘉峪关建设成为全省实施西部大开发的实验区，努力把嘉峪关建设成为兰州以西、乌鲁木齐以东这数千里通道上最大的中心城市"的总体要求。

提出这一初步设想的形势研判是，加快城镇化进程是甘肃实施西部大开发的最佳突破口。因为中心城市是区域经济开发与发展的增长极，也是社会发展的核心。在一个或大或小的区域内，如果没有一个具有辐射和带动功能的中心城市，就等于没有推进地区开发前进的基地和实现经济社会发展的增长点。我国西部地区发展滞后的关键，是缺乏带动经济增长的要素聚集点，不得不长期承受资源产品大量流出和加工制造产品净流入的双重利益损失。而甘肃省的城市体系发育不完善，城镇化水平低，城市结构单一，城市空间分布密度稀疏，相互依存度较低。就河西地区而言，总人口466.2万人，面积27.6万平方公里，长达1120公里的走廊内，没有一个具有聚集效应强、释放能量大、可以把河西经济吸引和带动起来的中心城市。第一，嘉峪关、金昌两个嵌入式的工矿型城市，都是计划经济时期根据"全国一盘棋"的方针，国家对西部工业统一布局的结果，长期以服务企业生产、生活为宗旨，与河西走廊比较优势农业资源的关联度低，对农村经济的带动作用不大。第二，武威、张掖、酒泉三个市基本都以农业和农村经济为主体，自然环境相似、资源种类雷同、工业基础薄弱，缺少空间联系和相互依存的前提。第三，长期以来，由于行政区划的壁垒阻碍着生产要素的合理流动，河西五地市之间、各大中型企业之间缺乏经济技术合作，严重影响着河西开发的整体效益和长远发展。核工业基地四〇四厂、东风航天城雄厚的科技优势，被孤立和封闭在远离城市的地方，没法充分发挥应有的作用。这就为河西地区的城市再造提供了宽阔的空间和容纳能力。

市委经过一年多时间的调查研究，委托上海社会科学院、西安建筑科技大学等科研单位经过慎重论证，逐步形成了《努力把嘉峪关建成河西走廊最富活力的工业旅游现代化城市》的总体思路，即"依托酒钢、发展特色、立足区域、扩大开放，依靠科技、超常发展，努力把嘉峪关市建设成为河西走廊最富活力的、经济社会协调发展的、工业旅游现代化区域中心城市"。并于2001年8月21日正式印发，要求全市进一步丰富和完善。思路决定出路，目标决定方向。解放思想、积极探索、大胆实践的嘉峪关人民，一边探求发展思路、明确奋斗目标，一边抢抓发展机遇、加快发展步伐、积累发展经验。2002年12月29日，市委七届九次全委会议根据对嘉峪关正处于蓄势待发、乘势而上、超常发展、高速增长这一关键期的正确把握，在审议通过的《关于提前十年实现全面建设小康社会奋斗目标的决定》中，提出了"坚持总体思路，分三大步迈进，完成三大核心指标，建设'五城三高'（即：努力把嘉峪关建成未来西北的不锈钢城、中国最佳旅游城、河西走廊最具集散能力的商贸城、数字城、戈壁明星城，建成河西走廊的工业能量聚集高地、人才聚集高地和人居环境质量高地），铸就'百年酒钢'基业，在全省提前十年率先实现全面建设小康社会，到2020年在全省率先实现初步现代化"的奋斗目标。

2002年3月27日，市政府出台《放开人口迁入政策扩大人口规模暂行办法》。2003年1月1日，在全市撤乡建镇揭牌授牌仪式上，市委第一次提出了加快城乡一体化进程的理念。同年1月24日，市委、市政府第一次召开全市城乡一体化建设工作会议，并作出了《嘉峪关市关于加快城乡一体化建设的决定》。同年8月1日，中核四〇四厂嘉峪关生活基地建设指挥部正式成立。2004年4月28日和6月18日，中核四〇四厂生活基地搬迁工程和大唐八〇三电厂嘉峪关职工生活基地先后开工建设。

自从将嘉峪关建成区域性中心城市的思路提出，到推进嘉酒区域经济一体化重大构想形成前的几年间，如何在全省"一肩挑两头"发展格局中进一步理清自己的发展定位，努力在加快发展中打造承东接西的次省级中心城市，一直是全市上下推进西部大开发的最强音。

大构想的形成：嘉酒区域经济一体化

2003 年 6 月 30 日，甘肃省人民政府正式印发的《西陇海兰新线经济带甘肃段开发规划》中，第一次出现了嘉酒推进经济一体化的理念。《规划》明确提出：要加快发展大中城市，防止低水平的结构趋同，防止竞相追求中心城市地位，努力形成群体整合优势。"酒泉、嘉峪关两市要强化分工协作，加快产业聚集，推进经济一体化，逐步形成钢铁—石油化工一体化的综合生产能力和酒泉—嘉峪关—玉门经济聚团区，争取建成具有现代化的冶金、石化、草畜乳加工工业基础、现代商贸流通和特色文化旅游功能的河西西部的中心城市和重要交通枢纽、现代物流中心。"

2005 年 8 月，我本人作为市委、市政府政研室的指定负责人，申请到《把嘉峪关建设成区域性中心城市实证研究》课题。2006 年根据新形势的发展变化，将研究方向调整为推进嘉峪关与酒泉区域经济向一体化发展上，并将研究课题更名为《嘉酒区域经济一体化实证研究》。本课题历时两年，于 2008 年 6 月正式结题。

当时提出推进嘉酒区域经济一体化的具体着力点是：

第一，两市三企"五指并拢"，形成推进嘉酒经济一体化的强大合力。嘉峪关市、酒泉市和酒钢集团公司、玉门石油管理局、中核四〇四厂携起手来，共同营造有利于融合发展的制度环境和公平、开放的市场环境，充分发挥各方优势与特色，拓宽合作领域，提高合作水平，努力形成互相尊重、真诚合作、优势互补、互利共赢、联动发展的新格局。

第二，以大企业为依托，加强与周边地区的联合协作，拓展区域经济发展空间。用市场经济要素流动的动态眼光认识资源，紧紧围绕嘉酒地区优势产业的发展，积极利用西气东输、西电东送、西陇海兰新通道和嘉峪关至策克口岸铁路，在更大范围、更深层次参与资源开发与经济技术合作，从国际国内两个市场配置资源，努力掌握可持续发展的主动权。充分发挥嘉酒地区大中企业聚集、工业基础雄厚、技术密集、人才荟萃的优势，以大中企业为龙头，以重大项目为载体，加强与新疆、青海海西州、西藏北部、内蒙古西部地区以及蒙古国、中西亚诸国在矿产资源的勘探、开采、加工等领域的合作，积极推进产业对接融合，进一步做大做强区域主导产业和品牌产品，逐步形成优势互补、市场同体、协作配套、共同发展的产业布局，不断提高嘉酒地区配置、整合资源的整体竞争力和可持续发展能力。

抓住青藏铁路即将建成通车、甘藏两省（区）签署合作框架协议和青海筹资建设哈尔盖—江仓—木里的支线铁路的契机，争取早日修建210多公里的镜铁山—木里支线铁路，为抢占海西和藏北地区的矿产资源奠定基础。充分利用即将投运的嘉峪关至策克口岸铁路发展边贸经济。一方面，充分利用蒙古国丰富的煤炭资源，不断扩大电厂规模，积极发展煤化工产业，形成煤电化工基地。另一方面，争取在策克口岸设立"窗口"，及时搜集蒙古国方面的供求信息，有针对性地发展以食品加工、日用品、建材、仓储、中转为主的边贸经济，切实提高嘉策铁路的运行效益。

第三，实施"东进西出"战略，打造兰州以西、乌鲁木齐以东最具辐射带动力的区域性商贸中心。"东进西出"，就是紧紧抓住全国产业梯次转移机遇，有针对性地争取承接"长三角""珠三角"等经济发达地区的食品、服装、纺织品、工艺品等产业转移项目。充分发挥嘉酒地区连接新疆，靠近中亚、西亚的地缘优势和便利的交通条件，在霍尔果斯、阿拉山口等口岸设立"窗口"，借边出境，发挥比较优势，大力发展来料加工、来样生产、来件装配。利用嘉酒地区土地、交通、电力和周边劳动力优势，争取把嘉酒"一小时经济圈"作为东部地区一些知名企业西出波罗的海地区的加工、仓储、中转基地。

第四，把嘉酒两市连接带建成推进经济一体化的试验田。把嘉峪关与酒泉两个城市之间100多平方公里的连接带，作为嘉酒经济一体化的突破口和试验田，按照"产业集聚发展、企业集中布局、土地集约利用"的原则，进行统一规划，细化功能分区，逐步开发建设，酒泉向西、嘉峪关向东发展，力争经过5—10年的努力，把这一城市连接带建成功能完善、产业配套、活力无限的新型产业园区，使其成为连接嘉峪关市与肃州区的新城区，为建设兰州以西、乌鲁木齐以东最大的区域性中心城市奠定基础。

按照当时嘉酒两市的发展势头，"十一五"末，预计两市的经济总量将达到 450 亿元左右。其中，酒泉约 270 亿元，比"十五"末翻一番；嘉峪关预计为 170—200 亿元，比"十五"末翻一番半。两市占全省经济总量的比重将由目前的 10.7% 提高到 14.5%，成为兰州以西、乌鲁木齐以东数千里通道上最大的区域性经济中心。如果嘉酒经济一体化实施得好，推动的力度大，必将为全省经济的发展作出更大的贡献。

真是十年磨一剑。自国家实施西部大开发战略以来，至 2010 年 9 月 6 日，甘肃省政府办公厅正式印发《酒泉—嘉峪关区域经济一体化发展规划》，整整经历了十年时间的探索研究，才达成共识，付诸实践。

值得一提的是，《规划》客观分析了嘉酒地区的发展基础：2000—2009 年嘉酒经济年均增长 13.9%，高于全省平均增速。2009 年，生产总值达到 481.1 亿元，规模以上工业增加值达到 220.7 亿元，分别占全省的 14% 和 19%；2009 年嘉酒城镇化率达到 63.6%。

《规划》明确了推进嘉酒区域经济一体化发展总体思路、战略布局和主要任务，提出了十年的发展目标：到 2015 年，在全省率先实现区域性中心城市一体化发展的基本格局，嘉酒核心区城市人口达到 50 万人；综合经济实力显著增强，嘉酒地区生产总值突破 1000 亿元，经济总量占全省的比重提高到 15% 以上。到 2020 年，嘉酒中心城区发展实现同城化，成为支撑西陇海兰新经济带发展的区域性中心城市，实现对玉门、金塔等"一小时经济圈"的辐射带动；嘉酒地区生产总值突破 2000 亿元，率先实现全面建设小康目标，成为全省快速发展的重要区域。

我们欣喜地看到，《中国城镇化质量报告》显示，2013 年酒泉市城镇化质量指数为 0.5278，居全国第 70 位、全省第 1 位；嘉峪关市的城镇化质量指数为 0.5177，居全国第 82 位、全省第 2 位。我们期待着嘉酒地区的 110 多万人民，能在国家"共建丝绸之路经济带"的新机遇下更加务实地携手前行，区域经济一体化的发展之路必将越走越宽广。

"西新工程"实施始末

刘 奎[*]

  2000 年 7 月 12 日至 19 日，陇原大地高温持续，酷暑难耐，全国人大常委会副委员长、农工党中央主席蒋正华一行赴甘肃考察西部大开发战略实施情况。此次各民主党派、工商联、无党派人士"西部大开发"考察活动共分七路，蒋正华主席带队主要考察西藏和甘肃两个省。蒋正华主席考察西藏自治区后征尘未洗，紧接着率团来到甘肃。

  考察团飞抵敦煌，沿河西走廊穿越戈壁沙漠，经乌鞘岭到达甘南草原，在甘肃考察了敦煌、酒泉、张掖、武威、甘南、临夏、定西、兰州 8 个市（州）。考察团顶着炎炎烈日，驱车 1000 余公里，深入工厂、农村、牧区，就如何加快我省经济社会全面发展、生态环境保护、基础设施建设、产业结构调整、高科技发展、教育和非公有制经济健康发展等问题进行了深入考察。每到一处，考察团都深入基层，详细询问群众生产生活情况和经济发展现状，并对当地的经济社会发展提出了许多意见建议。

  距离此次考察已过去了十余年的时间，翻看当时的照片和材料，蒋正华主席与农牧民亲切交谈、调研组顶着烈日奔走于戈壁滩上的场景历历在目。十余年的岁月，陇原大地早已今非昔比；十余年的时间，当年的意见建议早已得到了落实。但是今天的成功，源自于昨天的积累；今日的辉煌，源自于辛勤的耕耘。回顾蒋正华主席的调研，是对西部大开发历史的重要回顾，是

―――――――――
  * 作者系农工党甘肃省委员会参政议政部主任科员。

对民主党派服务社会价值的最好诠释。

实施"西新工程"，促进民族团结

民族问题事关国家的繁荣与稳定，千百年来，中央政权的巩固与西部民族问题的妥善处理息息相关。甘肃位于西北地区的中心地带，是多民族交汇融合地区，是中原联系新疆、青海、宁夏、内蒙古的桥梁和纽带，对保障国家生态安全、促进西北地区民族团结、繁荣发展和边疆稳固，具有不可替代的重要作用，在全国发展稳定大局中具有重要地位。由于历史、地理、宗教等因素的制约，甘肃少数民族地区的繁荣发展一直是省委、省政府关注的重点，西部大开发的重要目标就是通过政治、经济、文化等一系列"组合拳"，构建我国西部地区和谐的民族关系，对于甘肃乃至全国的经济社会稳定都具有重要的意义。

调研组在走访西藏和甘肃甘南、临夏等少数民族地区时发现，当地少数民族群众尤其是一些边远偏僻、地理条件恶劣的少数民族地区的群众，因为电台、电视信号发射频率低、覆盖面小，长期接收不到信号致使很难利用现代的通讯方式看到外面的世界，听到外面的声音。据统计，我国西部相当于国土一半面积的地区还不能实现广播电视信号有效的覆盖。几千万人还处在"白天忙于农做、放牧，晚上围着火炉数星星"的信息贫乏状态。再加之文化水平低、语言障碍等因素，许多家庭把购买的电视、收音机等作为"摆设"。但令人惊奇的是，"美国之音"等国外电台却能在当地实现正常接收。而且，少数民族地区新闻工作者待遇偏低、技术落后，节目质量低下，不能满足当地群众的精神文化需求。

调研组在充分调研的基础上，回京后马上起草调研报告呈送中共中央，建议在西部各省区应尽快投资建设大功率、中短波发射台，更新改造包括骨干台在内的中、短波台，扩大少数民族语言广播、电视的覆盖率，用多种语言进行同步播报，有效地抵御了敌对电台对我国少数民族地区的渗透。要大力培养少数民族文艺工作者，改善当地干部待遇，对少数民族知名人士、宗教人士进行丰富多彩的宣传报道，即实施"西新工程"，这对于维护少数民族的社会稳定、维护民族团结、维护祖国统一，对于我国的改革开放和社会发展，对于我国的长治久安，具有极其重大的意义。

2000年9月15日，在中南海召开的"党外人士关于西部大开发战略意见和建议座谈会"上，蒋正华代表农工民主党建议实施"西新工程"。蒋正华的建议，引起了会议主持者江泽民总书记的极大关注和高度重视，他当即对加强西藏、甘肃等边远省区广播电视工作发表了重要讲话，并于次日凌晨给中共中央有关领导同志写信，要求大力加强宣传舆论工作，要在资金、人员和技术上调集足够力量，加强广播电视的条件，让党和国家的声音进入千家万户，全信长达1200多字。两天后，中央召开专题会议，决定实施新中国成立以来规模最大的广播电视覆盖工程——西藏、新疆、甘肃等边远省区广播电视覆盖工程，即"西新工程"。

中央宣传部、国家广电总局、国家计委、财政部等部委立即行动，调集全国广电部门的精兵强将。2000年11月，两万广电大军翻崇山峻岭、走穷乡僻壤、趟大江大河，在戈壁荒漠、在雪域高原，克服重重困难，把"西新工程"当作一项顺民心、暖民心、稳民心、得民心的"民心工程"，高质量地新建、扩建了389座发射台。国家对"西新工程"预计和已经投入40多亿元，是国家一次性投资最多的广播电视覆盖工程，得到了西部人民的热烈欢迎。

从2000年9月起，"西新工程"实施范围包括了西藏、新疆、内蒙古、宁夏4个自治区和青海、甘肃、四川、云南四省的藏区以及福建、浙江、广西、海南和吉林延边部分地区，涵盖国土面积超过498万平方公里，占全国总面积的51.9%。

"西新工程"实施后，西部少数民族地区的广播覆盖能力比过去增加了2.5倍，8省区各地能够收到10套左右短波广播，各地、市、县普遍能较好地收到3套以上中波或调频节目、3至4套中央和当地电视节目。中央人民广播电台和各地电台还开通了民族语言节目，每天播音共增加了98小时，受到了广大群众的热烈欢迎，实现了把党的声音传到千家万户的目标。

在"西新工程"实施不到两年的时间里，江泽民总书记和其他中央领导同志先后对"西新工程"作出的批示达 40 次之多。他们十分关注工程的进展情况，每到一个工程进展的重要时刻，中央领导同志就亲自指挥、部署或作出重要的批示。2002 年 2 月 1 日，江泽民总书记亲自来到国家广播电影电视总局考察"西新工程"进展情况，并且亲自通过监测网对一些地区的覆盖情况进行了检查，对工程进展情况给予了充分的肯定。

"西新工程"广播电视覆盖工程的实施，使西部地区实现总功率增加 4 倍，民族语言节目时间增加了 1 倍多。在广播覆盖任务最艰巨的新疆、西藏等地区的每一个县、村，都可以收听到 5 套以上的调频、调幅广播，基本实现了蒋主席提出的"把党和国家的声音传进千家万户"的期望。无线电波载着党和国家的声音如同春风吹进了西部的每一个角落，把欢歌笑语播撒进人们的心田。据统计，"西新工程"的实施让全国 10 万个边远、贫困行政村的 1 亿人借助着广播电视这一对顺风耳和千里眼，足不出户了解天下事，找到了致富的门道，开阔了眼界。正如无党派人士、著名建筑专家陈祥福所说，"西新工程"具有重要的、战略性的、历史性的作用。

支持鼓励西部条件较好的地方优先发展

东西部地区差异大，就是在西部地区之间也存在着不小的差距。以 2000 年甘肃人均国内生产总值为例：全省为 3680 元，不及全国平均水平一半；兰州市为 8000 元左右，相当于全国平均水平；嘉峪关市为 11400 元，超过全国水平；临夏州只有 1200 元，与嘉峪关市比较，相差 10 倍左右，这表明西部地区不可能同步发展。因此，调研组建议在资源分配上有所区别，通过设立"实验区"或其他方式，支持鼓励条件较好的地区优先发展。在充分考虑人口、资源、环境相协调的条件下，在优先发展地区放宽人口迁移政策，引导更多的人口相对集中居住，提高人口的城镇化水平。通过人口分布的调整，促进更多的人口在较短的时间内逐步跟上全国现代化建设发展的步伐，同时也可腾出更多的耕地和草场，退耕退牧、还草还林，有利于生态环境的恢复与治理。

　　蒋主席最后说，我们走过不少地方，当地干部群众对实施西部大开发的积极性很高，期望值也很高，希望能在较短的时间里获得中央大量的资金支持。从制定的规划和提出的项目看，一是规模比较大（有的非常大），大大超出了当地财力及中央支持的可能性；二是大部分项目都是在现有基础上扩张，从生产的角度规划多，从市场的角度规划少，能够从本地实际出发，统筹考虑人口、资源、环境与社会经济发展相结合的项目还少见，说明对中央实施西部大开发战略方针的理解还不够全面、深入。

　　十余年后的今天回顾这段谈话，西部大开发已经使得甘肃大地旧貌换新颜，但是在西部大开发乃至国家治理过程中，盲目重视项目规模，盲目贪大求全，不顾及市场效益，在项目制定时不能协调当地人文、地理、自然环境，做到统筹发展的现象依旧存在。十余年前的谈话与本届政府提出的简政放权、以市场为导向、全面协调发展的工作思路完全切合，我们不得不钦佩蒋主席及调研组的远见卓识。

庆阳石化 300 万吨炼油改扩建项目筹建实录

刘 至 祥[*]

长庆油田在陇东高原横空出世之后，始终与庆阳热土和庆阳人民密不可分。但 2005 年 10 月，长庆油田决定修建庆阳—咸阳输油管道的举动，在庆阳老区引发了一场轩然大波，也引起了省、市、县三级政府的高度关注和社会各界的强烈反响。2006 年 3 月，社会各界共同努力，高层领导强力干预，促使中国石油集团公司与甘肃省政府通过认真协商，签署了《关于庆阳地区经济发展与陇东油区整体开发座谈会会议纪要》。因为《纪要》具体形成的时间是在 3 月 16 日，所以又称《 "3·16" 座谈会议纪要》。笔者见证了这一转型发展的重要时期。

凝聚各方智慧　呼吁生态保护

长庆油田决定修建庆阳—咸阳输油管道的举动，在庆阳老区引发轩然大波。

2005 年 10 月，长庆油田分公司向庆阳市委发出 "通知"，要求配合修建甘肃省庆阳市—陕西省咸阳市的输油管道。这件事如同冬天的炸雷，继油田总部搬迁之后又一次在庆阳掀起了轩然大波。石油输出问题，一时间成为

　＊　作者系庆阳市人大常委会副主任、庆阳石化公司总经理。

庆阳民众街谈巷议的焦点话题。

随后，围绕输油管道建设引发了一系列强烈震动。参政机关采取议案形式反思两个政策，权力机关动用法律程序保护生态环境，社会各界联名写信上访反映不满情绪。庆阳人大声疾呼："保护环境，刻不容缓""支持油田，护我家园"。

2006 年 1 月 4 日，在政协庆阳市一届四次会议上，186 名政协委员联名提出议案，就庆阳石油开发以及庆阳经济建设等问题建言献策。尤其是针对长庆油田在开发建设的过程中，给庆阳水土流失、环境污染、水源枯竭产生严重影响的问题，展开了激烈的讨论。议案的分量很重，在会场内外引起了极大的反响。

2006 年 1 月 8 日，甘肃省第十届人民代表大会常务委员会发布第 35 号公告，颁布了《甘肃省石油勘探开发生态环境保护条例》。这个《条例》的出台，就是根据庆阳市的 42 名省人大代表和部分群众的强烈呼吁确定的立法项目。

2006 年 1 月 14 日，一位政协委员提交的《关于阻止修建庆阳—咸阳输油管道的建议》，被政协甘肃省九届四次会议列为 21 号议案。据媒体报道，这份提案得到了 10 名委员的签名，成为这次政协会议上反映最强烈的议案。问题的焦点，首先是长庆油田在庆阳市北部早就建有年输送能力达 300 万吨的输油管道，长期向兰州、银川、南充、呼和浩特等地的炼油厂输送原油。如果计划投资 6.76 亿元重复建设输油管道，就会因为关闭现有加工企业、闲置现有输油管道，造成近 20 亿元的浪费和损失。将庆阳原油大量的远距离输送到咸阳，还会加大油田企业的运输成本。其次是过去在庆阳形成的严重污染尚未得到有效治理，修建新的输油管道又将进一步加剧环境污染。管道穿越庆阳境内 100 多公里路程，途经人口最密集的董志塬、马莲河等基本农田重点保护区和生态环境敏感区，直接危及 20 多万农民兄弟的饮水安全。

当年，在省、市两级人大、政协会议上，反响最强烈的另一个焦点问题主要集中在长庆油田对同属陕甘宁革命老区、同属鄂尔多斯盆地油田资源富集区、同属长庆油田开发区块的庆阳、延安、榆林实行了完全不同的石油开发政策。

然而，由于长庆油田公司长期实行两种不同的石油开发政策，导致庆阳市和相互毗邻的延安、榆林两市经济社会发展形成巨大反差。延安和榆林允许地方成立钻采公司开发石油资源，长庆油田也优先为延安炼厂提供原油。庆阳不仅不能引进有资质的钻采企业开发石油资源，而且还把在当地开采的石油大量外输，使庆阳从石油开发中得到的收益远远少于延安、榆林。以2004 年为例，延安市财政收入 63.07 亿元，是庆阳市的 5 倍多；榆林市财政收入 59.86 亿元，是庆阳市的 4.8 倍。由于政策上的不平等形成的巨大反差，导致职工收入偏低、群众生活水平差异加大，由此引发了许多新的社会矛盾。

2006 年 1 月 15 日，甘肃省第十届人民代表大会第四次会议召开。黄选平、王义、黄续祖、苏志希等 26 名省人大代表又提交了《关于加强陇东油区污染治理和环境保护的议案》。议案科学翔实地列举了陇东油区环境污染与保护的现状，并提出了整改意见。

2006 年 2 月 15 日至 16 日，中央及省府一行 15 人组成联合调研组，就石油开发与环境保护问题专程前往庆阳进行调研。调研组成员到庆阳后，及时传达了中央和省上领导的重要指示，看望了离退休干部代表，实地考察了部分乡村和石油矿区。先后组织召开一系列会议，充分听取了庆阳市委、市人大、市政府、市政协和离退休干部代表关于加快老区建设和石油资源开发的意见和建议。调研组认为，庆阳既是革命老区又是贫困地区，油田开发要全面贯彻落实科学发展观，按照构建社会主义和谐社会的要求，大力支持贫困地区的发展，创造互惠互利的发展环境，为实现企地双赢和可持续发展奠定良好基础。联合调研组的考察结论下了，但中央部委的整改措施尚未出台，没有看到希望的庆阳地区乃至甘肃省有关部门和人士，强烈要求改善生态环境、维护合法权益的呼声和行动始终没有停止。

2006 年 2 月 28 日，庆阳市人大常委召开会议，对《甘肃省石油勘探开发生态环境保护条例》进行了逐章逐句的学习讨论，并作出了全年只对《条例》进行执法检查的决定。3 月 4 日，甘肃省人大常委会主办的《人民之声报》将庆阳市人大常委会的决定视为经验，在头版重要位置作了报道（同年11月19日，该报再次以醒目的标题《决不能以污染环境为代价寻求发展》在头版头条刊登省人大常委会调研组在庆阳调研《条例》贯彻落实情况）。3月5日，中共庆阳市委机关报《陇东报》在头版刊登了西峰区依法加强石油开发环境监督管理的经验和做法。各县据此积极响应，纷纷效仿。

2006年3月5日，十届全国人大四次会议在北京隆重开幕。3月6日，中共中央政治局常委、国务院总理温家宝参加甘肃代表团的审议。全国人大代表、甘肃省人大常委会副主任姚文仓当面向温家宝提出两条建议：一是建设陇东石化基地，扶持庆阳老区可持续发展；二是加强庆阳油区污染治理和环境保护。姚文仓与许多代表一样，认为长庆油田的开发建设一方面扶持和带动了庆阳的经济发展，同时也造成了水资源的污染，严重地影响了生态环境，给群众的生产生活形成了威胁。因此，他建议国务院本着以人为本、科学发展、构建和谐社会的精神，责成有关方面切实加强庆阳的污染治理和环境保护。

与此同时，在甘肃的全国政协委员郄秀书、黄歆昌、马文义等有识之士十分关注陇东油田的长远发展，他们纷纷发表意见，阐明自己的观点和态度，并建议中国石油集团公司要积极促成长庆油田与庆阳市本着平等、互惠的原则，妥善处理环境保护与资源地经济发展问题。他们普遍认为，长庆油田的所在地庆阳市理应与延安市一样享有油田给予的开采、可炼的优惠政策。帮助、支援资源地发展，也是获取资源的企业责无旁贷的政治责任和社会义务。

积极争取政策　提升改造水平

具有划时代意义的《"3·16"座谈会议纪要》，给庆阳石化带来了千载难逢的发展机遇。

庆阳市及甘肃省的人大代表、政协委员、老干部代表、人民群众的信件和议案，引起了中央和甘肃省委的高度重视，高层领导不但亲自过问事情的来龙去脉、关注事态的发展变化，而且都作了明确批示。特别是中共中央政治局常委、国务院总理温家宝关于长庆油田可持续发展问题的重要批示，不但为解决长庆油田在庆阳开发建设过程中引发的各种问题和矛盾纠纷奠定了思想基础，而且也为长庆油田与庆阳市"共同发展、互利双赢"指明了奋斗的途径和努力的方向。

关于需要中国石油解决的问题主要有 7 个方面，其中关于庆阳石化改扩建问题列为第一。根据陇东油区的资源前景和甘肃省国民经济和社会发展"十一五"规划纲要，庆阳市政府强烈要求对庆阳石化厂改造迁建，规模扩大到 500 万吨，中国石油总公司对此表示理解。经慎重研究，同意对庆阳石化进行改扩建，装置规模确定为一次原油加工能力 300 万吨/年，并预留进一步发展的余地，对项目建设地点在科学论证的基础上进行比选。该项目由中国石油总公司负责，庆阳市全力配合支持。从 3 月份开始启动改扩建项目的预可研，5 月底完成。之后，迅速开展相关的水资源论证、环境影响评价等工作，尽快向国家发展改革委员会申报核准。整个改扩建项目力争 2—3 年建成。对于庆阳石化装置改扩建和"庆咸"输油管线涉及的原油资源配置问题，由中国石油内部平衡解决。改扩建项目前期工作进度安排由甘肃省发展改革委员会与中国石油规划计划等有关部门具体商定。

5 月 9 日至 10 日，庆阳市、长庆油田公司和长庆石油勘探局领导班子就落实温家宝总理的批示和"3·16 纪要"精神、实现地企发展互利双赢目标，在西安举行"高层会谈"。会谈期间，地企双方根据《纪要》精神，本着"尊重历史、面对现实、解决问题"的原则，统一了"相互依存、共同发展"的思想认识之后，分别就落实纪要的具体工作进行了沟通和衔接，明确了各自承担的责任，达成了初步的协作意见。地方领导表示，庆阳市一如既往、尽心竭力地支持油田发展建设，在不违背有关法律法规的前提下，坚持急事急办、特事特办，给企业发展创造宽松良好的环境。油田领导表示，长庆油田将与庆阳市积极配合，全力推动"纪要"的落实，认真履行国有企业的社会责任，为庆阳的发展贡献自己的力量。双方领导最后达成共识：油田的发展就是庆阳的发展，庆阳的发展也就是油田的发展。

庆阳地区和长庆油田通过换位思考，都有了明确的思想认识和积极的实际行动。《"3·16"座谈会议纪要》签署之后，企地双方就如何认真贯彻落实《纪要》精神，真正实现互利双赢的奋斗目标，各自制定了具体计划，共同签订了的"君子协定"。之后，也基本落实了有关条款，兑现了自己的承诺，遵守了有关规定，从而减少了摩擦，改善了关系，甚至通过双方的积极互动，不但化解了矛盾，而且增进了友谊。

为了贯彻落实《纪要》精神，庆阳市全力支持长庆油田建设庆阳—咸阳的输油管道。2006 年 11 月 25 日，随着长庆油田内部环形集输管网最后一段"咽喉工程"疏通，历时 21 个多月的建设，庆（阳）咸（阳）输油管道一次性投产成功。据有关媒体报道，庆咸输油管道连接黄土高原和关中平原，北起甘肃省庆阳市境内的西峰油田，南至陕西省咸阳市长庆石化，全长260 公里，管道直径 377 毫米，年原油输送能力 300 万吨，工程总投资 7.43亿元，是长庆油田库容最大的全新数字化输油管道。

地企联动发展　圆梦群众企盼

承载着地方各级党政领导的信任和庆阳各族群众的企盼，庆阳石化别无选择地担起历史重任。

早在 1997 年，甘肃省就把庆阳市确定为陇东石化基地，庆阳市也把石化产业作为可持续发展的主导产业。当时，为了尽快改变庆阳老区贫困落后面貌，变资源优势为经济社会发展强势，根据十六届五中全会精神和国家产业政策导向，甘肃省委、省政府在"十一五"规划中明确提出，并经省人大通过了陇东能源石化基地建设"三个五"目标，为庆阳发展石化工业提供了战略机遇和政策依据。

2006 年 1 月 1 日，温家宝总理在庆阳市老干部的信件上作出重要批示。不但化解了企地的矛盾纠纷、促进了企地的和谐发展，而且为庆阳石化搬迁改造项目出笼奠定了思想基础、提供了行动纲领。2 月 14 日，国家发改委等五部委组成联合调研组来庆阳实地调研，形成《调研报告》，提出对庆阳石化搬迁改造集中加工项目进行可行性研究；2 月 15 日，中油股份公司副总裁胡文瑞代表中油集团公司党组、中油股份公司专程来庆阳调研，与庆阳市委、市政府主要领导深入交谈，对庆阳石化搬迁改造项目形成初步意见。

庆阳石化公司原有原油加工能力为 150 万吨/年，根据陇东油区的资源前景和甘肃省国民经济和社会发展"十一五"规划纲要，庆阳市政府强烈要求对庆阳石化厂改造迁建，规模扩大到 500 万吨，并且围绕"一切为了500 万"开展工作。后来，中国石油"经慎重研究，同意对庆阳石化进行改扩建，装置规模确定为一次原油加工能力 300 万吨/年，并预留进一步发展的余地"。

2006 年 3 月 1 日，庆阳市主要领导与中油股份公司副总裁胡文瑞及集团公司、股份公司规划计划部、股份公司勘探与生产分公司负责人进行了洽谈，关于庆阳石化公司 300 万吨炼油改扩建工程形成了会议纪要，炼油改扩建项目初步立项。

建设 300 万吨/年炼油搬迁改造集中加工项目，符合国家"扶持贫困地区，特别是革命老区充分利用当地资源优势，逐步形成主要靠自己力量脱贫致富机制"的优先照顾资源地的政策；符合国家"优先照顾革命老区、少数民族地区、贫困地区，加大对欠发达地区支持力度"的支持老区发展、实施能源战略、建设资源节约型社会的要求；建设 300 万吨/年炼化项目，实现原油就地加工，既可以节约成本，又可以带动原产地经济发展，符合可持续发展战略。因此，中国石油天然气集团公司、中国石油天然气股份有限公司对项目投资建设予以极大的支持和高度的热情。

3 月 16 日，中国石油天然气股份有限公司副总裁胡文瑞与甘肃省常务副省长徐守盛，在分别代表中国石油天然气股份有限公司与甘肃省政府签署《关于庆阳地区经济发展与陇东油区整体开发座谈会会议纪要》的同时，还签署了《关于庆阳 300 万吨炼化项目建设与庆阳油区环境及综合治理协议》。《纪要》成为行动指南，《协议》成为法律保证，标志着庆阳石化 300万吨炼油改扩建项目进入预可研程序。

3月28日至30日，由中国石油天然气股份有限公司、华东设计院及甘肃省发改委有关专家组成调研组，专门赶赴庆阳市，对庆阳300万吨石油炼化改扩建项目进行预可研调研。调研组在庆阳市领导和有关部门负责人的陪同下，采用听取汇报、翻阅资料、实地考察、举行座谈等多种形式，对项目实施中必须具备的气象、地质、供水、交通、电力、排污等条件，进行了认真的调查研究。3月30日，调研组领导、庆阳市四大班子成员、庆阳石化公司领导及庆阳市石化办、发改委、国土局、水务局、气象局、环保局、宁县政府负责人、长庆油田有关负责人在西峰饭店召开座谈会，就庆阳300万吨炼油改扩建工程项目选址等问题进行研讨。这次研讨，标志着庆阳石化承担的300万吨石油炼化改扩建项目已进入了实质性的工作阶段。

4月4日，庆阳石化召开会议，成立了"庆阳石化公司300万吨炼油改扩建项目领导小组"。标志着庆化300万吨炼油改扩建项目建设筹备工作组和"前线指挥部"正式成立。

5月12日，庆阳市主要领导带领市政府办公室、发改委、建设局、国土资源管理局、环保局、水务局、交通局、研究室负责人，以及西峰区委、区政府领导和庆阳电信公司、供电公司经理专程到庆阳石化公司，就300万吨炼化改扩建项目前期准备工作召开现场办公会，针对项目建设中存在的环保、征地、道路、供水、供电、电信网络等问题，迅速提出了解决问题的可行性方案，迅速形成了有利于项目争取和建设的思想共识、具体意见。

6月28日，在北京召开有关方面领导、专家学者80多人参加的"庆阳石化300万吨炼油改扩建可行性研讨会"，预可研报告评估获得通过。随后，中油股份公司规划计划部发出《关于开展"庆阳石化300万吨级搬迁改造集中加工项目"各项前期工作的通知》。这份《通知》不仅标志着庆阳石化300万吨石油炼化改扩建项目全面启动，而且成为庆阳石化组织搬迁改造项目前期工作的重要依据。

8月31日，省部高层领导再次举行会晤，甘肃省政府常务副省长徐守盛、省政协副主席邵克文与中油股份公司领导推心置腹，深入交流，为庆阳石化搬迁改造集中加工项目建设有序运行提供了重要保证。

2006年8月，项目地址确定在西峰区董志镇，庆阳市划拨1200亩土地。11月18日，隆重举行300万吨/年炼油搬迁改造集中加工项目奠基仪式。自此，背负着中国石油集团公司的重托和中油股份公司的使命，承载着地方各级党政领导的信任和庆阳各族群众的企盼，庆阳石化别无选择地担起历史重任、义无反顾地踏上历史征程。

经过有关方面的反复调研、论证、协调、规划、审核，最终决定：庆阳石化炼油改扩建项目建设规模为300万吨，计划报批总投资47.23亿元。预计销售收入150亿元以上；利润总额8亿元以上；上缴税金30亿元以上；投资利税率30.65%；财务内部收益率14.10%。主要的技术指标：综合商品率93.03%；轻质油收率82.8%；综合能耗70千克·标油/吨；新鲜水单耗0.57吨/吨；出厂产品国Ⅲ、国Ⅳ各一半。

在项目规划之初和建设之中，庆化人为了圆满完成"天字一号工程"建设任务，自加压力、自找动力，明确提出了涵盖方方面面的总体思路和"战斗口号"。总体目标：精品炼厂，国内一流。建设理念：政治工程、环境工程、和谐工程、安全工程、优质工程、效益工程、形象工程、廉政工程。建设原则：技术集成化，设计人性化，控制自动化，环境花园化，配套系统化。建设要求：三年一大修，五年不改造，十年不落后。设计理念：质量源于设计、安全源于设计、投资源于设计。投资管理：该花的钱一分不能少，不该花的钱一分也不能多；今天的投资是明天的成本。质量管理：全方位、全过程、全天候、立体式、多视角；边施工、边验收。设备招标：技术先进性、质量可靠性、安全保障性、投资经济性。工作方法：整体规划，压茬运行，强力推进，集智聚力，正点到达。

论证确定建设规划　全面完成改造任务

经过反复勘察、多方论证，庆阳石化公司新厂在"风水宝地"董志塬腹地董志镇落地生根。

由于庆阳石化300万吨/年搬迁改造集中加工项目投资大、规模大，影响也大，所以项目尚未启动，选址已成热点。经过方方面面充分酝酿，庆阳市拟定西峰工业园区、宁县长庆桥镇和庆阳石化公司为项目建设备选场址。推荐的顺序是，首选西峰、次选长庆桥、再选庆化原址（庆城韩家湾）。那么，在庆阳市 27119 平方公里的热土地上，到处都是黄土塬、米粮川，为何独举这 3 地为候选建设地和鏖兵主战场呢？

首选对象西峰，地处庆阳市中部，东连延安、西通兰州、南接西安、北达银川，是陇东高原上的一座新兴城市，犹如一颗熠熠生辉的明珠，镶嵌在"天下黄土第一塬"董志塬的腹地，北控河套，南屏关中，是庆阳市党政军领导机关所在地，也是全市政治、经济、文化中心。区域面积 996 平方公里，人口 32 万之众。城市规模不算太大，但是设施齐全，交通便利，处处洋溢着现代化都市的气息。

据史料记载，西峰自古就是陇东重镇，因其地处陕甘宁三省交通要冲，宁夏食盐行销陕西必经此地，运盐车辆总汇西峰，陕西、山西商贩多在西峰设立盐店。陇东地区所产皮毛山货，也多由此地运出区外。清同治十二年（1873）始筑城墙一周，清朝末年再建城门两座，东西城门分别悬挂匾额"控扼萧关""襟带秦岭"。晋、陕、豫等地客商纷至沓来，宁夏、陕西粮棉硷皮等物大量流入，遂形成贸易市场。民国五年（1916），军阀混战，得胜军民又筑新城括老城于内，广设北大街、中山街、大什字、小什字、东大街、西大街、回民寺、箭道巷、寨子巷、火神庙巷、财神庙巷等诸多街巷。民国二十年至三十八年（1931—1949），先后置设甘肃省第三区行政督察专员公署和庆阳县政府，并侨置合水县政府。自此以后，西峰街道客商云集、店铺林立，逐渐繁荣起来。新中国成立后，一直是庆阳地区政治、经济、文化中心，地委、行署所在地，长期隶属庆阳县。

1985 年县市分设，西峰镇改西峰市。2002 年 8 月庆阳撤地建市后，改为西峰区（县级），是全市 7 县 1 区中唯一的区建制行政区域。2004 年，在中央电视台和央视国际网络共同组织的西部名城评选活动中，庆阳被评为"最具艺术气质的西部名城"。据庆阳市民政局 2008 年 8 月公布的规划方案：西峰城区以秦霸路、双塔北路为界，分老城区、东区、南区三个区块。

老城区老格局，新城区新概念，现代与历史相交融，自然与文化共展示。同时有 9 条道路贯通南北，将新老城区连为一体。南区东西走向有 5 条主干道，10 条次干道。规划建设 40 平方公里，用 10 到 20 年时间建成西部油城、陇上煤都、人文魅力城市和绿色环保城市。目前，全市上下齐心协力正在向既定目标奋进，并且取得了显著成效。

庆阳石化 300 万吨/年炼油搬迁改造集中加工项目最后选定的地址，坐落在庆阳市西峰区董志镇，位于西崌村、新庄村、周庄村三村交界处，东临 202 省道，南连西安、西通兰州、北至银川；2008 年建成的西—长—凤高速公路从此穿过，规划之中的铁路走向与高速公路走向一致。工厂西侧边缘大部分为沟壑区，距厂址 1.5—3 公里左右；工厂东北为西峰城区，距厂址直线距离 3 公里；东南 7 公里为西峰区肖金镇。地貌单元为黄土残塬，即我国最大的黄土残塬——董志塬，区域地形平坦开阔，起伏很小，高程介于 1352.34 米—1357.45 米之间，是重点项目和重大工程建设的理想场所。

自 2006 年 3 月省部《纪要》签订以来，项目受到了各级组织、各级领导的高度重视和大力支持，经过相关部门、单位的艰苦努力，逐步完成了项目建设必需的审批手续和法律文书，为集中会战打通了渠道，铺平了道路。项目前期工作创造了中国石油炼化项目"可研设计时间最短、项目备案立项周期最快、土地征用批复衔接最紧、安评环评组织最优、前期所有工作协调最好"的新纪录，堪称企地密切合作的典范，多次受到集团公司党组、股份公司和省市各级组织、有关领导的充分肯定和高度评价，庆阳石化 300 万吨/年搬迁改造集中加工项目得到了庆阳市人民政府"全市重大项目建设特别嘉奖"，并获得国家优质工程奖。

亲历《陕甘宁革命老区振兴规划》
出台的过程

田 武[*]

《陕甘宁革命老区振兴规划》（以下简称《规划》），是国务院国函〔2012〕16 号批复出台的全国首部专门支持革命老区发展的区域规划，成为陕甘宁革命老区人民政治生活和经济建设史上的一件盛事。在《规划》框架下创建陕甘宁革命老区国家级生态能源经济示范区（以下简称"示范区"）是由我市率先构思、倡议和发起，陕甘宁三省（区）8 个革命老区市一致响应和争取，国家发改委和国务院发展研究中心（以下简称"国发研"）共同制定完成，直至经国务院正式批复实施，整整经历了 4 年多的艰辛历程。

2008 年 7 月，在"示范区"第一次联席会议上产生的"示范区"协调领导小组，办公室设在庆阳市，市政府秘书长、市发改委主任分别兼任办公室主任与副主任，办公室的日常工作由市发改委综合科牵头兼办。这期间，凡经历此事者几经更替变动，而我长期任市发改委综合科科长，从头至尾承办或参与此项业务，可以说较完整地经历了"示范区"创建与《规划》制定和出台的总过程。现将自己所知、所见、所为的主要经历记述于后，作为这一历史盛事的见证。

---

* 作者系庆阳市发展改革委调研员。

试验区创建的背景

庆阳市新一届领导班子上任之初，正值国家前一轮西部大开发战略实施临近结束，新一轮西部大开发战略尚未明确之时，也是省委、省政府确定"把庆阳建成国家级大型能源化工基地和全省重要经济增长极"之际。面对我市发展差距大和贫困程度深的突出问题，如何带领全市人民不负省委、省政府的重托，依靠优势资源开发闯出一条强市富民之路，成为摆在新一届领导班子面前的重大课题。

为了探索加快庆阳老区开放开发，缩小发展差距的良方，2008年前后，我市通过赴延安、榆林、宁东等周边老区市全面考察学习，总结出我市与周边地区具有"地域相接、山水相连、历史同根、文化同源，同属陕甘宁革命老区、同是贫困地区、同为生态环境脆弱区、同处鄂尔多斯盆地能源资源富集区，政治优势和资源优势明显，开发潜力巨大"的共性特点。

那时，正值全国各地争创区域经济期，新任庆阳市市长周强，与市政府研究室主任岳中锋、副主任李福东等人，就全市今后发展战略问题多次酝酿探讨认为：要解决庆阳发展差距问题，就必须从陕甘宁革命老区这一地域共性特点入手，从大局出发，联合周边老区市统筹谋划创建国家级区域经济，争取在国家政策扶持下借力互动发展。后经市政府与中国科学院院士、清华大学教授、国情研究中心主任胡鞍钢（2009年聘为市政府经济顾问），国家发改委西部开发司（以下简称"西部司"）、国发研宏观部、全国老区建设促进会（以下简称"老促会"）等多方讨教，反复探究后，最初由我市率先提出了创建"示范区"的设想。

示范区创建的发起

心心相印达共识。延安和榆林市资源开发与经济发展水平，位居陕甘宁交界一带的龙头地位，征得陕北延、榆两市的认同和参与，对于创建"示范区"具有不可忽视的重要作用。同年5月初，由新任庆阳市市长周强与时任中共陕西省委常委、中共延安市委书记、延安市人大常委会主任李希，中共榆林市委书记李金柱，通过电话联系沟通一致认为，利用革命老区政治优势和区位资源优势，联合创建区域经济的构思，符合国家政策导向和老区实际，此举十分可行，表示赞同，很快达成共识。我市随即向省政府呈报了《关于建立陕甘宁革命老区国家级生态能源经济示范区的请示》，得到省委、省政府的同意和支持。5月18日，中共庆阳市委书记张智全、庆阳市市长周强联名向延安、榆林、平凉、吴忠、固原、白银等周边陕甘宁革命老区市发出了以"保护生态环境、开发优势资源、增加农民收入、促进共同发展、实现合作共赢"为宗旨的《陕甘宁革命老区国家级生态能源经济示范区倡议书》，并提出暂定于6月上旬在我市举行"示范区"第一次联席会议，得到了各方的一致赞同和响应。

举办"示范区"第一次联席会议。2008年7月27至30日，由庆阳市倡议发起、组织承办的"示范区"第一次联席会议在西峰隆重召开。甘肃省副省长石军出席主持会议并讲话，庆阳市委书记张智全作为东道主作大会发言，周强市长致开幕词；国家发改委西部司副司长李应明，国发研宏观部部长余斌，中国科学院院士、清华大学教授、国情研究中心主任胡鞍钢的委托人过勇（胡因病未出席会议），中国老促会会长王作义等应邀出席并讲话；陕甘宁7个老区市党政领导及发改委主任到会，中央候补委员、陕西省委常委、延安市委书记李希，榆林市市长胡志强，平凉市市长陈伟（女），白银市委常务副市长袁崇俊，吴忠市副市长何旭东，固原市委副书记董玲（女）分别作大会发言。我市作为这次大会的东道主，为了表示庆贺，向参加本次大会成员方的老区市，赠送了精美的长幅刺绣画卷《报春图》，以示纪念这次不平凡的跨地域合作。陕甘宁革命老区市第一次联席会议的成功举办，标志着该"示范区"创建工作正式启动。

建立联席会议规章与机构。"示范区"第一次联席会议讨论并一致通过了由我市起草的《向国务院提出关于建立陕甘宁革命老区国家级生态能源经济示范区的建议》《陕甘宁革命老区国家级生态能源经济示范区工作方案》《陕甘宁革命老区国家级生态能源经济示范区联席会议制度》《陕甘宁革命老区国家级生态能源经济示范区协调领导小组建议名单》《陕甘宁革命老区国家级生态能源经济示范区专家咨询组建议名单》《陕甘宁革命老区国家级生态能源经济示范区第一次联席会议执行主席名单》《关于陕甘宁革命老区国家级生态能源经济示范区第二次联席会议承办方的建议》7 份重要文件，基本确立了联席会议的组织形式、运行机制、工作目标和任务，正式确立了跨省际、跨行政区联合运作的章程。从这次会议之后，我市发改委的综合科就此正式兼负起联席会议领导小组办公室的日常业务协调工作，协调联络联席会议各成员方积极行动，迅速开展"示范区"创建的衔接申报工作。

示范区创建的经过

上下合力开局面。第一次联席会议后，我市积极履行联席会议领导小组办公室的职责，加强与各联席会议成员方协调联络，共同开展"示范区"创建工作。平凉市政府、白银市政府、庆阳市政府再次发文，先后上报甘肃省政府，提出关于建立陕甘宁革命老区生态能源循环经济示范区的请示，并多次汇报沟通，得到了省委、省政府的同意，特别是石军副省长给予了更多、更大支持。2008 年底和 2009 年初，甘肃省政府分别以四个文件批转省发改委承办"示范区"创建事宜。据此，时任省发改委主任的邵克文、分管副主任孙晓文以及省发改委的西部开发办公室（以下简称"西开办"），积极向国家有关部委汇报衔接，陕西省及陕北老区市共同配合，经反复与国家发改委领导及西部司汇报衔接，同意列入西部司 2009 年度工作计划，并初步确定在"陕甘宁革命老区区域规划"框架下解决"陕甘宁革命老区生态能源循环经济示范区"的创建问题。2009 年 2 月 11 日，甘肃省发改委以便函形式，将其与国家发改委初步衔接的意见分别反馈庆阳、平凉、白银市政府。这标志着，在陕甘宁三省（区）政府及发改委的共同努力下，"示范区"创建工作在国家层面上初步打开了局面。

首次配合国家部委高规格大调研。"示范区"创建与《规划》编制大调研活动先后开展了三次。2009年2月上旬接到《调研通知》，由国家发改委西部司与国发研宏观部牵头，与国家有关部委组成调研组，将赴陕甘宁老区市开展实地调研（即第一次大调研）。对此，市委、市政府高度重视，在分管副市长付振伟的具体安排布置下，由市发改委综合科牵头承办联席会议各成员方的协调联络及全市的调研汇报起草、资料收集、汇总整理、会场布置和调研点安排等各项具体工作，委内各科室和市直相关部门配合。本次调研活动首先从庆阳开始，也是我市首次经历的大规模、高规格、多内容的调研活动，周强市长和付振伟副市长分别在《调研通知》上批示，要求"全力做好调研准备工作"。付市长还专门召集发改委主任吴秉儒、副主任李福东，政府办副主任左自刚、秘书赵小云和我等人，商议安排调研准备工作。

从这次《调研通知》来看，主要侧重老区市的革命斗争史料、近五年经济社会发展现状、优势资源勘探开发现状、生态环境及治理现状、农业与农民收入现状（每县、区随机选择5个自然村，全市共40个自然村，由农户按调查格式自行填报和加注说明，所在行政村支书审核签字后，直报市发改委综合科汇总）五个方面。经过一段紧张筹办，一切准备工作基本就绪后，吴秉儒、李福东等领导带我一起向市政府主要领导和分管领导汇报调研准备工作时，周市长和付市长对此很满意，还当面首肯，在场的政府办左自刚副主任也称赞了几句。2月底，国家发改委西部司负责人（因故未参加我市调研），国发研宏观部部长余斌、宏观部研究室主任陈昌盛、环保部、中科院地理研究所等一行9人，在省发改委副主任孙晓文等陪同下赴我市调研。我市四大班子领导到会，市直10多个相关部门参会，会议由省发改委副主任孙晓文主持，市委书记张智全、市长周强分别作了市情介绍、总体汇报和提出有关建议事项，四大班子及参会部门负责人分别发言并回答调研组提问。整个调研活动紧扣主题，深刻仔细，看点选择恰当、布置周到、安排紧凑，调研效果十分明显。

联席会议各成员方的共同努力。根据该"试验区"研究成果，联席会议各成员方利用各种渠道，共同为"试验区"的创建付出了不懈的努力。根据"试验区"创建工作进展情况和联席会议轮值制度，各成员方于2009

年 11 月 20 日和 2010 年 7 月 19 日分别在陕西省的延安市、宁夏自治区的吴忠市召开了"试验区"第二、三次联席会议，就"试验区"创建的立义研究、完善联席会议章程、共同合作争取、舆论呼吁等，多渠道、多层面推进"试验区"规划编制等事宜作了充分的酝酿。2009 年 11 月第二次联席会议（在这次联席会议上，吸收陕西省铜川市为联席会议成员方）后，各成员方一致献策献力，通过各种渠道积极开展汇报争取工作。三省（区）老区市的全国人大代表、政协委员在全国"两会"期间积极呼吁；我市全力协调联席会议成员方主动联系邀请新华社区域发展专家深入各老区市调研，并将调研意见以《国内动态清样》手抄件呈送党和国家领导人。同时，我市领导班子还积极向曾在陕甘宁边区生活战斗过，同情和关心老区建设事业的许嘉璐、张全景等老领导，以及民革、民进等有关民主党派领导人专题汇报，争取帮助；为引起各方对"试验区"研究成果的重视和推动《规划》尽早制定，积极利用《经济日报》《中国经济时报》《大公报》和新华网等媒体进行舆论造势，扩大影响力。

赴京参加《规划》编制启动会。2010 年 3 月 2 日，接到省发改委转来国家发改委定于 3 月 5 日召开《规划》编制工作座谈（亦称：《规划》编制启动会）的《通知》。3 月 4 日，王尧主任带领我们一行乘飞机午后抵达北京月坛路 16 号康铭大厦。当天下午，周市长从中央党校赶到北京汉华宾馆，要我们到此商议《规划》编制座谈会事宜。按照周市长的意见，我们又将会议发言单行材料作了修改，当晚交庆阳驻京办事处打印了几十份。3 月 5 日一天会期，陕甘宁三省（区）及 9 个老区市（甘肃省的庆阳市、平凉市、白银市，陕西省的延安市、榆林市、铜川市，宁夏自治区的吴忠市、固原市，这次又增加了中卫市）发展改革委主任参会，还有国家发改委能源研究所、财政部财税研究所、环保部环资研究所等科研机构的负责人和专家到会。会议主要议题是讨论国家发改委西部司和国发研宏观部提出的《规划编制工作方案》和《规划大纲》，安排布置《规划》正式编制前的实地调研（即"试验区"建创第二次大调研，主要侧重老区主导产业开发、重大产业布局、重大建设项目和扶持政策等）。会议备受各成员方关注，当国发研宏观部孟春副部长、宏观部研究室主任陈昌盛分别介绍了《规划编制工作方案》和《规划大纲》之后，大家争先恐后发言，气氛异常热烈。作为"试验区"创建发起方的我市，由于事前准备较充分，王尧主任是各成员方老区市中第一个发言人，在一定程度上起到导向作用。应邀的科研单位发言、国家发改委西部司和国发研负责人在会议总结中，多次提及和肯定庆阳的意见建议。会议结束后，我们一行立即搬住汉华宾馆与贺秘书长同住。周市长每天利用中午和晚上课余时间，奔波于中央党校与汉华宾馆之间，共同研究如何将我市重大事项挤进《规划》总盘子、如何做好第二次大调研准备，如何利用"两会"之机多方呼吁等事宜。并利用中午和晚饭之机邀见和接待国家有关部委人士进行汇报争取。总之，那次在北京参加的《规划》编制启动会，标志着陕甘宁革命老区国家级经济区创建工作进入关键性阶段。

《陕甘宁革命老区振兴规划》的制定

4月5日，国家调研组侧重陕北延榆两市、庆阳、中卫、宁东（即吴忠市）等老区市进行调研，这次来人主要以《规划》编写组为主，在我市调研整两天。第一天是在庆阳宾馆召开座谈会，参加会议的有市上四大班子部分领导，张智全书记到会代表市委、市政府作了全面汇报，因周市长在中央党校学习，会议由付市长主持，市直相关部门及境内资源开发企业负责人参会，主要围绕陕甘边革命斗争历史及贡献、庆阳资源探查成果、资源开发收益分配政策、财税和投资扶持政策、重大产业布局和重大建设项目等重点问题展开汇报和座谈。

力争重大事项纳入《规划》总盘子。在《规划》框架下创建"试验区"的根本目的是，争取获得国家战略定位、国家扶持政策、重大产业布局和重大建设项目，其中关键是获得资源开发和资源产品价税优惠政策、财政投资扶持政策和地企收益分配政策。也就是当时力争制定《规划》所坚持的重点次序："首定位、先政策、后项目、再投资"。正如业内人士所说的，"定位是名分，政策是锅碗，项目投资是饭菜，饭菜有完时，锅碗无尽时"，以此比喻四者之间的关系与不可或缺的重要性。2010 年月 7 月，《规划》第一稿形成，7 月 19 日在宁夏吴忠市召开的第三次"试验区"联席会议上进行讨论。同年 11 月，《规划》第二稿形成，并发送各成员方老区市征求意见。2011 年 5 月形成了《规划》第三稿，发送陕甘宁三省（区）发改委及各成员方政府再次征求意见。是年 10 月，《规划》第四稿形成，国家发展改革委在西安市召集陕甘宁三省（区）发改委主任、各老区市政府负责人、发展改革委主任参会，国发研宏观部、中国老促会以及有关研究机构负责人到会共同征求意见，我市参加会议的有周强市长、付振伟副市长及市发改委主任王尧等。这期间，《规划》共易四稿，大范围征求意见 4 次，加上周强市长、付振伟副市长、先后继任的市发改委主任吴秉儒、王尧，就《规划》编制和涉及我重大事项问题，多次进省赴京汇报衔接，所有以庆阳市委、市政府名义呈报的大量修改意见和汇报建议的函文达 20 多件，基本上都是经我手起草，全体综合科人员承办的，而且都是在大量调查研究国家方针政策、周边地区先进经验、紧密结合当地实际的基础上提出，并经过征求各方意见和逐级认真讨论审定后呈报的，具有较强的依据性、可行性和认同度。可以说，这些诸多意见和建议基本上被纳入了《规划》总盘子，对于充实、完善和提升《规划》内涵要素发挥了积极的作用，因而使《规划》第四稿内容十分丰富，特别是所列入的扶持政策涉及面广、"含金量"高、支持力度大，尤其是提出的资源开发和资源产品价税政策对我市以宁东地区十分有利（因陕北早已实施），充分体现出国家支持和改变老区面貌的决心，令人鼓舞和振奋。然而遗憾的是，经征求国家有关部门、资源开发央企意见后，却对已列入《规划》的各项优惠政策做了大幅度的"瘦身术"，使《规划》第五稿（即：定稿）的政策"含金量"远不及第四稿。但毕竟是一部全国首部专门支持老区发展的区域规划，明确赋予了以陇东、陕北、宁东为主的国家重要能源化工基地、以庆阳为主的"基本公共服务均等化试点区"、涵盖各成员方的"国家重点红色旅游区""黄土高原生态文明示范区""现代旱作农业示范区"等"五大战略定位"，提出了老区发展的目标任务，列入了重大产业布局和诸多重大建设项目，并为各类重大项目进入国家各"十二五"专项规划铺垫了基础。尽管定稿后的《规划》中扶持政策有所弱化，仍不失一部支持力度大、政策性强、最具权威性的高规格《规划》，集中体现了党中央、国务院对老区人民的深切关怀和特殊照顾。更为欣慰的是，在原《规划》框架版本的基础上，保留了"陕甘宁革命老区地位特殊，老区人民为中华民族的解放和新中国的建立作出了巨大的牺牲和不可磨灭的贡献"的关键句，并得到了国务院〔2012〕16 号函的认定和重申，这与"两点一存"的历史定位，具有同等重要意义，使之成为这部《规划》的魂，也是继 1942 年西北局高干会议以来，国家对西北革命历史地位的再次肯定和提升，并为今后深度研究陕甘边乃至西北苏区党史提供了又一项定论性的依据。

《规划》编制完成与出台。鉴于国家发改委西部司和国发研宏观部经过反复征求意见，10 多次修订，五易其稿后，于 2011 年底提交国务院审批。2012 年 1 月 21 日至 22 日新春佳节之际，时任国务院总理温家宝赴庆阳视察，时任甘肃省副省长、庆阳市委书记张晓兰（原市委书记张智全调任白银市委书记）、市长周强专就《规划》尽早出台问题，利用一切机会积极向温总理以及陪同的国务院副秘书长兼总理办公室主任项兆伦、国家发改委主任张平等汇报争取。3 月上旬，副省长、市委书记张晓兰和市长周强等再次赴北京向国务院办公厅秘书一局、二局和国家发改委进行汇报和催询时，得知国务院已将《规划》审定通过，3 月 2 日温总理已正式签发，国务院以国函〔2012〕16 号予以批复（后于 3 月 25 日国家发展改革委以发改西部〔2012〕781 号文件正式印发），标志着《规划》制定正式完成，"试验区"创立宣告成功。至此，从"示范区"的发起，到"试验区"创立，到《规划》编制和出台，整整经历了近 4 个春秋。

举办"试验区"第四次联席会议暨《规划》新闻发布会

《规划》经国务院（国函〔2012〕16 号）批复出台的消息一经传出，全国瞩目，陕甘宁老区人民欢欣鼓舞，奔走相告，从内心深处感激党中央、国务院对老区的关爱和支持。当我市第一个拿到国务院批复和《规划》清样后，市委、市政府决定以"试验区"联席会议领导小组办公室的名义，筹办"陕甘宁革命老区生态能源经济协调发展试验区第四次联席会议暨《陕甘宁革命老区规划》新闻发布会"。

3月18日，虽是晚春，陇原寒意未尽，但天空晴朗，风清日丽，西峰城区横幅栉齿，彩旗飘扬，俨然一派节日盛况。"试验区"第四次联席会议暨《规划》新闻发布会在庆阳宾馆隆重举行，国家发改委西部开发司、陕甘宁三省（区）发改委、9个老区市（含咸阳市）、67个县党政领导和部门负责人共149人、16个新闻媒体单位的30多名记者齐聚庆阳，共同庆祝陕甘宁革命老区生态能源经济协调发展试验区第四次联席会议暨《陕甘宁革命老区振兴规划》新闻发布会隆重召开。甘肃省副省长、庆阳市委书记张晓兰主持会议，并发表讲话。庆阳市市长周强发表热情洋溢的祝词，国家发改委西部司副司长李应明向大会作了《规划》要义解读，陕甘宁三省（区）发改委主任和9个老区市党政主要负责人作大会发言，并分别接受媒体记者采访。国家发改委西部司副司长李应明和庆阳市政府周强市长作为主要新闻发言人，接受了中央电视台、新华社等国内主要媒体的专场采访。中央电视台分别于3月18日与4月19日在新闻联播节目中作了报道，国家有关权威报刊、陕甘宁三省（区）及各老区市新闻媒体广泛宣传报道，在全国各地特别是在各老区省（市）产生了较大的影响力。这一盛况将永载陕甘宁革命老区建设史册！

促进《规划》付诸实施

甘肃省政府出台贯彻《规划》的支持性文件。4月初，收到国家发改委于3月25日发出的《关于印发陕甘宁革命老区振兴规划的通知》（发改西部〔2012〕781号）正式文本之后的一天上午，王尧主任对我说，"省政府办公厅来电话，要我市去一名熟悉《规划》情况的工作人员，去省上帮助起草省政府关于贯彻落实《规划》的支持性文件，经市政府领导商定，让你去兰州参与该文件起草工作，现在就出发。"接到任务后我安排了手头工作，乘班车至当天晚上到达兰州宁卧庄宾馆，已有省发改委西部开发办公室两位同志等候，因为长途奔波，寒暄过后就休息了。第二天上午，省西开办周强主任（与时任庆阳市市长周强同名同姓）来宾馆交代省政府办公厅的意图，商议文件的框架结构和大致内容。我将随身带的一份庆阳市贯彻实施《规划》的文件拿出来说，这个文件的体例基本符合省厅的要求，内容也基本齐全，只是把平凉市和会宁县的情况扩充进去，结合省上的最新工作思路和目标任务，然后变角度、变口气，给政策、给支持，提要求、提措施就可以形成省政府的文件。我的建议取得起草组的赞同，得到了周主任的肯定。最后，周处长将我的办公和食宿地点安排在宁卧庄宾馆，工作条件很好，一切照顾都很周到。此后的几天里，我和省上的几个人都在宾馆一起办公。由于我对《规划》的精神要义比较熟悉，又有较成熟的范本，大家都采纳我的意见，因而文件起草工作顺利，很快完成初稿。周主任来宾馆主持讨论，赞赏道，《规划》精神与省情吃得透，文稿内容充实，政策措施得当有力，角度摆得正，起点站得高，文字语言得体，可以提交阅审。当场略作了修改后带回交省发改委和省政府办公厅送审，我在宁卧庄宾馆等待回音。此时正值清明时节，宁卧庄宾馆客少冷清，周主任知我闲待寂寥，派人又联系了庆阳大厦，我既可以在宁卧庄办公和食宿，又可以到庆阳大厦见熟人聊天和食宿。大约又过了一个多星期，周主任将省厅的修改稿退回，说厅里很满意，现已大功告成，我的任务已完成，为了争取时间，把这份稿件和省厅征求意见的函，一并顺便带回交庆阳市政府讨论，并按要求以市政府文件直接向省厅反馈修改意见和建议。我返回庆阳后即时向王尧主任汇报了在兰工作情况，并将带回稿件送交市政府。很快王尧主任传达了市政府领导的意见，认为：该文件对庆阳老区情况表达很充分，省上该给的支持措施都很明确，我们派出的工作人员不虚此行。明确指示：仍由市发改委代市政府起草表示"赞同"、"无异议"的反馈意见，并将代拟文件的任务仍交给了我。由于市政府的意图正合我意，便很快拟就了一份反馈文件。回想起我去兰州代省政府起草文件的20多天里，是我一生工作中少有的悠闲时光，也是我一生享受待遇最优厚的一段时间，更是我赢得省、市双方称赞的一段美好时光。从兰州返回约月余，收到了 6 月 14 日省政府发出的《关于贯彻落实〈陕甘宁革命老区振兴规划〉的实施意见》（甘政发〔2012〕75 号），基本原版照发了起草稿，充分展现了文件起草组的工作质量和成功率。其实，我代省政府办公厅共代拟过三次文件，前两次都是在本单位代拟的，根据石军副省长来庆阳调研时的指示精神，要以庆阳、平凉、白银、陇南、甘南为主，按资源类型分区域，代省政府起草两份支持发展高载能产业（即煤电冶金）的文件，付市长把这项任务交由我代拟。

《规划》初始实施情况大调研。《规划》发布后，引起社会各界高度关注。2012 年 5 月，中国致公党中央副主席杨邦杰、副主席严以新带领致公党中央秘书长曹鸿鸣、致公党中央环境与可持续发展委副主任罗霞、国家环保部生态司副巡视员侯代军、国家发改委西部司副处长韩振海、致公党中央环境与可持续发展委副主任高吉喜、致公党中央参政议政部副部长王启平等一行 11 人赴陕甘宁老区，重点选择具有代表性的庆阳、延安、榆林 3 个资源开发大市实地调研《规划》落实情况。

以上是我对陕甘宁革命老区生态能源经济协调发展试验区酝酿、创建到《陕甘棕革命老区振兴规划》编制、出台和实施全过程的所见、所知和亲身经历。

我与兰西银的情怀

张　政[*]

一

我到民建甘肃省委会工作已经 5 年了。5 年来，我参加了数次重点课题的调研，其中"推动黄河上游兰、西、银多民族地区发展"专题调研给我留下了十分深刻的印象。

记得 2010 年省委会开会研究当年的重点调研课题时，我就想，西部大开发战略实施 10 周年之际，国家层面肯定要总结西部大开发战略实施以来的经验教训。于是，我提出能否围绕西部大开发，并结合我省实施情况或者西部大开发还能为我省经济发展提供新的机遇开展调研。这个选题一方面切合西部大开发 10 周年这个国家层面的主题，另一方面还会给我省经济发展注入新的活力。

我的观点得到了大家的认可。也引起了热烈的讨论。

有人说，可以深入调研我省对有关政策的落实情况；有人说，可以总结 10 年来我省在西部大开发中的经验得失；还有人说，可以抓住这一历史机遇，呼吁在国家层面出台促进我省发展的优惠政策。

我认为这些题目都可以做，但是题目太大，收集资料有一定难度，尤其是最后很难形成高质量的调研报告。经过反复思考斟酌，我提议借此机会，

---

* 作者系民建甘肃省委专职副主委。

再次呼吁国家建立兰—西—银经济区。

反对的意见认为此前已经有人提过，没有下文，不好再提了。我认为虽然提出来了，但是国家并没有批准等于没提。而且此事对于甘肃有利，我们就应该继续呼吁，争取国家政策支持。

经过激烈的争论，意见取得一致，认为这个选题切实可行。

2010年10月20日至21日，由民建中央经济委员会主办、民建甘肃省委承办的"黄河上中游兰西银多民族经济区发展论坛"在兰州举行。

全国人大常委会副委员长、民建中央主席陈昌智出席论坛并发表主旨演讲。陈主席强调，甘、青、宁三省区要打破行政壁垒，互助合作，共谋发展，运用市场机制指导经济区的构建和运作。在区域内开放市场，取消市场壁垒，为各成员方进入对方市场提供方便；要科学制定黄河上中游多民族经济区发展规划，积极推动纳入国家"十二五"发展规划，并上升为国家发展战略。

本次论坛还安排了两场专题对话会。民建中央经济委员会专家学者、甘青宁三省区发改委领导、民建甘青宁三地专家学者共9位嘉宾，与与会代表进行了近4个小时的交流和互动，侧重从操作层面探讨了如何促进兰西银多民族经济区发展问题。

民建中央调研部及经济委员会专家学者，民建甘肃、青海、宁夏有关领导及会内专家学者，甘、青、宁三省及兰州、西宁、银川三市发改委、工信委、商务厅等政府有关部门领导，甘肃省工商联、农工民主党青海省委员会等有关部门负责人，以及民建甘肃省直会员共250人参加了论坛。

会后，省委会在广泛征求意见的基础上，形成了《关于设立黄河上中游兰西银多民族经济区的建议》。2011年8月，在中共中央召开的民主协商会议上，陈昌智主席将建议内容向中共中央领导作了汇报。

2011年10月，在全国政协十一届十一次常委会议上，宁崇瑞主委代表民建中央作了题为《着力支持黄河上中游地区发展，培育西部新的经济增长点》的大会发言，呼吁国家加大对黄河上中游地区扶持力度。

2011年起，为了在更大范围和更高层次上推动兰西银论坛上升为区域性、有影响、上层次的品牌论坛，在民建中央的大力推动下，全国政协决定，由甘、青、宁三省（区）政协轮流举办"构建黄河上游经济区，促进民族地区跨越式发展"年会。

据民建中央反馈，上述举措在兰州新区上升为国家级开发区方面发挥了积极作用。

二

民建中央企业委员会是由民建知名企业家组成的，致力于推动非公有制经济发展和社会公益事业的专门委员会。长期以来，邀请他们来我省走一走、看一看一直是省委会领导的一大心愿。为此，宁崇瑞主委，刘永辉、杨贵言副主委等领导多次向民建中央呼吁，希望民建中央企业委员会年会能够在我省举行。

2013 年底，民建中央终于答应了我们的请求。

2014 年，我们又收获了更大的惊喜：民建中央和省委统战部提议，会议由省政府和民建中央联合举办，并在会议期间举行甘肃省丝绸之路经济带黄金段建设招商引资项目推介会。

4 月 28 日，宁主委一行专程赴北京向民建中央汇报会议筹备情况，并邀请全国人大常委会副委员长、民建中央主席陈昌智参会。

下午 3 点多，飞机抵达北京。顾不上休息，宁主委一行直奔民建中央机关。不巧的是，主席正在全国人大开会。

电话打不通，短信联系不上，主席日程又安排得很满。坐等肯定不行。宁主委决定，到会场外去等。

晚上 6 点多，会议结束。宁主委向陈主席作了简要汇报，并极力邀请主席参会，随行人员也在一旁附议。

主席时间十分宝贵，事情一件接着一件，可谓日理万机。按照规定，党和国家领导人一般不参加地方召开的会议。

主席讲，为了支持欠发达地区，为了促进甘肃民建工作，他破例一次。

5月19日，民建中央助推甘肃丝绸之路经济带发展暨中央企业委员会会议在兰州隆重召开。

陈主席在主旨讲话中指出，作为古丝绸之路的咽喉要道和商埠重地，甘肃在国家打造"丝绸之路经济带"的战略构想下面临着前所未有的大好机遇。希望民建企业家和专家群策群力，集思广益，为甘肃研究制定丝绸之路经济带黄金段建设总体方案出谋划策，提出真知灼见。表示要加强与甘肃省各级党委政府和有关部门的沟通交流，努力与甘肃各族人民一道在打造丝绸之路经济带黄金段过程中抓住机遇、迎头赶上，实现后发式、跨越式、超常规的发展。

省委副书记欧阳坚代表省委、省人大、省政府、省政协对陈主席和民建中央长期以来给予我省的支持帮助表示感谢。希望民建中央及企业委员会一如既往地关心支持我省的发展，欢迎会员企业家多到甘肃来寻求合作、实现共赢，共同推动丝绸之路经济带建设。

省委改革办、省政协经济委员会副主任孙晓文介绍了我省打造丝绸之路经济带黄金段的构想、规划、进展情况以及有关重点项目和优惠政策。

兰州市市长袁占亭介绍了兰州新区建设进展情况、招商项目和优惠政策。

会上还举行了"思源救护中国行"（中华思源工程扶贫基金会向全国592个国定贫困县资助医疗设备、帮助其提高医疗水平的善举）和"思源教育移民班"（民建中央针对国家集中连片贫困地区开展的一项教育扶贫项目）授牌和接牌仪式。中华思源工程扶贫基金会副理事长兼秘书长李晓林和副秘书长陶鸣代表基金会分别授牌，副省长王玺玉代表省政府接牌。基金会决定向我省贫困地区捐赠20辆救护车，并举办2期"思源教育移民班"。

会议由省委常委、统战部部长冉万祥主持。省人大常委会副主任周多明、副省长王玺玉，民建中央社会服务部负责同志、民建中央企业委员会委员等100多人出席了会议。

会后，参会人员分别赴庆阳和河西考察了投资环境和招商项目。

2012年省委会换届以来，民建中央向我省贫困地区医院无偿捐助救护车43辆，援助医疗设备采购补助金1400多万元，开设思源教育移民班5个，并参加了岷县、漳县抗震救灾工作，受到了社会各界的广泛好评。

作为民建省委会办公室一名工作人员，我曾亲历过省委会争取民建中央支持我省发展的一些精彩片段，也耳闻目睹了民建组织之间相互帮助、相互支持的许多感人事迹，这些亲历亲闻亲见将激励着我不断努力、不断进步。

交通能源

要致富先修路。飞天梦在中川机场二号航站楼的筹建中得到了拓展，高铁时代伴随兰新线的通车，连接外界的铁路建设更加便捷，距离不再是制约发展的瓶颈，市（州）高速公路的全覆盖，四通八达的通村、通乡公路网使得幸福美好新甘肃的梦想成真。清洁能源托起了西部人持续发展的新希望，一片正待开发的丝绸之路黄金段热土，将迎来西部奋斗者的第二个春天！

打造省内最美支线机场
助推张掖经济社会腾飞

赵文斌[*]

"十一五"期间，甘肃机场建设面临前所未有的发展机遇，建设张掖军民合用机场是扩大张掖市对外开放开发，拉动河西走廊区域经济发展，完善我省航空交通网络的重要步伐。

在启动张掖军民合用机场建设之初，我个人时任省机场投资管理公司投资建设处副处长，被委派到张掖机场项目建设指挥部担任项目现场总指挥，与张掖市发展改革委的周建军副主任、汪世成副主任等先后多次赴西安、北京盯办报批手续，负责组织了机场建设现场实施的整个过程，完成了初步验收、竣工验收、行业验收及正式通航各阶段的相关工作，亲历了张掖军民合用机场建设全过程。在此过程中，深刻体会到国家对西部地区公共基础设施建设，特别对西部经济欠发达地区支线机场建设给予的重点支持。10 个月时间，张掖军民合用机场项目获得了国务院、中央军委的立项批复，创造了民航机场项目批复的"张掖速度"。在保证质量和安全的前提下，经过 15 个月紧张有序的施工，张掖机场于 2011 年 8 月 12 日全面完工，于 2011 年 11 月 1 日正式通航，较可研批复建设工期提前 9 个月完工，创造了民航机场建设史上的"张掖速度"。这两个"张掖速度"来之不易，将是我人生中一个辉煌的记忆。

---

* 作者系甘肃省机场投资管理有限公司总工程师。

从大学毕业至今，我从事民航工作已将近 30 年。总体感受是，机场项目审批层次较高、建设程序复杂、专业技术性强，要想在短期内突破，必须"走一步、想两步、看三步"，超常规、超强度，全方位开展工作。以张掖军民合用机场为例，国务院、中央军委负责立项审批，国家发改委负责机场项目可研审批，环保、水保等手续由国家相关部委负责审批。从立项到可研批复，涉及 20 多个单位和部门，支持性文件和批复近 120 个。同样，作为军民合用机场项目，还需要军队、行政两条线审批。

在项目审批过程中，我们十几个人的机场项目指挥部自加压力，只争朝夕。可以说，10 个月的报批速度绝无前例。国家发改委民航处处长王菲在会签完该项目批复文件后赞叹："经济建设我们有深圳速度，项目争取今天我们有了张掖速度！""众人拾柴火焰高"，张掖速度离不开同志们的参与和支持。正是他们，为项目快速推进争取到了宝贵时间。

张掖军民合用机场项目是国家民航局、甘肃省政府、张掖市政府共同投资建设的省属重点工程。为加快进度，充分发挥省市联动作用，甘肃省机场投资管理有限公司与张掖市政府签署了联建框架协议，联合成立了张掖机场项目建设指挥部。

按照公司的总体要求，张掖机场项目建设指挥部结合张掖机场实际提出了"确保工程质量更好，力求建设资金更省，力争建设工期更短，打造省内最美支线机场"的建设目标。为了实现目标，我们指挥部现场人员制定了极其严格细致的项目推进计划安排表，分项目、分时段明确工作要求，平行交叉作业，齐头并进推进，促进了项目争取各项工作的顺利推进。

2010 年 5 月 11 日，张掖机场项目开工奠基。2010 年 5 月 21 日，该项目航站楼工程进场施工，正式拉开了张掖机场主体工程建设帷幕。2011 年 5 月 16 日，张掖市举办旅游发展年活动，市委、市政府提出了"大干一百天，雄鹰上蓝天"目标。几乎在同时，甘肃省委、省政府提出了张掖机场在 10 月底实现通航的政治任务。火力还在加紧，"破釜沉舟，百二秦关终属楚"，我们给自己制定了一份没有任何宽余时刻、没有一条退路的工期计划表。为保证工期计划落到实处，我们指挥部提出了"超常规、高质量、高标准、高速度、高效率"的项目管理要求。

这是一份我们按期完成的工作进度表：2011 年 8 月 15 日，该项目工程通过初步验收；8 月 27 日，通过飞行校验；9 月 6 日，空管工程通过竣工验收；9 月 23 日，通过试飞；10 月 27 日，通过竣工验收和行业验收；10 月 28 日，民航西北地区管理局颁发张掖甘州机场许可证；11 月 1 日，张掖机场正式通航。

"天人和谐、地域适应"的设计效果，处处彰显了张掖悠久的历史文化特征。以人为本、合理便捷的功能覆盖，处处饱含着机场的人文关怀。在竣工验收暨行业验收过程中，张掖机场得到了验收领导、专家的一致肯定。在验收现场，张掖市栾克军市长握着我的手亲切地说："谢谢你们为张掖市奉献了一组精美的作品，为张掖平添了一道亮丽的风景！"民航西北管理局机场处牛俊明处长夸赞道："张掖机场是甘肃乃至西北支线机场中最美的一个！"值得一提的是，还有张掖机场的高新科技。碳排放最低的水源热泵技术为机场冬季供热夏季送凉，候机楼采用的 LOW-E 玻璃、各单体建筑物采用的断桥隔热技术窗户、污水处理采用生物降解技术……都成就了张掖机场在环保方面首屈一指的地位。

功夫不负有心人，荣誉属于我们这一群求真务实的机场建设者们。张掖机场跑道工程被评为 2011 年兰州军区空军"优良工程"，张掖机场项目被评为 2011 年度张掖市"优秀重点项目"，张掖机场建设项目指挥部被评为 2011 年度甘肃省"优秀项目建设单位"。

十余载"呼"出兰渝线

邓成城[*]

西部开发，交通先行，但从兰州出发到重庆，首先要走宝兰线，然后转走宝成线，再由成都到达重庆，这种极其有限的通过能力和冗长的绕行路线成为制约西北、西南经济互通的"瓶颈"，已远不能适应当前经济发展的需要。同时，贯通这条南北大通道，也是增进民族团结、维护国防安全的需要，在政治上和军事上同样意义重大。早在 20 世纪初期，孙中山先生在《建国方略》中用"中国铁路系统中最重要者"、"经过物产极多矿产极富之地区"来描述兰渝铁路。在这条铁路线上，集中着 10 多个国家级和省级贫困县；在这条铁路线上，有数千万人口，绝大部分都是贫穷的农民。

20 世纪 80 年代至 90 年代，改革开放的大潮改变了我国贫穷落后的面貌，使经济、军事、科技、综合国力有了显著提高，人民生活水平发生了可喜的巨变。我明显感觉到，西部大开发的号角吹响后，西南、西北地区广大群众脱贫致富的愿望与日俱增，西南、西北铁路大通道——兰渝铁路立项修建的时机已经成熟。

1995 年 3 月，在八届全国人大三次会议和全国政协八届三次会议期间，由我牵头，联名甘肃和四川两省的代表、委员，联合向全国"两会"提交了议案和提案，包括当时的省委书记和省长都签上了自己的名字。几十位全国人大代表、政协委员，从历史的角度考虑，从西南、西北人民群众的强烈

---

* 作者时为全国政协常委、文史和学习委员会副主任，甘肃省政协副主席，民革甘肃省委主委。

愿望出发，请求把修建兰渝铁路纳入国家计划，建议在"九五"期间做好前期准备工作，力争"十五"动工修建。自此，一直到2008年兰渝铁路开工建设之前，我每年都在全国"两会"期间提出关于建设兰渝铁路的提案。在此期间，我曾三次在全国政协大会或小组会上发言，阐述修建兰渝铁路的必要性、重要性和紧迫性。

当我们回过头来，把目光沿着申建兰渝铁路的足迹追溯到十多年以前，这一带动西北西南经济社会发展的战略大通道从无到有，凝聚了太多人的汗水和辛劳。1994年5月，甘肃和四川两省的部分县（市、区）的地方党政领导、专家学者，由四川省苍溪县原副县长赵均国热心组织策划，在大协作的旗帜下，自发成立了促进兰渝铁路立项上马的民间组织——兰渝铁路协作会秘书处。他们在经费、人员、工作条件极其困难的情况下，几十年如一日，锲而不舍，做了大量的工作，当地群众永远铭记他们的辛勤劳动和功绩。1995年，盖有兰渝铁路沿线68个党委、政府印章的报告送到了国家有关部门，引起了中央领导的关注，也赢得了众多专家的认同。

1999年，全国政协九届二次会议期间，甘肃、四川、重庆三省（市）的代表、委员再度联名上书紫光阁，并由我将"请朱镕基总理听取关于修建兰渝铁路的函"呈送当时的中共中央办公厅主任王刚同志。1999年，105位曾在甘川革命根据地、腊子口战役中流血流汗的老红军联名上书《关于修建兰渝铁路致中央领导的一封信》，由我转到了党中央。

1999年和2000年间，时任全国政协副主席的杨汝岱同志率领考察团和三省（市）人大、政协组织的部分全国人大代表、政协委员对兰渝铁路进行了视察，形成了反映沿线人民强烈期盼修建兰渝铁路的视察报告送达党中央、国务院、全国人大、全国政协和国家有关部门。

2000年9月，受国务院领导的委托，以全国政协副主席杨汝岱同志为团长，由甘川渝三省（市）政协领导和铁道部等有关部门的专家组成的全国政协兰渝铁路考察团，再次深入甘川渝三省（市）实地考察。这是自兰渝铁路申请立项以来，最大的一次有高层领导参加的立项申请活动，充分体现了党中央和国务院对修建兰渝铁路的高度重视。我作为副团长再次参加了考察活动。看到听到了甘、川两省，尤其是甘肃贫困地区人民群众渴望通过铁路脱贫致富的迫切心情，从而更加坚定兰渝铁路上马后，能为西南、西北人民造福的信心。

考察团沿兰渝铁路走向行进，历时十余日，所到之处，有些地方道路坎坷，交通不便，需要步行。委员、代表体弱年迈者不辞劳苦，克服困难，忠实地履行着自己的职责。两次实地考察结束后，刘向东同志以详实的第一手资料写出了题为《关于修建兰渝铁路的专题报告》上书中南海，阐述修建这条铁路的重要性和必要性，反映川、甘、渝三省市沿线数千万人民群众的殷切期望，并提出了兰渝铁路的具体参考线路，供铁道部参考。

2000年3月，正逢初春时节，全国政协九届三次全会如期在北京召开。机不可失，时不我待。我向大会递交了《西部大开发，交通要先行》的专题发言，引起了新闻媒体的关注，记者们相继找我采访，搜集相关信息。

2005年9月，在参加完兰渝铁路协作年会后，为了抓住"十一五"规划正在酝酿制定这一大好机遇，我以紧急提案的形式，向全国政协和发改委、铁道部等有关部委提出了新的建议。功夫不负有心人，时隔两个多月，在甘、川、渝人民梦寐以求的企盼中，终于传来了一个令人振奋的好消息。2005年12月27日，我收到铁道部对全国政协十届三次会议第4489号提案的答复："我部已将铁路纳入'十一五'规划。"修建兰渝铁路、发展西部经济的愿望即将变为现实。12月下旬，正是西北的隆冬季节，滴水成冰，但这份提案的答复却给严冬带来了一丝暖意。我的面前好像呈现出一幅壮观的画卷：一条钢铁巨龙横跨在陇原大地之上，列列火车在铁轨上奔驰。世世代代居住在这里的贫困群众，信心百倍地依托这条致富路，奔向小康……

2006年，为促进兰渝铁路项目尽快开工建设，协调解决前期工作中存在的困难和问题，我带领全国政协部分委员，又一次赴兰渝铁路沿线进行了考察调研。2008年9月，位于兰州黄河北岸的安宁区沙井驿彩旗招展，鼓乐喧天。这一天，兰渝铁路全线开工建设。国务院副总理张德江同志亲临现场为兰渝铁路奠基。我也有幸参加了兰渝铁路的开工典礼，心情非常激动。从1919年孙中山先生在《建国方略》中提出修建兰渝铁路到我们这一代人，经过将近百年的努力，愿望和蓝图终于付诸实施，怎能不令人振奋和鼓舞呢！

从 20 世纪 80 年代起，我连任四届全国人大代表、政协委员，提交了许多有关经济、文教、环保等方面的议案、提案，但令我难忘也深感欣慰的，还是申建兰渝铁路十余年的奔走呼号，不遗余力，而终成正果。回顾改革开放 20 多年的历程，我从中悟出了一个朴素的道理：凡是事关人民福祉、民族振兴的大事，必定会得到人民的拥护、党和国家的认可和支持。

大漠筑坦途　戈壁写人生

魏公权[*]

　　瓜州，素有世界风库之称，在河西走廊和古丝绸之路中占据重要地位，历来被文人墨客吟咏。李颀《古从军行》"野云万里无城郭，雨雪纷纷连大漠"的凄冷酷寒和王之涣《凉州词》"羌笛何须怨杨柳，春风不度玉门关"的离愁别恨无不对河西地区的环境作了直接的描述，即使有"大漠孤烟直，长河落日圆"的粗犷壮观，也无法尘蔽"长风几万里，吹度玉门关"的雄宏悲壮。作为一名公路工作者，我于2009年至2011年间随着瓜州至星星峡高速公路建设，深刻体验了西部大开发的艰辛和取得成果的自豪。

高起点定位　给工程建设一把标尺

　　瓜州至星星峡高速公路（甘新界）是国家高速公路网G30连云港至霍尔果斯高速公路的组成部分，是甘肃公路网"四纵四横四重主骨架"的组成部分，是连接甘肃、新疆两省区的主通道。该项目自2005年开始前期工作，2008年国家发改委批复立项，2009年交通运输部批复了初步设计，2009年12月25日正式开工建设。幸运的是，我被甘肃省公路管

理局任命为瓜星高速公路项目办公室主任，全面负责瓜星项目的建设管理工作。该项目路线起自瓜州县，接已建成的嘉峪关至瓜州高速公路，经柳园、马莲井，止于星星峡（甘新界），接已建成的星星峡至哈密高速公路。瓜星高速公路建设项目路线全长 156.712 公里，其中新建 47.932 公里，改扩建 108.78 公里。全线采用四车道高速公路标准建设，设计速度 100 公里/小时，局部困难路段在保证行车安全的前提下，设计速度 80 公里/小时。整体式路基宽度 26 米，分离式路基宽度 13 米；全线路面底基层采用 15 厘米水泥稳定碎石；基层分两层铺筑，下基层采用厚 15 厘米水泥稳定碎石，上基层采用厚 20 厘米水泥稳定碎石；面层分两层，下面层采用 7 厘米 ATB-25 沥青碎石，上面层采用 5 厘米 AC-16 改性沥青混凝土。新建幅路基主要工程数量为路基土石方 669.9 万立方米，新建大桥 1292 米/4 座，新建中桥 625.92 米/11 座，新建小桥 1108.44 米/57 座，新建涵洞 4984 米/215 道，防护工程 88322 立方米。改建幅路基主要工程量为土石方 230 万立方米，大桥 492.2 米/4 座，中小桥 990.68 米/35 座，涵洞 2908.29 米/152 道。路面主要工程量为水泥稳定碎石基层 10330618 平方米，ATB-25 沥青碎石面层 3664428 平方米，AC-16C 改性沥青混凝土 3690156 平方米。

瓜星高速公路在当时的甘肃无论从投资还是建设里程来说，都是前所未有的。面对如此艰巨的建设任务，长期从事项目管理和施工的我深感责任重大，来自各方面的压力再次考验着我，能否优质安全地建成瓜星高速公路，对省交通运输厅、省公路管理局的决策以及我自己都是一种前所未有的挑战。那一刻，我似乎已在风口浪尖，根本不容退缩。由于原国道 312 线社会车辆流量较大，昼夜交通量达 6000 辆以上，且重型车辆占交通量的 93.7%，边通车边施工对工程施工影响较大；瓜星高速公路所处地域冰冻期长，有效施工期较短，风期长且风力级别较高，夏季气温较高，施工自然条件较差，管理难度大。面对困难，我经过深思熟虑，毅然向省交通运输厅、省公路管理局立下了"军令状"，提出把瓜星高速公路建成全优工程的奋斗目标，使工程建设一开始就找到了准确的定位。

创全优工程　打造一条精品线路

瓜星高速公路所处地区气候为温带干旱气候区，降水量小、蒸发量大、冬冷夏热，沿线地形土质变化较大、水质较差、地方材料严重匮乏，故施工难度大，使瓜星高速公路建设经受着严峻的考验。

工程开工后，一大堆问题接踵而来。瓜星高速公路项目穿越国家极旱荒漠自然保护区，经过白墩子湿地保护区及白墩子遗址、白虎关陈列馆等，征地拆迁难度较大。为了及时给施工提供建设用地，我多次积极与地方政府及相关部门进行联系，协调召开了由酒泉市政府和有关部门及项目办领导参加的 G30 线瓜州至星星峡段高速公路建设项目工程协调会议，与酒泉市政府签订了《联建协议》，由酒泉市人民政府负责完成建设用地范围内的征地、拆迁工作，并根据《土地法》有关规定办理用地手续，使项目建设工作得以顺利实施。

工程实施过程中，为有效控制质量，我带领全体参建人员在瓜星项目中建立了工程质量"项目法人责任制"和"质量终身责任制"，参照国家关于公路建设的有关规范和标准，以及省厅、局有关文件和办法，制定下发了《瓜星高速公路工程管理制度汇编》《瓜星高速公路工程管理表格》《瓜星高速公路工程竣工文件编制办法》，并与各项目部三大负责人签订了质量目标责任书，和所有分项工程施工负责人和监理负责人签订了"质量责任卡片"，按照项目办人员结构，对所属的 21 个施工合同段及 8 个监理标段由项目办管理人员实行质量、安全、进度、环保和廉政建设包干，将包干人的考核和经济收入与所包干合同段挂钩，极大地调动了工作人员的积极性。另外，为了达到样板引路的作用，我要求各施工单位指定一处本合同段重点工程作为"精品工程"，通过开展现场正反两方面的观摩评比活动，推动瓜星项目质量管理再上新台阶。

瓜星项目地处河西地区，日照时间长，气温昼夜温差大，沥青路面产生裂缝现象非常普遍，成为瓜星项目亟需攻克的技术难题。我咨询有关专家后，对沥青路面产生裂缝的原因进行深入细致的分析和精准的试验，发现瓜星高速公路项目所在地区水洗砂受特殊条件限制，现有砂场的水洗砂大部分为中细砂，且级配不符合要求，中细砂掺入碎石混合料起不到改善混合料级配和有效降低 0.075 以下含量的作用，且 3—5 毫米细集料含量偏低，导致基层裂缝反射到路面形成路面裂缝。为此，在实际施工过程中，我严格要求水泥稳定碎石底基层、基层不得掺配水洗砂，细集料全部用经 5 毫米筛过筛的石屑代替，石屑中 0.075 以下含量的由规范规定不得超过混合料的 7% 调整为 3%，石屑的级配按《公路沥青路面施工技术规范》JTG F40-2004 中沥青混合料用机制砂或石屑规格控制，有效地防止了路面横向裂缝的产生。

瓜星项目部分路段属盐渍土，公路盐胀病害是项目建设的头号大敌。我们经过反复论证后，以防盐渍土病害为核心，在路基填筑时采取了"一隔一防"的办法，"隔"就是在盐渍土地段将原地面清表后覆盖一层二布一膜土工布，防止地下毛细水上升将盐带入路基土层。"防"就是在填筑材料上严格控制，绝不允许将盐渍土填入路基；在水泥稳定砂砾底基层施工时，所用细集料采用水洗砂，严禁使用天然沙砾，防止细集料带入盐渍物；对工程施工用水实行备案制度，全项目安装了先进的反渗透净水设备，水净化后经检测完全满足施工要求后再使用，生产用水严禁直接使用地下水，消除了不良水质对公路建设的影响。

由于项目地处"世界风库"，常年风沙大，夏季日照强，基层底基层施工后的养生是一大难题。如果采用常用的透水土工布养生，会因风干快、晒干快无法保证养生强度。对此，我认真总结经验，及时调整养生办法，采用了"焖料法"施工工艺和"一布一膜"的防水措施，既保证了填料的最佳含水量，解决了路基碾压不密实的质量通病，又有效防止了水分蒸发，达到了良好的养生效果。

近年来，假冒伪劣沥青事件屡屡发生，给国家公路建设项目带来巨大的损失。为杜绝假冒伪劣以及各种牌号的沥青进入瓜星高速公路施工现场，我从交通部公路工程研究中心引进沥青"指纹鉴定技术"，对克拉玛依沥青及 SK 沥青采集样本，对进场的沥青进行"指纹鉴定"，对每批沥青的出库单及货运单进行查询，对供应合同进行查询并备案，并根据项目所在地区的气候特征，参照长安大学路面研究成果，对路面部分材料较交通部规范做了适当提高，提高了路面的耐久性，从源头上保证了工程质量。

当时，我担任远大集团总经理一职，分管集团工程建设工作，兼任瓜星高速公路项目办主任。面对瓜星高速困难多、条件艰苦、施工难度大的实际情况和集团千头万绪的各项工作，我是单位、工地两头跑，一处理完单位的工作，立马就赶往工地，坚持在工地常驻，深入施工一线。2011年8月，中心试验室检测瓜星9标预制场部分预制梁板混凝土强度不满足设计要求，我亲自到现场查看，经多次检测，坚决要求对不合格梁板予以报废，并在现场对不合格梁板做了记号，安排项目办专人监督实施。2011年10月，瓜星11合同段已铺筑的部分沥青路面出现松散、平整度差等现象。为此，我在工地坚守一个半月，每天不分昼夜与工程技术人员到施工现场查找原因，经过分析发现松散段落主要是沥青混合料离析引起的，离析与拌和楼搅拌有直接关系，我在要求施工单位对松散段落进行铲除的同时，结合多年路面施工经验，与维修人员共同对拌和楼出现问题进行研究，调整搅拌时间和拌和温度，成功改善了沥青混合料离析问题，杜绝路面再次出现松散现象。瓜星10合同段甘肃路桥三公司测量技术员胡向阳，妻子怀孕在家，无人照顾。有人劝他回去好好伺候一下妻子，他用浓重的湖南口音说："没事，她能理解，她知道咱们工程紧张，再坚持几个月工程就结束了。"由于工期紧张，他一直忙碌在工地上，没有时间回家陪伴怀孕的妻子，只能将对亲人深深的思念和无尽的牵挂藏在梦里。这样的事例，在瓜星项目管理人员中比比皆是，不胜枚举。正由于有这样一群敬业爱岗的公路建设者，瓜星高速公路在承载诸多人梦想的希冀中一步步接近尾声，其质量和进度多次受到上级单位的表扬，得到当地政府和群众的肯定与好评。

抓节点工程　凸显高速公路建设效率

瓜星高速公路改建幅要将国道312线的桥涵全部拆除重建、路基加宽、路面重铺，由于国道312线社会车辆交通量大，每天过往车辆达到6000辆，且重型交通在交通量中的比重较大，旧路桥梁拆除重建施工周期较长，既要保证社会车辆畅通，又要按期完成桥涵拆除重建、路基加宽、路面重铺任务，修建社会车辆通行便道又不可行，工期压力较大。既要加快施工进度，又要保证交通安全，成为瓜星项目建设又一难题。为了有效实现节点任务，我多次深入施工一线勘察地形，组织各单位负责人召开会议征求意见，鼓劲加油，把节点任务作为硬性指标下发给各施工单位，要求各单位充分发扬公路人敢打硬仗的优良作风，采取"5+2"、白加黑的24小时不间断作业法，换人不换机械，硬是利用短短6个月时间啃下了这块"硬骨头"，完成了社会车辆运行路线第一次成功转换，真正实现了"时间再紧、程序不减；任务再重、标准不降；困难再多、目标不变"的建设要求。在此期间，所有参建人员超负荷工作，没有睡过一个囫囵觉，也没有人请假回过一次家。广阔无垠的戈壁滩上，由于没有任何遮拦，紫外线照射格外强烈，大家暴露在外的皮肤很快便发红、起泡、脱皮，加上三天两头刮大风、隔三岔五来一场"沙尘浴"，参与这个项目的建设者来这不久后个个都变成了"黑人"。瓜星10合同段甘肃路桥三公司职工刘爱霜，是项目部一号分点驻地唯一的一位女职工，她担负着一号点地磅房的过磅任务。为了工作方便，她一个人住在磅秤房，磅秤房离驻地、食堂有相当一段距离，吃饭不方便，洗澡更不方便，平时想找个说话的伴都难，唯一能和职工交谈的时候便是早、中、晚三顿饭的时间，就这样她整整坚持了三个半月，期间没回过一次家，问及辛苦不辛苦时，她说："没事，在这个项目上每个人都一样，又不是我一个人，比起路上的人，我幸运多了。"其实这样的自然环境，不只考验我们的意志，而且也成就了我们的梦想，给自己的平凡生活收获了一丝难忘的回忆。

建科技瓜星　提升高速公路使用品质

在科学技术日益发达的当今时代，工程项目要想保证质量，加快进度，离不开科技的应用。为了向科技要效益，我在瓜星项目建设过程中广泛引用新科技，通过与路桥三公司瓜星10合同段反复论证，以此为试点先后应用了喷砂抛丸施工法、SBS改性沥青和徕卡3D摊铺控制系统，使工程质量稳定可控，并且开创了该合同段在瓜星项目上的多个第一。

喷砂抛丸有效地去除了桥面铺装表面的水泥浆，骨料外露，表面构造深度增加，摩擦系数增大，从而有效地提高了FYT-1型防水层与桥面铺装的结合性以及ATB-25沥青混凝土下面层与混凝土铺装的结合，对于桥梁结构桥面系的耐久性具有深刻的意义，实践证明，喷砂抛丸技术的应用，成效显著。SBS改性沥青在瓜星高速公路建设项目中的应用又是一种大胆尝试。我鼓励施工单位将SBS改性沥青的生产由原来的委托加工变为自主生产控制，与兰州交通大学等多家科研学术机构组成了一支产学一体化的生产施工模式，为改性沥青的生产质量提供了保证，提高和自控了沥青路面的施工质量。在沥青路面施工中，这样的"产学研用"一体化模式得到了很好的应用，效果显著，值得继续推广应用。瑞士徕卡3D摊铺控制系统在基层施工中的应用有力地促进了路面摊铺质量。徕卡全新的PaveSmart 3D系统，控制精度高，使得路面施工中各结构层的厚度控制均匀，使摊铺无须挂线施工，摆脱了大量繁重且存在人为误差的操平工作，减少了放线工作量，并且能够自动实施变坡，从源头上减少了误差产生的途径，提高了施工精度，降低了人工成本，保证了工程质量。路桥三公司瓜星10合同段在施工中应用了以上新技术和新设备后，率先实现全线基层贯通，率先完成主线下面层施工任务，为全线树立了榜样，成为瓜星项目的一杆战斗标尺。

丝路通云端

戬一鸣[*]

民航机场作为国民经济和社会发展的重要载体，在提升现代城市核心竞争力，全方位促进区域对外开放开发方面具有无可替代的先天优势。从2009年甘肃省机场投资管理有限公司成立算起，5年多来，作为公司党委书记、庆阳机场扩建项目建设指挥部总指挥，我有幸见证了甘肃省民航机场建设管理事业迈入"快车道"后的许多精彩。

一份领跑全国的"成绩单"

近5年来，从河西戈壁滩到陇东老区，从甘南高原腹地到陇南秀水，一座座极具地方文化色彩的现代化机场如雨后春笋拔地而起，托起了2600万陇原儿女的"飞天梦"、"中国梦"。因为机场项目遍布全省各市（州），我有机会走出机关，走向陇原大地；来到了广阔的原野，来到了项目一线。抓工作，我抓"两头"，因为想法和想法的落实一样重要；过程，应该是单位年轻同志展翅翱翔的天地；机场，应该是锻炼他们最好的平台。"兵马未动，粮草先行"，但全省机场项目面临的是建设资金短缺。为了缓解资金压力，加速项目建设进度，我的一项重要工作就是四处"找钱"。以2014年度为例，我们公司领导班子成员多次赴北京、西安，合力争取中央预算内资

---

* 作者系甘肃省机场投资管理有限公司党委书记、副总经理。

金和民航发展基金，衔接多家金融机构融资贷款，筹措建设资金 13.5 亿元，为完成年度建设目标提供了坚强的资金保障。

机场落地　陇原腾飞

2010 年 9 月 28 日，嘉峪关机场航站区扩建工程通过验收。

2011 年 8 月 8 日，金昌机场建成通航，结束了甘肃省改革开放 30 年来无新建机场的历史。

2011 年 11 月 1 日，张掖机场通航。

2012 年 11 月 15 日，庆阳机场复航。

2013 年 8 月 19 日，我省第一座高原机场——甘南夏河机场通航。

2014 年底，兰州中川机场二期扩建项目工程新航站楼投入运营。

我是公司的一分子，公司是我省民航机场建设管理事业迅猛发展的生力军，甘肃民航机场建设事业领跑了全国。5 年多来，甘肃省新建、改扩建机场项目共计 6 个，数量居全国之首，年均建成通航机场 1.2 个。据国家民航局统计，2009 年至 2013 年，全国新建迁建机场通航 27 个，甘肃省约占全国民航机场建设总量的四分之一。目前，甘肃省通航机场达到 8 个，拥有机场数量位居全国各省（市、自治区）第 8 位，位居民航西北地区管理局辖区第一位。可以说，如今的陇原大地，已初步形成了"干支结合、布局合理、功能完善、能力充分"的民航机场运输网络。

据国家民航局公报显示，2009—2013 年，我省民航运输机场旅客吞吐量、货邮吞吐量及起降架次大幅度上升。2013 年全省机场完成旅客吞吐量 653 万人次，比 2009 年增加 367 万人次，年平均增长率 18%，同期全国年平均增长率为 9.2%，比全国高 8.8 个百分点。2013 年全省机场完成货邮吞吐量 4.3 万吨，比 2009 年增加 2.1 万吨，年平均增长率 15.4%，同期全国年平均增长率为 5.9%，比全国高 9.5 个百分点。2013 年全省飞行起降架次 6.4 万架次，比 2009 年增加 3 万架次，平均增长率 16.7%，同期全国年平均增长率为 8.6%，比全国高 8.1 个百分点。截至 2014 年 10 月 1 日，2014

年度兰州中川机场旅客吞吐量达到 500.75 万人次，较去年同比提前 45 天突破 500 万人次大关，开辟航线 82 条，通达城市 64 个，成功跻身全国大中型运输机场行列。

我和我的同事们，从前期项目申报，到中期施工监督，再到后期组织验收，直到投入运营，都介入到了上述过程的每一个层面的每一个环节。

一条不断延伸的"作用链"

机场的力量是冲击波式的，效应是全方位的，犹如一个个"聚能棒"，将持续不断引动甘肃省经济社会发展新活力。2014 年 3 月，我组织公司规划运营处、庆阳机场项目指挥部及兰州交大交通运输学院相关骨干技术人员 13 名，对全省支线机场管理模式进行了专题研究。据测算，5 年多来，甘肃省完成机场建设投资 38 亿元，累计社会经济总效益达到 304 亿元。2009 年至 2014 年 10 月底，全省机场旅客吞吐量累计达到 2962 万人次，累计社会经济效益总和 236.2 亿元。按照国际机场协会理论，2013 年甘肃省机场创造了 1.7 万个直接就业岗位，带动了 10.2 至 13.6 万个间接就业岗位。同时，我们课题组对全省机场在全省经济社会中的巨大推动作用进行了深入的探讨。这些不断增长的数据后面，已经孕育出了一条增值能力强、触角延伸长、覆盖面广的作用链。

在提高效率、节约社会成本方面，庆阳机场是一个颇具说服力的缩影。该机场复航后，有效提高了庆阳与北京、兰州、西安等城市的通达效率，平均较其他运输方式节约 9 小时。2014 年 1 至 10 月，该机场旅客吞吐量达到 12.02 万人次，同期增长 81.62%。据此测算，2014 年 1 至 10 月，庆阳机场民航运输为旅客节约社会时间达到 108.18 万小时，为旅客节约时间成本将达到 6512 万元。

在抢救灾险、维护社会稳定方面，兰州中川、天水机场不乏明证。2010 年舟曲特大泥石流灾害发生后，上述机场迅速启动抢险救灾应急预案，兰州中川机场保障救灾专机起降 20 架次，运输救灾人员 256 人、救灾物资 5.13

吨，运送 20 名生命垂危的群众赴兰州抢救。天水机场保障中央领导专机 2 架次、空军伊尔 76 运输机起降 1 架次、运送爆破专家公务机 1 架次。

在促进交流、推动民族团结方面，甘南夏河机场功不可没。相继开通的甘南—兰州—西安和西安—甘南—拉萨两条航线，特别是拉萨航线的开通，实现了大、小西藏的空中连接，极大地满足了甘南藏族自治州和临夏回族自治州 300 万群众日趋多样化的出行需求，促进了藏、回民族交流融合和团结繁荣发展。通航一年来，航班起降约 350 架次、旅客运送近 11000 人次、货邮运输 15 吨。2013 年底，甘南州人民政府授予甘南夏河机场"经济社会突出贡献奖"。

在巩固国防、保障军地两用方面，"十二五"期间，我省规划有张掖、天水和平凉 3 个军民合用机场，将为国家打击"三股势力"，维护领土主权完整，落实安全战略提供坚实的基础设施保障。目前，张掖军民合用机场已建成通航，天水军民合用机场运行良好，军地资源实现共享，既满足了广大人民群众航空出行的需求，也肩负起了维护国家安全的重大责任。

甘肃省地处亚欧大陆桥"咽喉"位置，兰州是我国版图几何中心，地理位置独一无二，从理论上讲，最适合打造成我国重要的枢纽机场之一，如今构建"丝绸之路经济带空中快速走廊甘肃段"前景广阔，大有可为。我相信，"十三五"期间，甘肃机场布局、总量、管理水平及不断提升的民航运力将更上新台阶。

张掖军民合用机场项目
建设的"张掖速度"

徐克辉[*]

我于 2008 年初从甘州区发改委调任张掖市发改委能源交通科副科长，从事能源交通方面的项目管理工作。有幸亲历了张掖军民合用机场项目建设的重大历程。现就一些点滴感受撰稿记述。

机场项目报批的"张掖速度"

建设张掖军民合用机场，一直是张掖历届党委、政府和全市各族干部群众的强烈愿望。20 世纪 90 年代初以来，曾多次请求上级政府利用现有空军机场开通民用航空运输。2002 年，省发改委主持在张掖召开了张掖军民合用机场座谈会，确定机场为军民合用项目，委托兰州空军勘察设计院编制了张掖军民合用机场预可行性研究报告。2003 年 3 月，省政府向国务院、中央军委上报了《关于张掖机场实施军民合用的请示》，甘肃省"十五"规划也将张掖军民合用机场项目列入重点建设的民航支线机场。

当年 6 月，在国家刚刚出台了《全国民用机场布局规划（2008 年至 2020 年）》后，市上立即与省发改委进行了对接，确认了张掖建设机场符合国家支线机场建设规划要求。同时，《全国民用机场布局规划》西北机场群

* 作者系张掖市能源局副局长。

50 个布局机场中已将张掖军民合用机场列入布局规划；民航西北管理局《西北地区机场建设"十五"计划及 2015 年规划》也已将张掖军民合用机场列入规划，这对我市启动军民合用机场建设奠定了基础。2008 年 6 月，在时任市发改委主任安想忠的支持下，周建军副主任带领我开始了前期调研工作，我们赴省发改委、兰州空军司令部作战处、场站办、兰空设计院等相关部门请示汇报，然而，机场建设的资金问题始终是困扰市委、市政府决策的最大障碍。

2008 年，席卷全球的金融危机爆发，党中央、国务院果断采取了积极的财政政策和适度宽松的货币政策。国务院常务会议专题研究部署并确定进一步扩大内需，促进经济平稳较快增长的十大措施，明确加快铁路、公路和机场等重大基础设施建设并安排中西部干线机场和支线机场建设。我市军民合用机场建设符合国家机场建设的要求和扩大内需的政策条件，给张掖军民合用机场建设带来了千载难逢的大好机遇。

2008 年 12 月 11 日，由张掖市人民政府主持，在张掖军用机场召开了张掖军民合用机场项目建设调研座谈会。兰州空军司令部作战处、93956 部队、民航西北空管局、甘肃省发改委、张掖市发改委、甘州区政府等有关部门负责同志及兰州空军勘察设计院、北京全顺辅科贸有限公司的专家参加了会议。会议确定，张掖军民合用机场由地方政府牵头、军地共同合作筹建。张掖市政府负责项目的整体运作，甘州区政府负责机场建设中涉及地方土地征用、军民关系协调等具体工作，设计单位要按照协定要求，加快工作进度，提高工作效率，确保不延误项目申报速度。

为了工程的快速推进，市上迅速成立了由市委副书记、市长栾克军为组长，市委常委、常务副市长王军为副组长的张掖军民合用机场项目建设工作领导小组，对项目建设前期工作进行周密部署。与此同时，市发改委委托兰州空军勘察设计院编制了张掖军民合用机场预可行性研究报告，迈出了申报机场项目的第一步。

从做出机场建设决策的那一刻起，市委书记陈克恭就把机场项目当作"天字 1 号"工程，在各种会议、多种场合强调机场建设的重要性，并为机场项目配备了强有力的班子。张掖军民合用机场建设，倾注了这位当家人的一腔心血，成了他梦萦魂牵的第一件大事。时任政府市长栾克军最关心的，也是机场项目。一年多来，多次跑北京，上兰州，协调省发改委、交通厅和机场公司，就一些重大问题及时研究决定，安排部署解决具体困难和问题。

2008年12月3日，在张掖军民合用机场项目建设工作领导小组成立的当天，市委常委、常务副市长王军就带领项目班子马不停蹄地赶赴金昌、天水、兰州、中卫、西安等地考察、请教工作，6天时间辗转3个省区6个城市，行程近4000公里，考察了3个机场建设项目情况，拜访了7个部门单位的12位领导同志，摸清了工作底数，全面启动了项目申报等工作。

时任市发改委主任安想忠、分管副主任周建军，以及他们的继任者、现任市发改委主任伏世祖、分管副主任汪世成，为了使项目申报尽快得到批复，创造出了盯住文件快速申报、盯住环节督促推进、盯住领导反复汇报、盯住疑点主动论证的"四盯"工作方法。项目班子采取"人随文件走、事围项目转"的方式，逐个环节督促协调，促进了地方、军方和民航等部门相关文件的及时出具上报。

精诚所至，金石为开。在我们锲而不舍的努力下，省政府、部队首长、中央和省上有关部门以最快的速度出具了项目报批所需的相关文件。国家发改委民航处处长王菲在会签完批复文件后赞叹："经济建设有'深圳速度'，项目争取有'张掖速度'！"与王菲一样，很多领导同志在称赞"张掖精神"、肯定"张掖速度"的同时，纷纷为我市出谋划策，主动帮助我市解决困难和问题，为项目快速推进争取到了宝贵的时间。

由于项目班子工作推进有力，赶在了全国全省同类同期项目的前列，为项目资金争取赢得了时间和有利条件，国家民航局很快为张掖机场安排了1.04亿元的专项基金，为完成资金筹措、实现最终批复提供了非常宝贵的支持，也避免了因国家投资政策调整给项目带来的不利影响。

作为机场项目的具体负责人，市委常委、常务副市长王军在做好分管工作的同时，一年多时间先后往返北京20多趟，一次又一次地向从事的办事人员到部委负责人的各级同志汇报工作，请求支持。2010年12月22日，王军赴省发改委催促《机场总体规划》和《改扩建工程初步设计》办理情况。按规定，要拿到这两个文件，必须先拿到委托西北空管局编制的《空域规划》和《飞行程序初步设计》。跑了一天，回到宾馆已是晚上7点多钟，他连夜起程到远在西安的西北空管局。随行工作人员劝他休息一晚再走，可他坚决不同意，他说："别人能等，我们等不起啊！"23日一大早，他们就到了空管局，当得知在张掖机场之前已经有8个机场的规划待做时，他心急如焚，寝食不安，下午1点30分就早早等到空管局局长王战的办公室门口，一番苦口婆心之后，王局长被他的诚心所打动，立即成立了应急小组，特事特办，在短短1个月内就将常规需要4个月做出的文本拿到了手。

在北京"8·8"酒店服务员的眼里，周建军、汪世成算是"常客"了。为了争取机场项目，常常在这个酒店一住就是一两个月。子女上高二，正处在学习的关键时期，他们只有在周末打电话过问一下学习情况，为此，子女负气，妻子埋怨，"为了机场大事，只能舍弃家里的小事。"对妻儿的愧疚，他们只能埋在心底。

我和许元是项目班子负责工作协调和材料上报最忙的人之一，常常是白天协调有关工作，晚上赶写上报材料，长期的超负荷工作，使我们疲惫不堪，但我们毫无怨言。那些摞起来厚达1米多的材料，许多都是我们抱着笔记本在火车上或宾馆写的。

在机场项目争取过程中，项目班子自加压力，只争朝夕，创造了机场报批的"张掖速度"。据不完全统计，从2008年11月启动张掖军民合用机场建设项目前期工作，至2009年9月18日项目获得中央军委、国务院批复通过，张掖军民合用机场建设协调领导小组围绕机场项目所发的文件、上报的函件以及各种会议纪要多达500多个，省政府及以上往来公文、民航及军方意见等200多件。在国务院、中央军委和省委、省政府及兰州空军司令部的亲切关怀下，在国家发改委、民航总局和总参谋部、空军司令部、西北民航局及省发改委、省交通厅、省机场投资公司、陆航学院和飞行三团等单位的大力指导支持下，张掖军民合用机场建设项目顺利推进。自2008年11月至2009年9月，仅用10个月时间，就顺利获得国务院、中央军委的正式批复，完成了机场项目的报批工作。

机场项目建设的"张掖速度"

2010年5月11日，张掖军民合用机场正式开工建设，时任甘肃省委、省政府主要领导参加了开工典礼。

为了使张掖军民合用机场项目建设有序进行，在甘肃省发改委和交通厅的主导下，成立了由张掖市政府和甘肃省机场投资管理公司共同组建的张掖军民合用机场项目建设指挥部，负责机场建设的全过程组织管理和建设实施，统筹协调项目建设、调度指挥工作。指挥部一班人带领全体建设者共同努力，攻坚克难，在保证质量、安全的前提下，克服了建设工期紧、技术难度高、专业人员少、审批手续多、协调难度大等诸多困难，科学筹划，合理安排，经过15个月紧张有序的施工，于2011年8月12日全面完工，完成项目投资3.23亿元，建设的机场设施满足旅客吞吐量24.3万人次、货邮吞吐量1723吨的设计，规划飞行区等级达到4C级，西跑道长度达到3000米，宽55米（含道肩），飞行条件满足波音737、空客320系列等机型起降；新建航站楼4189平米，同时建设了航管楼、灯光变电站，新建了配套的民航生产业务、生活用房及供电、供水、排水、供热、供油、消防等工程。经过省发改委和民航西北管理局组织的竣工验收及行业验收，完全达到设计要求，验收时得到与会专家和领导的一致好评。

张掖机场自2010年5月11日开工，2011年8月15日工程整体通过初步验收，8月27日顺利通过飞行校验，9月6日空管工程通过竣工验收，9月23日顺利通过试飞，10月27日一次性顺利通过验收，10月28日取得民航西北地区管理局颁发的机场使用许可证，11月1日张掖机场正式通航，标志着张掖机场建设目标顺利实现，创造了民航机场建设史上的"张掖速度"。这是指挥部一班人采取科学管理、全程监管的方法，确保了更好的工程质量的结果；是采取合理安排，平行交叉的方法，缩短了建设工期的结果；是采取精打细算，严格控制的方法，尽量节省了投资的结果；也是确定秉持绿色建筑人文理念，坚持打造省内最美支线机场的结果。张掖机场建设指挥部全体人员积极发扬"甘于吃苦、乐于奉献、敢打硬仗、艰苦付出"的精神，认真敬业、踏实苦干，保证了张掖机场建设的质量、安全、速度及效益，创造了民航机场建设史上的"张掖速度"。

机场项目运营的"张掖速度"

2011年11月1日，张掖机场正式通航，开通了西安—兰州—张掖的往返航班，成为甘肃省民航事业发展史上的一大盛事。2011年11月13日，装扮一新的张掖机场一片欢腾，张掖人民满怀激动诚挚的心情，迎来了来自首都北京的第一批客人，这标志着张掖机场第二条航线的开通。

2012年11月1日是张掖机场通航一周年。一年的发展，张掖机场实现了振奋人心的跨越。先后开通兰州、西安、北京、重庆等航线，旅客吞吐量和货邮吞吐量稳步增长，旅客吞吐量达到2.1774万人次，货邮吞吐量140.833吨，航空器起降552架次。2013年12月11日19时05分，随着华夏航空G52654航班（张掖飞往重庆）腾空而起，张掖机场旅客吞吐量达到4.0104万人次、货邮吞吐量32吨，分别完成年度计划指标的100.26%、1600%，此时此刻是张掖机场通航两周年，旅客吞吐量突破4万人次，标志着张掖机场的运营又上了一个新台阶。2014年，先后开通兰州、西安、北京、重庆、广州等航线，旅客吞吐量和货邮吞吐量将进一步增长。

张掖机场的建成通航，充分体现了组织者、建设者、领导者勇于探索和科学求实的精神，反映了张掖人民开拓创新、加快发展的决心和勇气。张掖机场的建成通航，使张掖作为东接兰州、南靠青海西藏、北连宁夏内蒙古、西进新疆的次区域交通枢纽地位进一步凸显，预示着我市已形成公路、铁路、航空相互配套的立体交通网络，将促进张掖对外开放和经济社会持续协调发展。

折达路上的院士情结

王国虎　何其刚[*]

情系民生　反映民意

2007 年 12 月，一封来信摆上了中共中央总书记、国家主席胡锦涛的案头，写信者是中国工程院院士朵英贤，内容是为了修一条公路。

朵英贤，中国工程院院士，北京理工大学教授，我国 95 式枪族的总设计师。人们不禁纳闷，从事枪械设计的"中国枪王"怎么和修公路有了联系呢？这话得从刘家峡、盐锅峡、八盘峡三大电站的修建说起。

永靖县是国家扶贫开发工作重点县，也是刘家峡、盐锅峡、八盘峡三大水库移民的主要安置地。三大电站建设时期，随着蓄水命令的下达，祖祖辈辈生活在黄河岸边的数万名群众抛却家园，含着泪水，默默地踏上了通往异乡的迁徙之路。当时，库区移民无条件服从国家安排，为新中国水电事业作出了巨大贡献。

刘、盐、八水库移民的集中搬迁和安置，正处在那段特殊时期，留下了许多亟待解决的困难和问题。

1988 年 6 月，水利部专家评估组深入移民区进行实地调研后指出，永靖县库区有三个不便——境内有三座水库，用水不方便；有三座电站，用电不方便；有公路、铁路、水路，交通不方便。

---

* 作者王国虎系永靖县文联主席；何其刚系永靖县文联干部。

永靖境内山大沟深、生态脆弱，而且土质疏松、地质结构复杂。三塬、岘塬、盐锅峡黑方台移民安置区属湿陷性黄土地带，三大水库蓄水后，受倒虹吸现象的影响，塬台区塌陷、滑坡频繁，时常造成交通中断、人员伤亡。由于交通经常中断，不仅给当地群众造成巨大的经济损失，而且使这一地区的企业产品运不出去，原料运不进来，生产成本加大，效益低下。

滞后的交通严重制约着地方经济文化的发展。永靖县有着十分丰富的旅游资源，三大水库沿岸，以炳灵峡、刘家峡、盐锅峡黄河三峡为主的旅游景点星罗棋布；境内还蕴藏着极其丰富的矿产资源，储量大、品质优，具有较高的开采、冶炼、加工价值；有刘家峡水电厂、盐锅峡水电厂、甘肃刘化（集团）公司、西北船舶修造厂等十余家国有大中型企业和几百家民营企业，行业涉及电力、化工、机械制造、水产研究等；这里盛产西红柿、红富士、草莓、百合、红枣、花椒等无公害农产品及黄河鲤鱼、虹鳟鱼、金鳟鱼等名优水产品；还有傩舞、"花儿"等多姿多彩的民俗文化。但由于受交通条件的限制，优美的旅游景点"藏在深闺人未识"，得不到有效开发利用；由于受交通条件的限制，农民群众辛辛苦苦生产的农产品不能及时运出，难以转换升值，缺乏市场竞争力，严重阻碍了农民脱贫致富的步伐；由于受交通条件的限制，许多商家企业不愿意在永靖投资，失去了许多招商引资的良好机遇；由于受交通条件的限制，乡村信息闭塞，民间经济文化难以交流，造成农村文化生活落后，农民发展商品经济的意识淡薄，进而影响和制约了第三产业的发展。

当时，县上针对刘、盐、八移民区行路难问题，确立"以公路建设带动库区发展，以库区发展带动全县经济"的工作思路，各级领导和有关部门也给予了关心支持。但是，由于建设资金和特殊地形条件的制约，三大库区现有公路等级低、运行能力差、出口不畅，水路和陆路至今仍未连用成网，而且"路与路不搭界，库与库不搭界，环库四县不搭界"。刘、盐、八移民区部分群众的出行主要靠水上渡运来解决，既费时，又不安全。库区周边现有村道，狭窄不平，迂回绕远，十分不便。有的地方出现了"断头路""死胡同"。所以，建设一条高质量、高档次的公路，不仅是发展黄河三峡旅游、建设中国西部休闲水乡的需要，也是将丰富的资源优势尽快转换为经济优势的需要，更是改善刘家峡、盐锅峡、八盘峡水库移民生产生活条件的迫切需要。

2007年初，朵英贤院士回家省亲，在与县上领导交谈中了解到永靖县面临的实际困难，并与县上领导达成共识，先修一条通过移民区直达省城兰州的高等级公路，让农民能走出来，物资能流通起来，经济就会活泛起来，农民生活也会越来越好。

作为永靖籍最高学术头衔的获得者，朵英贤院士一直牵挂着家乡建设。

2003年1月，朵英贤院士回家乡省亲时，为曾经就读过的抚河小学捐资5000元，并为永靖十中题写"辛勤换来天才"、"施教无类，启迪有方"，以此勉励全校教师。2005年9月，他再次回到家乡，看到了正在施工中的永靖十中新教学楼时，当即表示，教学楼竣工之后捐赠一批图书及教学设施，以改善学校条件。

"河湟襟带形势峻，护山环抱精气凝。寒风来时常抖擞，暖雨过后仍从容。最是先贤倡教育，织就桑梓更繁荣。勿论往昔与今后，文曲永照抚河村。"这首诗是朵英贤院士在他的母校抚河小学建校60周年时写的，从中不难看出他时刻不忘家乡、热心关注家乡的拳拳之心。

院士情深　直书谏言

当朵院士第三次省亲回北京后，心情一直很激动，他想绝不辜负家乡人民的托付，于是欣然提笔，写信给胡总书记。

朵院士觉得，写信给胡锦涛总书记，一定能以游子热恋故乡的情怀打动他。院士写道：

敬爱的胡总书记：

您好！

在您日理万机中，汇报修建刘家峡至兰州高速公路的事，实在是情由所急。

我是北京理工大学一名教师，现年75岁，一生从事国防技术。我的家乡在甘肃永靖县刘家峡。那里您曾亲手参与建设的刘家峡水电站是中国人民的骄傲，成为全国水电事业的摇篮，累计发电1628亿千瓦时，给国家创造了巨大的财富。

近年来，在您科学发展观和富民政策的指引下，家乡的变化很大，我每到家乡去一次，就有一种新的感受，他们正在满有信心地勤劳致富，建设和谐家园，让我感到由衷地欣慰。每次回家，乡亲们在感激党的好政策的同时，一直反映出入不畅的问题。我也了解到县内只有一条213国道，且公路等级低，没有一条像样出口公路，已成为制约发展的瓶颈。沿库区修建一条高速公路是全县人民的心愿。这一想法已经得到甘肃省交通设计院的赞同和支持，已帮助完成了现场勘测和可研报告。但因没有列入国家建设规划，一直不能立项建设，考虑到从立项到建成的周期一般要好几年，我只好斗胆求助于您作个批示，只缘您在刘家峡这片土地上洒了近8年的汗水，了解实情。

兰（州）刘（家峡）公路全长约30公里（经费估算约16亿），将八盘峡、盐锅峡、刘家峡连为一体，经过移民聚居区。修建这条高速公路有多方面意义：

一、可提高刘家峡水电厂、水电四局刘家峡分局等中央省属企业经营效率和解决职工行路难的问题。在刘家峡驻有刘家峡水电厂、盐锅峡水电厂、水电四局刘家峡分局等10余家大中型中央省属企业。因交通不便，企业的发展受到很大限制，人员流失也很严重。水电站的建设者们来自五湖四海，大部分还健在，与儿女们生活在刘家峡的有3万多人，他们在刘家峡工作生活了一辈子，由于出入不畅，交通事故频发，迫切盼望有一条安全便行的路。

二、将极大地改善刘家峡、盐锅峡、八盘峡三座水库移民生产生活条件。1958年以来，国家先后在永靖县建成了盐锅峡、刘家峡、八盘峡三座水电站，永靖10多万父老乡亲的23万亩土地和大量房屋被淹，移民群众从精华腹地"米粮川"搬迁到荒芜破碎的台塬地区，作出了巨大的牺牲和贡献。由于交通不畅，农产品运出难，移民群众生产生活依然十分困难，与三大电站为国家创造的巨大财富形成强烈反差，移民群众心理上一直不平衡，多次上访，强烈要求改善交通等生产生活条件。修建贯穿"刘、盐、八"移民区的兰刘高速公路，可从根本上改善"刘、盐、八"移民区群众的交通条件，还可带动永靖、东乡、积石等县（市）移民关联区140多万群众的发展。

三、将拉动黄河三峡旅游业的快速发展。近几年，家乡利用炳灵寺、刘家峡水电站、刘家峡恐龙国家地质公园和水库资源，大搞"黄河三峡"旅游，打造中国西部休闲水乡。游客每年以30%的速度递增，今年有望达到50万人，已成为甘肃十大王牌景点之一，跻身"中国县域旅游品牌百强县"行列。旅游是永靖强县富民的支柱产业和希望所在。由于交通不便，游客进不来，兰刘高速公路一通，黄河三峡旅游的瓶颈问题彻底解决了，会极大地带动旅游业发展和乡亲的生活水平的提高，加快建成中国西部休闲水乡的进程。

四、可带动西部民族地区经济社会发展。刘家峡曾是唐蕃古道之要冲，是连接西部各少数民族地区的重要通道。兰刘高速与兰海高速接通，将大大缩短与兰州、西宁、银川等周边省会城市的距离，永靖及邻近县市移民区的农产品可从这条路销往大城市。同时，这条路的前景非常好，213国道南经临夏市、甘南州与四川的若尔盖、松潘、成都市相连，可带动临夏、甘南、四川阿坝、甘孜四个自治州的发展。现在，四川段已是高速路（连九寨沟），甘肃段还是213国道，成了"瓶颈"，修这条路，对国家来说是迟早的事，并不枉投。

今天，大胆向您写信反映这一情况。恳请您一如既往关心您曾工作过的这方热土，家乡的人民期盼着这条高速路、富民路能早日立项建设。

最后敬祝您身体健康！

中国工程院院士

北京理工大学教授　朵英贤

2007 年 11 月 30 日

凝聚共识　畅通坦途

2007 年 12 月 20 日，胡锦涛在朵英贤的建议信上作出了相关批示。这个批示给永靖人民带来了福音。同时也引起了省委、省政府，国家有关部委，州委、州政府的高度重视。

时任省委领导高度重视，要求做好各方面的工作，帮助库区人民脱贫致富。此后，出台了对库区移民实施生活补贴的政策，对库区绿化也有了相应的安排，使人民群众真正得到实惠。通过自身的努力和国家有关部门的大力支持，库区人民群众的生活水平有了新的提高，并要求有关部门认真研究并提出意见。

2008 年 2 月 13 日，春节后上班的第一天，省委主要领导冒着风雪严寒，带领省委常委、秘书长姜信治，省人大常委会副主任马尚英、省政协副主席邵克文和省发改、财政、交通、水利、扶贫、林业、农牧、电力、旅游、经贸、环保等部门负责人，在临夏州主要领导的陪同下深入永靖县，专门调研"刘、盐、八"库区经济社会发展情况。上午，省委领导一行视察了盐锅峡黑方台滑坡及交通出行状况，罗川台循环农业示范园区、太极湖旅游休闲度假区建设情况，走访了库区移民户。下午召开汇报座谈会，听取了州县汇报，并作了重要讲话。时任省委领导要求，建设贯通"刘、盐、八"库区的等级公路，是带动永靖和沿库区各县市经济社会发展的骨干工程，省级有关部门要进一步研究论证，千方百计争取国家有关方面的大力支持，多方面筹措资金，力争早日开工建设。

甘肃省委对永靖县这几年的发展变化给予了充分肯定。永靖县因刘家峡水电站而闻名于世，也为国家水电事业发展和全省经济建设作出了重要贡献。特别是库区移民，在当年非常困难的条件下，服从国家建设大局，进行异地搬迁，付出了很大代价，解决好他们的生产生活问题，是各级党委和政府义不容辞的责任。时任省委主要领导强调，要认真落实水库移民后期扶持政策，进一步加快库区和移民安置区群众脱贫致富步伐，让移民群众更多地感受到党和政府的关心。省委领导是这样说的，也是这样做的。后来省委领导分别在5月2日、7月18日、8月9日，三次深入永靖调研，对永靖县和移民区的工作倾注了大量心血。

3月，十一届全国人大会议和十一届全国政协会议在北京召开。"两会"前，省委、省政府主要领导还专程到交通部汇报工程事宜。交通部李盛霖部长看了胡锦涛总书记的批示后，当即批示："要特事特办，给予支持"，并于3月2日派交通部高速公路管理处处长王泰到永靖县考察公路建设线路。随后，拨付1.9亿元的公路建设资金，为"达刘临"（兰州达家台—刘家峡—临夏折桥）高等级公路的顺利开工奠定了基础。同时，在时任省委领导的努力下，财政部和国家农业综合开发办公室，破例将永靖县列入农业综合开发新增项目县，并实现了当年争取、当年考察、当年立项、当年实施，打破了农业综合开发项目中当年立项次年实施的常规。此间，在县委书记李生发的陪同下，陆书记还亲切看望了朵英贤院士，一起畅谈永靖发展，共话移民美好未来。

为了库区移民群众的福祉，国家有关部委和省、州领导不辞辛劳，付出了巨大努力。省委书记陆浩、省长徐守盛多次进京汇报争取。省财政厅、省交通厅、省发改委领导及其各自的业务处长都向国家部委反复说明了情况，汇报衔接了该项目的具体事宜。省交通厅厅长杨咏中多次深入永靖县就库区公路项目前期工作进行调研协商。州委召开常委会议、州政府召开常务会议两次进行了专题研究，并组织人员深入实地指导工作。州委、州政府领导多次向省上领导和国家有关部委反映情况，争取支持。县上多次召开专门会议全县动员，认真贯彻落实总书记批示精神，一方面，积极向国家、省、州库移部门衔接，足额批准《刘、盐、八库区和移民安置区基础设施建设和经济发展规划》；另一方面，组织得力人员编制了《刘、盐、八库区生态环境综合治理与脱贫致富规划》。永靖县委书记李生发几上北京，向有关部委争取给永靖县库区移民以特殊的照顾。2008 年 11 月 14 日，李生发书记在全县离退休老干部视察重点工作座谈会上讲话，他说，"达刘临"公路的开工建设，充分体现了党中央、国务院，省委、省政府对临夏少数民族地区群众及"刘、盐、八"移民区群众的关爱。我们要竭尽全力加快该项目的运作，使这条路早日为沿线群众的脱贫致富发挥巨大的推动作用，真正成为地方和政府的致富之路和德政工程。

经过各方的共同努力，"达刘临"公路顺利奠基。2008 年 11 月 18 日上午，时任省委、省政府主要领导出席开工仪式，宣布工程开工建设。省委副书记、省长出席仪式并讲话。朵英贤院士也出席了开工仪式。

新公路被正式命名为"折达公路"，它是一条二级公路，起自临夏折桥，贯通临夏、东乡、永靖三县市移民区，直至兰州达川，由南向北连通国道 213 线和国道 109 线。线路全长 87.097 公里，采用 40 公里/小时和 60 公里/小时相结合的设计行车速度，按照 8.5 米、10 米和 12 米路基宽度组合的双车道二级公路标准设计。计划于 2009 年初开工建设，2012 年底建成通车，概算总投资 15.7 亿元。

在公路施工过程中，朵院士曾两度来到施工现场，察看施工进度，并与当地领导和工程技术人员一道探讨施工方案，共话建设远景。

如今，折达公路已全线贯通。这条凝聚着朵英贤院士浓浓故乡情的院士路，必将成为临夏地区各民族人民建设美丽家园，奔向美好生活的致富路、幸福路。

甘肃交通科学研究院发展历程回顾

张 得 文[*]

引 子

甘肃省交通科学研究院有限公司是一家致力于服务交通运输行业的科技企业，前身是成立于 1959 年的甘肃省交通科学研究所，2005 年 10 月经转制注册成立有限公司，2010 年 11 月经甘肃省交通运输厅批准更名为甘肃省交通科学研究院有限公司。

我于 1970 年 3 月出生，甘肃永登人，1989 年 7 月自甘肃省交通学校毕业后在甘肃省交通科学研究所参加工作至今，历任技术研究开发中心副主任、主任，康大设计咨询有限公司经理、科研部部长，现任甘肃省交通科学研究院有限公司道路技术研究所所长。

以下，我将回顾西部大开发以来我所见证和经历的省交通科学研究院的发展与变革历程。

体制不适市场 改制势在必行

交科所与质监站合署办公的第三年，即 1992 年，中国共产党第十四次全国代表大会在北京召开。党的十四大报告首次明确提出，我国经济体制改革的目标是建立社会主义市场经济体制。当时我已在科研所工作 3 年，主要

* 作者系甘肃省交通科学研究院有限公司道路技术研究所所长。

负责材料实验、科研实验工作，我深刻的感受自 1959 年成立、1974 年恢复以来，计划经济体制下运行的科研所已明显不适应社会与市场的变化，技术创新能力不足，单位缺乏生机和活力，人才缺乏，难以参与市场竞争，"干多干少一个样，干好干坏一个样"的思想普遍存在。

1998 年，为应对亚洲金融危机对我国经济的负面影响，中央适时启动了扩大内需政策，全省交通基础设施建设投资由年初的 7 亿元增加到了 20 亿元，开工重点公路建设项目 17 项，一年投资超过了过去五年的总和。2000 年国家又提出了"西部大开发"战略，市场机遇前所未有。然而，市场竞争能力不强的交科所，面对如此大好形势，心有余而力不足，每年仅靠相关单位委托的零星试验、设计任务维持运转，科研成果转化率不高，职工收入低，一些优秀的技术人员甚至离开单位另谋生路，单位发展处于徘徊不前的局面，各项工作与全省交通事业的快速发展已不相适应。

穷则思变，变则通。面对现状，时任交通厅、科研所领导班子和技术骨干们开始思考、讨论今后的发展，包括实行（质监）站、（科研）所分离在内的一项项改革设想和举措渐成共识和行动。

实行站所分离　开始独立运行

2000 年 6 月 9 日，质监站党委召开了党委扩大会议，会议就尽快实施交科所改革转制达成了一致，并决定采取选聘方式产生所长人选。

2000 年 6 月 13 日下午，质监站党委书记解加龙同志主持召开了质监站（交科所）职工大会，公开、民主选举交科所所长。经过两轮选举，常学亮以超过半数的票数当选为交科所所长。9 月 29 日，省交通厅党组决定，常学亮同志任省交通基建工程质量监督站党委委员，聘任常学亮同志为交通科研所所长（副县级）。

2000 年 11 月 23 日，省交通厅批复同意《省交通质监站与省交通科研所分离和甘肃省交通科研所体制改革方案》（以下简称《方案》），这标志着科研所从此开始了由事业性科研机构向企业性科研机构的正式过渡。

之后，包括我在内的 38 人分到了科研所，平均年龄 35 岁，工程技术人员 24 人，占职工总数的 63%，队伍体现了年轻化、专业化的优势。

确定改革定位　制定发展目标

2000 年 11 月 23 日，省交通厅批复同意《甘肃省交通科学研究所体制改革方案》（以下简称《方案》）。《方案》确定了科研所改革定位和发展目标。

《方案》指出，"甘肃省交通科学研究所应改制为应用型科技企业"。为了适应应用型科技企业的需要，对组织机构进行了调整，组建了研究开发中心、试验检测中心、技术咨询服务中心和综合办公室，本人任研究开发中心主任，主要从事甘肃省交通行业的新技术应用研究、技术开发推广和公路工程施工、勘察中的一些技术服务工作。

《方案》也确定了两大发展目标。一是实行科研主体和经济（产业）实体并存发展，充分发挥优势和特长，形成规模化的科技产业实体，更好地为我省经济建设和社会发展服务。二是以制度、体制、机制、环境创新为突破口，形成"开放、流通、竞争、协作"且管理严谨科学、结构优化、精干高效、运转自如的新型经营管理体制，并逐步过渡为股份制企业。

2002 年，党的十六大召开，《中共中央关于完善社会主义市场经济体制若干问题的决定》发布。科研所按照最新政策要求，对改革方案进行了优化：一是将改革目标创新为"把我所建设成为集交通科研开发、技术咨询服务、公路工程试验检测、施工、监理为一体的、向集团化方向发展的现代化科技型企业"。二是结合交科所实际，本着"总体规划、分步实施、平稳过渡、逐步完善、务实求效"的原则，确定了分三步走的时间表。

注册有限公司　建设现代科企

2005 年 8 月 11 日，甘肃省科学技术厅、甘肃省财政厅、甘肃省机构编制委员会办公室就《甘肃省交通科学研究所体制改革方案》批复甘肃省交通厅"原则同意甘肃省交通科学研究所体制改革方案，组建股份制科技型企业"。

9月27日，省交通厅批复同意"单位名称为'甘肃省交通科学研究所有限公司'"，10月完成工商注册登记。11月24日，省交通厅党组决定，聘任丁兆民同志为省交通科学研究所有限公司董事长（正县级）。2006年12月，公司正式揭牌成立。它标志着交科所走完了计划经济下、事业型科研机构的行进之路；开始了以市场经济为导向，以公司法人治理结构为核心，建设现代科技型企业的伟大征程。

为了适应建设现代科技型企业的内在需要，新成立的公司开始了前所未有的，以改革劳务用工制度、人事制度、分配制度"三项制度"为主的深刻改革，实行全员劳动合同管理制度，取消干部和工人的身份界限，各级管理人员实行岗位考核招聘制度；专业技术职务实行评聘分开，实行定岗定员、聘任上岗、一岗一薪、岗变薪变的分配制度。

2006年9月29日，科研院召开股东大会，选举产生了公司第一届董事会、监事会，这标志着公司完成了法人治理结构建设。紧接着，公司党委、纪委、工会先后成立，公司机构设置为三类，一是机关职能部门：总经理办公室、财务资产部、人力资源部（含劳资、离退休人员管理）、党群工作部、总工程师办公室、生产经营部；二是生产部门：甘肃省公路工程质量试验检测中心、研究开发中心；三是所属企业：甘肃省交通职工技术服务站、甘肃新科公路工程监理事务所、甘肃康大公路设计咨询有限公司。

完善各项制度　夯实发展基础

公司成立后，公司党政将建立制度体系，实现整体架构的无缝对接，作为从体制上畅通企业与社会经济建设的有效渠道。即2006年，"整章建制，加强管理，争创一流业绩"活动有序开展，公司先后制定了《部门职责》《财务资产管理办法》《项目管理办法》《司务公开制度》《生产定额管理办法》《绩效工资实施办法》等20余项管理制度，并在之后的几年内不断修订完善。

同时，公司注重企业软实力的建设。2007 年、2008 年，公司获得"工程咨询甲级""公路工程试验检测综合甲级""交通建设工程监理甲级""公路工程试验检测桥隧专项"等多项资质证书，并成为西北地区首个获得双甲资质的公路工程试验检测机构，大大提升了公司在试验检测市场的竞争力，也为公司更好地服务于全省公路建设、运营、养护工作，切实履行好甘肃交通质量监督职责提供了保障。

适应发展需要　所名变更为院

如何把公司进一步做大做强，以适应不断发展的需要——这是科研所公司成立之后，领导班子始终思考的重要问题。2010 年，公司董事长吴敏刚提出了"所"改"院"的设想。这一设想得到了公司上下的一致认可。由"所"变"院"，它将为做大做强企业提供组织架构上的保证。2010 年 11 月，省交通运输厅批复同意了企业名称变更及机构调整方案。

在这次调整中，新设了"科研技术管理部""道路工程技术研究所"和"桥隧工程技术研究所"。原"技术研究开发中心""技术质量部"撤销。试验检测中心的业务科室，根据需要分别划归"道路工程技术研究所"和"桥隧工程技术研究所"。我本人兼任"技术研究开发中心"和"道路工程技术研究所"主任。后来，经过多年的锻炼，公司引进的第一批硕士研究生中的佼佼者——中科院在读博士毛云程，逐渐成长并开始全面负责科研技术管理部工作。看着自己亲手带出来的技术骨干能独当一面，这让我感到非常欣慰，也正是企业的快速发展给了这些年轻人良好的发展平台。

描绘发展蓝图　再创辉煌业绩

2011 年，是甘肃省交通科学研究院有限公司"十二五"规划的开局之年，回顾过去的"十一五"，公司经历了由"事"转"企"、发展极不平凡的5年。这5年，公司在厅党组的正确领导下，紧紧围绕"抓两头带中间"和"东部会战"等一系列决策部署，抢抓机遇，扎实工作，企业改革、生产经营、人才队伍建设、应急保障、精神文明建设等工作都取得了长足发展，全面完成了"十一五"各项目标任务。5年间，公司共完成产值2.72亿元，资产负债率由63%下降至32%，收入利润率由12%提高到24%，国有资本保值增值率达到472%，企业经营效益和抗风险能力显著提高。

2012—2014年，科研院以打造西部一流产学研一体化交通科技企业为目标，围绕"中心辐射、东西推进、区域带动、全面提升"的交通运输发展战略，企业产值连续3年过亿元，职工收入稳步提升，公司在科研开发、资质提升、平台建设、市场开拓、业务开发等方面，走出了一条别具一格的发展之路。特别是在科研方面，近年来，公司再次将科研工作放在了主业、旗帜的位置得以重视，并且更加重视科研与生产的关系，在建立产学研有机结合的科研企业发展新模式上迈出了重要的一步。甘肃省试验检测创新服务平台，甘肃省道路材料工程实验室、甘肃省桥梁隧道健康监测与安全评估技术重点实验室、甘肃省交通环境监测中心站相继创建，有更多具备现代专业技术知识的高学历年轻人加入这个队伍中，一系列交通运输部西部项目、甘肃省交通厅和甘肃省科技厅重点科技项目得以开展，橡胶沥青路面等新技术、新材料得以引进并运用于我省高等级公路建、管、养市场。

作为长期从事科研和技术工作的人，20多年来，我很欣慰地看到公司的科研工作又迈开了新的步伐，走上了良性发展的轨道，我也很骄傲，当年的坚持在今天得到了很好的印证，我可以在更加适合自己的工作岗位上见证企业的发展、变迁，亲身感受这份成长带来的喜悦。

（郭晓琴整理）

从"死胡同"到交通枢纽

王辉庆[*]

我是甘肃永昌县人，在永昌县工作了十几年后到市区工作。在参加工作的近40年里，我亲身经历并见证了金昌市从"死胡同"到交通枢纽的巨大变化。

在我上学时，依稀记得永昌县的公路只有几条，而且大多数为简易公路，就是那种"晴天一身土，雨天一身泥"的公路，就这样的公路也只有离永昌县城近的乡（镇）才有。离县城远的，比如我们那里根本就没有公路，都是土路，上学的时候最怕下雨，因为一下雨路就泥泞不堪，无法行走，所以那时的路的最大特征就是"晴通雨阻"。1975年以后，永昌县的公路逐渐增多，路况也有所改善。

1981年，金昌市建市，辖一县一区。建市以后，金昌市的公路建设得到了长足发展，"要想富，先修路"，这句标语刷遍了田间地头，农村公路建设如雨后春笋般迅速崛起。到了20世纪90年代，永河路、河雅路纵穿南北，河清路、金民路、金武路相继建成，初步形成了纵横交错的公路网络，市、县、乡、村之间，汽车、拖拉机四通八达。但是，在当时还流行几句话，"去兰州，如上天，坐上一天睡一天""自古华山一条路，出入金昌一条路"，我作为土生土长的金昌人对此也是深有体会。记得那时去兰州出差，坐汽车要十几个小时才能到。因为坐车时间长，夜班车车票可谓是一票

---

[*] 作者系金昌市交通局局长。

难求，下午早早的从金昌出发，在车上睡一晚上，第二天天亮才能到兰州，路上还要自带干粮。坐火车也都是绿皮车，一路上就听见火车"哐当哐当"，耳朵一直嗡嗡嗡地响，下了火车，路都不会走了。出一趟差回来，人就跟散了架一样。所以，那时候工作别的不怕，就怕出差。

进入21世纪，随着西部大开发战略的实施，金昌市大力实施村村通油（水泥）路项目，一条条平整的水泥路穿村而过，一辆辆小型农用车在水泥路上飞驰而过。连小学生写作文的时候，也总喜欢写"马路通到我的家门口"，言语中充满了自豪。在金昌市农村公路快速发展时期，我在市司法局工作，因工作需要经常要下乡。以前下乡的时候，离县城近的乡（镇）还有班车，要是离县城远的乡（镇），只能搭顺风车或骑自行车。自从村村通油（水泥）路项目实施以来，从金昌县城出发，再远的乡（镇）半天时间就打个来回，办啥事情都方便得很。

由于金昌特殊的地理位置，城区远离国道，不靠铁路，偏居一隅，闭塞的交通严重制约了金昌的快速发展。为了改变金昌在国道线上的"盲肠"地位，2009年4月，经金昌市积极争取，金永高速公路开工建设。2010年11月，经过建设者一年多的努力，金永高速建成通车，金昌在国道线上的"盲肠"地位彻底改变了，它不再是隐藏在大漠戈壁里露不出脸的"金娃娃"了，因为它一头连着"镍都"，一头连着连霍国道。金永高速公路虽然是一条不算太长的高速公路，却是第一条省地联建的地方高速公路。我作为金昌人，有幸亲眼见证了金永高速公路通车的历史性一刻。当甘肃省委书记、省人大常委会主任陆浩宣布金永高速公路通车时，我的心情异常激动，因为它寄托着47万金昌人的期待与梦想，是承载着金昌与外界高速对接的通衢大道。同年12月，金武高速公路在金武两地的努力争取下开工建设。

2011年12月，在亲眼见证金永高速公路竣工通车一年后，我到市交通运输局任局长。初到交通局任职，我的心情是激动而忐忑的。在同事的帮助和自己的努力下，我对交通运输工作有了全新深刻的认识。在经过充分调研和探讨后，我和班子成员确定了在高速公路建设现有的成果上，继续大力实施市区出口高速化战略。2012年，市区南出口已实现高速化——金永高速公路竣工通车，市区东出口——金武高速公路建设正如火如荼。为此，我们确定了市区北出口高速化战略——修建金阿高等级公路。为了立项修建金阿高等级公路，我带领相关分管领导和业务科室工作人员多次进省跑厅，并多次赴内蒙古阿拉善盟交通运输局协商该项目有关事宜。在我们的积极争取下，2013年1月8日，金阿高等级公路由省政府新闻办公室在新闻发布会上宣布开工。这个项目投资近30个亿，是金昌近年来交通上投资最大的一个项目，特别是近30公里的绕城高速、4座高架桥，在全省14个地（州、市）是第一家。继金阿高等级公路开工建设后，2013年11月20日，耗时3年，万众瞩目的金武高速公路建成通车，这为金昌交通史又增添了一笔。自此，市区形成了4条快速出市通道（金永高速、金武高速、金民公路、省道212线）。特别是金昌、武威实现了全程高速直接相连，有效地缩短了两地间的行车时间，形成1小时交通经济圈。金昌到兰州的距离也缩短了，只需要4个小时就能到达。

早在2010年，金昌市在全省就率先实现了100%行政村通油路的目标。"十二五"期间，农村公路建设如何发展是我们研究的重大课题之一。我和班子成员审时度势，立足全市农村公路建设实际，在推进农村公路建设进程中，确定了优先改造建设通乡等级油路，交通量大、经济效益好的矿产资源路、旅游路、养殖资源路和重点出口路的战略。为此，我们科学规划，积极向上争取，截至2013年底，全市农村公路总里程为2247.59公里，占全市公路总里程的84%，行政村等级公路通村率、路面硬化率均达到100%。如今在金昌，无论你从市区去哪个乡（镇），都有一条宽阔、平坦、整洁的干线公路让你能快速抵达，它们如长龙、似蛛网，把12个乡（镇）紧密地与市区连接在了一起，全市形成了市域内主要客货运输节点（市区、河西堡镇、永昌县）1小时公路圈。老百姓出门方便了，我们的心里也敞亮了。农村公路的大发展，也带动了道路运输的大发展。人便于行，物畅其流。金昌市因交通环境的改善，绿色无污染的高原夏菜、食用菌、啤酒麦芽等农产品畅销省内外，骊靬古城、圣容寺等旅游景点游客人数逐年上升，不但增加了我市旅游收入，还带动了景区周边农村农家乐的兴起，增加了农民的收入，助推了我市经济社会的全面发展。看到交通在助推全市经济中发挥的作用，我心中顿时升腾起一股巨大的自豪感，为我们交通人自豪，为无数智慧、勇敢、勤劳的建设者感到骄傲，是他们用心血与汗水织出星罗棋布的城乡道路交通网。

2011 年，是金昌市交通史上具有历史性时刻的一年。这一年，金昌人实现了"飞天梦"——金昌机场建成通航。这一年，资源专线金阿铁路一期工程全线贯通。自金昌机场建成通航以来，在我们全体交通人的努力下，开通了金昌—兰州、金昌—西安、嘉峪关—金昌—北京、温州—郑州—兰州—金昌—敦煌 4 条航线，通航城市达到 7 个（分别为北京、西安、兰州、嘉峪关、敦煌、郑州、温州）。2014 年 10 月，我们还计划开通金昌—成都航线。特别是金昌—北京航线。以前去北京，需要先乘车到兰州中川机场，然后才能搭乘飞机；现在可以从金昌直飞北京，再也不用坐车去兰州搭乘航班了。金昌机场的建设，开辟了金昌市联系八方的"空中走廊"，使金昌、嘉峪关、敦煌形成甘肃西部具有三角支撑的机场群，对开发金昌市工业和资源优势，提高活力和竞争力及拉动河西地区旅游业开发、扩大对外开放发挥了重要作用，为金昌经济社会跨越式发展插上了腾飞的翅膀。资源专线金阿铁路一期工程的贯通，为金昌、阿右旗、民勤三地间经济社会融合发展提供了便捷的铁路运输，特别是为推动煤炭资源开发和煤电、煤化工产业基地建设提供了运输保障，更利于推进区域间物流、人流、信息流的合理流动。

为了全方位打造立体交通，圆金昌人民高铁梦，2014 年，随着兰州至张掖铁路的开工建设，我们积极争取并制定了兰州至张掖高铁金昌设站的方案。从此，金昌步入高铁时代的梦想即将启航。高铁在金昌设站之后，将极大地释放既有线路客、货运能力，能够为我市经济平稳较快发展提供充足的客、货运保障，将在兰州至金昌之间形成立体式综合运输快速通道。经济发展，交通先行。交通人秉承这个信念，用自己辛勤的汗水和勤劳的双手谱写了一章章优美的交通之歌。

经过多年的努力，金昌的交通运输事业进入了从少到多，从低级到高级的跨越式发展"快车道"，制约经济发展的交通"瓶颈"已逐步被现实打破,金昌交通步入了历史上发展最快、成效最为显著的崭新阶段。昔日偏僻闭塞的"死胡同",如今"高路入云端",金昌交通闭塞的历史已不复存在。现在,公路已基本形成以连霍高速、312 国道、金永高速、金武高速等国省干线为主骨架、以县乡道路、专用道路为支线,四通八达、干支相连的公路网络;运输站场以市区、河西堡、永昌三个客运主枢纽地区为主,形成了初具规模、布局合理、服务良好的客运站点网络。金昌真正形成了公路、铁路、航空三位一体的立体化交通网络。今日若到金昌来,飞机、火车、高速公路任君行。

西长凤畅通高速"巨龙"建设侧记

袁 乾 杨 辉[*]

庆阳，素有"陇东粮仓"之称，蕴藏丰富的石油、天然气和煤炭等矿产资源，但这座有着红色精神的革命圣地，这座正在冉冉升起的能源之都，依然是人难行、物难运，纵横的沟壑、连绵的丘陵阻挡了老区人民与外界交流的步伐，制约了经济社会的发展。老区人民急切盼望畅通无阻、四通八达的高速"巨龙"横卧高原沟壑之上。笔者亲见了改变董子塬上没有高速公路的历程。

凝聚各级关怀　回应群众期盼

庆阳高速公路建设项目，得到了各级领导的深切关怀和大力支持。2003年3月18日，庆阳一中王媛同学关心家乡交通建设，给交通部部长张春贤写信，反映了庆阳市的交通发展状况。张春贤部长阅读了王媛同学的信，并在回信中提到责成有关司局认真转告省有关部门支持庆阳的道路建设。2005年9月1日，张春贤部长一行到庆阳市调研道路交通建设情况，接见了王媛同学，表示交通部在规划当中会充分考虑庆阳目前交通建设上的需要。经部里与省里研究，同意将西峰到长庆桥到凤翔路口的高速公路作为提前建设的高速公路。作为全市唯一一位十届全国人大代表的杨晓燕更是积极履行人民

---

* 作者袁乾系西峰区酒类商品管理局干部；杨辉系西峰区政协文史委主任。

代表的职责和义务，2007 年 2 月 8 日，她专门就西长凤高速公路建设项目的意义、进展和困难，致信交通部部长李盛霖，以期引起关注和帮助。李盛霖收到来信后，立即安排有关司局认真研究，并迅速与甘肃省交通厅沟通，最后形成了意见，专门复信给予答复。2007 年 5 月，李盛霖对项目建设作出重要批示，要求加快建设西长凤高速公路。

2007 年 12 月 18 日，西长凤高速公路项目奠基仪式在庆阳市西峰区隆重举行，甘肃省委、省政府主要领导出席仪式。项目建设期间，交通运输部部长李盛霖，中纪委驻交通运输部纪检组组长杨利民、省政协主席冯健身、仲兆隆，省委常委、副省长石军，甘肃省交通运输厅厅长杨咏中等厅领导，省发改委领导及市上各级领导先后深入项目建设工地调研视察项目建设情况，并提出了许多具体指导意见，给予广大建设者们极大的鼓舞和激励，有力地推动了项目顺利实施。

西长凤高等级公路建设项目由甘肃省交通厅负责实施，由国家组织招投标、中标的大型企业施工建设，市、区政府主要负责征地拆迁和为项目建设提供协调服务。西长凤高速公路西峰段纵穿彭原乡、后官寨乡、董志镇、肖金镇及西街办 4 个乡镇和 1 个街道办事处，涉及 20 个行政村、90个自然组，占地 2359 亩，涉及土地征迁户 1294 户，庄基征迁户 217 户（含集体）。

为了尽最大努力支持好、配合好、服务好这一基础设施建设项目，市政府成立了相关机构，西峰区也成立了以政府区长为总指挥，区委政法委书记及分管交通的副区长为副总指挥，相关职能部门主要负责人为成员的协调领导小组指挥部，成立了以区交通局长为主任的协调领导小组办公室，先后抽调 200 多名干部，成立了宣传组、征迁组、治安保卫组等 35 个工作组，由7 名县级领导牵头抓进度，全天候、全方位跟踪服务。在施工建设期间，区委、区政府分管领导分别带队，协调办全体工作人员参加，定期不定期逐工地、分乡（镇）进行排查和调处各类在征迁过程中暴露出的问题。县级领导亲自主持召开协调会和现场办公会 30 多场次，印发会议纪要 6 期，及时解决各类问题和困难。

加大项目论证　着眼长远发展

在设计方案已定、资金总额已定、建设工期已定的情况下，为了更大限度地考虑和照顾庆阳经济社会的长远发展，在区交通局的极力争取和省项目办几位负责人的协助下，工作人员先后十几次赴兰进厅专题反复衔接、请示、汇报，调整和变更了部分设计，新增投资3000万元，整修了原先破烂不堪的西环路，完成了与西长凤高速公路出口的顺接，打通了庆阳市区西南大通道，实现了高速公路与西环路、南环路的成功并网。新增投资1200多万元，将巴家咀城乡供水管道工程必经的涵洞由原设计的1跨20米，增加成4跨20米。同时，新增和预留了庆阳火车站8跨20米的进出口通道，有效消除了未来庆阳经济和城市长足发展的瓶颈制约，为庆阳社会统筹发展、提速发展、协调发展作出了历史性贡献和奠定了坚实基础。

区交通局和各标段、相关乡（镇）、国土、环保、水保、林业等部门负责人在全境内逐山峁、逐涧台徒步现场勘查，寻找更加合理的取土位置和运土路线。在省项目办的支持和配合下，改变了原先定于良田边缘位置的取土场，重新规划了5处，累计取土400万方，取土后平整和复垦土地400多亩，实现了取土还田和支持项目建设的互利双赢。

落实拆迁政策　加大民生保障

西长凤高速是西峰征地线路最长、征地面积最大的一个项目。项目协调办所有工作人员不分节假日、不分上下班，进村入户搞宣传，耐心细致做工作，成功化解了一个个矛盾纠纷，仅用5个月就完成附属物登记丈量。2009年2月开始正式征拆，至5月底，签订附属物统征协议1508份（其中全迁户214户，半迁户1294户），签订土地统征协议91份，兑付高速公路征用补偿款1.06亿元，完成庄基搬迁200户，提交了项目建设用地2359亩，率先在西长凤实现主路基贯通。

　　高速公路涉及的老百姓也作出了巨大的牺牲。西长凤高速公路项目征地拆迁自 2008 年 6 月开始，至 2011 年 11 月继续在征地拆迁。开始时执行庆阳市国土资源局文件，一亩地征地价 2.76 万元，随着时间的流逝，庆阳经济社会的快速发展，相近区块其他项目的征地价每亩早已上调至 5 万元左右，2010 年庆阳市国土资源局下发了文件，重新调整了新的征用补偿标准。但项目组在 2010 年、2011 年依然执行旧标准，因为同一个项目不能执行和使用两个标准。在后期的征用拆迁过程中，出现的问题是原有的房屋经过征用后，如果想建成和原来房屋标准、数量一样的房屋，补偿费远远不够。协调办工作人员匆匆忙忙地奔波在各个工地及群众、村组、乡（镇）、相关部门、标段和项目办之间，反复协调、衔接、请示、汇报、研究。为了正常施工，协调办工作人员请求省项目办的领导和同志们更贴近地考虑和照顾老百姓的实际困难和贴身利益，请求施工单位的领导和同志们更多地帮助老百姓解决生活中的具体困难。协调办三年多的时间共起草、撰写各类关于西长凤高速公路项目建设的通告、汇报、请示、纪要、函件等 3000 多份。自工程开始，协调车辆在陇原大地上奔驰了 11 万公里，相当于在西峰段的高速公路上跑了 1500 个来回。

　　庆阳地区地质地形条件复杂，项目沿线所经区域为中温带亚干旱区，干旱少雨，储水量小，自然环境恶劣。董志塬上厚达上百米的黄土层更是"土性"无常，远看是土，见水成泥。湿陷性黄土是一种特殊性质的土，在一定的压力下下沉稳定后，受水浸湿，土结构迅速破坏，并产生显著附加下沉，是公路工程施工中难以克服的世界性难题。省交通运输厅工程处工作人员介绍说："针对湿陷性黄土这一世界性难题，各参建单位在路基填筑中采取了原地表冲击碾压、填挖结合部强夯、铺设土工格栅、薄层填筑碾压和陷穴开挖、回填、注浆以及完善防排水设施等措施，对因湿陷性黄土造成的公路病害进行了最大限度的预防和处治，探索出了一条在黄土地区建设高速公路的成功之路。"

　　针对庆阳地区每年 7 至 10 月降雨集中，影响有效施工期，延缓施工进度的情况，项目办科学分解目标任务，加大人员、机械设备投入力度，满足施工要求，倒排工期，以日进度控制周进度、以周进度促旬进度、以旬进度保月进度。同时，与各监理、施工单位签订目标责任书，实行监理、施工工作同步进行，避免因工作衔接缓慢而影响工程进展。

突出重点工段　打通制约瓶颈

泾河特大桥是西长凤高速公路建设项目的控制性工程，位于泾川县窑店乡练范村与宁县长庆桥镇长庆桥村之间的泾河上，北连董志塬，南接长武塬，被誉为"陇东第一桥"。由于泾河特大桥处在两塬相夹的河谷地带，常年有飓风，2010年6月2日，正值工程进入施工的黄金季节，一场无情的飓风袭击了大桥施工工地，有近20吨重钢筋绑扎好的15号墩钢筋笼被刮得严重变形，造成施工单位直接经济损失30余万元，近20天的工作量化为乌有。困难面前，建设者们没有气馁，迎难而上，积极应对，对变形的钢筋骨架进行切割移除，重新下料安装。西长凤项目办还委托兰州交通大学、北京交科大对大桥进行施工监控和关键技术研究，及时帮助施工单位解决重大技术难题，并通过远程监控系统对大桥进行监控，确保了施工进度和安全。2011年9月6日，泾河特大桥顺利合龙。

在建设过程中，项目办始终以创建"文明单位"为契机，努力提高单位整体文明程度，开展了为群众帮办实事、捐资助学等活动。2010年3月初，被庆阳市评为西峰区"文明单位"；5月被省直机关工委评为"双优一文明"先进单位；11月，项目办第六合同段和第八合同段被省交通运输厅评为"平安工地"示范合同段。2011年4月，项目办被庆阳市精神文明建设委员会授予"文明项目办"荣誉称号。

在项目建设中，供水、供电等地方单位部门也主动上门服务。庆阳供电公司接到用电申请后，采取"优先勘测设计，优先提供材料，优先组织施工，优质高效服务"的工作方式，简化报装手续，各环节并行工作。技术人员放弃双休日，投入到用电工程建设中，及时保证了施工点的生产、生活用电。项目部经理王小兵在施工现场说："庆阳供电公司的服务真是急我们所急，想我们所想，这么快就能保证我们的施工用电，这样我们的施工进度也就可以大大加快了。"

为了美化高速公路通行环境，市、区政府在沿线实施高效农业示范带项目。西峰段主要建设了绿色长廊和经济林带。绿色长廊是沿高速公路两侧各25米范围内向外栽植1行刺柏、2行杨树、1行楸树，共栽植绿化苗木6万多株，绿化2千多亩。经济林带是以高速公路绿色长廊两侧各300米范围内为重点，在空闲的地块内新建标准化果树示范园1万亩，两年完成栽植面积8470亩，栽植苹果2670亩、核桃7050亩、樱桃300亩，栽植经济苗木23.5万株，后来又补植5500亩，栽植补植核桃、樱桃等苗木5.1万株。

2011年12月22日，历经3年的风雨磨砺和艰苦奋斗，西峰至长庆桥至凤翔路口高速公路全线建成，位于陕甘宁三省交界，全场77.41公里。西长凤高速公路连接了董志、长武两塬，连接了平、庆两市，连接了陕、甘两省，不仅改善了陇东地区的交通条件，打通了庆阳市、平凉市资源开发的大动脉，而且成为西部地区与沿海省区经济交流与合作的纽带，将对促进陇东地方经济发展和国家西部大开发战略的实施发挥重要作用。

从"世界风库"到"风电之都"的跨越

王旭东[*]

　　瓜州地处甘肃河西走廊的西端,南倚祁连山,北靠马鬃山,疏勒河谷由东向西穿越而过,浩瀚的戈壁与"两山"之间形成"峡谷",成为东西风的天然通道,素有"世界风库"之称。"一年一场风,从春刮到冬",肆虐的狂风带给人们的是无尽的灾害和灾难。

　　瓜州人民世世代代都在盼望着有一天能够降服风魔,实现变风害为宝藏、靠风发电、造福人类的梦想。

(一)

　　20世纪末,中央作出了加快实施西部大开发战略的重大部署。具有战略眼光的历届瓜州县委、县政府抢抓机遇,按照省、市的安排,加大风能利用技术探索和推广力度。早在1983年,在省、地能源办的支持下,瓜州就在县域内北干沟、西湖33公里、敦煌闸、老师兔等地安装了1千瓦风力发电机26台。县科委主任张巨湘针对酒泉地区科委刘德安研制的D10KM型10千瓦风力发电机样机在运转过程中存在的问题进行改进,并抽调懂机电的技术人员郑尔励专搞风能电机的安装维修工作。1985年,风能技术开发

* 作者系瓜州县副县长。

服务中心在偏远的北干沟安装了平凉汾西 FD50 瓦、100 瓦等 18 台小型风力发电机，成了酒泉地区第一个"风能村"。由于工作实绩突出，1986 年全国新能源示范鉴定预备会议在瓜州召开，县科委受到表彰。同年 11 月，我们决定成立风能开发技术服务中心，负责全县风力发电的推广工作。至 1988 年全县共装各种风力发电机 110 多台。由于瓜州风大沙多、风速大小不等，造成发电机磨损严重，面对型号不一、配件不同等维修难题，服务中心根据维修经验，经过两年的研究和反复试验，终于研制组装成第一台 120 瓦定型产品，批量生产 36 台，本地推广 24 台，销往周边县市 12 台。1991 年，县风能中心与兰州电源车辆研究所合作承担了"风柴并联"项目研发，进行风能开发利用试验，获得成功。

中央"九五"规划建议的出台，为插着梦想翅膀的瓜州人提供了发展新能源的希望。县上抽调计划、电力、风能开发等部门（单位）业务骨干，就建设大型风电场进行专门调查研究、勘测设计，提出了历史上第一份规模开发利用风能的计划方案——《建设安西县风力发电试验场方案》，但由于政策、资金、技术等因素制约，国内风电开发时机并未成熟，建设方案虽未能组织实施，但体现了瓜州人利用自然、共享自然的人文精神，也昭示了我们发挥资源优势、努力开发风电的魄力和决心。

1996 年，在得知省电力工业局有发展风电的项目信息后，我们立即展开行动，到省上汇报瓜州的风能资源情况，想方设法争取项目。

一次次碰壁，一次次再来。争取风能开发项目的路远比去省城的路长。精诚所至，金石为开，几番奔波，无数次努力，省电力工业厅答应给一座价值 25 万余元的测风塔及附属设备，以便开展一些前期的测风工作。

1997 年 3 月，省电力工业局派专业技术人员在瓜州进行现场勘测，通过比选，测风塔选址定在了北大桥。四月开始安装，一个月时间就施工完毕。同年 10 月，第一座大型测风塔承载着几代瓜州人的风电梦，终于在猎猎风中开始了它的使命，为风电开发抢得了先机，瓜州真正成为新能源开发的先行者。2004 年底，省电力工业局又在石岗墩设立了一座 75 米的测风塔。由于瓜州气象站属国家基准站，建站时间久远，前身为 1938 年抗战时期苏联援华时民国政府所建的航空观测站，多年气象资料连续性强，收集完整全面。这样，瓜州境内就有了一站加两塔的基础设施，为全面开展全县风能资源普查奠定了基础。

（二）

2003 年，国家发改委要求各省、市、自治区编制风电发展的统一规划，开展风能资源普查工作。风电发展的春天终于来了。经过努力争取，瓜州县被省发改委列入重点测风试验区。一期测风，北大桥、桥湾、干河口、小宛、黑山口五个区域设立了 12 座测风塔，所得资料数据基本满足建设 100 万千瓦风场要求。二期测风，在瓜州大地建立了 127 座测风塔，构筑起了探测风能的天罗地网，为千万千瓦级风电场建设奠定了基础。

瓜州县敏锐地看到了这次机遇，在积极争取纳入全省风电规划的同时，为便于开展风电项目工作，专门成立了风电开发办公室。作为专门的协调办事机构，积极开展全县范围内的风能资源普查工作，对区域内资源、技术、经济、环保、电网、气候、气象灾害、地质环境以及交通等因素进行力所能及的综合评价，配合县气象局搜集整理了自 1951 年以来近 54 年的测风资料，为风电场建设提供了重要的第一手基础性资料。

基础设施建设和风资源的初步勘测，使瓜州风电产业的探索和发展真正走上了正确的道路。从思路的调整到积极争取项目，从第一座测风塔的建立到风资源的普查整理，为瓜州发展风电产业指明了发展方向，奠定了工作基础。

伴随着测风工作的开展，风电项目建设的目标在县领导的心中越来越清晰。全县集思广益，进行大量的项目研究论证，风电项目从 6 兆瓦、10 兆瓦、5 万千瓦、10 万千瓦一次次研讨、论证、上报、争取，年复一年，几无停息。

2004 年，在国家大力发展清洁能源政策的推动下，省发改委又加大了风电前期工作力度，在全省范围内选择了 18 个风电场。其中，瓜州县因优越的地理环境和持久的发展动力，把北大桥、桥湾、干河口、小宛、黑山口五个区域纳入了全省规划，同年2月6日，瓜州北大桥最终被省发改委确定为首批候选场地之一，立项10万千瓦开发任务。

2004年9月，《甘肃安西10万千瓦风力发电工程预可行性研究报告》评审通过，随后向国家发改委申报了在瓜州建设10万千瓦风电场的报告。

经过多方积极的协调努力，2005年2月，国家发改委下发了《关于开展即墨风电场、东台风电场和安西风电场特许权项目前期工作的复函》（发改能源〔2005〕277号）文件，同意以特许权招标方式建设瓜州10万千瓦风电场项目，10万千瓦风电场项目通过了国家第三期风电特许权招标。2006年6月21日，甘肃安西10万千瓦风电项目得到国家发改委的核准（发改能源〔2006〕1172文件），由中国电力国际投资有限公司中标。

（三）

2006年，在这片沉寂的戈壁上，诞生了一支风电劲旅——中电新能源，由此拉开了风电建设的序幕。瓜州10万千瓦风电场项目于2006年6月开工建设；8月15日，第一个风电基坑浇筑成功；11月2日，第一台风机吊装完成；2007年7月1日，第一台风电机组并网发电；10月26日，134台风电机组全部投运，历时1年4个月，施工进度比计划工期提前7个月，工程造价比概算造价节约1个多亿，远远低于全国平均水平。它不但是酒泉全部使用国产风机建设的第一个大型风电场，95%以上的国产化率，更是国家风电设备制造国产化的典范。

自首台机组并网发电以来，截至12月1日，仅用5个月时间就已实现发电量达5450万千瓦时，实现销售收入2516万元，充分显示出瓜州蕴藏的丰富风能资源及发展风电产业，打造中国西部风能基地的潜能和优势。

11月9日、29日，这家风电场又两次刷新了自己创造的"同一运行时间、同一装机规模、同一风机机型"条件下单日发电量172万千瓦时的全国纪录，发电量分别达到182万千瓦时、223万千瓦时。

2007 年 8 月 18 日，这是瓜州风电史上的重大节日，中电国际北大桥 10 万千瓦风电项目正式并网发电庆典仪式隆重举行。

中电国际党组书记、总经理李小琳发表了热情洋溢的讲话。甘肃省委书记陆浩参加庆典并宣布："瓜州 10 万千瓦风电风力发电项目正式并网发电！" 这一宣布也肯定了瓜州风电项目走出了一条从无到有、从小到大，规模上从项目建设到产业化发展的曲折之路。

一架架亭亭玉立的风机在猎猎风中扬起机翼，当空圆舞的风姿不但激发了多少文人墨客的情怀，更重要的是转热了人们心头的那本经济账，国家发改委副主任、国家能源局局长张国宝饶有兴趣地说："风机转一圈就是 5 角钱。"

瓜州建设百万千瓦风电场的构想，诞生于 2002 年，从 2003 年开始投石问路、探索争取，2005 年上半年，我们县委、县政府再次提出了建设瓜州县 100 万千瓦风电基地的规划。

我们及时成立了风电研发中心，聘请国内外新能源和风电行业领域知名专家、教授、学者、政府官员和企业领导作为兼职研究员，或在研发中心担任各种名誉领导职务，为瓜州风电产业发展提供强有力的智力保障，确保瓜州风电产业步入科学化、合理化、快速化发展的轨道，为全国开发风电产业树立典范，还与中国北京智密区研究所签署了《安西县风能产业发展合作框架协议》，编制了《2005—2020 年甘肃省安西县风电发展规划》，并生成《安西县风电产业发展规划》《安西县风机生产预可研报告》和《安西县风电产业发展策划方案》三项成果，以便积极指导全县风电产业的发展。

原甘肃省科委主任、中国智密区研究所顾问吴天任先生也曾向时任甘肃省省长陆浩写信建议开发县域风能。不仅表达了他对瓜州、对风电事业的关注，更加重要的是这封信在甘肃省高层造成的影响，成为点亮甘肃千万千瓦级风电基地建设的第一粒火种。

2005 年，国家颁布了《可再生能源法》《循环经济促进法》等相关法律，将可再生能源的开发利用列为能源发展的优先领域。为进一步促进新能源开发，国家又相继出台了一系列风能发展的政策措施，为风电的发展进一步扫清障碍，让中国风电产业显示出前所未有的发展势头，也更加坚定了瓜州县委、县政府继续向百万千瓦级风电基地发起冲击的信心。

（四）

2006 年 12 月 2 日，瓜州县第十三次党代会上，我们决定在风电建设上配合完成西部能源通道建设工程，千方百计推进 100 万千瓦风电产业开发等清洁能源项目，争取把瓜州建成酒嘉地区的输变电中心和全国最大的风电产业基地。2007 年 11 月 29 日，中共瓜州县十三届五次全委扩大会议提出，在风电建设上，争取 2008 年完成装机 40 万千瓦，2009 年总装机超过 100 万千瓦，并配套建设以风电调峰为主的火电、光电、核电项目，做大做强风电产业，打响"世界风库、风电之都"品牌。

2008 年 7 月，思考了一年多的考题终于有了成熟的答案。在全面分析瓜州风力资源优势的前提下，广纳众议、集中智慧，我们县委酝酿成熟了《关于实施"风电强县"战略的决定》（以下简称《决定》）。《决定》提出了以风电为总抓手，以风电促电源建设、促电网建设、促相关产业发展、促传统产业转化升级、促城乡统筹和谐发展的"一抓五促"工作思路。努力把瓜州建设成全国重要的以风电为主，火、光、水、生物发电的多能互补的新型能源基地。

从此，"一抓五促、风电强县"成为瓜州县连续几年的工作抓手，2007年县委 1 号文件启动了创新务实的"治慢工程"，以改革促作风转变，强力推进了风电强县战略的实施。风电建设更是以异军突起的态势，急速发展，实现了每年翻一番。

中电国际风电场成功并网后，其他风电项目也陆续获得核准，开工建设。2007 年，省发改委以特许招标权的形式核准了中国广东核电集团有限公司所属中广核风力发电有限责任公司中标瓜州大梁风电场 4.95 万千瓦风电特许项目，甘肃洁源集团新安风力发电有限责任公司中标甘肃瓜州向阳风电场 4.95 万千瓦风电特许项目。

2008 年，瓜州风电获国家和省发改委核准风电项目共计 6 项，核准装机 55 万千瓦，分别是国家发改委核准的龙源电力集团 30 万自主化示范项目、省发改委核准的中电国际北大桥风电场二期 5 万千瓦项目、中广核集团二期大梁西 5 万千瓦项目、新安二期 5 万千瓦项目、国投华靖 5 万千瓦项目、金风科技黑山口 5 万千瓦项目。

其中，中电国际瓜州风电场二期工程瓜州北大桥 4.95 万千瓦风电场工程于 2008 年 4 月 20 日开工建设，6 月 28 日，第一组 8 台风电机组并网发电；7 月 28 日，66 台机组全部并网，创造了 100 天内完成全部装机、调试、并网发电的风电场项目建设奇迹，开创了"当年开工、当年投产、当年获利"的风电建设纪录，创造了国内同类风电场建设的最快纪录，被业界及当地政府尊称为"中电速度"。

恰逢国务院副总理曾培炎在甘肃视察工作，提出"打造陆上三峡"的设想，省委、省政府于曾培炎副总理视察的当月，正式提出"建设河西风电走廊，打造西部陆上三峡"的战略目标。为了加快发展进程，省、市要求已经有一定风电发展规模的瓜州县上报风电发展计划，在十来天内确定所有风电场的位置坐标，作出千万千瓦级风电基地规划。

我们组织县发改委一班人马通宵达旦，数易其稿，高标准地制定出《瓜州县风电产业发展规划》，提出经过 10—15 年的努力，多渠道引进资金，投资 1665 亿元，建成以风、光、火、水、核、生物质发电互补的能源基地。

这份规划如同一幅巨型画卷，大手笔地勾勒描绘出了瓜州风电产业的发展宏图，对风电产业的发展分近期、中期、远期三个阶段提出了总体规划和效益目标。瓜州县千万千瓦风电基地建设蓝图跃然纸上，为全县风电行业的长远发展提供了科学的指导意见。

《瓜州县风电产业发展规划》上报之后，市发改委把总建设目标调整为 1271 万千瓦，瓜州县获得 940 万千瓦的装机份额，以此方案上报省发改委。2007 年 10 月，甘肃省将酒泉千万千瓦级风电基地规划上报国家发改委。11 月 28 日，在全省期待的目光中，国家发改委经过分析论证，同意批准在甘肃酒泉建设千万千瓦级风电基地。这是全国首个千万千瓦级风电基地,也是世界首个千万千瓦级风电基地,它的成功建设将给全国风电提供一个创新发展的模式。这一批复也标志着世界上规划规模最大的风电基地及配套750千伏电网工程建设进入实质性阶段。

2008年8月27日,甘肃省委书记陆浩在《甘肃日报》署名发表了《一项关乎全局的大战略——关于建设河西风电走廊的思考》,勾画出了甘肃省风电产业发展三步走的宏伟蓝图。瓜州千万千瓦风电基地规划被纳入甘肃酒泉千万千瓦级风电基地规划之中,苦苦摸索奋战多年的瓜州县,终于搭上了建设河西风电走廊的快车。

2009年初,在得知国家发改委一次性给河北张北地区核准了100万千瓦的风电项目这一信息,我们很快理出了一个新思路。既然河北张北能够一次核准百万的项目,我们瓜州被批准的规划中的项目如果申请大规模审批,应该有很大的成功希望。

我们赶快向市上反映,酒泉市及时申请,省上得知后电话通知酒泉市上报详细方案。瓜州县立即组织人马,在极短的时间内做好了一期建设计划。经过层层审批,多方运作,2009年4月21日,国家发改委下发了《关于甘肃酒泉千万千瓦级风电基地"十一五"380万千瓦风电场项目核准的批复》(发改能源〔2009〕1005号)文件,一次性核准了酒泉千万千瓦级风电基地380万千瓦风电项目。这种打捆批复是国家核准制度的一大变革,也是风电建设中加快进度的一个成功范例,创造了风电项目核准的空前规模,使西部大开发的一项标志性工程、国家规划的新能源项目——酒泉千万千瓦风电基地项目工程进入实施阶段,开始了大踏步前进。打捆核准20个风电场,装机容量380万千瓦,其中瓜州15个风电场,装机容量300万千瓦。

2009年的春天,酒泉千万千瓦级风电基地一期工程获得国家发改委核准开工建设,累计装机将达到516万千瓦,瓜州被核准装机380万千瓦,占总装机容量的73.64%,瓜州县成为酒泉千万千瓦级风电基地的主战场。

2009年7月28日,国家发改委下发了《关于完善风力发电上网电价政策的通知》(发改价格〔2009〕1906号),推出了标杆上网电价,将风电电价固定在 0.51—0.61 元的合理范围，随着风电规模的稳步扩大，运营成本呈下降趋势，投资回报将逐步提高，使得风电场运营商有理论上的利益保障，有效保证了风电产业的可持续发展。

按照酒泉千万千瓦级风电基地总体发展目标的要求，2009 年必须完成 200 万千瓦风电装机，才能保证 2010 年完成一期工程 516 万千瓦的阶段性任务，才能谈得上 2015 年实现 1271 万千瓦的总目标。省市下达任务，瓜州县"十一五"完成装机 380 万千瓦，欢喜的笑容还没有来得及完全展开，就感到了前所未有的压力。国家发改委对酒泉千万千瓦风电基地"十一五" 380 万千瓦风电场项目核准时间是 2009 年 4 月，这时"十一五"的五年已经过去了三年半，在余下不到两年的时间内，由一个县集中建设如此大的风电项目，完成这五年规划的任务，莫说全国，全世界也没有过。

2009 年 10 月，酒泉市委全委扩大会议上，市委书记李建华明确要求，年底必须完成 122 万千瓦装机任务，这是死任务，没有任何回旋的余地。为攻下 2009 年装机百万的艰难任务，瓜州县提出了"大干快干一百天，风电装机过百万"的任务目标。县委组织全体县级领导干部开展了"五个一活动"，把县委常委会开到了风电建设第一线，尽最大努力为风电项目建设排忧解难、清障除碍。

为了给风电企业创造最佳发展环境，县里召开了"风电强县工作会议"，要求各部门以全部的精力投入到风电建设中，全力为风电企业提供细致、超前、周到的保姆式服务。实施了《瓜州县风电项目建设一卡通》。奋战在风电会战第一线的十几个风电场数千名风电建设者在大戈壁上展开着绝地攻坚战。他们采取"5+2"、"白+黑"的工作方法，喊着"宁脱一层皮、不误一天工"的豪迈口号，积极响应瓜州县"战严寒、斗风雪、战百日、攻百万"的号召，用比平时更为严苛的措施做保障，在茫茫戈壁上，战骄阳、斗高温、御寒风、抗严冬、抢进度、赶工期，在烈日严寒中忘我工作着。

经历了数十个日日夜夜的艰辛努力，当 2009 年画上句号的时候，瓜州风电装机完成 112 万千瓦，突破百万大关，超额完成了任务。风电产业的健康持续发展，成为工业经济增长的主要支撑力，为全面建设以风电为主，火、核、光、水、生物质发电互补的新型能源基地打好了坚实基础。

（五）

2010年2月24日，《建设酒泉新能源基地振兴工业"6+2"行动计划》下发，要求瓜州县累计完成风电装机380万千瓦，为实现电力并网外送，在完成380万千瓦装机任务的同时，要力争完成6个330千伏风电升压站的建设任务和河西750千伏输变电工程、安西750千伏变电站的建设任务，确保330千伏风电升压站与750千伏输变电工程能够同步建成投入运行。

2010年6月29日，中共瓜州县十三届十次全委扩大会议召开，对瓜州未来发展方向重新定位为：世界风电之都、中国蜜瓜之乡、能源战略通道、丝路文化重镇、陇上药材基地。会议认为，瓜州处在国家首个千万千瓦级风电基地核心区域，2020年风电装机有望突破1000万千瓦，届时"世界风库"将变成世界"风电之都"。从此，建设"风电之都"正式成为瓜州县风电建设的奋斗目标。

在风电装机突破百万大关的基础上，2010年1月21日，我县召开了声势浩大的风电建设攻坚年誓师动员大会，为风电项目攻坚战吹响了嘹亮的号角，风电攻坚战由此全线展开。为担当起380万千瓦的建设任务，14户风电开发企业分别成立了各自的"攻坚突击队"。春节只过了六天，大年初七，攻坚战已开始。

为了加强跟踪协调服务，加大督促、管理、落实力度，县上成立了风电建设攻坚会战指挥部。推行领导包挂、部门包抓、项目业主运作的三级负责制。采取分片包抓、定点服务，形成集中统一、反应快捷的风电项目建设推动工作机制。为了稳定风电企业人员的生活，在编制风电产业发展规划时，在县城最好的地段为风电企业预先规划了11个占地总面积307.4亩的风电生活基地。并由政府牵头，各个企业配合，从中电投向东，中水顾问向西修建了两条总长56.155公里的风光大道，蜿蜒穿行于各个风电场，将等级公路修到了各个风电场的家门口。为凝聚人心、鼓舞斗志，瓜州县动员县直部门和相关单位巡回在各个风电场组织开展"送文艺节目"、"送电影展映月"、"送安全知识"、"送法律法规"、"送生活服务"、"送健康义诊"的"六送六进"服务风电企业系列活动。

瓜州县坚持不懈，大力推动，地企齐心协力，共同与时间赛跑，攻坚克难，锐意进取，终于完成了年装机 268 万千瓦的艰巨任务，总装机累计达到380 万千瓦，精彩打赢了 2010 年的风电攻坚战，使瓜州县迈进了全国清洁能源基地的行列。风电及装备制造业年内实现增加值 3.96 亿元，上缴税金4150 万元。750 千伏输变电工程按时建成投运，有效解决了风电输出瓶颈问题。

瓜州成功实现了最给力的一次跨越，2010、2011、2012 年连续三年被评为"中国新能源产业百强县"，2012 年被评为"中国新能源最佳投资环境城市"，瓜州已成为名副其实的世界风机博览园。

玉门新能源基地建设创辉煌

史玉宝[*]

玉门是甘肃风电产业、风光互补项目、生物质能发电项目的发祥地，中国首个千万千瓦级风电基地的启动地和主战场。玉门被称为"世界风口"，风能资源理论蕴藏量达 3000 万千瓦以上，可供开发利用在 2000 万千瓦以上，全市共规划风电场 12 处、总装机容量 1287 万千瓦。玉门境内太阳能资源丰富，日照时数在 3362 小时以上，日照时数大于 6 小时的天数超过 310 天，可用来开发太阳能发电项目面积近 3000 平方公里，是建设太阳能光伏发电的理想区域，也是甘肃省太阳能总辐射量最高区域之一。另外，玉门市水资源丰富，有疏勒河、石油河、白杨河和小昌马河 4 条河流，年径流量 11 亿立方米。因此，玉门新能源产业发展具有得天独厚的优势和条件。

玉门风电产业的发展，经历了三个阶段，1996 年到 2006 年是基础发展阶段，2007 年到 2008 年是蓄势待发阶段，2009 年以后进入规模化快速发展阶段。我作为玉门市能源局的工作人员，有幸亲历了玉门新能源产业发展的整个过程。

玉门发展大容量并网风电机组始于 1996 年，是国内继新疆、内蒙古之后最早开发风电的地区之一。1996 年，玉门被国家发改委确定为甘肃"十五"期间重点开发的风力发电场。

1997 年 5 月，甘肃洁源风电有限公司从丹麦引进 4 台单机容量为 300 千

---

* 作者系玉门市能源局副局长。

瓦的风电机组，建成了甘肃省第一座示范型试验风电场。但当时由于技术和政策方面的限制，全国的风电产业发展都很缓慢。

2002年前后，由于玉门油田大幅减产，石油资源濒临枯竭，玉门市经济发展面临严峻挑战，亟待培育接续产业和新的经济增长点。玉门市委、市政府经过认真调研和思考，决定充分发挥我市丰富的风光资源优势，紧紧抓住国家支持新能源发展的政策机遇，将新能源产业作为我市资源型城市转型的接续产业。

经过不懈的坚持努力，至2007年，洁源、大唐等风电企业又相继引进600千瓦、850千瓦风电机组，全市风电装机规模达到21万千瓦（洁源公司三十里井子11万千瓦、洁源公司低窝铺5万千瓦、大唐公司低窝铺5万千瓦），玉门成为甘肃最大的风电基地和全国第五大风电场。

随着新能源规模的不断扩大，为确保新能源产业发展有序推进，市委、市政府在市发改委成立了能源办公室，赵敏主任和我都被抽进能源办工作，专门负责新能源相关工作。当时，玉门也因为风电产业的快速发展，得到了上级领导的关心，引起了社会各界的广泛关注。

2007年9月4日，中共中央政治局委员、国务院副总理曾培炎率国务院副秘书长张平，国家发改委副主任、国家能源局局长张国宝，在时任省委、省政府主要领导等陪同下，来酒泉视察。在西去敦煌的途中视察了洁源玉门风电场，茫茫戈壁上风机林立的壮观景象吸引了曾培炎副总理，他对陪同的地方领导说："你们要充分发挥优势，积极培育新能源、新材料等高新技术产业，推动经济结构调整和经济增长方式转变。"顺着曾培炎副总理的思路，省委书记陆浩、代省长徐守盛与国家能源局局长张国宝经过意见交流，提出了打造西部陆上三峡的构想。此后不久，甘肃省委、省政府即作出了"建设河西风电走廊，打造西部陆上三峡"的战略部署。按照这个战略部署，玉门市把新能源产业作为科学发展、转型跨越、接续替代产业来抓，加快了风电产业发展步伐。2009年8月8日，国家发改委、国家能源局、甘肃省委省政府在玉门举行了酒泉千万千瓦级风电基地启动仪式，玉门风电产业从此拉开了大规模建设的序幕。

　　此后，玉门作为酒泉千万千瓦级风电基地的主战场，按照省委、省政府"建设河西风电走廊，打造西部陆上三峡"和酒泉市委、市政府"两抓整推"的战略部署，始终把风电项目建设作为最重要、最紧迫、最核心的任务，以打造全国一流的新能源示范基地为目标，不断加大新能源产业的开发建设力度，相继建成一大批以风电为主，光电、水电、火电、生物质能发电等新能源项目。特别是从 2009 年大规模开发风电以来，我市连续三年扎实开展"攻风电、战百万"行动，至 2010 年风电装机已累计达到 151 万千瓦，短短两年间风电装机规模是前 12 年总量的 4.5 倍，成为名副其实的百万千瓦级风电基地，率先完成了酒泉千万千瓦级风电基地一期工程建设任务，率先在全省开展大型国产化风机示范项目建设，率先建成了全国陆上连片最大的国产 3 兆瓦风机示范基地，为酒泉乃至全省风电产业发展闯出了路子，汲取了经验，充当着先锋角色。同时，玉门凭借丰富的太阳能资源，于 2011 年底建成了全省首个风光互补光伏发电项目——中节能昌马风光互补光伏发电项目，并在酒泉循环经济产业园（玉门东镇）规划布局了总装机 3800 兆瓦的光电产业园，吸引了甘电投、深圳永联、中科恒源、中利腾晖、浙江埃菲生等多家企业来玉门投资光电项目，开启了玉门"风光无限"的新能源产业发展时代。

　　2010 年，玉门市被国家能源局、财政部、农业部授予"国家绿色能源示范县"称号，入选"2010 中国地方低碳政府榜样"，并连续三年被评为"中国新能源产业百强县"。

　　目前，玉门已建成各类电力装机累计达到 261 万千瓦，其中风电 200 万千瓦，光电 15 万千瓦、水电 17.2 万千瓦、火电 25.8 万千瓦、生物质能 3 万千瓦，玉门新能源产业真正形成了多能并举、联动开发的格局。华能、大唐、华电、中电国际、洁源、中节能、中海油 7 家"国字号"风电企业共建成风电场 18 个，安装各类风机 1270 台，拥有 300 千瓦、600 千瓦、850 千瓦、1 兆瓦、1.5 兆瓦、2 兆瓦、2.5 兆瓦、3 兆瓦、5 兆瓦国内外 9 个型号的风电机组，成为名副其实的世界风机博览园。

　　新能源产业的迅速发展，全面提升了玉门的经济总量，拉动固定资产投资高速增长，从根本上优化了产业结构，促进了全市经济的可持续发展。2013年，在新能源和风电装备制造业的带动下，市属工业比重由"十五"末的5.5%提高到19%，新能源产业的快速发展逐步降低了县域经济对石油资源的过度依赖，成为继石化产业之后，实现资源型城市可持续发展的重要接续替代产业。

在风电开发建设过程中，玉门市建立了"市级领导包挂、科技干部包抓"的工作制度，市委常委每人包挂一个风电项目，组织抽调各部门科技干部驻企帮扶，全市上下合力攻坚，大力弘扬新时期的"铁人精神"，连续三年持续开展"攻风电、战百万"行动，举全市之力，加快风电项目建设速度，打响了风电规模开发的攻坚战。面对风电建设任务重、工期短、设备供应紧张等实际困难，市领导带领我们能源局、发改局等主管部门先后多次赴北京、上兰州、走四川，督促风电企业总部加快进度，协调华锐、东汽、金风等装备制造企业和钢材生产企业，加快风机的主机、叶片、塔筒等材料供货；组织各风电企业，顶风雪、冒严寒，搭帐篷、架火炉，赶工期、抢进度，不仅创造了在-20℃浇筑混凝土的施工纪录，而且保证了工程质量，被誉为"酒泉奇迹"。华电新能源公司在冬季冒着严寒，用锅炉把水温加至80℃，与混凝土进行搅拌，给搅拌车穿上棉衣，在基坑外围搭起帐篷，里面生起火炉，全力加快基础浇筑进度。酒泉市委书记李建华在风电场看到这些情景后，感慨地说："铁人精神又回来了！"华电玉门风力发电有限公司副总经理董小泊被评为"感动甘肃2010十大陇人骄子"，成为新时代的"铁人"。中节能公司曾历时不到三个月完成了昌马特许权20万千瓦的风机吊装任务，平均每三天吊装两个风机，创造了国内风电建设的奇迹，开创了"风一样的中节能速度"。中海油新能源玉门风电公司在总经理郭鹰的带领下，组建了三支"铁人"突击队，突击队员们在建设工地上喊出了"天不怕、地不怕，再大困难踩脚下"和"宁脱一层皮，不误一天工"的豪言壮语，在施工一线大干、实干和苦干，一天浇筑5个基础、一天完成6台风机吊装任务，创造了新能源建设中的"玉门速度"。

甘肃交通发展战略规划编制历程

罗 红 刚[*]

甘肃可以说是我的第二故乡。1993年毕业实习时我第一次来到甘肃，从关中平原进入陇原大地，我领略了沟壑纵横的黄土高原、大漠孤烟的千里戈壁、质朴厚重的民风社情、辉煌灿烂的丝路文明，同时也感受到甘肃封闭落后、民生多艰的一面。1994年我大学毕业后，分配到甘肃省交通规划设计院规划室从事交通规划工作，从此与甘肃、与交通规划工作结下了不解之缘。2005年，我调到甘肃省公路网规划办公室工作，继续从事交通规划工作，至今扎根甘肃已整整20年。

初入甘肃，我时常疑惑，我们这代人能为深处大西北腹地、经济落后、交通不便的甘肃做些什么？怎么做？直至1999年中央提出了实施西部大开发的战略构想，2000年1月，国务院召开西部开发工作会议开始部署实施，在辽阔的西部地区、在千里陇原大地开启了中国特色社会主义建设的一段辉煌历程。对于我个人而言，作为一名交通规划工作者，有幸参与其中，亲身经历了西部大开发战略带给甘肃交通翻天覆地的变化，实现了投身西部、扎根甘肃、建设交通的夙愿。

结合亲身经历，以回顾甘肃省"十二五"交通运输发展规划编制过程为例，我简要谈谈西部大开发战略实施以来在研究编制交通运输行业发展战略及发展规划方面的一些做法和感受。

＊ 作者系甘肃省公路网规划办公室副主任。

编 制 历 程

规划编制的背景及依据。"十二五"时期，是甘肃省深入贯彻落实科学发展观，大力推进区域发展战略，加快推动发展方式转变、产业结构调整和全面建设小康社会、构建社会主义和谐社会的重要时期；是加快推进现代交通运输业发展，加快交通运输结构调整、转变发展方式、向现代服务业转型的战略机遇期，也是交通运输发展进入网络完善、积极应对各种矛盾和加快转型的新时期。研究制定科学合理、切实可行并适度超前的交通运输"十二五"发展规划，对于促进全省经济社会发展和指导行业自身发展具有重要的战略和现实意义。

依据《甘肃省人民政府办公厅关于印发甘肃省"十二五"省级重点专项规划编制工作方案的通知》（甘政办发〔2010〕52 号）、《关于编报公路水路运输"十二五"发展规划基本思路及有关材料的通知》（交通运输部交规划发〔2010〕69 号）等相关文件要求，并结合《甘肃省国民经济和社会发展第十二个五年规划纲要》（征求意见稿）、《全国公路水路交通运输"十二五"发展规划基本思路（草案）》，以及交通运输部先后在贵阳、长春、西安、重庆召开的全国交通运输"十二五"发展规划前期工作相关会议精神，在系统调研、详细论证、专题研究、广泛征求意见的基础上，省交通运输厅组织编制了《甘肃省交通运输"十二五"发展规划》，作为"十二五"时期甘肃交通运输主管部门履行交通基础设施建设管理、运输市场监管和公共服务职能的重要依据。

规划研究编制过程。省交通运输厅对"十二五"规划的编制工作十分重视，早在 2009 年 3 月就印发了《关于提前启动甘肃交通"十二五"规划编制工作的通知》（甘交规划〔2009〕36 号）和《甘肃省公路水路交通及民航"十二五"规划编制工作大纲》，及时组建了"十二五"规划编制领导小组和规划编制组，先期启动了我省交通运输"十二五"规划研究编制工作。同时，抓紧开展了甘肃省公路水路交通"十一五"规划中期评估工作，对"十一五"规划目标的实现程度、重大项目实施情况及政策措施的落实情况进行了评估,对主要规划目标的实现程度和可能性进行了判断,为"十一五"后期项目决策和"十二五"规划编制工作提供了参考和依据。

2009年8月10日至14日,交通运输部在贵阳召开了"公路水路建设前期工作座谈会暨2010年交通固定资产投资计划编制会",对交通运输"十二五"规划编制工作作出了全面部署。省交通运输厅由王繁已副厅长带领规划编制组主要成员参会。会后,充分学习领会翁部长主题讲话精神,省交通运输厅对"十二五"发展规划编制工作作出了周密部署,并对规划编制工作进度提出了明确要求。

2010年1月,结合"贵阳会议"和"2010年全国交通运输工作会议"精神,规划编制组草拟了《甘肃省交通运输"十二五"发展规划思路(草案)》,初步厘清了规划思路。

2010年2月9日,全省交通运输工作会议在兰州召开,时任省交通运输厅厅长杨咏中作了题为《加快发展现代交通运输业,为促进全省经济平稳较快发展做贡献》的工作报告,并将《甘肃省交通运输"十二五"发展规划思路(草案)》以专题材料的形式印发,广泛征求行业及地方意见。在报告中,杨咏中特别强调,"十二五"规划是省交通运输厅组建以来的第一个规划,要认真落实省委、省政府和交通运输部关于"十二五"规划编制工作的要求,抓紧组织编制"十二五"全省交通运输发展规划。同时要求,在编制交通运输总体发展规划的同时,要抓紧组织编制好交通科技、信息化建设、养护管理、安全应急、节能减排、行业文明建设等专项规划,并做好与国家、省上有关规划的衔接协调,确保高质量完成"十二五"交通运输各项规划的编制工作,为交通运输事业长远发展打好基础。会后,结合会议精神和意见反馈情况,规划编制组进一步修订了《甘肃省交通运输"十二五"发展规划思路(草案)》。

2010年3月16日至19日,交通运输部在西安召开国家公路网规划研究工作会议,研究讨论"国家公路网规划研究思路"、"国家高速公路网调整方案"。省交通运输厅由杨惠林总工程师带领规划编制组主要成员参会。根据会议要求，省交通运输厅于 3 月底以前将对国家高速公路网调整方案的书面意见报送部综合规划司和部规划院；4 月底以前编制完成《甘肃省普通国道网调整优化建议方案》，经专题会议审议通过后及时报送部综合规划司和部规划院。同时，结合会议精神规划编制组再次修订了我省交通运输"十二五"规划发展思路及目标。

2010 年 4 月底，根据交通运输部的文件要求，规划编制组研究编制了《甘肃省农村公路"十二五"建设规划（草案）》《甘肃省交通运输"十二五"发展规划思路（附规划建设项目建议表）》，及时上报交通运输部。

2010 年 5—6 月，为了深入开展"作风建设年"活动，切实提高"十二五"交通运输规划编制工作的质量，体现"开门搞规划"，搞"阳光规划"的理念，提高规划编制工作的公开性和透明度，省交通运输厅在全省范围内分东、中、西部三个片区组织开展了"十二五"交通运输规划调研活动，对我省交通运输"十二五"规划编制工作进行了统一部署。同时，我作为技术专家针对规划编制大纲和技术要点对各地规划业务人员进行了专题讲座，加强了对各地交通运输"十二五"编制工作的技术指导。在片区座谈会上，时任省交通运输厅厅长杨咏中要求，各部门、各单位要高度重视规划编制工作，加强领导，集中力量，及早开展资料搜集、调查研究、文本编制工作；坚持"开门搞规划"、搞"阳光规划"的方针，在规划编制中问计于民，广纳良言，群策群力，共谋发展。片区规划调研活动的成功举办为全省交通运输"十二五"发展规划编制工作起到了重要的交流、指导和促进作用。会后，结合会议精神和领导重要讲话，规划编制组进一步修订了我省交通运输"十二五"规划发展思路及目标，明确了交通运输发展重点领域和主要任务。同时，组织编制了《甘肃省"十二五"交通运输规划调研资料汇编》，分送相关领导及单位。

2010 年 5 月 19 日至 20 日，交通运输部在吉林省长春市召开了"十二五"公路交通发展座谈会。省交通运输厅由杨惠林总工程师带领规划编制组主要成员参会。会后，规划编制组充分学习领会翁部长讲话精神，随时关注并动态跟踪交通运输部关于"十二五"交通发展的新思路、新任务及新要求（包括主要原则、基本方针、政策取向及主要目标等），通过深入分析和科学判断"十二五"我省交通运输发展面临的新形势与新需求，进一步调整完善了我省交通运输"十二五"规划发展思路、目标及建设重点。

2010年7月7日，为全面贯彻落实省厅关于我省交通运输"十二五"规划编制工作总体部署和全省片区规划调研会议精神，积极推进规划研究编制工作，省交通运输厅组织召开了"甘肃省交通运输'十二五'规划编制工作督查会议"，调查了解我省交通运输"十二五"规划及各专项规划研究编制进展情况，并对规划研究编制工作进度进行统一部署并提出具体要求。

2010年7月9—11日，根据省交通运输厅安排，由省公路网规划办公室组成规划工作组对甘南州交通运输"十二五"规划的研究和编制工作进行业务指导，随后对甘南交通局来兰州的规划人员进行了多次面对面的技术指导。此举对于编制好甘肃藏区交通运输"十二五"规划，积极贯彻落实中央藏区政策，抢抓机遇、加快藏区交通发展具有十分重要的意义。

2010年8月，落实省交通运输厅关于"十二五"规划编制工作的总体部署和"甘肃省交通运输'十二五'规划编制工作督查会议"要求，规划编制组组织相关部门和单位相继研究并提出了各专项规划初步方案，并在此基础上研究编制了《甘肃省交通运输"十二五"发展规划（初稿）》。

2010年9月1日至4日，交通运输部在重庆召开了"全国公路水路交通运输'十二五'发展规划暨2011年交通固定资产投资计划座谈会（第三片区）"。省交通运输厅由王繁己副厅长带领编制组主要成员参会。在会上，就《甘肃省交通运输"十二五"发展规划（初稿）》和我省2011年交通固定资产投资建设计划与部综合规划司进行了充分沟通和衔接。会后规划编制组根据重庆会议精神和规划、计划衔接情况，将交通运输部关于"十二五"交通运输的发展思路、发展目标和建设任务摸清、吃透，并在我省交通运输"十二五"规划编制过程中予以贯彻落实，抓紧调整我省交通运输"十二五"发展规划（初稿），并初步做好了"十二五"规划的衔接和重大建设项目的对接，切实增强了规划的针对性、科学性和可操作性。同时，根据部综合规划司要求，规划编制组组织编写了《未来十年西部大开发甘肃交通运输发展思路》，及时报送交通运输部。该材料在系统总结西部大开发战略实施十年来我省交通发展成就和分析未来十年我省交通运输发展形势的基础上，提出了深入实施西部大开发战略未来十年我省交通运输发展的指导思想、基本原则、发展目标以及今后发展中应该重视的一些关键性工作，并向交通运输部提出相关的政策措施建议。

2010 年 10 月，积极贯彻落实交通运输部"重庆会议"精神，全面加快了我省交通运输"十二五"发展规划调整完善工作。相继组织编制完成了《甘肃省公路养护管理与应急保障"十二五"发展规划》（初稿）、《甘肃省农村公路"十二五"建设规划》（初稿）、《甘肃省道路运输"十二五"发展规划》（征求意见稿）、《甘肃省内河水运"十二五"发展规划》（征求意见稿）、《甘肃省综合交通运输枢纽"十二五"建设规划》（初稿）等主要专项规划，并于 10 月底以前由各专项规划编制单位分别组织召开了规划初审会，征求了行业领导和省内外专家的意见。在此基础上，规划编制组全面贯彻落实中央和省委、省政府关于"十二五"规划有关会议精神，具体结合《甘肃省国民经济和社会发展第十二个五年规划纲要》（征求意见稿）和《全国公路水路交通运输"十二五"发展规划（征求意见稿）》相关内容及要求，对原规划（初稿）动态调整完善后形成了《甘肃省交通运输"十二五"发展规划（征求意见稿）》（含规划研究总报告），并对规划方案进行了多方案（按高、中、低三个方案）优化比选。

2010 年 11 月 5 日，在全省交通系统贯彻落实省委十一届十次全委扩大会议精神干部大会上，时任省交通运输厅厅长杨咏中特别强调，高质量、高水平地编制好全省交通运输"十二五"规划，对全省交通新的跨越式发展的目标至关重要，各有关部门要紧密结合实际，对照省委"十二五"规划《建议》，对已形成基本框架的规划进一步进行修改和完善，要把中央支持甘肃加快发展的一系列政策措施，落实到具体的目标任务上来，体现到"十二五"规划中。会后，规划编制组积极贯彻落实会议精神，对《甘肃省交通运输"十二五"发展规划（征求意见稿）》进一步修改和完善，并召集厅规划处、省公路网规划办公室相关人员专题进行了研究讨论。

2010年11月中旬，为了充分体现民意、集中民智，努力研究解决好"十二五"时期公众关心、社会关注的甘肃交通运输问题，进一步提高规划编制的质量，省交通运输厅组织开展了《甘肃省交通运输"十二五"发展规划》公众意见征求活动。拟定了调查问卷和建言献策表，并通过甘肃交通规划网站向社会各界广泛征求意见。这在我省交通运输行业规划编制史上尚属首次，具有开创性的意义。

2010年12月3日至4日，省交通运输厅组织召开甘肃省"十二五"交通运输发展规划研讨会，厅属相关单位、各处室负责人参加了会议。会上，时任省交通运输厅厅长杨咏中就如何科学谋划"十二五"规划作了重要讲话。参会人员在认真审阅《甘肃省"十二五"交通运输发展规划》（征求意见稿）的基础上，就如何进一步修改、完善规划文本逐个进行了发言，提出了宝贵的意见。

2010年12月5日，省交通运输厅副厅长王繁己主持召开《甘肃省"十二五"交通运输发展规划》修改提纲讨论会。会前，编制组根据厅领导在甘肃省"十二五"交通运输发展规划研讨会上的讲话精神和参会人员提出的修改意见、建议，整理并拟定了修改提纲。会上，编制组汇报了修改提纲，王繁己副厅长就如何修改"十二五"规划作了重要讲话，重点就规划指导思想、发展战略、发展目标、发展重点等修改思路作了指导。会后根据领导指示，成立了由厅综合规划处和省公路网规划办公室相关人员组成的规划修编小组，采取封闭管理的方式，全面启动了规划修改工作。

2010年12月9日，省交通运输厅再次组织召开"十二五"交通运输发展规划研讨会，平凉、武威、酒泉公路总段，兰州市、甘南州、陇南市交通局，庆阳市、嘉峪关市运管局，临夏州地方海事局，金昌、白银路政支队，部分县区交通运输部门以及甘肃机场集团公司、兰州公交集团、天水羲通公交公司、甘肃东部运输实业集团公司、省交通规划勘察设计院有限公司、甘肃路桥公路投资公司、甘肃路桥建设集团公司等有关企业的负责人参加了会议。省交通运输厅副厅长王繁己出席会议。会上，省交通运输厅综合规划处牛思胜处长作了《甘肃省"十二五"交通运输发展规划》（征求意见稿）

的说明，参会人员在认真审阅《甘肃省"十二五"交通运输发展规划》（征求意见稿）的基础上，就如何进一步修改、完善"十二五"规划逐个进行了发言，提出了宝贵的意见和建议。王繁己副厅长就进一步做好"十二五"规划的修编工作做了重要讲话。会后，规划编制组通过封闭式加班加点修改，形成了《甘肃省"十二五"交通运输发展规划》（征求意见二稿）。

2010年12月25日，规划编制组在甘肃国际大酒店召开了《甘肃省交通运输"十二五"发展规划》（征求意见二稿）内部讨论会，由厅综合规划处牛思胜处长主持。此次会议在规划文本框架已基本成熟的情况下，组织文字功底较强的同志集中对规划文本的文字部分进行修改，由规划修编小组整理汇总。

2010年12月31日，规划编制组召开了"十二五"交通运输发展规划研讨会，王繁己副厅长出席会议。会上各参会人员对《甘肃省"十二五"交通运输发展规划》的修改提出了宝贵的意见。王繁己副厅长重点从对规划的认识、经济战略布局和运输通道的关系、综合交通运输体系和公共服务的关系、基础设施建设及体制创新等方面作出了重要指导，为规划文本的进一步完善指明了方向。结合会议精神，规划编制工作组编制完成了《甘肃省"十二五"交通运输发展规划》（送审稿）。

2011年1月31日，省交通运输厅组织召开厅务会专题研究"十二五"交通运输发展规划，时任省交通运输厅厅长杨咏中主持会议，厅领导、厅机关各处室和厅属相关单位负责人参加了会议。厅综合规划处牛思胜处长代表规划编制工作组做了详细汇报。与会人员认真听取并审阅了《甘肃省"十二五"交通运输发展规划》（送审稿），对规划文本给予了充分肯定，并提出了进一步修改完善的意见和建议。会上，杨咏中针对"十二五"甘肃交通运输发展定位、文本构成、投资规模等方面作出了重要指示。会后，规划编制组结合厅务会意见，对《甘肃省"十二五"交通运输发展规划》（送审稿）做了进一步的修改完善。

2011年3月13日，省交通运输厅邀请交通运输部及部属相关科研单位领导和专家在北京召开了《甘肃省交通运输"十二五"发展规划》咨询会。

与会领导和专家认真听取了甘肃省交通运输厅关于"十二五"规划编制情况及主要内容的汇报，对规划编制成果给予了充分肯定，并针对规划文本的进一步完善提出了中肯的意见及建议。

2011 年 3 月 28 日，省交通运输厅在兰州组织召开了《甘肃省交通运输"十二五"发展规划》咨询会，王繁己副厅长主持会议，邀请省政府研究室、省政府法制办、省发改委、省工信委、省财政厅、省农牧厅、省环保厅等部门和单位的 20 位领导和专家为我省交通发展献计献策。与会领导和专家站在战略和全局的高度，结合甘肃交通的实际，对《甘肃省交通运输"十二五"发展规划》的框架结构及规划内容进行了深入讨论和具体分析。会后，结合专家论证意见对规划送审稿进行了认真修改，最终形成了《甘肃省"十二五"交通运输发展规划》（报批稿），上报省政府审批。

2011 年 12 月 29 日，甘肃省人民政府以甘政办发〔2011〕314 号文件正式批准实施《甘肃省"十二五"交通运输发展规划》。

规划构建的亮点

规划框架体系完善，特点鲜明。《甘肃省"十二五"交通运输发展规划》总体框架体系由规划文本、规划研究报告和 6 个专项规划（包括《甘肃省公路养护管理与应急保障"十二五"发展规划》《甘肃省农村公路"十二五"建设规划》《甘肃省道路运输"十二五"发展规划》《甘肃省内河水运"十二五"发展规划》《甘肃省综合交通运输枢纽"十二五"建设规划》和《甘肃省交通战备"十二五"规划方案》）构成，内容涵盖了综合运输、公路交通、水路交通、民用航空、交通科技与信息化、安全应急、绿色交通等"十二五"期交通运输发展重点领域。同时，在研究编制过程中，注重体现了"四个创新"：一是规划思路创新。切实转变发展理念，调整发展思路，创新发展模式，从以前的"建设规划"向"发展规划"转变，统筹规划基础设施、运输服务、安全应急、绿色交通、科技与信息化等行业发展的各个方面。二是规划内容创新。与"十一五"规划相比，由原来以衡量建设成果为主的如公路航道里程等10余个指标发展到"十二五"规划的4大类近40个指标，建管养运并重，涵盖交通运输发展的全方位、全过程，充分体现了交通运输业发展的时代要求。三是编制程序创新。从前期调研、思路草拟、规划编制、衔接论证、批准公布都严格履行程序，严格按照国家和我省规定的相关程序进行，严格遵循规划编制各环节要求，建立了规范化的民主制度、衔接制度、论证审批制度、公布制度以及备案制度。四是文本形式创新。在内容形式上，高度概括精简，摒弃了繁而杂的形式，文本结构紧凑、内容全面、文字简明、主题突出且图文并茂。

基础工作扎实，开展了广泛细致的前期调研、多方征求意见和专家咨询论证。在规划前期，对全省社会经济和交通运输发展情况及产业布局、城镇分布、周边省区的交通网络布局规划等进行了广泛细致深入的调研、论证和分析，在全省范围内分东、中、西部三个片区组织开展了"十二五"交通运输规划调研活动，了解了地方需求，收集了基础资料，强化了技术指导。在规划编制阶段，通过网上征询意见、多次召开规划论证会等方式广泛吸收社会各界及行业内部意见，反复修改完善，努力提高规划编制水平，着力增强规划决策的科学性、公开性和透明度，使《规划》具有了广泛的社会基础和社会参与度，真正做到了"开门搞规划"、搞"阳光规划"。积极与交通运输部、省内各级政府部门和行业内各单位进行规划衔接，确保《规划》与其他各级、各类规划协调配合，各有侧重，互为支撑，增强了规划的科学性、适应性和针对性。

规划目标明确，具有很强的指导性和可操作性。在规划理念和方法上，一是更加注重对国家方针政策的贯彻落实，突出发挥政策叠加优势，体现了前瞻性、政策性；二是更加注重发展思路和理念的创新，体现了科学性、可持续性；三是更加注重各种运输方式之间合理衔接的研究，体现了协调性、综合性；四是更加注重保障和改善民生，一系列政策措施的有效落实，体现了亲民性、务实性；五是更加注重对交通发展基础条件的全面改善夯实，体现了保障性、服务性。

《规划》立足省情，科学谋划，适度超前，以转变交通发展方式为主线，以加快构建"便捷、高效、绿色、安全"的现代化交通运输体系为目标，立足交通运输发展的"四个阶段性特征"（战略机遇期、网络完善期、矛盾凸显期、发展转型期），突出交通运输发展的"三大战略定位"（连接欧亚大陆桥的战略通道、沟通西南西北的交通枢纽、全省经济社会跨越式发展的助推器），提出了全面实施"中心辐射、东西推进、区域带动、全面提升"交通运输发展新战略，制订了交通运输发展"倍增计划"和核心发展指标实现"六个翻番"（全省交通运输固定资产投资总规模、高速公路新增通车里程、现有省道中二级及以上公路比重、建制村通沥青路或水泥路比重、内河航道通航里程中等级航道比重和民用机场数量比"十一五"末翻一番）；交通基础设施实现"三个贯通"（全省所有市州政府驻地以高速公路贯通，省内所有县市区政府驻地以二级及以上公路贯通，全省100%的乡镇以沥青路或水泥路贯通）的发展目标，明确了交通运输发展"六大核心任务"，提出了切实有力的保障措施，为我省"十二五"交通运输发展描绘了宏伟蓝图，充分体现了"十二五"时代特征和形势要求，具有很强的指导性和可操作性，为切实推进全省交通运输事业又好又快发展提供了基础保障。

推动交通发展的务实之举

交通先行，规划是引领。从时间上看，15年前中央提出西部大开发构想，就是站在历史长河的角度，以全局的观念、长远的视野，审视和勾勒西部大开发的宏伟蓝图。从经济学的角度看，按照"木桶"理论，中国发展的"短板"是西部地区，但同时中国发展的潜力和希望也在西部，西部大开发战略的实施给甘肃带来了历史性的发展机遇。交通运输行业作为支撑经济良性发展、促进社会全面进步的基础性、先导性和服务性产业，在实施西部大开发、建设小康社会、和谐社会进程中承担着重要的历史使命。而交通战略规划是政府在交通运输领域实施宏观调控的有效手段，是交通发展的"龙头"。交通战略规划工作是交通决策的"参谋"和"助手"，始终引领着交通运输行业的建设和发展，必须要以"立足今天、谋划明天、放眼后天"的战略思维，未雨绸缪，抢占先机，做好顶层设计，谋划好发展蓝图，设计好"龙头"的姿态和动作，引领交通之"龙"在陇原大地辗转腾挪、协调舞动。

明确战略思维，做好顶层设计，掌控交通发展的主动权。西部大开发给甘肃交通发展带来了新任务、新要求和新课题，这就迫切需要加强从宏观层面上对事关全局的重大战略问题和重要热点问题进行研究，"分析大趋势、提出大思路、制定大政策、采取大举措"。自实施西部大开发战略以来，省交通运输厅坚决贯彻落实中央和省委省政府的安排部署，以全局的观念、长远的视野审视和勾勒西部大开发甘肃交通发展的宏伟蓝图，行动快、措施实，效果显著。

2000—2002年，省交通运输厅组织开展了《甘肃省农村公路发展战略研究》《甘肃省公路交通发展战略研究》《加快我国西部地区交通建设的对策研究》（甘肃篇）等重大战略研究工作，谋划了西部大开发前十年我省公路交通发展的战略构想。

2009年，甘肃省交通运输厅正式挂牌，新组建的甘肃省交通运输厅整合了全省公路、水路行业管理以及指导城市客运和机场建设管理的职责，构建具有西部特色综合运输体系的使命，责无旁贷地落在了甘肃交通人的肩上，省交通运输厅迅速启动了《甘肃省综合交通运输体系规划研究》工作，并配合甘肃省发展和改革委员会研究编制了《甘肃省综合交通运输体系中长期发展战略及规划研究》，明确了我省综合运输体系的战略定位、发展目标和建设重点，谋划了"一横六纵"综合运输大通道和国家级、区域性、地区级综合运输枢纽空间布局，为我省综合运输体系建设与发展指明了方向。

2010年，围绕国家深入实施西部大开发战略的要求，适时开展了《新时期甘肃省公路交通发展战略研究》工作，为我省公路交通适应新一轮西部大开发战略实施厘清了发展思路。

2012年，积极响应国家促进现代物流业发展的号召，组织开展了《甘肃省交通运输业与现代物流业一体化发展研究》工作，这是我省首次对交通运输与现代物流业进行一体化系统研究，通过积极整合甘肃省交通运输和物流资源，从时空上谋划了交通运输业与现代物流业协同发展、一体化发展的新格局，制定了甘肃省物流基础设施、交通物流节点及通道布局方案，并提出了政策保障和发展策略集合，研究成果填补了我省在该领域研究的空白，具有开创性意义。

2014 年，为了更好地为我省"十三五"交通运输发展规划编制奠定扎实的基础，适时启动了《甘肃省综合交通运输体系发展战略及发展规划研究》《甘肃省交通运输发展转型升级战略及"十三五"规划思路研究》《甘肃省交通运输安全保障体系战略研究》等重大课题研究工作。

这一系列重大战略研究成果，从突出战略"四要素"（战略目标、战略重点、战略规划、战略措施）角度为西部大开发我省交通运输行业建设与发展做好了顶层设计、谋划了战略思维、提供了智力支撑，进一步提升了交通行业的战略地位，拓展了交通行业的发展空间，丰富了交通行业的发展内涵，为交通作为服务业实现永续发展提供了理论支撑。

创新规划理念，完善规划编制体系，夯实发展基础。"九层之台，起于累土"。交通规划是落实交通发展战略，牵动交通事业持续快速健康发展的"火车头"。强化交通规划的编制工作，增强其现实指导性，可以为交通发展积蓄能量、增添后劲、创造环境。在宏观战略政策的指导下，省交通运输厅以创新理念、完善体系、强化规划编制为抓手，积极倡导"开门搞规划"、搞"阳光规划"，逐步建立起规范化的规划编制、论证、公布及评估制度，促进了交通规划事业的良性快速发展。自实施西部大开发战略以来，相继组织编制了《2001—2010 年甘肃藏区公路建设规划》《西部开发甘肃公路交通发展规划》《全面建设小康社会甘肃交通发展规划》《甘肃省高速公路网规划》《甘肃省高速公路网规划》（2009 年调整）、《甘肃省内河水运发展规划》《甘肃省高速公路交通工程总体规划》《甘肃省干线公路网发展规划》《甘肃省农村公路网发展规划》《甘肃省国家公路运输枢纽总体规划》（含兰州、酒嘉、天水、张掖、平凉 5 个枢纽规划）、《甘肃省二级公路交通救援保障服务区建设规划》《国家级甘肃交通运输应急救援中心建设规划》《深入实施西部大开发战略甘肃交通运输发展规划》《甘肃省集中连片特困地区交通扶贫开发规划》（含六盘山、秦巴山、甘肃藏区 3 个片区规划）、《兰州新区综合交通运输发展规划》、《关中—天水经济区综合交通运输发展规划》《"3341"项目工程交通提升建设规划》《甘肃省城市群综合交通规划》《甘肃省交通运输行业支持循环经济发展专项规划》《甘肃省交通扶贫攻坚建制村通畅工程建设规划（2013—2020 年）》（含省级试点县、交通先行示范市县 2 个专项规划）、《甘肃省国家公路网线位规划》《甘肃省省道网规划（2013—2030 年）》，以及"十五"、"十一五"、"十二五" 3 个五年规划和汶川地震、舟曲泥石流、陇南天水暴洪、岷县漳县地震水毁等重大自然灾害灾后恢复重建规划等 50 余项重要交通规划。

感受最深的点滴花絮

2006 年 3 月，《甘肃省道路运输"十一五"发展规划》在北京通过评审，标志着"提速中部、东联西拓"发展战略全面实施。

2007 年 4 月，甘肃省人民政府正式批准实施《甘肃省高速公路网规划》。这是我省交通发展史中的一件大事，是我省交通行业第一个获得省政府批准实施的交通专项规划，具有历史性、开创性、里程碑式的重大意义，标志着我省高速公路网将在规划的引领下进入一个崭新的发展阶段。

2008 年 9 月，甘肃省人民政府正式批准实施《甘肃省内河水运发展规划》。编制内河水运发展规划在我省尚属首次，开创了非水网地区省级水运规划的先河，具有历史性、开创性意义，更体现了甘肃内河水运发展理念的一次提升。而且，我国非水网地区省级水运规划正式获批甘肃是第一家，在我省乃至全国非水网地区水运建设发展史上具有里程碑式的重大意义。

2009 年 11 月，甘肃省人民政府正式批准实施《甘肃省高速公路网规划（2009 年调整）》。该规划很好地解决了路网连通度不高、迂回线路偏少和对甘肃省委省政府新提出的"中心带动、两翼齐飞、组团发展、整体推进"

的区域发展战略的支撑问题，以"县县通高速"为基本目标，以"加密、连通、对接、扩容"为重点，对路网进行布局优化和调整加密。与原规划相比，规划新增高速公路 27 条，共 3200 公里。用一句话来概括："千里陇原一日还，县县高速用网联"。

2012 年 5 月，全面完成了《甘肃省集中连片特困地区交通扶贫开发规划（2011—2020 年）》（含六盘山区、秦巴山区、四省藏区 3 个片区的扶贫建设规划）研究编制工作。该规划以"集中连片特困地区扶贫攻坚"、"联村联户、为民富民"、"开放跨越、富民兴陇"和全面建设小康社会为导向，坚持创造性地开展工作，在规划理念和方法等方面积极探索。与以往规划相比，《规划》更加注重对国家方针政策的贯彻落实，突出发挥政策叠加优势；更加注重发展思路和理念的创新；更加注重对特困片区交通发展实际需求和建设可能性的研究；更加注重对片区通道建设与片区内部路网的完善，使《规划》符合甘肃贫困地区实际。规划方案的核心内容和重点项目已基本纳入全国交通扶贫建设规划，为我省交通扶贫开发明确了方向，也为当地百姓走出深山、脱贫致富、增强自我发展能力打下了基础。这些中长期发展规划和近期建设规划切实反映了交通基础设施空间布局要与经济社会发展和城镇体系布局相适应等科学发展理念，明确了交通发展的目标、布局、重点和优先次序，为西部大开发交通基础设施建设描绘出了宏伟蓝图，夯实了规划基础，形成了较为完整的交通长远发展规划体系，充分发挥了规划引领作用，增强了甘肃交通发展的系统性、前瞻性和科学性，从根本上保障了我省交通运输行业又好又快发展，为促进西部大开发战略深入实施、支撑甘肃国民经济转型跨越发展和区域经济协调发展创造了有利条件。

它不仅仅是一条路

安志鹏[*]

我国西北部，有一条横贯东西的"玉带"——青兰高速公路。在这条长长飘逸的"玉带"上，有一段长128公里的点金之作——雷西高速公路。

它起始于陕甘交界的雷家角，止于庆阳市西峰区李家寺，紧接西长凤高速公路。2010年10月开工建设，2013年11月建成通车，提前一年竣工，创造了甘肃高速公路建设史上的又一纪录。

通车一年，状况如何，很想回访感受一下。2014年11月28日，在雷西高速公路建成通车一周年之际，我再次驱车前往，亲历这项浩大工程的精妙之处，感受它严谨而高度负责的建设精神，并由衷为其所带来的经济效益、社会效益赞叹不已。

车在路上行　人在画中游

汽车沿着西长凤高速公路驶上雷西高速公路时，天色渐暗，车灯所及之处，路中间隔离带防眩板上的反光膜、波形护栏的轮廓标、立柱上的反光膜、路面反光路标、反光标线等，无不散发出安静而醒目的光芒，在多层反光设施的作用下，整条高速公路显得庄严而迤逦。

晚8时许，车子驶入庆城隧道，黄色的墙、蓝色的顶，构成了隧道的主

---

* 作者系庆阳陇东报社记者。

色调。车行至此，我不由暗暗猜想，隧道的设计者一定深谙色彩搭配原理，"黄蓝之配"是所有色彩搭配中最出色的一种。不仅如此，隧道内的墙壁全部采用镂空设计，增强了光的射入，有效解决了光线暗、能见度低这一传统施工中的"常见病"，也正是这些光线，保障了行车的安全。

雷西高速公路途经西峰、合水、庆城两县一区，横穿合水县太白镇子午岭腹地。四季之中，行车于此，各有景致：春天，绿意盎然，生机勃发；夏天，林海连片，绿树成荫；秋天，层林尽染，美不胜收；冬天，"山舞银蛇，原驰蜡象"。车在路上行、人在画中游，优美的高原林海风光，富有特色的路边景色，给司乘朋友旅途别添了一番情趣。

让质量代言　为精品点赞

2012年冬天和2013年夏天，庆阳老区雨雪格外丰沛，雷西高速公路在经历了严寒和降水之后，路基路面没有出现大的沉陷。2013年10月，全路段水土保持工程已通过水利部有关专家验收。

"宁当恶人，不当罪人"，这是雷西项目办严求质量、力保效益的铮铮誓言。2013年9月，甘肃省交通运输厅组织有关领导和专家，现场观摩全省在建公路项目，在全省8条在建公路中，雷西高速公路拔得头筹。在最后交工验收监测中，雷西高速公路评定得分98.44分，这是甘肃通车公路项目的最高分，创造了甘肃公路建设史上又一纪录。

雷西项目办有关负责人介绍说，在交通运输部和国家安全监管总局共同颁发的2013年度全国公路水运建设项目"平安工程"27个获奖项目中，雷西高速公路位列其中，这是甘肃省公路水运项目唯一获此殊荣的项目。

从开工建设到最终的评定，全线1947万立方米的路基土石方、6座特大桥、5处10座隧道、6处互通立交……这些浩大而具体的工程，都是在三年时间里每晚的例会中敲定施建的。1000多个夜晚的坚持虽不易，但换来的却是严格、标准的工程设施，迎来的是社会各界的纷纷"点赞"。

千淘万漉虽辛苦，吹尽狂沙始到金。雷西高速公路——这项经受过严冬烈日、风雪雨水锤炼的精品工程，还将在历史长河中接受更多的检验。

打通一条路　造福一方人

雷西高速公路在合水县境内 80 公里，惠及沿川太白、蒿咀铺、板桥、老城 4 个乡镇。在世世代代以黄土为生的庆阳老区乡亲们的眼里，这条路就是自家的路。

"早期建设的 309 国道，因为路况差，乡亲们的农产品卖不上好价钱，也没有人愿意投资。现在有了这条路，乡亲们脸上有光了，致富的信心更足了，希望也更大了，今后我们的日子也会越过越红火！"这是合水县老城镇群众共同的心声。

雷西高速公路通车后，合水县老城镇的街道延长了 600 多米，已有一家冷冻食品厂和一家规模养殖场在此落户投资，还有陕西客商在镇上开了家大型超市。

"雷西高速公路通车后，一外地客商在村里办起了獭兔养殖场，今年存栏 5000 只，明年能达到上万只。村里的苹果、大棚蔬菜直接拉到西安销售，效益大大提升了。"老城镇牧家沟村的一位大学生村官介绍说。

同时，项目办又对 309 国道太白至板桥段路面进行维修，目前维修工程已基本完成，昔日破旧坑洼的老国道焕然一新，变成新坦途。

如今，围绕雷西高速公路的国省干线、乡村公路已构成立体交通网络，方便了来往人流、物流的通行。"只要路通了，货就能通，货通了，就不怕老百姓的腰包鼓不起来。"当地老乡说。

从暮色四合到星光闪烁，一路在雷西高速公路上行驶，感到平坦而振奋。说它平坦，是因为放眼望去，桥梁、隧道、防护栏、路面标线等，全部保持直线或平滑的弧线，宛如滑冰运动员在冰面上滑翔的优美姿态。说它振奋，是因为随着道路的开通，将很快惠及沿线百姓，具有经济和社会的双重效益。

打通一条路，造福一方人。雷西，它不仅仅是一条高速公路，更是一道亮丽的风景线、一条致富的大坦途。一年来，在重重考验之下，它依然"坚挺"，不因雨水冲刷而失色，不为寒风凛冽而变形，一辆辆车子辗过之后，变得愈加坚实而厚重。而今，它以更加优雅的"姿态"、更加坚实的"身躯"，继续方便着东西行人，服务着老区人民，接受着历史和人民的"检阅"。

我为河西的风电发展鼓与呼

车安宁[*]

"一年一场风，从春刮到冬"、"小风沙子飘，大风石头跑"这是两句在我省河西走廊地区流传了千百年的民间谚语，它形象地描述了当地刮大风的情况。可见，长期以来，在人们的观念里，风，就是一种灾害，一种使人们躲之不及的东西。

风，会对人类有用吗？风，会变成财富吗？2002年，我在北京中央社会主义学院学习了三个月。其间，听了一次有关新能源问题的讲座，并且这使我回想起2001年夏天，在新疆大阪城亲眼看到的风力发电场的情况。于是，我开始对西北地区的风能资源有了关注。

2004年8月，我被调任甘肃省武威市政府副市长的岗位。来到这个地方，我并不陌生，这不仅是因为我曾经多次贯穿于河西走廊，也更因为在1995年底至1998年初，我曾在当时的武威市（县级）挂职工作过。对这个地区的情况，我是了解的。我认为，对包括武威在内的这个地区的风能资源的大规模开发，应当是可行的。

上任初期、记得那是2004年的11月，我便带了武威市有关部门和几个县（区）的负责人，一起去了酒泉的玉门市，在那里考察风电场的情况。当时的酒泉市副市长安邑江同志代表市政府接待了我们一行。当时，玉门风电场是我省唯一在建的风电场，只是它的规模还很小，所采用的风电机组都

* 作者系甘肃省政府参事。

是较小型号的进口设备。但是这次考察，对我们一行人来说，还是非常震撼的。我们不仅第一次亲眼看到了高大的风塔和旋转的叶片，大家还进入风塔内部观看了有关设施。记得有多位同志议论道："这样的风，刮来的就是票子，就是财富呀！"、"我们武威的民勤一带也可以搞"、"这多好呀，不冒烟、不费水就可以把风灾变为风利了！"

通过这次考察，我还了解了许多有关的知识和问题，回到武威，又上网查阅了有关资料。我是电工出身，曾在上大学前做过三年电工，对于电的基础知识，还是掌握的。为了解更多的情况，我又带人去了宁夏、内蒙古的几座正在建设中的风电场。

2005 年初，记得是全省召开"两会"前，当时的陆浩省长、徐守盛副省长等人在兰州召集省政协的有关人士，征求关于《政府工作报告》的意见。我作为省政协常委也参加了会议，在省政协小会议室，把自己提前写好的《关于在我省河西走廊大力开发风能资源的建议》分别递给了陆、徐二位省长。我注意到，徐守盛副省长在会议短暂休息期间，对我的稿件作了浏览，并在上面作了批示。

会议结束后，徐副省长操着南方口音对我说："你的建议很好，很及时。现在我省正在抓项目，这个项目很大，很好，有甘肃特色，我已经批给了省发改委，请他们研究。有什么问题，他们会找你。"

接着，到了"两会"召开的时候，我将先前那篇稿子又作了修改，以《建设河西走廊风能产业带》为题，在省政协作了大会发言。内容大意是：风力发电，是一项科技含量高、消耗资源少、发展前景好的未来产业，我省河西走廊地形地貌、地理位置独特，是全国少有的风能资源富集区，风速大而稳定，可开发利用总量 2 亿千瓦以上，占全国已测定风能资源的 8%，加上交通便利、地域开阔、地势平坦、土地廉价，应当是理想的风电场建设区，建议我省尽早作出大的规模化开发规划，并争取国家支持，做大做强这个产业，把千里长廊做成未来的风、光电新能源长廊。同时还提出，我省还可以以此为契机，在兰州等地区建设风电设备制造基地，以提升和促进我省的装备业发展。

会议不仅统一印发了我们的发言稿，还有许多省上领导和省直部门负责人都听取了大会发言。记得会议一结束，就有魏万进、甘庭德、李如惠、张世珍、褚衍东、王建林、张祥生等委员对我表示祝贺，一是说我发言嗓音洪亮，二是说我的建议提得好，提得准。我平日与他们相处得都很融洽，知道他们是真心赞同，不是在说客套话。

会议期间，在原兰州市副市长张世珍同志的安排下，我与几位政协委员一同去了兰州电机公司参观考察，因为得知这个企业正在做风电机组的研发工作。公司的马总经理不仅热情接待了我们，请我们参观了工厂车间，还专门介绍了风电机组初步的研发情况，并请我们为他们呼吁省上的支持。当时我想：我省的风电产业是大有希望的。

一段时间后，省政协通知我到兰州参加一个会议。会前，我也并不知道会议的具体内容。到了会上，才知道是仲兆隆主席的提案督办会。参加会议的不仅有省政协其他副主席和秘书长，还有省直部门的一些负责同志，也有省政协提案委和经济委的同志参加。会上，就我的那份提案和另一个关于生态农业的提案作为主席督办提案，进行了研究讨论。讨论前，专门让我做了说明和补充，并请相关部门同志发言。记得发言中，大家都对我的提案表示了赞同，一致认为，这个思路是好的，建议省上重视，并尽早做好实施规划。

到了年底，我与甘肃思力风电新能源研究所的郑殿喜同志共同署名，在《甘肃日报》（2005年11月16日）发表了《捕风捉能，抓住甘肃发展风电的良好机遇》的文章，对甘肃做大风电产业进行了呼吁。此前，我们还利用去北京的机会专门拜访了风电专家、中国工程院院士胡文瑞先生，请教国内外风电发展的动态，并请他关注甘肃的风电发展。

此后，不断有新闻媒体报道国内风电建设的情况，也有省内风电发展的呼吁和动态见报。2006年夏天，我以民盟甘肃省委员会副主委的身份，带领民盟省委机关的副秘书长杨枝良等人又专程去酒泉考察了玉门、瓜州的风电场，并对风电场建设中出现的问题进行了调研。之后，我将此次调研情况结合武威风电前期建设中的有关问题，专门向省政协起草了《关于我省风电发展中的几个亟待解决的问题》的专题调研报告。

不久后的一天，我在兰州宁卧庄宾馆门口碰到甘肃省委统战部副部长郭长乐同志，他见到我高兴地说："你知道吗？最近陆浩同志很重视河西的风电发展，不仅去了酒泉现场考察风电场，还在省委的会上专门讲了我省发展风电的事。看来你的提案受重视了，酒泉的同志反映也很好，他们积极性很高，说你呼吁得好。"后来，我碰到酒泉市副市长柴绍豪同志，他也说了类似的话。

这以后，我看到《甘肃日报》等省内媒体都有相关报道，并刊出"省委书记陆浩提出：要建设河西走廊陆上三峡风电基地，让刮了千年的风，造福甘肃人民"。

再往后一段时间，又看到相关报道：国家确定我省的酒泉地区为全国首个千万千瓦级的风电基地，并对该建设项目立项批复。

今天，我们欣喜地看到，酒泉的风电发展已经走在全国的前列，2010年酒泉风电装机总量达到516万千瓦，2015年将达到1271万千瓦，将建成我国第一个千万千瓦级风电基地，远期要达到3565万千瓦装机容量，将会成为世界上最大的风电基地。我省的风电制造业也已进入起步阶段，仅酒泉市在第15届中国兰州投资贸易洽谈会上签约风电及相关产业项目就达到42项，合同金额高达169.75亿元。与此同时，包括武威在内的河西走廊许多市、县，也都在积极筹措准备着各类风电场的建设。我在武威工作期间，主抓的民勤红沙岗风电场建设也将在2015年建成300万千瓦的规模，并且河西走廊的光伏发电也在风电的"吹动"下多处开花，其中武威最大的光伏电场已达到100兆瓦以上。从国际国内的发展趋势来看，风电的建设，作为清洁能源的主流之一，不仅有着广阔的发展前景，同时，类似我省这样的地区，也算是找到了又一条符合自己特色产业发展的路子。

但是，往往好事也有遗憾。记得在兰州召开的一次会议上，有电力公司的专家指出：酒泉千万千瓦级风电基地建设虽好，但也对有关技术问题提出了挑战，因为风是自然之物，它忽大忽小，时有时无，这就对电网的稳定产生了不良影响。这不禁使我想到，当初在我的提案中就有表述，我认为，在广阔的河西走廊，应当广设风场，分散布局，这样尽管各个风场的条件优劣不一（即有的来风条件好，发电量多，有的差一些），但是对于整个电网来说，是有好处的。因为风是东头不刮，西头刮，总的可以达到一种相对的平衡，这样在战略上讲也是合算的。但是，我的设想也许由于种种原因，而在立项时没有被采纳。

几年后的今天，回顾这件事，我不敢说，也不能说，是我的提案促进了我省风电事业的发展。但是，我可以坦然说，作为一个政协委员，在我省参政议政的工作中，我是尽到了一份自己的责任。

农田水利

　　甘肃是严重缺水的省份，水对甘肃来说是农耕之基，生存之源。多年来，陇原儿女围绕"引水、提水、改水、蓄水"力争做好水文章，改造平整生命田，按照"有水路走水路，有旱路走旱路，水旱路不通另找出路"的战略布局，借势西部大开发的强劲东风，与雨养农业争天地，与农田水利结缘保饭碗，与提高水质标准要健康，留下了可歌可泣的壮丽诗画，传承了多少英雄壮举。

亲历甘肃梯田建设工作二三事

王　勇*

我是学水利工程专业之人，但组织的安排却给了我从事水土保持工作的机会。1984 年 7 月开始，我与甘肃水土保持事业结缘而行，风雨 30 余载，沧桑巨变浮现眼前。人常戏论：水保水保，修田种草。尽管说得有些片面，但梯田建设的确是水土保持的头等之事。

甘肃生态环境脆弱，是全国水土流失最为严重的省份，而大量的坡耕地又是水土流失的策源地。从乌鞘岭以东，是甘肃的干旱、半干旱地区，包括甘肃中部、东部和南部，该区域的 10 个市（州）67 个县（区）是典型的旱作农业区。受水资源和地形限制，农业生产低而不稳，群众生活不得温饱，制约着全省经济社会的发展。

面对这一严酷的自然环境，我省从 20 世纪六七十年代就开始兴修梯田，保持水土，发展生产，改善条件。到 20 世纪 80 年代，按照省上提出的"有水走水路、无水走旱路、水旱不通另找出路"的"三条路"发展思路，硬是在"旱路"上探索出了发展旱作农业的一条新路。

如今，走进甘肃中东部的山区，尽管山还是那座山，河仍是那条河，但从东到西，从南到北，层层梯田从山脚环绕到梁峁，蔚为壮观。这就是甘肃广大干部群众群策群力、苦干实干的丰硕成果，留给当代和后人的一笔宝贵财富，也是全省水土保持工作者无私奉献，经年累月，矗立在陇原大地上的

---

* 作者系甘肃省水利厅水土保持局副局长。

不朽丰碑，镌刻在黄土地上的一幅美丽图画。

标杆树立：庄浪梯田王国的诞生过程

庄浪县地处六盘山西麓，是甘肃 18 个干旱县之一，也是国家级贫困县。20 世纪 80 年代，我跟随原省水利厅水土保持局副局长马劭烈就去过这里。那时，我还不到 20 岁，可以说就是一个毛头小子，虽然我是农村人，但我的家乡地处西礼，有山有水，山清水秀，感觉就像一幅山水画卷。可一到庄浪，满眼凄凉，地上无林草，天上没飞鸟，连一个县城都没几栋楼房，唯一的街道两侧是破旧的瓦房。当时，当地流传着"十山九坡头，耕地滚了牛，麦子长得像马毛，亩产很难过百斤""穿的黄衣裳，吃的救济粮，住的破烂房，穷得叮当响"等民谣，这就是当时庄浪人民群众生活的真实写照。

现任庄浪县政协副主席张嘉科同志，那时还是县水利局的一名水保员，他是 1978 年由一名生产队队长被录用的。他说他当上水保员，干上国家事，起因就是带领群众修田修成的正果，后来一步一步地干，1995 年当上了县水保局的副局长，2003 年成为局长。说起庄浪县梯田建设的历史过程，他如数家珍，娓娓道来。与他打了几十年的交道，不仅学到了如何做人，也学到了如何干事创业，"不言春作苦，常恐负所怀"，这是他的励志名言，也是他孜孜以求的追求境界。他编纂整理的《梯田人生》一书，系统地记载了他的水保情怀和庄浪梯田建设、小流域综合治理的历史。

我对庄浪梯田的亲历是从 20 世纪 80 年开始的。实际上据我了解，早在 20 世纪 60 年代初期，庄浪人民仍在饥饿中艰难度日，如何解决全县人民的吃饭问题，是一个重大命题。庄浪县委书记史俊英是第一个"吃螃蟹"的人。1964 年 8 月，他带领工作组在郑河公社上寨大队搞梯田试点。第一块梯田的修成，让他看到了希望，提出了"远学大寨，近学上寨"的动员令，迈出了庄浪 34 年梯田建设接力赛的第一步，这一时期全县共修建水平梯田 2.4 万亩。

20 世纪 70 年代，在全国大搞农田水利建设形势的推动下，县上组建了一支 2 万多民兵的农田基本建设专业队，"专业队常年干，群众农闲突击干"，10 年全县新修梯田 33 万多亩，实现了人均 1 亩梯田，这是庄浪梯田建设的第一次高潮。

到了 20 世纪 80 年代，尽管县委书记四易其人，但梯田建设却走上了接力赛的征程。按照省上提出的"三年停止植被破坏，五年解决温饱"的目标，作出了"山河面貌不变，梯田建设不止"的战略部署，掀起了全县梯田建设的第二次高潮。10 年又建成水平梯田 36 万多亩，营造生态林 20 多万亩，使全县的农业生产条件和生态环境得到一定改观，也使群众生活得到一定改善。

2000 年之后，可以说是实现了梯田建设的历史性变革，实现了由"人海战术"向"铁牛轰鸣"的跨越。

庄浪县之后，2004 年我省的安定区、宁县、西峰区通过了省级梯田化县区验收。

2011 年，我省的庄浪县、安定区申评国家水土保持生态文明县。接到申评报告后，水利厅安排由我局组织初评，我作为初评组组长负责完成了初评工作，向水利部提交了初评报告。

2012 年 9 月，由水利部总工汪洪主持在庄浪、安定召开了评审会议，全部通过了评审。年底，水利部命名甘肃省安定、庄浪为"国家水土保持生态文明县（区）"，成为甘肃水土保持的新亮点和新标杆。

科技支撑，方式转变，提高了生产效率，甘肃梯田初步实现了科学化和规模化。

重大决策：500 万亩梯田建设工程的谋划过程与实施

2009 年，是甘肃梯田建设的又一关键节点，是跨越发展的难得机遇期。这一年年初，甘肃省委 1 号文件提出：按照"稳粮、增收、强基础、重民生"这一要求，启动实施 500 万亩梯田建设工程，计划在 2009—2012 年 4 年时间，每年平均新修梯田 125 万亩，到 2012 年，使全省梯田总量达到

3300 万亩，占全省坡耕地面积 5986 万亩的 56%。

这一重大工程，从前期准备到列项实施，我是主要参加者之一。

2007 年，我们抢抓省上重视旱作农业发展的机遇，就如何发挥好梯田这一旱作农业发展平台建设问题，在省水利厅副厅长魏宝君的安排部署下，由省水利厅水土保持局局长尚桢同志带队组成调研组，对我省的定西、天水、陇南等地开展了专题调研活动。了解下情之后，提出了调研报告提纲，安排由我和定西市水土保持局副局长李志忠、静宁县水土保持局副局长王荣庄三人起草调研报告。该报告五易其稿，定稿后，2007 年 12 月 28 日，省水利厅以甘水发〔2007〕547 号文件向省政府上报了《关于全省水土保持生态建设情况报告》。

2008 年 10 月 16 日，时任甘肃省委主要领导在省、市党政主要领导干部深入学习实践科学发展观研讨会上提出，到 2012 年全省建设梯田 500 万亩，推广全膜双垄沟播 1000 万亩，实现全省粮食总产达到 200 亿斤、农民收入突破 4000 元大关等发展目标。按照这一要求，在调研报告的基础上，2008 年 11 月 26 日，省水利厅以《关于加快我省梯田建设促进粮食增产农民增收的建议》为题形成了送阅件，呈送领导参阅。

2008 年 12 月 2 日，省政府办公厅在《甘肃情况（173 期）》上以"甘肃省梯田建设存在问题与建议"为题做了反映。省委副书记刘伟平同志看后高度关注，作出批示："请泽巴同志批示。同意省水利厅提出的整合资金加大梯田建设力度，作为促粮食增产的一项措施，最好今冬明春能启动。"

2008 年 12 月 31 日，省水利厅专门向刘伟平副书记做了关于落实新修梯田 500 万亩的书面汇报。在这个汇报上，刘书记批示："请泽巴省长批示。建议此项工作抓紧启动，关键是按争取国家资金支持的情况来定规模。省内按整合资金的办法，先启动年降雨在 300 毫米以上地区适宜兴修的坡耕地，并和所在县土地利用总体规划修编结合起来。"

2009 年 2 月 3 日，泽巴副省长专题研究，责成省水利厅就梯田建设提出具体方案。按此要求，省水利厅加强了与发改、国土、财政、扶贫、农发等部门的衔接工作，共落实建设资金 3 亿元，计划新修梯田 100 万亩。2 月

28 日，省政府主要领导在 2 月 26 日的《水利信息快讯（第三期）》，"我省启动实施 500 万亩梯田建设工程"上再次批示，"泽巴足同志：我同意梯田建设先规划年降雨在 300 毫米以上的县，这样效果好些。并和优势特色产业结合起来，促进农民增收。请酌。"

按照刘书记的批示，3 月 2 日，泽巴副省长也作出了批示："许文海同志：1. 伟平书记批示认真研究，抓好落实，并体现在年度规划上和工作指导上；2. 2 月 3 日我专题研究后各项措施的细化、资金的整合、任务的解决情况望抓紧告我。"当时，许文海同志任省水利厅厅长。

按照以上一系列省委、省政府领导的批示精神，省水利厅积极行动，由魏宝君副厅长主持，抽调厅水土保持局领导和技术人员，3 月开始开展了规划编制工作。规划期间，省直有关部门和有关市州高度重视，紧密配合，规划编制历时 2 个多月，几经修改，于 5 月底拿出了《甘肃省 500 万亩梯田建设工程规划》（送审稿）。6 月 2 日，在省委西楼会议室，刘伟平副书记召集会议，专门听取了情况汇报，就规划的几个指标进行了分析和研究，如海拔高度、降雨量、圈定哪些县等，并提出请相关部门和专家对规划进行评审。我参加了这次讨论会议，当时的场景历历在目。

规划出来后，2009 年 6 月 10 日至 11 日，以省政府的名义由水利厅组织在兰州召开了全省 500 万亩梯田建设工程规划审查会议。按照部门和专家的意见，我厅又系统进行了完善工作，规划于 6 月 27 日正式上报省政府批复。

该规划最终确定庆阳、平凉等 8 个市州的 38 个县区纳入实施范围，确定 2009 年完成梯田建设工程 100 万亩，部门承担任务为：省发改委 60 万亩、省水利厅 15 万亩、省国土资源厅 10 万亩、省农发办 8 万亩、省扶贫办 10 万亩，补助标准确定为黄河流域每亩 400 元、长江流域每亩 600 元。

2009 年 6 月 26 日，省水利厅专门举办了全省 500 万亩梯田建设工程实施技术与管理培训班。

至此，前期工作宣告完成，2009 年 9 月 22 日，省政府召开了全省梯田建设工作电视电话会议，宣布全省 500 万亩梯田建设工程正式启动实施。

为了做好梯田建设工程的实施管理工作，由我厅和省统计局、国家统计局甘肃调查总队联合起草了《甘肃省500万亩梯田建设工程验收办法》，修订完善后，由省政府办公厅下发各地执行。记得在制定验收办法时，我在庄浪检查水保项目建设，尚桢局长打电话让我赶快回来，负责起草工作，我急忙赶来，加了两天班，顺利完成了任务。现在回想起来也是乐事一件。

从2009年历时三年半，到2012年5月底，全省500万亩梯田建设工程全面完成，比预期提前了半年。下面这些数字能说明情况。

2009年新修梯田110.26万亩，占计划任务104万亩的106%。2010年新修梯田153万亩，比年度计划任务134万亩超出19万亩。这一年的134万亩梯田建设纳入了省委、省政府为民办的14件23项实事之一。2011年新修梯田160万亩，占计划任务150万亩的106.6%。至2012年5月31日，共建成梯田505.25万亩。任务完成后，省水利厅向省政府专门做了汇报。

2012年6月12日，省政府主要领导专门作出了关于全省梯田建设管理工作的批示，指出：自省委、省政府决定启动实施500万亩梯田建设工程以来，各地各有关部门按照"科学规划、突出重点、集中连片、规模建设"的原则，扎实推进以坡改梯为重点的高产稳产农田建设，不仅使我省在防治水土流失、改善生态环境、改变农业生产条件方面取得了显著成绩，而且有力地促进了农业结构调整、农业增效、农业综合生产能力的提高，成绩可喜可贺。未来几年，是我省全面建设小康社会的攻坚阶段，也是加快转变农业发展方式的关键阶段。各地各有关部门要认真贯彻省第十二次党代会精神，始终把"三农"工作放在心上、抓在手上，切实抓好新一轮500万亩梯田建设工程，进一步夯实旱作农业发展基础。要全面总结推广成功经验，采取更加务实有效措施，认真解决梯田建设和管理中出现的新情况新问题，不断提高梯田建设的质量和水平。要坚持把梯田建设与农业综合开发、小流域综合治理和发展现代农业有机结合起来，转变农业发展方式，充分发挥综合效应，努力为全省粮食再获丰收、农民收入再创新高作出积极贡献。

随后，省委、省政府于2012年7月23日在平凉市的静宁县专门召开了甘肃省500万亩梯田建设工程现场会。省委副书记欧阳坚、省政府副省长李建华参加了会议。会上通报了全省500万亩梯田建设工程实施情况，交流了工作经验，对 2009—2012 年梯田建设工程中涌现出的 26 个先进县区给予了表彰。

省委领导在讲话中提出了新一轮梯田建设工程任务，确定 2012 —2016 年 5 年新增梯田 750 万亩目标。

至此，甘肃新一轮梯田建设工程大幕拉开。

大面积梯田工程的建成，有力地推动了现代旱作农业发展，全省各地形成了"梯田+马铃薯""梯田+全膜玉米""梯田+山地果园""梯田+草食畜"等农业发展模式，助推了农业增效、农民增收和农村发展。

甘肃梯田建设依然昂首阔步正行进在路上，我们为之奋斗的事业永不停步，一个确保甘肃乃至国家生态安全、粮食安全的坚强屏障不久定会筑牢。

西部开发功劳大

韩正卿[*]

2010年1月13日上午，就西部大开发10年甘肃的变化，记者有幸采访了有"陇上大禹"美誉的甘肃省政协原副主席韩正卿。当韩老从楼梯口把记者迎进他的书房时，最抢眼的就是铺着毛毡的书案。可以说韩老是那种"退而不休"的人，只要有时间在家，他都在潜心研究书法和诗歌。同时记者发现，在韩老的书架、案头，以及墙壁上随处可以看到与"引大""引洮"等有关的书籍、资料、照片以及新闻报道。因为韩老是我省著名的水利专家，所以我们的话题也是围绕着"水"展开的。在整个采访过程中，韩老思维敏捷、机智幽默，让人很难把他与一个年近8旬的老人联系到一起。"我们都属于'敢死队'的成员，但是看到甘肃好着哩，大家好着哩，我心里非常高兴。"韩老的风趣感染着记者，先前的拘谨也在笑声中散去。好着哩！好在哪里？"就像张保和的相声中说的，甘肃好着哩。'还是原来那块地，政策一变创奇迹。产量翻番家有余粮见了利，谁要再问有底气。好着呢，不白喊……'西部大开发是改革开放的组成部分，西部大开发对地处中国西北的甘肃来说有了更具针对性的政策优惠和资金扶持。"韩老用张保和的相声轻松地展开了采访话题。"好着哩。首先是路线、方针正确，路子走对了，这是'大好'，也是前提。好在哪里？工农牧副渔，处处有表现。"韩老如数家珍般开始介绍甘肃的"家底"。甘肃要定，中部先定！中

＊ 作者系政协甘肃省第七届委员会副主席。

部干旱地区的老百姓因缺水可以说是受尽了苦头。以通渭县为例，曾经因为干旱，在"三年困难时期"这里的 18 万人口有 9 万"失踪"了，后来生产条件有了改善，粮食产量达到 1 亿多斤。据了解 2009 年粮食产量达到了 6 亿斤。彻底解决温饱，这是不得了的事情！对甘肃南部的发展，韩老用"希望在山，潜力在林，优势在特，关键在干"16 字做了总结。银杏、花椒、油橄榄等，现在都做出名堂了。河西地区就更不用说了，粮仓、粮库地位日益巩固……而这些方方面面的发展，都离不开水。水是命脉，没有水就没有生命。"有水窖才能娶上媳妇""实施西部大开发战略其实主要有五个方面的任务：把加快基础设施建设作为开发的基础，把加强生态环境保护和建设作为开发的根本，把抓好产业结构调整作为开发的关键，把发展科技教育和加快人才培养作为开发的重要条件，把深化改革、扩大开放作为开发的强大动力。而这五个方面的工作，其中有三项任务直接与水有关。""韩老您能谈一谈水对甘肃发展的重要性吗？"记者接着韩老的话问道。

"我们先说第一块内容吧，加快基础设施建设的重点有六个方面：水利、交通、通信、城市基础设施、西气东输、西电东送等一批具有战略意义的重点工程。但是我们看到水利被放在第一位，把水资源的合理开发和有效利用放在西部开发的突出位置，实现水资源的永续利用。第二块内容是加强生态建设和环境保护，其重点为：一是保护天然林资源，实施天然林资源保护工程；二是因地制宜实施坡耕地退耕还林还草，采取'退耕还林（草）、封山绿化、以粮代赈、个体承包'的政策措施；三是实施各项防沙治沙和草原保护工程等。第三块内容是积极调整产业结构，着重强调了加强农业，加大农业基础设施建设力度，改善西部地区农业生产条件和农民生活条件；发展特色产业，发展有特色的农牧业、绿色食品、中草药及生物制药等主要内容。"韩老超强的记忆力和敏捷的思维让记者惊叹不已。

"我再给你们讲一件事情。前些年甘肃靖远挖出了一口修建于明朝时候的水窖，水窖修得非常讲究结实，水窖启封后人们发现还盛着半窖水呢。过去甘肃像靖远这样的干旱地方多得很，很多人家只要有一口水窖，就能给孩子娶上媳妇。现在不一样了，很多农村都用上了自来水。没有水不要说没农业，就连人畜都没办法生存。"说到这里，韩老的表情有些严肃了。

"世纪长藤结出大瓜"

贫穷和干旱是孪生兄弟。摆脱干旱就是摆脱贫穷。解决中部干旱地区资源短缺的唯一办法就是"引洮"工程。没有水，人民的生存受到威胁；没有水，地方经济难以发展。对于水的渴求，一直就是陇中人民的期盼，而伴随西部大开发的实施，2006年11月，陇原人民盼望了半个世纪的"引洮"工程终于上马。"在甘肃乃至世界的引水工程中，'引大'工程和'引洮'工程都可以说是彪炳史册的典范。'引大'工程为'引洮'工程提供了宝贵的经验。韩老能谈一谈这两项工程吗？"当记者再次提起"引洮"工程，韩老难掩心中的激动："不是哪个人本事大，是改革开放、西部大开发功劳大。"

"十年一大旱、三年两头旱"是陇中干旱的真实写照，水资源的极度缺乏使这里的生态环境不断恶化，从而也严重限制了经济社会发展，在这样的条件下，"引洮"——这个大胆的设想开始酝酿。然而，正所谓好事多磨，从1958年开始着手的"引洮"工程由于种种原因拖延至2006年，终于在当年12月正式开工建设。

其实，对于陇中人民对水的这种渴望，曾在定西任职的韩正卿感触尤为深刻，早在20世纪80年代在定西担任地委书记的时候，他就多次步行实地勘察了"引洮"工程。如今20多年过去了，这位年近八旬的老人仍然情牵"引洮"工程。"现在材料、技术都不存在问题了，引洮供水一期工程总干渠、干渠、支渠以及供水管线工程已全面开工建设，引洮工程总干渠1号隧洞已经贯通……"对于引洮工程一个个阶段性的进展，韩正卿不假思索地就脱口而出。看着半个世纪的"引洮"夙愿正一步步变为现实，喜悦之情不时洋溢在老人那饱经风霜的面庞上！老人把自己的一套引洮工程的"优化"方法总结为"小蓄大放、长藤结瓜、软硬兼施、多管齐下、白马分鬃、畦滴渗喷、有偿用水、两高一优"，即小流量蓄水，软管道在上，硬管道在下，多管道科学布局，马鬃状渗喷，这样效益会越来越好。

"多管齐下，把天上水、地下水充分利用，同时还要节约用水，'引大'的灌溉规模是 100 万亩，如果能提高灌溉技术、节约用水，那么就有可能变成 300 万亩。'引洮'也面临同样的问题，一定要让来之不易的水发挥最大的功效。"韩老语重心长地说道。

"引洮要到董志塬"

引洮供水工程——这项被称为陇上"都江堰"的工程，总投资 96 亿多元，总工期 12 年，建成后我省陇中地区 11 个国扶重点县将彻底告别用水困难的问题，这项工程也当之无愧地成为我省水利建设史上最大的一项水利工程，一个史无前例的"救命工程"。

作为一位把一辈子都奉献给了甘肃水利事业的古稀老人来说，引洮工程还寄托着老人更大的期盼，这个期盼就是引洮要引到"董志塬"。

谈起自己的这个期盼，老人精神一下子又提了起来，"引洮供水工程已经不仅仅是兰州、定西、白银、平凉、天水 5 个市辖属的 11 个县（区）的近300 万人民的饮水问题，它完全可以规划三期工程，将引洮引到'董志塬'"。

董志塬位于甘肃东部，这里被称为"陇东粮仓"，但是，由于水土流失严重，这个曾经的"粮仓"遭遇到了从粮食外调转为粮食内调的尴尬，水的问题已经成为"陇东粮仓"走出"困境"的根本。而引洮工程如果能到董志塬，生活用水、生态环境、农田灌溉、养殖等一系列的用水问题将得到解决，那么"陇东粮仓"完全可以再振昔日"雄风"。

西部大开发的第一个 10 年像韩老说的"好着哩"，我们有理由相信伴随着国家西部大开发那铿锵有力的脚步，在不久的将来，韩正卿老人将亲眼看着洮河水滋润着陇东良田，看着陇东人民在自家门口畅饮着清凌凌的洮河水一解干渴……

（杨景玉 崔凯整理）

凉州区治理石羊河流域的前前后后

刘多庆[*]

生 态 危 机

石羊河古名谷水，是一条洪荒年代冰川造就的内陆河流。石羊河流域位于甘肃省河西走廊东部，乌鞘岭以西，祁连山北麓，东经101°41′—104°16′、北纬36°29′—39°27′之间。东南与甘肃省白银、兰州两市相连，西北与甘肃省张掖市毗邻，西南紧靠青海省，东北与内蒙古自治区接壤，总面积4.16万平方公里。

石羊河流域发源于积雪皑皑的祁连山北麓的冷龙岭，自东向西由大靖河、古浪河、黄羊河、杂木河、金塔河、西营河、东大河、西大河八条河流及多条小沟小河组成，河流补给来源为山区大气降水和高山冰雪融水，产流面积1.11万平方公里，多年平均径流量15.60亿立方米。

流域行政区划包括武威市的古浪县、凉州区、民勤县全部及天祝县部分，金昌市的永昌县及金川区全部，以及张掖市肃南裕固族自治县和山丹县的部分地区、白银市景泰县的少部分地区，流域共涉及4市9县。流域主要行政区分属武威、金昌两市，武威市是以农业发展为主的地区，金昌市是我国著名的有色金属生产基地。

石羊河流域的水资源及生态环境问题，是长期积累并日益加重的过程，

---

* 作者系武威市凉州区委政研室主任科员。

流域生态环境恶化集中表现在受自然环境和人为活动的深刻影响，流域源头的祁连山冰川萎缩，雪线上升，高山湿地消退，水源涵养林蓄水保水功能急剧减弱。上游来水逐年减少，下游民勤盆地由于上中游用水量增加，进入民勤石羊河的地表水量减少，由 20 世纪 50 年代的 5.9 亿立方米减少到 2005 年的不足 1.0 亿立方米。随着石羊河流域人水矛盾不断加剧，水资源开发利用严重过度，石羊河流域的生态环境愈加恶化，流入民勤的地表水量剧减，地下水超采严重，地下水位下降、水质矿化度上升；天然植被大面积枯萎死亡，土地沙漠化、盐渍化进程加快，荒漠化日趋严重；地表水污染严重，地下水水质恶化。流域面临着腾格里沙漠与巴丹吉林沙漠渐趋合拢、绿洲渐趋消亡的严峻现实。如不采取有力的治理措施，若干年后，民勤将有可能变成第二个"罗布泊"，严重威胁当地人民的生存，也将对整个区域的长远发展产生不利影响。民勤绿洲一旦消亡，河西走廊北部的生态屏障将消失，将直接危及河西走廊大通道的安全，乃至影响西北地区的发展与稳定，影响国家的整体利益和民族的长远生存。2004 年 6 月 8 日，始建于 1958 年的民勤红崖山水库彻底干涸了，自明清以来就高悬在这一区域人们头上的生态警钟，终于愤怒地响起来了。治理石羊河已迫在眉睫！

领 导 关 怀

曾在甘肃工作生活过的时任国务院总理，对武威有着深厚的感情，时刻牵挂着武威的发展，对石羊河流域治理给予了特殊的关注、关心和倾心指导，先后 27 次对石羊河流域的生态治理作出批示、指示。

2004 年 8 月 20 日，时任总理在审阅中央办公厅秘书局呈送的《近期社会动态》时，一条《甘肃民勤红崖山水库首次干涸可能成为第二个"罗布泊"》的信息赫然出现在眼前。读完稿子，总理提起笔来，神情凝重地要求："如何使民勤不成为'第二个罗布泊'，请水利部会同甘肃省政府认真研究并提出治理方案。"

这是时任国务院总理就民勤生态问题的第 6 次批示了。自 2001 年 7 月

30 日时任国务院总理在新华社国内动态清样（第 1162 期）上批示起，2001 年 11 月 19 日，2002 年 4 月 26 日，2002 年 8 月 20 日、30 日，分别就民勤生态问题在有关文件上作了批示或指示。

2001 年 7 月 30 日，一篇名为《河西走廊石羊河流域生态恶化》的新闻稿被新华社《国内动态》第 1162 期选用。新华社把清样送呈时任国务院副总理审阅，温家宝阅后在清样上要求，石羊河流域生态综合治理应提上议程。当务之急是建立流域统一管理机构，大力实施节水工程，有效地控制土地沙化和草场退化。绝不能让民勤成为"第二个罗布泊"。请水利部对石羊河水资源的统一规划、调度和管理问题给予关心和指导。

时任甘肃省政府主要领导阅读批件后，第一时间带领人员赴民勤绿洲，就民勤生态问题展开专题调查。2001 年 11 月，省政府领导把撰写的《关于石羊河流域水资源和生态环境综合治理的调查报告》报呈国务院。19 日，时任国务院总理亲自在看完调查报告后，第二次就民勤生态问题要求："省政府主要领导同志在调研基础上提出的关于石羊河综合治理的建议值得重视。请国家计委、水利部、农业部、环保总局、林业局研究。"

2002 年 4 月 26 日，时任国务院总理又一次在国务院办公厅秘书一局《互联信息摘要》上，就《民勤绿洲危在旦夕》一文作了批示。8 月 20 日，在国家计委呈报的《关于石羊河流域生态建设有关情况的报告》上，第四次作了批示。8 月 31 日，时任国务院总理在甘肃考察工作时，特别指出，水利建设和生态建设是关系甘肃发展的重要因素，要突出两条河的治理、两个引水工程的建设和两个荒漠化地区的治理。两条河就是黑河和石羊河。甘肃需要治理的荒漠化地区很多，首当其冲的是民勤。

2005 年 3 月 5 日，全国"两会"期间，时任国务院总理来到甘肃代表团，同代表们审议《政府工作报告》。讨论期间，总理忽然话锋一转，关切地问，民勤县沙漠治理得如何？省政府主要领导拿出一张《民勤及周边地区沙化卫星影像图》，向总理一一介绍。总理一边察看，一边详细询问。

2005 年 7 月 16 日，时任国务院总理看了中国治理沙漠化基金会（筹）编写的一本名叫《决不能让民勤成为"第二个罗布泊"》的书后要求，决不能让民勤成为"第二个罗布泊",这不仅仅是个决心,而是一定要实现的目标。这也不仅仅是一个地区的问题,而是关系国家和民族生存的长远大计。将这件事情列入议事日程,统筹规划、落实措施、科学治理、务求实效。

2006 年 3 月 6 日,"两会"期间,总理再次来到甘肃代表团,同代表们一起审议《政府工作报告》。会议一开始,总理就谈起了甘肃的生态保护问题。花 10 年时间治理好了以后,我们要在沙漠上作个标记。有两层含义,一是说明广大干部群众同自然作斗争,做到了没有让民勤成为"第二个罗布泊";二是警示后人,世世代代继续奋斗,不让沙漠南侵。

2007 年 3 月 6 日,时任国务院总理在参加甘肃代表团审议时说,希望做好四件事:"一是绝不能让民勤成为'第二个罗布泊';二是一定要保护好敦煌的生态环境和文化遗产;三是保护好祁连山冰川;四是防止黑河、石羊河流域沙化和河西走廊地区耕地盐碱化。"20 天后的 3 月 26 日,总理在全国防沙治沙大会上又提到了民勤生态问题。他忧心忡忡地说,甘肃武威的民勤在巴丹吉林沙漠的南缘,沙已经把民勤很多地方覆盖了。几年以前,我就向甘肃的党政领导和人民群众提出来,一定不要让民勤成为"第二个罗布泊",现在看来治理相当困难。

2007 年 10 月 1 日国庆期间,从上午 8 时到晚上 10 时,专程来到武威的温总理接连十四五个小时没有停歇,奔波在石羊河流域,直至流域尾端腾格里沙漠和巴丹吉林沙漠的交汇处,察看防沙治沙情况,进入村庄走访农户,与干部群众座谈,研究民勤生态保护和沙漠治理的根本大计。地处沙漠南缘的西渠镇煌辉村,已经有一多半的村民迁移到百余公里之外水资源条件较好的村落。温家宝总理十分关心生态移民的安置和生活,来到正在搬迁的农民张兆民家,总理盘腿坐在炕上,与村民们聊起了家常。我们面前就是巴丹吉林和腾格里两大沙漠交界的地方,是民勤这个绿洲把它们隔开了,我们决不让这两个沙漠合拢。再过 5 年,或者再过 10 年,青土湖能不能变为湿地或者恢复原来湖泊的面貌?有人说这是一场阻击战,也是一场保卫战。动员起来的群众,加上科学的方法、组织的力量,能够打赢这场战争。要实现目标,就必须打好三套"组合拳"。一是石羊河上中下游的治理。上游要涵养水源，保护祁连山冰川；中游要加强管理调度，科学合理用水；下游要关井调水，恢复生态。二是核心围绕节水，通过实施工程、生物、灌溉等措施，兼顾生态、生产、生活用水。这三个方面密不可分。但第一位的还是生态用水，因为过去我们欠账太多。如果生态恶劣了，生产和生活也就没保障；生态改善了，生产、生活才能得到改善。三是植树造林，因地制宜，多种沙生植物、耐旱植物。植树造林，才能更好地改善生态，涵养水源。

规 划 出 台

《石羊河重点治理规划》的出台经历了一个艰难曲折的过程。

1984 年，甘肃省水利厅组织武威地区和金昌市有关部门共同编制《石羊河流域规划》，于 1986 年提出初稿后，请 20 多位水利专家和技术人员讨论，并确定由省水电设计院对初稿进行汇总、修改和补充，1988 年底上报省政府审批。

1990 年 2 月，省政府批准《石羊河流域初步规划报告》（报批稿）。规划着重解决该流域三大问题：一是解决流域内中、下游之间的工农业水量分配问题；二是明确了节约用水是本流域的头等大事，并在此基础上着手实施跨流域调水问题；三是积极组建省管地级的石羊河流域管理机构，以便执行和实施本规划。

1991 年 8 月，甘肃省统战部和省九三学社派遣水利、林业方面的专家 7 人到民勤作了实地考察，形成了《甘肃省民勤县水资源紧缺问题调研报告》，并于 1992 年 1 月 3 日在兰州召开了调研讨论会。

2001 年 9 月，中共甘肃省委、省政府主要领导带领省计委、水利、林业、财政等有关部门负责人考察石羊河流域水资源和生态环境状况，并向国务院提交了专题报告，报告引起了党和国家领导人及有关部门的高度重视。

从 2002 年开始，甘肃省组织力量编制石羊河流域治理规划。规划由石羊河流域管理局负责，委托清华大学、甘肃省水电设计院、兰州大学等有关部门编制。国家发改委、水利部组织对规划进行了多次审查，甘肃省对规划进行了多次修改完善，数易其稿，编制完成了《石羊河流域重点治理规划》。

2003 年，武威市投入资金 4000 万元，启动实施民勤湖区综合治理工程。

2005 年 10 月，甘肃省石羊河流域管理委员会成立，负责流域水资源开发、利用、保护、节约的宏观指导和监督，协调跨流域调水工程有关事宜，审批流域年度水量调度方案。

2006 年 2 月，武威市委、市政府发出《关于加快日光温室建设的通知》。

2006 年 2 月，省委、省政府在凉州区西营河灌区召开石羊河流域重点治理暨应急项目启动大会，标志着石羊河流域重点治理工程进入了全面实施阶段。项目主要内容是建设西营专用输水渠，西营、清源、环河灌区节水改造及配套工程；项目估算总投资 6.7 亿元；目标是到 2008 年，民勤蔡旗断面现状来水量仍维持在 0.98 亿立方米。应急工程完成后，西营专用输水渠向民勤蔡旗断面增加下泄水量 1.1 亿立方米，使蔡旗断面来水达到 2.08 亿立方米。

2007 年，《石羊河流域水资源管理条例》经省人大批准颁布。《条例》的出台，使流域内水资源管理走上了法制化、规范化轨道。

2007 年 12 月，总投资达 47.49 亿元（武威属区投资 40.55 亿元，其中，凉州属区投资 19.69 亿元）的《石羊河流域重点治理规划》经国务院同意，由国家发改委、水利部印发甘肃省政府执行，石羊河治理全面展开。

《规划》对石羊河流域人们在认识和实践上经历的一个漫长而曲折的过程进行了科学反省，提出了前所未有的科学的治理思路：立足本流域水资源，辅以适量的外流域调水，实施水资源统一管理，建立健全工作责任制，依法管水，加强用水的总量控制和定额管理，建立公平、合理的用水秩序；全面推进节水型社会建设，不断优化产业结构和用水结构，提高水资源利用效率和效益；减少上中游灌区和民勤地区的不合理用水量，增加进入民勤的地表水量，减少地下水开采，加快改善流域生态环境；因地制宜实施生态移民试点，减轻环境压力，改善群众生产生活条件；保护和恢复山区植被，涵养水源；治污减排，保障水质；通过政府支持和运用市场机制，引导农民发展节水高效农业，加快农村富余劳动力转移，促进农民节水增收。

《规划》提出，通过节水型社会建设、产业结构调整、灌区节水改造、水资源配置保障、生态移民措施，到2010年使民勤蔡旗断面下泄水量由现时的0.98亿立方米增加到2.5亿立方米以上，民勤盆地地下水开采量由现状的5.17亿立方米减少到0.89亿立方米（"两项约束性硬指标"）；到2020年民勤蔡旗断面下泄水量由2010年的2.5亿立方米增加到2.9亿立方米以上，实现民勤地下水位持续回升；力争北部湖区出现一定范围的旱区湿地，流域生态系统得到有效修复。

规 划 实 施

凉州区地处石羊河流域中上游，是全流域最重要的组成部分，也是全流域人口最多、密度最大，水资源使用程度最高、供需矛盾最突出、生态环境最脆弱的区域之一。面对这一现状，凉州区牢固树立全流域"一盘棋"的思想，以全面建设节水型社会为主线，紧扣两大约束性指标，统筹安排，多措并举，全力推进水权制度改革，农业种植结构调整、关井压田、节水工程建设等治理工作。

改革水权水价，实施水资源配置管理。凉州区制定了《水权制度改革实施方案》《水利工程供水价格改革方案》和《行业用水定额》等规章制度，每年制定年度水资源配置方案，明晰水权，采取以人定地、以地定水、以水定电、以电控水和凭票供水的管理办法。地下水全面安装智能化计量设施，按照分配的水权，冲卡取水，建立了以水权管理为核心的水资源管理体系。目前，流域内的农户家家都有水权证，千百年来习惯于大水漫灌的农民有了节水意识，农民节约下来的水可以进行交易，水权交易日渐成为常态。

推广节水技术，提高用水效率效益。大力推行关井压田，据统计，全区累计关闭农业灌溉机井270眼，累计压减灌溉配水面积20.26万亩，安装地下水计量设施4887套，实现了地下水开采的精细化管理。实施灌区节水改造工程，累计改建干支渠 452.23 公里，大力发展管灌、滴灌及先进的高效节水灌溉技术，完成渠灌、管灌、大田滴灌、温室滴灌等田间节水改造面积 116.49 万亩。

调整农业种植结构，强力推进"设施农牧业+特色林果业"主体生产模式。实施节水措施后，为了确保农民增加收入，区上积极探索水资源消耗少、科技含量高、经济效益好的发展路子，大力调整农业产业结构，强力推进"设施农牧业+特色林果业"主体生产模式和"储藏加工+运输销售"的营销模式，集中人力、物力、财力，大力发展日光温室产业和特色林果业，确保实现户均 2 亩棚、2 亩经济林，农民纯收入翻一番的目标。凉州作为传统的农业区，以种植高耗水、低效益的玉米、小麦为主。刚开始时，农民对发展温室大棚、养殖暖棚等设施农牧业难以接受，有些农民甚至说，"宁添一座坟，不建一座棚"、"宁给婆娘洗袜子，不建大棚种辣子"。对此，各级政府及时开展"市情、区情进万家"宣讲活动，加强科技服务和农民培训，邀请专家和外省市农民技术员、凉州区种植能手在各乡（镇）巡回演讲、传授技术；组织乡村干部、村民到山东寿光、宁夏中卫及甘肃靖远等地参观学习。为全力推进以温室大棚为主的现代高效节水设施农业，区上严格按《规划》要求，给建棚农户发放补助资金 5000 元/亩。同时，创新工作方式，以温室大棚项目补助资金为担保，大力推广妇女小额担保贷款、草食畜牧业和设施蔬菜产业的"双业"贷款，有效解决了建棚资金不足的问题。为解决温室大棚蔬菜、水果销售难的问题，区上还建立了应对市场的服务体系，组织成立了多种形式的专业合作社，加大了流通环节的服务力度。截至 2013 年底，全区累计完成设施农牧业 29.89 万亩，实现设施农牧业亩均纯收入 2.5 万元，农民纯收入来自设施农业方面的人均达到 2000 元以上，获得了经济和节水双重效益。温室大棚的投入产出效益，让当地农民切实看到了温室大棚的发展前景。同时，大力发展特色林果业，截至 2013 年底，全区已建成葡萄、红枣、枸杞、皇冠梨等特色林果基地 39.78 万亩。统筹调度水资源，确保完成约束性指标。为了确保完成约束性指标，省上还修建了西营河专用输水渠，该工程输水线路总长 50.3 公里，于 2010 年 7 月建成通水运行,当年即向民勤蔡旗断面输水 1.34 亿立方米;实施天然河道治理工程,筹资 5000 万元,采取河道疏浚、清障、填平采沙坑、压实河床以及开挖主河槽等措施,对金塔河、西营河、杂木河天然河道进行整治,大大提高了三条河流的输水效率和行洪能力;实施景电二期延伸工程,工程于 2012 年开工建设,8 月 31 日全面完成;现浇钢筋砼箱形暗渠 20.923 公里,修建永久管理道路 30 公里,主体工程全部完工,9 月 30 日全线通水试运行;加大人工影响天气的投入力度,向天借水,在祁连山布设人工作业增雨点,常年开展人工增雨雪和防雹作业,为完成石羊河重点治理目标作出了积极贡献。

建设生态屏障,大力实施生态保护和建设工程。全面完成了集体林权制度主体改革任务,充分调动了农民群众治沙造林的积极性;大规模开展造林绿化,截至 2013 年底,全区完成人工造林 24.04 万亩;加大防风固沙力度,依托防风固沙及生态恢复规划项目,积极推广运用"麦草沙障+梭梭"的治沙技术模式,全区完成封沙育林草 17.2 万亩。

大力发展循环经济,推进节能减排和清洁生产。鼓励工业企业使用节水环保工艺、技术和设备;加快城区供水管网改造,推广普及节水器具;建立完善 50 个农业综合节水示范点和 20 个城镇节水示范点,衬砌配套末级渠系,全面推行工农业用水智能化计量管理,稳步推进大中型灌区和重点小型灌区节水改造工程建设,大力发展管灌、滴灌及先进的高效节水灌溉技术,推进高效节水农业向规模化发展。

治 理 成 果

石羊河流域重点治理工程启动以来,从中央到地方,对石羊河流域治理投入大量的财力、人力和物力,如今,凉州区石羊河流域治理模式取得了生态修复与经济、社会协调发展的明显成效。

生态效益。凉州区坚持以节水、治沙、造林、防污为重点,流域生态治理取得显著成效。近几年来分别向石羊河尾闾青土湖下泄生态水,使干涸 52 年之久的青土湖形成了 15 平方公里的人工季节性水面。民勤青土湖周边以及夹河、收成等乡镇的封育区地下水水位大面积回升。据国家水文部门设立的观测井显示，青土湖地下水埋深由 2007 年的 4.02 米上升到 3.5 米，2008 年关闭的 200 多眼机井中，有 7 眼成自流涌泉。夹河乡黄案滩自然恢复区的芦苇，如今已生长近 10 万亩。沙生灌草植被蓬勃丛生，植被覆盖度由 2006 年的 28% 提高到现在的 36%。近 5 年，凉州区完成人工造林 113.32 万亩，封山沙育林草 17.2 万亩，通道绿化 680 公里。据全国第四次荒漠化和沙化监测，2005—2009 年，全区荒漠化面积减少 18.68 万亩，荒漠化程度由极重度向重度、中度和轻度发展，沙尘暴次数由"十五"时期的年均 12.8 次减少到"十一五"时期的年均 8.8 次。气象部门通过观测，对石羊河流域生态质量气象进行评价，2012 年 8 级以上大风和沙尘暴是近 30 年来最少的一年。2013 年未出现沙尘暴天气，生态恶化趋势得到有效控制，区域环境质量持续改善。

经济效益。通过加大农业结构调整力度，大力推广"设施农牧业+特色林果业"的主体生产模式，产业结构不断优化，农民收入持续增长。近年来，凉州区累计发展设施农牧业 29.89 万亩，发展特色林果业 39.78 万亩。2013 年种植高效经济作物 62.14 万亩，粮经比由 2009 年的 63.7∶36.3 调整到 2013 年的 58∶42。在水权配置大幅度减少、农田配水面积大幅度压减的情况下，5 年内农民人均纯收入增长 34.71%，其中 45.6% 是通过农业结构调整拉动增长。2013 年，凉州区农民人均纯收入达 8371 元，比 2006 年增长了 124.79%。

社会效益。通过"压减农业用水、节约生活用水、增加生态用水、保证工业用水"，破解"结构性缺水"命题，用水结构不断优化。2013 年，全区总配置水量 10.22 亿立方米，比 2006 年 12.53 亿立方米减少 2.31 亿立方米，减幅达 18%；农业配置水量 7.61 亿立方米，比 2006 年 11.45 亿立方米减少 3.84 亿立方米，农业配置水量占总配置水量的比例由 2006 年的 91.4% 减少到了 2013 年的 75%。2013 年，全区实际用水量 10.22 亿立方米，控制到配置水量以内，生活、生态、工业和农业用水结构比例由 2006 年的 2.3∶2.2∶4.1∶91.4 调整到 4.9∶6.3∶14..4∶74.4，地下水实际开采量由 2006 年的 4.58 亿立方米削减到 3.53 亿立方米，减幅达 22.9%。

凉州区通过实施石羊河流域治理工作，水资源管理制度不断健全，管用水行为得到规范，全民自律节水意识明显增强，用水量得到了有效控制，尤其是水资源利用效率普遍提高，全区农业单方水效益提高到 6.77 元，河水灌区灌溉水利用率由 2006 年的 0.5 提高到了目前的 0.57，井水灌区由 0.76 提高到了 0.84。2012 年 9 月，凉州区向民勤蔡旗断面调水 2.1 亿立方米，石羊河下游民勤蔡旗断面过水总量已达 2.9071 亿立方米，提前 8 年实现了《规划》确定 2020 年民勤蔡旗断面下泄水量 2.9 亿立方米以上的约束性年度过水目标。成果来之不易，经验弥足珍贵，未来任重道远，坚信在不远的将来，凉州区石羊河流域会取得更大的治理成果。

疏勒河昌马水库枢纽工程建设亲历记

王培龙[*]

疏勒河，其名源于中古突厥，意为来自雄伟大山的河流。干流发源于祁连山深处的讨赖南山与疏勒南山之间的沙果林那穆吉木岭，终于敦煌西北哈拉湖（又称青盐池），全长 670 千米。从卫星遥感图上看到，在中国版图上，它是唯一一条由东向西流淌的内陆河流。每年平均径流量 10.31 亿立方米，流域面积 4.13 万平方千米。

疏勒河从盛唐时期就初步形成自流灌溉农牧区。新中国成立后，党和政府先后对疏勒河进行了 3 次开发，由于历史背景和规划设计不充分、资金技术不到位等原因，历经"三上两下"始终未能正式上马。进入 20 世纪 90 年代，甘肃省政府向国务院呈报了疏勒河项目开发建议书，1996 年 3 月，国务院批准疏勒河项目可行性研究报告代替审批立项。疏勒河开发被国家列为甘肃"九五"重点建设项目，并载入了全国八届五次人代会《政府工作报告》。由此疏勒河项目的"龙头工程"昌马水库拉开了大规模建设的帷幕。

1996 年 3 月，我受甘肃省河西走廊（疏勒河）农业灌溉暨移民安置综合开发建设管理局（以下简称疏勒河项目）局长张根生委派，带领 20 多人的先遣队第一批到达疏勒河项目区之一的玉门市玉门镇。自此，我全程参与了长达十年的疏勒河项目建设。本人从一个建设者的角度对疏勒河项目

---

* 作者系甘肃省疏管局人事教育处处长。

"龙头工程"昌马水库枢纽工程的建设过程做一回顾。

1996 年 5 月，疏勒河项目启动班在省会兰州开班，标志着疏勒河项目正式启动。经过大量的前期准备工作，1997 年 6 月 9 日昌马水库完成库区路、电、通讯"三通工程"，为下一步主体工程的实施奠定了基础。1997 年 8 月 26 日，经过国际竞争性招标，昌马水库枢纽工程由中国水电五局以 1.45 亿元中标承建。1997 年 11 月，昌马水库枢纽工程监理合同在西安签约，西北电力勘测设计院承担了整个工程的施工监理。承担昌马水库工程设计的甘肃省水电勘测设计院设计代表进驻工地。

拟建的昌马水库位于河西走廊玉门市境内疏勒河昌马峡进口 1.5 公里处，这里四面环山，地势险要，地质结构复杂。水库设计坝高 54.8 米，坝顶高程 2004.8 米，坝顶长 365 米，坝顶宽 9 米，总库容 1.94 亿立方米，正常水位高程 2010.8 米，属大二型水库，防洪标准为百年一遇洪水设计，概算投资 4.5 亿元。水库建筑物由壤土心墙砂砾石坝、排砂泄洪洞、溢洪道、引水发电洞及电站厂房组成。水电站装机容量 1.425 万千瓦，年发电量 6609 万千瓦/时，是以农业灌溉为主，兼顾防洪、调蓄、工业供水、水力发电、生态输水等多功能的水力枢纽工程。

1997 年 9 月 30 日，承建大坝主体工程的中国水电五局、承建大坝基础处理和防渗墙施工的中国水利水电基础工程局等各路建设大军的机械和设备云集昌马峡谷，大坝基础开挖、防渗墙、导流排沙洞等工程同时开工建设。挖掘机的马达声与疏勒河涛声汇奏出一支交响曲，使沉寂了千万年的峡谷呈现出一片热闹的景象。

1998 年 11 月 16 日，在昌马水库咽喉工程排沙泄洪洞的施工中，洞内发生了长 85 米的冒顶大塌方，隧洞施工一度受阻。排沙泄洪洞塌方引起了世界银行和国家有关方面的重视，世界银行派来权威的隧洞专家现场指导，水利部派出专家组汇同省内有经验的水利地质专家进行"会诊"。国家计委稽查组和省政府联合调查组在查清塌方原因后，要求立即采取措施进行整顿。建设单位及时总结经验教训，要求参建各方加大整改力度，按照菲迪克条款，优化组合、配置资源，重新调整了监理、施工单位主要负责人，严格审查施工方案。面对塌方抢险等种种困难，省疏管局党政一班人同心协力、冲锋陷阵，带领工程技术人员驻守一线，研究决策，现场指挥，并与监理、设计、施工单位协作，联合抢险，背水一战。按照世行隧洞专家和国家水利部专家组审定的管棚法抢险施工方案，建设者昼夜不间断地向塌方体空穴充填灌浆，山体凝固后，采用管棚法边开挖、边支护、边进行混凝土永久浇注。经过14个月的奋战，总长472米，洞身长295米，洞径8米的排沙泄洪洞于2000年3月17日全线贯通。

2000年9月进行了大坝截流前的阶段验收，世行大坝专家和省内外专家组一致认为：昌马水库各项工程设计合理，排沙泄洪洞塌方技术处理正确，施工质量合格，具备截流条件，坝基处理和发电洞工程质量总体良好，大坝截流和度讯方案可行，通过验收，决定大坝按期截流。2000年9月17日，昌马峡谷车水马龙，人声鼎沸，省地领导和当地数千名干部群众参加截流仪式，庆祝大坝龙口截流。随着截流指令的下达，排沙泄洪洞闸门隆隆开启，上百辆大吨位自卸载重车装满砂石直奔截流龙口，龙口逐渐合拢，流淌千年的疏勒河水被拦腰截断，大坝实现成功截流。

2001年，昌马水库工程进入大坝填筑高峰期。水电五局调集近百台大型设备，800余人昼夜施工。为了确保大坝按期建成，下闸蓄水，参建各方开始"倒计时"，建设、监理、设计、施工四方强化管理，精心组织，目标一致，协同作战。严格实行投资、质量、进度"三控制"和质量"三检制"，水库工程形象进度、质量控制均达到合同规范和设计要求。2001年7月10日，大坝填筑提前80天到顶，达到50年一遇拦洪度汛高程。2001年9月26日，中国水科院专家组对水库各建筑物进行全面检查后作出蓄水前安全鉴定结论：昌马水库各项单位工程的监测和验收资料表明，工程质量合格，大坝具备安全蓄水条件。

昌马水库历时4年的建设，于2001年10月主体工程建成，12月17日按期下闸蓄水。水库共完成土石方开挖77万立方米，大坝填筑265万立方米，混凝土浇筑12万立方米，总投资4.5亿元。在昌马水库施工的4个春秋里，建设者在高山峡谷安营扎寨，放弃节假日与亲人团聚的机会，克服高寒、风沙、酷暑等恶劣的自然环境，全力以赴，硬打硬拼，抢回了因排沙泄洪洞塌方而失去的一年多工期。

昌马水库施工建设还凝结了许多中外专家的智慧和汗水。原水利部水科院院长、清华大学教授张泽，中国工程院院士、水利工程专家曹楚生，工程地质专家俞克礼、世行隧洞专家达勒、水利工程专家汉森、加拿大国际工程公司首席咨询专家安德森等数十名专家多次到施工现场咨询指导，解决了许多技术难题。正是这些可敬的专家和建设者的辛勤劳动，才确保了昌马水库枢纽工程的按期建成。

在昌马水库竣工纪念碑上，镶刻着永久的记录："祁连横空，盔雪东绵。疏勒润地，逶逸西行。山水相彰，数千年沧桑物华天宝；河岳共秀，几百里绿洲人杰地灵。此举顺乎天时，应乎民心，此业撼天动地，旷古亘今。建设者之卓著功勋，与斯库共存共荣。"

昌马水库枢纽工程如期建成，实现了甘肃几代水利人的梦想，也成为甘肃水利建设者新世纪共同铸起的又一座丰碑。

为了共有的家园

刘 国 强[*]

  水是生命之源、生产之要、生态之基。张掖市地处黑河流域中游，历史悠久、文化灿烂，气候干旱，水资源紧缺，是国家重要的经济安全通道、西部重要的生态安全屏障、古丝绸之路的咽喉要塞。国家实施西部大开发战略中，张掖市抢抓机遇，调整思路，调动资源，依托黑河流域近期治理项目，在维护流域生态和谐的前提下，走上了一条全新的节水之路——建设节水型社会，逐步建成制度完备、设施完善、用水高效、生态良好、发展科学的节水防污型社会，基本形成节水型社会的整体框架。在这场轰轰烈烈的建设中，我作为一名水利工作者，亲身经历了黑河调水和节水型社会建设的日日夜夜。

艰难的统一调度

  "自古长河归沧海，唯有弱水入居延。"弱水，就是我国第二大内陆河——黑河，千百年来，它汇聚祁连山冰雪融水，跨高山、越平原、穿戈壁、入居延，蜿蜒928公里，纵跨青、甘、蒙三省区，流域面积达到14.3万平方公里，在创造辉煌的中华西部文明历史和灿烂农耕文化的同时，孕育了大漠边缘的张掖、额济纳两大绿洲。这条古老的长河，在实施跨省区水量

---

 * 作者系张掖市水务局副局长、市节水办主任。

统一调度的进程中，更是谱写了一曲壮观的绿色颂歌，所到之处尽显一条河流的博大与神奇！

20 世纪中叶以来，黑河流域生态恶化趋势加剧，下游额济纳频繁的沙尘暴引起了党中央、国务院的高度重视。为保持黑河流域生态环境的整体均衡和安全，2001 年 2 月，国务院第 94 次总理办公会议决定实施黑河流域近期治理，明确在 3 年内通过灌区节水改造、退耕还林还草和经济结构调整等措施，实现当黑河上游来水 15.8 亿立方米时向下游增泄水量达到 9.5 亿立方米的分水目标，以此恢复下游生态环境，促进经济社会同步发展。

张掖市是典型的灌溉农业区，也是典型的资源型缺水地区，这里集中了全流域 95% 的耕地和 89% 的国民生产总值，是全国重要的商品粮生产基地和瓜果、蔬菜生产基地。在这"有水则为绿洲、无水则为荒漠"的金张掖，要从视黑河水为命根子的张掖境内向外调水，首先必须要做通自家农田干渴受旱而让水从门前流过的老百姓的思想工作，对各级政府、水务部门以及张掖人民来说，这是一场前所未有的挑战，更是一种严峻的考验。面对自身水资源匮缺与下泄任务的两难抉择，在没有任何先例可循的情况下，针对黑河特点，张掖市各级政府及水务部门经过深入调查分析和充分论证，首创了"全线闭口，集中下泄"的调度措施，2000 年 8 月，黑河中游开始实施第一次"全线闭口、集中下泄"。自此，拉开了黑河跨省区统一调度的序幕。

"全线闭口、集中下泄"是实施黑河水量调度的关键措施。但整个黑河干流没有骨干调蓄工程，在每年长达 100 多天的调水期内，面对黑河中游遍布大大小小 60 多个引水口门——这些历史上形成的简易引水口门，除少数合并改造外，绝大部分年久失修，基本没有引水计量设施，用水管理无法做到"心中有数"，部分河段宽浅散乱、河汊众多，基本没有河道形态，水流散乱，蒸发、渗漏损失严重，在无任何经费的情况下封堵质量难以保证，试想，每年要在长达 200 多公里的调水线上关闭口门、堵坝拦水、确保水流顺利下泄，谈何容易！在最初调水的阶段，中游的广大群众眼睁睁看着浩浩荡荡的黑河水从门前流过，自己田地里的庄稼却受旱泛黄，他们心急如焚，焦灼难耐，有的甚至采取极端行为想让自己的庄稼喝些水。但当思想工作的逐步深入，他们明白了国家政策，明白了下游牧区人民对黑河水更为迫切的需求之后，这些忠厚的庄稼人平息了胸中的怨愤，强忍住心中的焦虑，拿起铁锨，抢起钢钎，默默地投身到整治河道、堵坝拦水的队伍之中。

回望 2000 年的最后一次全线闭口，天气已进入冰冻时期，却尚有 2500 万立方米的下泄任务没有完成。此时，尽管甘州、临泽、高台三县区的农田冬灌已经延误，但张掖市委、市政府还是不得不决定再次推迟冬灌时间，并下令放空高台天城和明塘两座水库的水，背水一战完成调水任务。而当时这两座水库周边的百姓刚刚在水库里投放了价值 25 万元的鱼苗，当库闸打开的时候，白花花的鱼苗随着巨浪漂走，百姓蹲在岸边放声痛哭，所有在场的领导干部和工作人员也陪着一起流泪。

2001 年，张掖遭受了 60 年不遇的特大干旱，黑河沿岸近 48 万亩粮食作物、37 万亩经济作物受旱枯萎，濒临死亡。一边是自己老百姓渴望和期盼的眼神，一边是兄弟省区焦灼地等待和党中央国务院赋予的调水任务，张掖市委、市政府主要领导亲临黑河沿线督战，采取强硬措施，层层签订责任状，派出督查组在各渠口日夜巡回督查，各个水闸昼夜"人不离口、口不离人"，市县区在家领导和全市 1000 多名水利职工全部出动，在黑河岸边形成了一支庞大的"绿色护卫队"，守护着黑河水在委屈与躁动、期盼与等待中向下游奔泻而去。这一年，张掖市农业受旱损失和调水经费负担上亿元，临泽梨园河灌区和高台骆驼城灌区的一些农田几乎颗粒无收。而滔滔的黑河水在"北归"的征程中绿了草原，肥了牛羊。2003 年 9 月，黑河水流归干涸 43 年之久的西居延海，这标志着黑河调水取得重大突破，得到了国务院、国家水利部的高度评价。

从日夜巡查，到组织督察、落实责任，从协调、协商，到水量调度特别会议，从为落实"电调服从水调"多方协调，到挖空心思利用仅有电站调蓄，从闭口调度，到调处调度期间逐年增加的各类水事纠纷，张掖付出了太多的代价！每次调水成功的背后，都是错综复杂的调水形势，都是如履薄冰的调度风险。

节水路上的先锋

当滚滚的黑河水再度拥抱居延海的时候，当内蒙古人民在碧波荡漾的居延海边载歌载舞的时候，中游张掖却迎来又一个攻坚克难的时期，面对用水矛盾日益突出和农业发展与生态建设在用水方面的激烈碰撞，在为恢复下游生态调水的同时，自身的生态状况呈现出日趋恶化的趋势，一个严峻的问题摆在张掖人民面前，如何在有限的水资源条件下，走出一条既保证完成分水任务，又能保持全市农业经济持续发展的路子，实现人水和谐的双赢局面呢？春风惠顾，机遇垂青，正当整个张掖上下苦苦求索的时候，水利部、黄河水利委员会、黑河流域管理局及甘肃省委、省政府和省水利厅也将关注的目光投向张掖，为地方经济发展筹划方略，为水量调度工作提供领导组织保障。2001年4月，水利部部长汪恕诚同志到张掖视察工作时阐述了"明晰水权，确定总量与定额两套指标体系"和"强制节水、采取四种措施"为主要内容的水权理论，希望张掖开展以水权为中心的用水制度改革，促进水资源优化配置和高效利用，实现黑河分水与地区经济、社会发展的"双赢"目标。从综合各方意见及张掖实际出发，2002年12月，水利部把张掖确定为全国第一个节水型社会建设试点。一场以节水支撑调水，力争节水调水与经济发展"双赢"的战役，在张掖大地上悄然打响。

在此后的14年间，张掖节水型社会试点建设经历了理论探索、选点实践、政府引导、社会参与、全面推进、巩固提高的过程，初步形成了以水权改革配置、结构调整节约、总量控制调节、社会参与推动的局面。突出的水资源供需矛盾得以有效缓解，全民节水意识得以明显增强，在机关、在学校、在企业或田间地头，每个人都能说出一本流域水资源账，每个人都从自己做起节水、惜水，谈起水权改革、水商品、调结构、水资源配置，张掖的广大农民都如数家珍。全市三次产业结构调整为28∶37∶35，90%以上的灌区组建了农民用水者协会，70%的灌区实行了水票制供水管理；常规及高效节水面积达到294万亩，渠系水的利用率由59%提高到64%；城市生产、生活节水全面铺开，先后确定了 200 多家单位开展以健全节水制度、加强计量管理、改造节水工艺、推广节水器具、提高循环利用、加大污水治理为重点的节水创建工作，先后有 11 万人直接参与了此项活动，辐射带动社会各个层面，起到了较好的示范引领作用。2006 年，张掖节水型社会试点建设通过水利部验收，并被授予"全国节水型社会建设示范市"称号，对于张掖各级政府和人民来说，这既是荣誉更是鞭策。

解决水与发展之间的矛盾，归根结底在于节水。按照加大力度，扩大成效，巩固和保持好全国第一面节水型社会建设旗帜的总体要求，近年来，全市围绕经济社会发展大局和水资源的开发利用现状，以节水型社会建设为总揽，以实施最严格水资源制度为抓手，突出现代节水农业和生态安全屏障，建设以水权制度为核心的水资源管理体系，构筑与水资源承载力相适应的经济结构体系，加强水利设施建设，完善与水资源配置相适应的工程技术体系，突出抓好"总量控制、定额管理、以水定地（产）、配水到户、公众参与、水量交易、水票运转"等方面工作。在国家政策的大力扶持下，各级水务部门抢抓机遇，加快重点水利工程建设。如今，一条条高标准衬砌渠道纵横田野，一座座水库除险加固，节水型社会建设取得了实质性进展。

唤醒沉睡的绿洲

黑河分水是关系整个西北地区生态保护、民族团结、国防建设的大事，自 2000 年实施黑河水量调度以来，张掖各级政府和广大干部群众讲政治、顾大局，发扬团结治水的精神，使黑河连年唱响绿色的颂歌，这是一曲艰苦奋斗、求实创新的创业之歌，是一曲顾全大局、团结治水的奉献之歌。

截至 2013 年底，张掖市连续 14 年完成了国务院确定的分水任务，累计向下游输水 144 亿立方米，占来水总量的 57.8%，干涸已久的东居延海自 2004 年以来呈现出碧波荡漾、群鸟云集、芦苇丛生的景象，形成了最大水域面积 42 平方公里，湖滨地区生态环境明显改善，已经濒临绝迹的大头鱼再次畅游湖区，白天鹅、野鸭子等动物也频繁现身。随着源源不断的水量补给，下游沿岸胡杨、红柳生长茂盛，草地和灌木林面积逐年增加，植被覆盖率逐年提高，沙漠和戈壁面积逐年减少，退化的草场开始恢复，地下水位的明显回升，使部分枯死多年的胡杨又重新长出新芽，生命的绿色唤醒了沉睡的绿洲。

黑河，这条青、甘、蒙两岸三地各族人民的母亲河，在中央实施西部大开发战略的进程中让沉寂的大漠焕发出勃勃生机，她见证了两岸各族人民团结治水、共建流域家园的决心。

生 态 环 境

人类生存对生态环境的依赖性增大，保护生态，还原自然已成为全人类关注的焦点，甘肃地处国家生态保护区的自然占位，生态环境治理责任大、任务重，为响应国家西部大开发的号角，陇原历代的创业者以退耕还林、还牧还草为切入点，持续坚守劳作，改变穷面貌，还原新生态，努力营造山清、水绿、环境宜居的生存条件，由期盼变现实，赢得了世人的关注和好评，争取了国家生态安全屏障建设实验区的政策支持。

参政议政聚合力

尚 勋 武[*]

"生态家园富民计划"是国家农业部于 2000 年启动的，利用户用沼气、"四位一体温室"等技术，以解决农村能源问题为切入点，促进农民增收和农业可持续发展而实施的工程。在 2001 年到 2005 年间（即"十五"期间），国家对计划共投入资金 34.5 亿元。"十一五"期间，该计划上升为生态家园富民行动，成为国家工程，继续加大了投资力度。到 2008 年底，我省共建成户用沼气池 45.5 万座，其中争取国债投资 4.47 亿元，完成各类投资 14.94 亿元，项目覆盖全省 79 个县、7850 个行政村，受益群众达 45.5 万户。现有沼气池年产气 1.7 亿立方米，减排二氧化碳 65.9 万吨，替代薪柴 68 万吨，相当于 159 万亩森林年生物蓄积量。

"生态家园富民计划"在我省的大面积推进实施，离不开省委、省政府的高度重视，更离不开许嘉璐等民进中央领导的关怀、关心和大力推动以及民进甘肃省委会的积极呼吁和支持。可以说"生态家园富民计划"是通过政协这个参政议政的平台凝聚了各方面的力量，形成强大的合力，才能够逐步做大做强，得以顺利实施的。作为一名民进界别的政协委员，我有幸能够成为这项工作的见证者和参与者。

2003 年初，民进中央将推进"生态家园富民计划"列为年度重点调研课题，要求重庆市以及安徽、甘肃两省民进地方组织开展调研，为民进中央

---

* 作者时任甘肃省农牧厅副厅长、民进甘肃省委会主委，是全国政协委员。

领导开展视察调研掌握第一手资料。2003年6月，民进甘肃省委会研究成立了"生态家园富民计划"调研组。调研组共4人组成，由我担任调研组长，省委会议政调研部2名同志并邀请省农村能源中心有关负责人参加调研。2003年7月7—11日，调研组一行驱车近2000公里赴临洮、舟曲、天水、定西开展调研。随着调研的一步步深入，调研组逐步达成了几点共识：

1. "生态家园富民计划"是一项同时具有生态效益、经济效益、社会效益和政治效益的项目，在我省乃至全国生态脆弱区、贫困地区应当尽快、大力推进实施。

在天水市北道区社堂镇下曲村农民崔跃军家，我们与主人一起算了笔经济账：一座10立方米五配套模式沼气池，节煤、节电、节约农药化肥实现经济效益1000元；使用沼液沼渣用于葡萄生产提高产量和品质增加收入1400元。全年可实现经济效益达2400元，当年即可收回成本。我省有1900万农业人口，400万左右农户，如果条件允许，"生态家园富民计划"将发挥巨大的经济效益。

舟曲县弓子石乡井坪村由于交通不便，农民普遍缺乏燃料。自50年代以来，由于上山砍柴共摔死村民近500人。"生态家园富民计划"实施后，农民告别了上山砍柴的历史，一方面使生态得到有效保护，另一方面使农民群众的生命安全得以保障。通过小沼气池的建造，提高了各级党委、政府在群众中的形象地位，改善了党群、干群关系，使农民群众深切感受到国家的关怀与关心。

我们深深感到："生态家园富民计划"正是解决"三农"问题的一个有力切入点，是改善生态环境，提高农民生活质量，促进农业增效、农民增收、农村进步，加快推进农村全面建设小康社会的一项重要途径和措施，是一项民心工程、幸福工程和德政工程。

2. "生态家园富民计划"的推广实施对农民生活质量提高具有革命性意义。在调研中我们看到，通过"生态家园富民计划"的实施，改变了过去农村"人无厕所猪无圈，风吹草粪满院转"的"脏乱差"的状况。农村妇女摆脱了烧火做饭的烟熏火燎之苦，降低了劳作强度，农民生活环境、生活习惯和生活方式有了质的飞跃。

3. "生态家园富民计划"将是民主党派开展参政议政，服务中心工作的有力"抓手"，民进将在"生态家园富民计划"的推进实施中大有作为。

短短几天的调研走访，我们看到无论是普通农民还是各级领导干部都对"生态家园富民计划"交口称赞，都希望通过调研组反馈意见建议，希望国家能够进一步加大、加快建设力度，使"生态家园"尽早进入千家万户。直观感受告诉我们，"生态家园富民计划"将是篇大文章，通过向党委、政府提出建议、提案的方式能够进一步推动"计划"的实施，从而为民主党派履行参政议政职能开拓了新的领域。

调研结束后，我向民进甘肃省委会汇报了调研的情况，提出：应当抓住机遇，引起注意，争取民进中央领导来甘视察调研，借势借力推进我省"生态家园富民计划"加快实施。

2003年7月下旬，由民进甘肃省委会主委李国璋陪同甘肃省副省长李膺专程前往民进中央，向全国人大副委员长、民进中央许嘉璐主席汇报甘肃省"生态家园富民计划"实施情况，由调研组撰写的汇报材料通过"三笔账"即：一是通过天水市北道区下曲乡社堂村村民家庭使用沼气池发展葡萄产业前后经济效益算经济账；二是通过农民使用沼气池而减少柴草使用量算生态账；三是通过对比舟曲县弓子石乡井坪村结束上山砍柴的历史而减少伤亡计算生命账。引起了许嘉璐副委员长的高度重视。

2003年9月4—17日，由全国人大副委员长、民进中央主席许嘉璐，全国政协副主席、民进中央常务副主席张怀西带队，民进中央副主席王立平、王佐书等在京的民进中央领导全体出动，赴甘肃省考察调研，我以考察组专家的身份全程陪同调研。

这次调研在我省12个县（市、区）的8个乡（镇）10个村的17家农户进行了走访，了解和掌握了"生态家园富民计划"的真实效益和在实施过程中取得的经验和存在的问题。9月17日，调研组与中共甘肃省委、省政府的座谈会上，全国人大副委员长、民进中央主席许嘉璐满怀深情地说："民进中央将配合农业部，为甘肃省生态家园富民计划做大做强尽心尽力，为使甘肃省更多农民受益尽心尽力。"陪同调研的国家农业部副部长当即表示为甘肃省实施"生态家园富民计划"增拨经费 1600 万元。调研结束后，我执笔撰写了《民进中央关于甘肃省生态家园富民计划实施情况的考察报告》。

民进中央综合了在重庆市、安徽省、甘肃省考察调研的情况，向全国政协十届二次会议提交了《关于大力推进生态家园富民工程的建议案》。提出将"生态家园富民计划"提升为国家工程等一系列建议。温家宝总理批示："请发改委同农业部、扶贫办研究。"发改委征求各方意见后，采纳了民进中央的建议，形成了《国家发展改革委关于生态家园富民计划有关问题的报告》，将此计划正式提升为国家工程推广实施。

2004 年初，民进甘肃省委会向政协甘肃省九届二次会议提交了《关于在我省推进实施生态家园富民计划的建议》，并以此提案为内容进行了大会发言，呼吁各级党委政府以及社会各界关注和支持我省"生态家园富民计划"的实施。这项建议被省政协列为主席督办重点提案。此后，在民进中央许嘉璐主席、张怀西副主席的关心支持下，国家农业部加大了对甘肃省"生态家园富民计划"国债资金的倾斜力度，重点支持甘肃省推进实施计划。2004 年 7 月，省政协召开的主席督办提案办理会议，省政协副主席周宜兴评价说："这是一件关系我省农民增收、农业和农村发展的重要建议，沼气池虽小，但是意义重大，效益巨大。从提案办理的情况来看，民进中央和民进甘肃省委会所做的工作和推进的力度早已远远超出了提案本身，这将是一件产生深远影响的好建议。"次年，《关于在我省推进实施生态家园富民计划的建议》被省政协评为优秀提案。

兰州"两山"绿化工程
四上总理办公会

张兴照[*]

1999 年 10 月 23 日，兰州市南北"两山"绿化翻开了新的一页。朱镕基总理视察"两山"绿化建设，提出要把兰州南北"两山"绿化作为全国生态建设的示范性工程来抓。"两山"绿化工程有了一个民间称呼——总理工程。从此，300 万兰州人与国家总理共同拥有了一个广袤浩瀚的绿色梦想。

2000 年 1 月 27 日，中共兰州市委任命我担任兰州市南北"两山"环境绿化工程指挥部指挥、党组书记。当时，我还有另一个身份，就是进京申报立项的"主攻手"。身负重责，我的压力极大——总理视察之后，"两山"工程项目尚未得到国务院审批，工程建设没有资金来源。但是，兰州市委、市政府坚持困难就是挑战，挑战就是机遇的思想，第一时间号召全市人民统一思想，坚定信心，迎难而上，在国家尚未批准立项的时候，不等、不靠，果断实施贷款造林。一年内，市政府已经通过贷款，向"两山"投入资金1.5 亿元。而"两山"建设者实际已经完成 2 亿元的工程量。因此，我清楚地知道：申请国家批准立项、申请中央财政支持事关"两山"成败。同时我也更加担心：如果项目跑不下来，怎么向市委、市政府交代？怎么向兰州人民交代？所以，第一次上北京，我就对同行的"两山"项目申请组的同

---

* 作者时任兰州市"两山"绿化工程指挥部指挥。

志们说，此去茫茫，没有退路，只能成功，不能失败。

2000 年 11 月，受市委、市政府的委托，省林业勘察设计研究院、省水利水电勘察设计研究院、兰州市城建研究院、兰州市水电勘测设计院四家科研机构召集麾下几十位专家进驻宁卧庄，拿着纸、笔、尺子，抱着数据资料苦干两个月，拿出了第一版"两山"绿化工程的可行性研究报告。初步确定，用四年时间，在"两山"新增绿化面积 48 万亩。

我目睹，起草可研报告期间，专家组仅用废的稿纸就装了一卡车！

2001 年 1 月下旬，中国国际工程咨询公司受到国家计委委托，对"两山"工程的可研报告进行现场评估。

初到兰州，中咨公司的国家级专家们对可研报告中的一些内容提出了很多疑问，他们认为：一项绿化工程配建一个水利项目就已足够，而兰州"两山"绿化却列入了 100 多个水利配套工程，简直太离谱了。然而，当专家们在我们的陪伴下登上南北"两山"，完成了实地考察之后，他们都沉默了。他们意识到自己遭遇了国内罕见的恶劣地质条件。"两山"地形之破碎、土壤之贫瘠超出他们的预想。经过仔细审核，中咨公司认为：兰州提出的可研报告是符合实际的，建议报请国务院批准。

2000 年 6 月，带着殷殷的期望，我和"两山"工程项目申请组的同志们踏上去北京、上总理办公会的征程，可是最终结果却令大家大失所望——"两山"工程项目未能获得总理会通过。就在我们处于失败的痛苦中时，月底，国家计委来电通知：甘肃省兰州市南北"两山"绿化工程项目规划建设规模过大，建设标准和要求中央补助的比例偏高，对原规划面积 48 万亩调整为 33 万亩，对原《可研报告》要做调整和重新论证。

在又用完了一车稿纸后，10 月初，省、市两级的这四家科研单位联手拿出第二版经过调整和修改的可研报告。"两山"绿化面积调整为 33 万亩。

10 月 24 日，国家计委以特急件的形式，将第二版工程方案上报总理办公会。中央领导的意见是，"两山"工程引水成本很高，需要对引水工程的经济效益再进行深入研究。这意味着，"两山"建设第二版方案又没有获得通过。

此时此刻，我正带领着"两山"工程项目申请组的同志们守候在京城。为了近距离获得信息，我们每次进京都住在国家计委招待所，3个人挤一个单间，狭窄的屋子里连张桌子都没有。面对又一次失败的消息，我的眼睛都急红了，回到住所，我和当时担任"两山"绿化副总指挥的梁祖泰同志，以及另外一名同行的干部，以床为桌，头对着头，趴在床上，撅着屁股，一个拿计算机调整数据，一个翻着材料修改，一个翻检技术资料。招待所的传真机昼夜开通，兰州的"大本营"里电话此起彼伏，各处室随时待命，核算、报告着各种数据。虽然我们都已经上了年纪，可是工作的时候就像着了魔，什么感觉都没有，当最后一组数据终于敲定，我想推开窗户透口气，才发现腰背僵直，动一下都困难。

一个个不眠之夜，一天天焦虑思考，第三版调整报告终于在这样的环境下被我们完成，其中的数据已精确到每一根水管的三维尺寸。

终于等到了12月4日，这一天"两山"建设方案三上总理办公会。然而上会的结果令人痛心——"两山"建设方案又一次没有获得通过。朱镕基总理亲自批示，要求改变和完善"两山"绿化工程运行模式。

这已经是"两山"工程立项第三次"受挫"了，我心急如焚。要知道，市委、市政府已通过贷款"化缘"，筹措1亿资金，在"两山"完成了8万亩的绿化面积。此时此刻，我们是进是退，何去何从？一位老同学劝我，事情到了这个份上，你也尽心尽力了，困难这么大，也就算了，何必这么苦自己！可是，面对总理的嘱托，面对全市人民的翘首企盼，我真的能做到说算就算了吗？压在身上的千钧重担快让我喘不过气来，但是在全市"两山"系统的干部大会上，我仍然发自肺腑地对大家讲：考察家族历史，我是家族中最大的一个"官"，平平稳稳干其他工作也没有大错；但生逢盛世，历史机遇已经来临，人一生能遇上大事的机会不多。什么是大事？绿化"两山"改善生态就是大事，干事要干有意义的事，做人要做有价值的人！

元旦刚过，我和梁祖泰以及另一位副总指挥马金山到市委向市委书记王军、市长张志银作了专题汇报。令人欣慰的是，两位领导态度坚定明确，鼓励我们振作精神，迎难而上，改变思路，继续争取。

转眼又是一年，壮志仍在胸中翻涌。根据朱镕基总理的批示精神，2001年2月，市委、市政府再次邀请中国国际工程咨询公司对"两山"绿化建设进行调研，重点论证"两山"工程的运行模式。此次调研，提问之多，研讨之细，在甘肃省的项目论证史上创造了新纪录。2月份，中咨公司完成了"两山"绿化工程运行管理方式及运行费用的调研论证报告。4月初，"两山"工程第四次出现在总理办公会上。

4月4日，适逢国家计委主任曾培炎出访，为了争取早日通过审批，我和"两山"工程项目申请组的同志们追到机场，终于使"两山"项目报告得到了曾培炎主任的签发。

4月6日，朱镕基总理去南方视察。随行的国务院副秘书长马凯带着"两山"项目报告在飞机上向总理进行汇报。

4月11日，总理结束南方视察，上午返回北京，下午就批准"两山"工程项目。

4月12日上午，春风和煦，省、市党政军领导及全市万人义务植树活动正在展开，项目批准的喜讯从北京传来了！当我面对这一特大喜讯时，脑子一片空白，当时只想扯开嗓子，大哭一场！

自2000年1月底算起，进京争取"两山"工程立项，历时两个年头，申报立项的历程可谓艰难曲折。而"两山"工程项目的建设也称得上波澜壮阔。

2002年，兰州市和县（区）南北"两山"绿化指挥部全面完成工程建设任务，新增造林33.3万亩，占国家批复33万亩的100.9%；共栽植各类苗木3245.4万株，苗木成活率和保存率均达到国家标准；96项水利工程全部合格；工程累计完成投资6.6亿元，总体投资控制合理，符合要求。在绿化工程、水利工程、林业基础设施工程、强化工程硬件建设和管理，规范管理软件资料、加强建设资金的管理和监督方面取得重大突破。当年9月，国家计委委托甘肃省计委召集省林业厅、水利厅、建设厅、财政厅等部门和兰州市政府及15位特邀专家共同组成工程竣工验收委员会，对兰州市南北"两山"环境绿化工程进行验收，"两山"工程项目因按照批准的设计内容全面完成，达到了国家有关竣工标准，同意竣工验收。"两山"工程项目也真正成为甘肃省第一个通过国家验收的由国债投资建设的生态建设项目！

"两山"工程项目申报成功、建设完成后常有人向我问起这其中艰难种种，而我总是对他们说："'两山'绿化工程四上总理办公会，我们这些人问心无愧！"

"千万亩"农田节水点滴记忆

张志成[*]

2009 年 11 月，省委、省政府提出了大力发展高效节水农业的科学构想，并在张掖市召开了启动会议。会上，省委副书记、省长刘伟平做了动员讲话，指出"要把节约水资源、提高水资源利用率作为灌区可持续发展的战略任务，以更大的力度、更扎实的措施和更务实的作风，着力做好灌区节水农业这篇大文章，用更高的视角探索节水新模式，推动灌区农业向节水高效方向发展，为工业化、城镇化和产业化腾出用水空间，为实现可持续发展创造条件。"会议吹响了在全省实施高效农田节水工作的"集结号"。

艰 辛 探 索

我省地处祖国的西北内陆，地形地貌复杂，生态类型多样，受所处地理位置的影响，境内干旱多风气候频繁，降水稀少，区域水资源分布不均，干旱多灾，农业基础薄弱，自然条件严酷，生态环境脆弱，是一个典型的干旱半干旱地区，也是全国水资源最为贫乏和土壤侵蚀较为严重的省份，素有"十年九旱甚至十旱，三年一大旱，年年有旱灾"之称。全省现有耕地面积8100 多万亩，其中有效灌溉面积 2100 多万亩（含 290 多万亩的园林草地面积），占耕地面积的近 30%，但对全省农业经济的贡献在 60% 以上。全省分

---

* 作者系甘肃省农业节水与土壤肥料管理总站节水科科长。

属内陆河、黄河、长江三大流域，境内有较大河流 150 多条，多年平均自产地表水资源量 289 亿立方米，不重复地下水资源量 7.3 亿立方米，人均水资源占有量 1150 立方米，居全国第 25 位，为全国平均水平的 1/2，亩均水资源占有量 389 立方米，仅为全国平均水平的 1/4。全省多年平均降水量 302 毫米，降水自东南向西北递减，从陇南山区到河西走廊年降水量从 800 毫米过渡到 40 毫米，年蒸发量 1000 毫米至 3000 毫米降水时空分布不均，全年降水的 60% 分布在 7、8、9 三个月。从我省来讲，水资源供需矛盾较为突出的区域主要集中在河西走廊的内陆河及中部的黄河流域和东部的黄土高原区域，水资源短缺是我省发展农业的最大障碍因素。

随着全球气候变化，祁连山雪水逐年减少，甘肃河西生态环境逐步恶化，沙尘暴发生频率增加，探索在该区域推广投资少、见效快、节水效果好的技术就成了当务之急。借鉴 2003 年甘肃省农业节水与土壤肥料管理总站在实施农业部节水农业专项《半干旱地区集雨节灌技术集成项目》，与榆中县农技人员共同探索创新出"双垄面全膜覆盖集雨沟播技术"所取得的成功经验，针对我省灌区干旱少雨、水资源短缺、蒸发大的特点，2004 年在农业部的支持下，安排了几十万元经费，我们开始示范推广膜下滴灌技术，首先在敦煌市、金塔县、民勤县的棉花上推广应用，又扩展到加工型番茄、籽瓜、枸杞等作物上。通过多年的推广来看，膜下滴灌比滴灌技术省水 10% 左右，比大水漫灌省水 40%—50%，肥料利用率提高 20%—30%。同时膜下滴灌技术根据作物的需水、需肥规律，更容易实现水肥耦合，达到节水、节肥又增产的目的。我们也在积极探索膜下滴灌技术与自动控制技术的紧密结合，研究示范推广膜下滴灌水肥一体化物联网自动控制技术，取得了良好的示范效果，实现了节水、节肥、节工、增产、高效等多重目标，是现代节水农业的发展方向。

在推广膜下滴灌的过程中，由于膜下滴灌所需的一次性投资大，我省的绝大部分农田仍是"包产到户"模式，把大田无形中分隔为小块田的现实难以改变，加之我省财力有限，存在难以大面积推广的现实。针对河西地区农民大水漫灌的习惯，水的浪费很严重，大水漫灌水的利用效率平均不足

50%，特别是灌到农田的水有很大一部分通过无效蒸发和深层渗漏而白白损失，也导致土地盐碱化和地下水的污染，威胁着农业的可持续发展。为此，我们创新示范了既能保墒又能集雨，节水又投资较少的垄膜沟灌技术，该技术根据作物的栽培不同分为全膜沟播沟灌、全膜微垄沟灌、半膜垄作沟灌等多种技术模式。通过多年的示范推广，都取得较好的节水增产效果，一般每亩可节水 80 立方米至 100 立方米、增效 100 元左右。同时针对小麦、大麦等密植作物种植中农民传统平作大水漫灌的习惯，在保证作物产量不减的前提下，示范推广了垄作沟灌技术，该技术一般亩可节水 60 立方米至 80 立方米。但该技术在起垄时有跑墒现象，针对这一问题，我们在密植作物上示范推广全膜微垄节水技术取得了突破性进展，该技术具有较好的集降雨、防蒸发效果，平均亩节水在 100 方以上。通过多年的探索与示范，我们依据甘肃实际提出了适宜推广的技术模式。在无专项资金扶持的情况下，省农牧厅从 2008 年开始将农田节水技术推广作为全省"十大推广技术"之一和为民兴办的十件实事之一，通过整合资金在艰难向前推进，2008 年在我省灌区的 7 市 15 个县示范推广面积不足 70 万亩。

快 速 发 展

为了提高水资源利用率，加快灌区农田节水步伐，推动灌区高效节水农业和现代农业发展，推进节水型社会建设，改善生态环境，为其他行业发展提供水资源使用空间，2009 年省委、省政府提出了大力发展高效节水农业的科学构想，并在张掖召开了启动会议，2010 年省政府办公厅印发了《甘肃省河西及沿黄主要灌区高效农田节水技术推广三年规划》，提出通过 3 年努力，力争达到"累计示范推广高效农田节水技术 1000 万亩、节水 10 亿立方米、增收 5 亿元"的目标。其中，2010 年推广面积 200 万亩，2011 年推广面积 300 万亩，2012 年推广面积 500 万亩。2012 年省政府又印发了《关于加快高效节水农业发展的意见》，总体目标是在我省有效灌溉面积 10 万亩以上的 13 市（州）43 个县（市、区）、兰州五区、兰州新区及有关农业龙头企业推广膜下滴灌、垄膜沟灌、垄作沟灌三大农田高效节水技术，到2014年达到1000万亩，其中：膜下滴灌200万亩、垄膜沟灌650万亩、垄作沟灌150万亩，实现年节水10亿方的节水目标。

经过5年推进，在省财政厅、省农业综合开发办、省水利厅等省直相关部门高度重视、积极协助配合下，并安排专项资金扶持农田高效节水技术推广，2010—2014年的五年，据初步面积统计，截至2014年推广面积为1016万亩，其中：膜下滴灌达到202万亩、垄膜沟灌658万亩、垄作沟灌156万亩，预计全年节水11亿方、增效10亿元左右，示范推广成效明显，实现了省委提出的以农田农艺节水为主的"千万亩"农田节水工程的各项工作任务，我省的农田节水工作驶入了快车道。

这些年，我省的农田节水技术之所以能够大面积推开，并取得了节水、高效及环境良好的喜人效果，我们认为以下三点非常重要：一是以行政推动为动力，形成了各级重视的好局面。省委、省政府高度重视此项工作，对全省灌区农田节水工作进行统一安排部署。2010年、2012年省政府先后在敦煌、张掖召开了高效节水农业现场会，2013年省农牧厅在武威召开了高效节水农业现场会，大大促进了这项工作的有效推进。有关部门多次派出督导组和专家指导组，到县（市、区）督导检查任务落实情况，开展巡回技术指导与服务，及时解决生产中的技术难题。承担项目任务的县（市、区）由政府牵头，成立了相应的组织机构，负责当地项目的具体实施工作，实行行政、技术双轨责任制和分级负责制，严格进行目标管理，把发展高效节水农业的各项工作逐级分解落实，形成了领导重视、职责明确、上下齐抓、政技协调的工作格局，有力地推动了各项任务的落实。二是以资金扶持为保障，呈现了部门合作的好形势。省财政厅、省农业综合开发办、省水利厅等省直相关部门高度重视、积极协助配合，并安排专项资金扶持高效农田节水技术推广，五年来省财政、省农业综合开发办共安排资金3.76亿元，重点实施了垄膜沟灌、垄作沟灌等技术面上推广和核心示范区建设；省水利厅等有关部门也安排了大量资金，重点建设了滴灌设施；同时各市县也积极配套资金，大型企业自筹资金，支持农田节水技术推广，据统计，市、县共安排资金 1 亿多元，企业筹措资金 10 亿多元。三是以示范引领为手段，涌现了特色鲜明的好样板。各地加大高效农田节水技术的示范推广力度，紧紧围绕主要作物、优势产业，根据当地经济、水资源、土壤、作物种类等基础条件和农业生产实际，选择适合的农田节水主推技术，建设了一批具有区域特色的高效农田节水示范区。示范、带动农民科学用水、规范种植，把示范区建成了节水成果展示、农民现场观摩、技术集成转化的平台。全省灌区共建立核心示范点 2000 个，示范面积 200 万亩，其中万亩示范点 50 个，千亩示范点 600 个，千亩以下示范点 1500 个。

那么，有人会问节下来的水到哪里去了？这些年的工作成效广大农民群众是怎么看的？

2013 年 7 月，我作为"千万亩"农田节水工作的参与者和见证人，与甘肃经济报社的庄俊康、唐丽丽一行四人，驱车千余公里，历时近半月，穿越广袤无垠的河西走廊，亲眼看到了农田节水实施以来河西灌区的变化，听到了广大人民群众的心声。

我们沿着笔直的柏油马路向民勤进发，看到路边的大牌子上温家宝总理的题词"绝不能让民勤成为第二个罗布泊"显得格外醒目。在夹河乡黄案滩，我们看到一望无际的芦苇、红柳茂密繁盛，在腾格里沙漠边缘筑起了一道绿色屏障。此外，一些关闭的废弃井由于水位上升，地下水喷涌而出。我们走进国栋村许天成种植的温室大棚，这位憨厚的北方汉子脸上洋溢着快乐的笑意，正在丛垄间忙着拉秧吊蔓、修枝掐叶。看见我们，许天成高兴地介绍说："现在农民夏秋忙林果、冬春进菜棚，种植的西红柿春节就能上市了，估计一座棚的收入超过了 1 万元。"在这里，如此高收入的大棚多采用了滴灌技术和垄膜沟灌技术，恰到好处的水流漫过西红柿秧棵的根部，浸润着越发翠亮的枝干，累累的果实正在茁壮成长。当许天成的笑容里再次绽放出丰收在即的喜悦时，我们准备驱车离去。

疾驰的车轮不知不觉驶进了张掖市甘州区，目力所及处，我们被城郊北部波光粼粼的水域所吸引。这就是河西具有重要生态功能占地 6 万多亩的张掖国家湿地公园，由于推广农田节水技术，地下水开采量显著较少，地下水位抬高，补充了湿地公园的水源。我们来到位于城郊东南9公里的甘州区陈寨村，这个村有人口2500人，耕地5200亩。该村书记介绍说："2005年这个村作为张掖节水型社会建设的示范区，安排有膜下滴灌的示范内容，许多村民不接受。我觉得应该试一下，在三个社安排了2700亩的面积，每亩投资约1000元，其中农民自筹165元。四年示范下来，每亩用水由原来的680方，下降到现在的300方，化肥由原来的100公斤下降到50公斤，在田间管理、除草等方面省了劳力，为农民外出打工省出了时间。玉米制种亩增产100公斤，番茄产量由6吨提高到11吨，病虫害也显著减少。农民由衷的满意，我也感到自豪。"

临近黄昏，我们穿过村村落落，走进张掖市的大街小巷，看到男人们坚定、刚毅的脸庞，女人们灿烂妩媚的笑脸，看到他们幸福、忙碌地生活着。

我们进入了山丹县，城东南60里处，耸立着一座气势雄伟，远眺似藏龙卧虎的山脉，它就是我国历史上闻名遐迩的名山——焉支山。当下正值"洋芋花开赛牡丹"的季节，天空云卷云舒，缓步在山丹县辽阔的土地上，在成片的马铃薯垄膜沟灌种植区，铃铛一样的洋芋花竞相开放，簇簇靠拢，朵朵相连，微风吹过翩翩起舞，引逗蜂蝶流连忘返。在山丹县马铃薯产业发展中，除了个体户、农民专业合作社，就连企业也参与到了马铃薯产业的发展当中来。位奇镇位奇村马铃薯种植大户梁正明介绍说今年他流转了3000亩土地种植马铃薯，全部采用膜下滴灌、垄膜沟灌技术，节水又增产，亩产量超过3吨，病虫害发病次数也少了。据山丹县农技中心技术人员说，山丹马铃薯播种面积目前已发展到16万亩，主要分布在大马营、霍城、李桥、山丹军马场等沿山冷凉地区和清泉、位奇等缓坡平川灌区，县内高海拔地区以繁育脱毒种薯为主，低海拔地区以发展商品薯为主。马铃薯种植面积随着市场需求变化一直稳步发展，成为山丹县仅次于小麦的粮食作物。

我们来到永昌县，看到的是即将成熟的啤酒大麦，金黄色的麦浪一片又一片，收割在即。绿油油的马铃薯和胡萝卜叶把大地染成一幅丰收在即的油彩画。该县农技中心主任张延龙说："迫于工业用水和农业用水的压力，我们必须走（节水）这条路。在农业用水上，人均配着四亩地的水，实际上人均有十几亩地，遇到干旱的年份，好多地因为浇不上水而成了荒地。水库、地窖用水极不稳定，有时候十几万亩地都浇不上水，农民们心疼自家的耕地因缺水而干渴，因而频频上访。这时候我们只有（用车）拉着老百姓到水库去看，他们看了后才知道确实没水了，也就安心，闹也没啥闹头。你想一下，这里的降水量才 184 毫米，而蒸发量就 2084 毫米，10 倍以上的差距啊！"

据了解，永昌县耕地面积 80 多万亩，主要依赖三座水库，它们分别是：皇城水库、西大河水库和金川峡水库。每年种植多少面积不是我们说了算，而是水库蓄水量说了算，每年近 10 万亩耕地无水浇灌。

永昌素有中国啤酒大麦种植第一县之称，种植面积最高峰的时候达到了 30 多万亩。由于特殊的土壤和光照资源，永昌的啤酒大麦品质可与澳大利亚的啤酒大麦相媲美，具有较强的市场竞争力。目前，由永昌县申报的"永昌啤酒大麦"农产品，通过了农业部农产品质量安全中心地理标志登记审查和专家评审，被确认为国家农产品地理标志产品并依法予以登记保护。

然而，以前的啤酒大麦种植都是大水漫灌，一年浇七八次水，每亩用水 800 立方米以上，很耗水。为了解决耗水问题，永昌老百姓在长期的实践中探索出一种名叫垄作沟灌的技术，垄上播种、沟内浇灌，水通过沟内侧渗到作物根部，既节水又节肥。今年当地推广垄作沟灌技术 18 万亩，节水达 1219 万立方米。后来，这一技术经过不断探索和完善，作为一项成熟的技术在河西及沿黄灌区来推广。

走访中，东寨镇上四坝村主任孙志军回忆说，以前传统种植费工费时，现在使用这个技术主要是省工、省种子和节水。刚开始在探索和推广这一技术时，农民也是顾虑重重、阻力重重。"刚开始推广农田垄作沟灌技术，好多农民不接受，产生了抵触情绪"。张延龙说："咱农技中心先是派人给他们做思想工作，收效甚微，最后直接提供机器、农药、化肥和种子，还亲自派人去种，大概过了两年后，他们才接受……"时代在变，人们的节水意识在变，种植方式也在变，为了把节水发挥到极致，他们探索出了采用小拱棚加垄膜沟灌技术种植胡萝卜，每亩节水 160 立方米，永昌的农业节水技术又向前迈出了一大步。

美 好 未 来

2012 年初，国务院温家宝总理对全国人大常委会副委员长、九三学社中央主席韩启德提出的《关于设立国家级河西走廊节水农业示范区的建设》作出了重要批示："发展河西走廊节水农业，对于河西走廊经济社会可持续发展、水资源合理开发利用和生态环境保护，都具有重大而深远的意义。特别是近些年祁连山冰雪减少，黑河水每年调入额济纳旗 9 亿立方米，这个问题就显得尤为现实和迫切。请水利部、农业部、发改委研究。"省上主要领导、国家有关部委领导积极争取、协调并作出了重要指示，在省水利、发改、农业等多部门的配合下，我省编制完成了《甘肃省河西走廊国家级高效节水灌溉示范区项目实施方案》，这个方案绘制了我省以管灌、喷灌、微灌为主的"千万亩"农田节水工程的蓝图，总体任务是到 2018 年全省实施面积达到 1000 万亩。

为了落实党的十八大和十八届全会有关精神，在深入总结过去几年工作的基础上，2013 年甘肃省省委省政府提出要大力实施"365"现代农业发展行动计划，着眼于提高农业发展质量和效益，不断优化农业产业布局，打造旱作农业、高效节水农业和草原畜牧业可持续发展三个国家级示范区；着眼于实现布局区域化、园区特色化、生产标准化、产品品牌化、经营产业化、循环高效化，壮大以草食畜牧业为主的循环高效农业、以设施蔬菜为主的高效节水农业、以优质林果为主的区域性特色高效农业，提升马铃薯、中药材、现代种业和酿酒原料等六大特色产业；着力强化农业设施装备和科技创新、农村基础设施建设、新型农业生产经营主体培育、农民职业技能培训、政策支持和保护五大支持，进而促进农业稳定发展，农村长期繁荣，农民持续增收，推进现代农业发展上层次上水平。

2013 年国务院通过了《甘肃省加快转型发展建设国家生态安全屏障综合试验区总体方案》，同时农业部也正在编制《关于西北旱区农牧业可持续发展规划》，将节水农业发展放在了突出位置。

今年9月省政府办公厅印发了《甘肃省灌区农田高效节水技术推广规划》（2015—2017年），用于指导今后三年农田节水技术推广工作，这次规划的重点是：积极开展膜下滴灌技术的推广与提升，垄膜沟灌技术的规范与推广，注重工程节水、农艺节水、管理节水、农艺与农机融合有机结合，注重大田种植与设施农业相互兼顾，突出了水肥一体化及物联网自动控制技术，将节水、节肥与增效紧密结合，促进我省农业持续发展，并将节约下的水用于其他行业，形成各行业的协调、可持续发展局面，努力将我省建设成为国家级节水农业示范区。

这一系列的方案、规划、行动密集出台，为我省节水农业发展绘制了美好的蓝图，同时也需要全社会努力才能将蓝图变成现实。

退牧还草是牧民和草场的双赢选择

牛　海*

2002 年，为推进西部大开发战略的实施，中央和省上做出了实施退牧还草工程的战略决策。这年，我担任阿克塞县委政策研究室主任，负责宏观研究和本县农牧村经济发展相关政策的制定。亲身经历了退牧还草项目的实施给我县带来的巨大变化。

立足县情实际　谋划退耕项目

天然草原是阿克塞县畜牧业赖以发展的重要资源。"九五"以来，随着全球气候变暖的大趋势影响，气候持续干旱和草原超载过牧严重，致使阿克塞县天然草原退化日益加剧，鼠虫害泛滥。据 2002 年统计，阿克塞县天然草原 90% 以上出现了不同程度的退化，其中度以上退化草原面积达 1008 万亩，占全县可利用草原面积的 78%。重度"三化"（退化、沙化、盐碱化）草原面积达 418 万亩，占可利用草原面积的 27%，而且每年还在以近 20 万亩的速度扩大。每年鼠虫害发生面积 710 万亩，占可利用草原面积的近一半。面对这样一种现状，县委、县政府领导清醒地认识到，草原生态环境状况关系到阿克塞县的生存与发展，是实现自治县可持续发展战略的关键，更是阿克塞县政府和各族群众社会普遍关注的大问题。

---

* 作者系阿克塞哈萨克族自治县农牧局局长。

正是在这种大背景下，我县紧紧抓住西部大开发这一难得的历史机遇，上下一心，奋力拼搏，积极向上申报，顺利争取到了中央下达的退牧还草项目。从 2003 年开始启动退牧还草项目，至今已有 11 年的时间了。11 年来，县上累计向上争取退牧还草项目资金 23161 万元，建设草原围栏 1200 万亩，补播改良 76 万亩，建成人工饲草基地 1 万亩。自治县的草原生态环境得到了逐步恢复，农牧民的收入也有了稳步的提高。

项目实施之初，县政府成立了由分管领导任组长，相关部门领导参加的阿克塞哈萨克族自治县退牧还草工作领导小组，同时，在县农牧局（原名称叫牧农局）设立了退牧还草工作办公室，各成员单位在县退牧还草领导小组的统一指挥下，分工负责，密切配合，精心组织实施，使项目建设和管理工作取得了显著成效。截至 2013 年，项目总投资已达 23161 万元，围栏建设规模达 1140 万亩，其中：在严重退化草场实施禁牧 425 万亩、休牧 685 万亩，划区轮牧 30 万亩，补播改良草场 76 万亩。共涉及两乡一镇 11 个行政村，580 户 1653 人。草场禁牧、休牧后，共计补助饲料粮 18025 万斤，折合现金 8111.28 万元。该项目的实施，为阿克塞县农牧业的快速发展和农牧民生产生活方式的转变打下了坚实的基础。2004 年，阿克塞县退牧还草工程在全国退牧还草工程会议上被评为项目建设典型县，受到了国家和省上的高度评价和充分肯定。

加强草场管理　促进牧民增收

自 2003 年实施退牧还草工程以来，我县草原植被得到逐步恢复，草原生态环境得到了改善，天然草地的生产能力得到了显著提高，减少了牲畜冬春季节的掉膘和死亡。结合退牧还草项目的实施，县政府先后出台了《进一步加强草场管理，完善草原基础设施建设的意见》《关于实施"一特四化"战略，推动牧农业发展促进牧农民增收的意见》和《加快草食畜牧业发展的实施意见》等文件，为农牧业发展提出了明确的指导思想、奋斗目标和具体措施，退牧还草项目本着"退得下、稳得住、不反弹、能致富"

的原则，采取兴建饲草料基地、草场接羔暖棚建设、畜种改良等措施，调整农牧业结构，提高产品质量，加快牲畜出栏周转，引导牧民改变传统的畜牧业经营方式，提高了畜牧业经济效益。

一是修建接羔棚圈，提高畜牧业的养殖效益。暖棚建设是退牧还草项目中的配套建设。我县充分用好退牧还草资金修建接羔暖棚，使全县351户牧户全面实现暖棚化接羔。每年的接羔季节牧民利用暖棚接羔比例均达到78%以上。暖棚接羔比露天羊圈接羔成活率提高3—5个百分点，由春季接羔提前到冬春季接羔，缩短了畜群饲养周期，提高了羊只繁活率，有效地抵御了自然灾害的侵袭，减少了损失。通过采取加大牲畜周转出栏、母子分栏补饲等技术，当年羔羊当年育肥周转出栏，减轻了草场压力。牲畜出栏由2003年的年出栏4.1万头（只），2013年增加到了8万头（只），将近翻了一番，出栏率达到56%，控制了草原总体牲畜的承载量，有效提高了畜牧业的整体效益。

二是进行草场围栏，改善草原生态环境。通过实施退牧还草网围栏工程，使禁牧和休牧草地得到休养生息，有效遏制了草地退化、沙化的趋势，土表风蚀现象减轻，草地生态功能逐渐增强，生态环境进一步好转。在两乡一镇的牧场上大力开展网围栏架设，对草场采取禁牧、休牧、划区轮牧、补播改良等措施，恢复草原生态环境，为退化严重的草原提供了休养生息的机会，草原环境有了一定程度的改善，工程区植被覆盖度增加，草原植被得到初步恢复，畜牧业生产条件得到明显改善。2012年，我县对项目区工程效益进行了监测，结果表明，退牧还草工程效益初步显现，禁牧、休牧区草场与建设前相比，植被盖度平均比建设前提高15%，产草量提高20%，退化草原植被盖度增加15%。植被高度由3.06厘米提高到4.83厘米；鲜草产量均提高60%以上，天然草地的生产能力得到提高，增强了抵御自然灾害的能力，减少了牲畜冬春季节的掉膘和死亡，增加了群众的收入，同时也减少了抗灾救灾的投入。2013年，全县草原鲜草产量比2007年增加了5.96%和5.89%。

三是建设养殖小区，加快转变生产方式。按照国家政策，在草场围栏后，应该采取封闭式禁牧、季节性休牧、轮牧和异地育肥的生产模式，开展异地设施育肥。2007 年至 2013 年，为进一步加快我县现代设施牧业发展步伐，大力发展设施畜牧业，县农牧局先后投资 1400 多万元，在红柳湾农牧业开发区实施设施养殖一期、二期工程，共修建高标准设施暖棚 57 座，配套建设管理房、围墙、水、电、路、绿化等基础设施。截至目前，全县建成设施养殖小区 2 处、种畜扩繁场 1 个，修建高标准养殖棚舍 72 座，发展设施养殖户 82 户，圈舍饲养量达到 3.5 万头只以上，出栏达到 3 万头只以上，实现销售收入 2500 万元。养殖户均增收 1 万元。按照"山上接羔、山下育肥、城市交易"的发展模式，通过给农牧户提供饲草补助、优惠圈舍租费、提供防疫服务等措施，加快设施畜牧业发展，为农牧民增收致富提供更大的平台，保证退牧还草工程的建设效益。

四是引进优良种畜，提高畜种个体品质。优良畜种品质是提高牲畜个体产量和质量的关键。通过项目的实施，2007 年以来每年投资 200 万元，七年时间共投资 1400 余万元，先后引进优质畜种 4000 多头（只），一部分投放牧户畜群开展自然交配改良，一部分投放到县种畜场进行繁育，培育优质品种。通过畜种引进，使全县良种覆盖率达到了 90% 以上，较项目实施前提高了 3 个百分点。仅 2013 年调引各类种畜 1530 只（其中绒山羊 200 只，骆驼 120 峰，种马 10 匹，基础母羊 1200 只），良种覆盖率达到 91%。

调整草畜结构　改善基础设施

退牧还草工程是落实科学发展观的一项德政工程、民心工程，是关系发展长远大计的生态工程。通过退牧还草项目的实施，极大地改善了牧业一线的基础设施，提高了农牧民的生活环境，牧民不仅在牧场有砖木结构的定居房，而且通过实施城乡一体化建设，所有牧民在城市修建了住房，与城镇居民享受了同等的设施服务。生活方面由单一的牧区生活向追求更高的精神文化生活转变，牧民的思想观念、文化素养等都得到了明显的转变，带动和促进了全县城市化水平的提高，城乡差距进一步缩小。特别是退牧还草实施以来，共投资 1113.4 万元，在牧业生产点修建高标准暖棚 368 座。

特别值得一提的是，在棚圈建设项目实施中，由于我县阿勒腾乡海子地区特殊的地理环境和位置，前几年修建的砖木结构住房全部出现裂缝。为了使修建的棚圈结实耐用，县上通过逐户走访牧民、发放意见征求表、征求社会各方意见等形式集中民意，并对阿勒腾乡苏干湖村、塞什腾村和阿克塔木村进行了实地考察和调查研究，提出了八种修建方案，最后，县委、县政府研究决定，按照新农村建设要求，海子地区三个村牧民住房统一建成钢架结构的彩钢板房，羔棚和羊圈采用砖土木结构修建。总计修建 46 座，每座彩钢房面积 40 平方米。羔棚面积 60 平方米，羊圈面积 300 平方米，每户总造价为 5.63 万元，牧民自筹 8000 元，县上配套 4.83 万元。该项工程于 2009 年 5 月份开始投入建设。截至 2010 年 10 月，基本完成全部土建工程。牧民住进了新建的钢架结构彩钢板房，彻底改变了海子地区有史以来所修建的砖木结构的房屋容易裂缝、翻浆、腐蚀严重、使用寿命短等问题。

实施牧民定居工程　提高农牧民生活质量

通过退牧还草工程的实施，积极推进草原生态奖补政策落实，农牧村基础设施不断加强，新农村建设步伐进一步加快，农牧民生产生活方式实现了历史上的第三次跨越式发展（第一次是在 80 年代，为改变依水草而居的游牧生活，在全县牧场上为牧户修建简易的牧民住房和羊圈；第二次是 1998 年县城搬迁，由牧区生活向城乡一体化建设跨越，90% 的农牧民在县城统一规划修建了高标准的小康住房，实现了城镇化管理。第三次跨越就是退牧还草项目的实施）。为牧业一线牧民投资 1200 余万元，全县 351 户牧户，全部在生产第一线的牧场上建成了县上统一规划的牧民住房、接羔暖棚和羊圈"三位一体"的高标准棚舍，这一惠民工程使全县牧民受到了实惠，这是阿克塞建县以来实现的草原畜牧业又一次大的跨越。

阿克塞县通过实施退牧还草项目，农牧民基本上实现了"牲畜良种化、圈舍暖棚化、草场围栏化、防疫规范化、饲草料基地化和牧民定居化"的六化目标，畜牧业生产方式由传统的自然放养向现代、生态设施畜牧业的发展方向转变，农牧民生活水平得到明显提高，社会主义新农村建设步伐进一步加快。2013年，全县农牧民人均纯收入达到17700元，城镇化率达到90%以上。农牧民的收入稳步提高，各族群众的幸福感增强，过上了幸福美好的生活。

庆城县水土保持世行贷款项目实施纪略

赵 光 禄[*]

每当驾车行驶在青兰高速上，清凉的微风吹进打开的车窗，看着沿途的青山绿水，望着路边一望无际的果园，使我不由想起了参与黄土高原水土保持世界银行贷款项目实施工作的前前后后，十年往事仍历历在目。

启动世行贷款　着眼流域生态

马莲河流域水土保持项目是国家计委批准的中国黄土高原水土保持世界银行贷款项目的一个分项目，是首次利用国际金融机构贷款开展大规模的水土保持项目，是以全新的管理模式推动黄河流域水土保持工作，以改善小流域生态经济结构，建立和发展农业生产基础设施，加快流域内农民脱贫致富奔小康步伐为目的，以"脱贫和改善环境"为宗旨的富民强县项目，通过基本农田建设（水平梯田、坝地）、水土保持治沟工程（治沟骨干坝、淤地坝）、林草措施（人工造林、人工种草、果园、中心苗圃）、果品储藏保鲜库等工程措施的实施，充分发挥资源优势，合理布局各业生产，实现对水土资源的高效开发与永续利用，进一步促进区域经济的发展和群众生活水平的提高，对水土流失全面防治，逐步实现改广种薄收为少种高产多收，改单一粮食经营为农、林、副综合发展和集约经营，以促进生态环境的改善和区域

---

* 作者时任庆城县水保局副局长。

经济状况的根本好转。

落实前期论证　健全组织领导

按照项目实施要求，20 世纪 90 年代，马莲河流域水土保持世行贷款一期项目开始调研论证，成立了庆阳县马莲河项目规划领导小组，常务副县长卢建敏任组长，马玉龙、赵克忠二同志任副组长，成员共九人，马玉龙同志任办公室主任，熊迎春、杨为民两位同志任副主任，马玉龙同志为项目规划负责。同年，成立了马莲河流域水土保持项目指挥部、项目办公室，项目办公室为正科级事业单位，与原水保站合署办公，在水保站原有人员的基础上，增加了编制 25 名，从其他单位调入相关专业技术人员，充实队伍。指挥部由副县长卢建敏任指挥，田广中、马玉龙、赵克忠三同志任副指挥，成员共七人。水利局副局长、水保站站长马玉龙任项目办公室主任，鱼占海、熊迎春、张绍芬任副主任。县委常委会决定对项目指挥部指挥及项目办公室组成人员进行了调整，政府副县长张建新任指挥，县农委主任、老区办主任赵克忠、水保站站长马玉龙任副指挥，水利、林业、财政、审计、土地、计委等九部门负责人为成员，马玉龙任项目办公室主任，任考亮、陈治钰、杨为民任副主任。县十三届人民政府第二十五次常委会议研究任命吴文钊任项目办公室主任、水保站站长。并于县十三届人民政府第三十次常委会议研究，任命辛连文为项目办主任、水保站站长，刘纯仁、刘廷华、白光、赵光禄、陈喜元任项目办副主任、水保站副站长。

加大人员培训　推动治理效益

按照世行和中央项目办要求，庆阳地区行署召开了"马莲河流域水土保持项目工作会议"，地区项目办举办了第一期马莲河流域水土保持世行贷款项目培训班，全面开展了马莲河流域世行贷款项目第一期小流域实施规划工作，开展第二期小流域实施规划的定点、指标控制和准备工作，中旬全面开展第二期规划。在项目规划中，按照"水土流失严重，资源开发潜力较大，一旦增加投资，就能充分发挥效益；交通条件较好，容易形成产销优势，促进区域经济发展；有一定的治理基础和技术经验，劳力资源充足"等原则确定项目区。安排了南、北、中三个片，由三名技术负责人各负责一个片。对于规划中发现的高户沟、小关桥、齐沟门、太乐沟、郭旗沟、天子沟6条流域有的与项目区界线衔接不上，有的小流域界线闭合不上，有的实际面积小于宏观控制面积等问题，确保各项技术指标和实地的无缝对接。规划组工作人员冒着严寒，踩着厚厚的积雪，深入每个流域，逐流域现场测绘。在外作业调绘结束后，项目办全体人员参加了内部作业资料、报告及图表的编写绘制工作，尤其在年关临近，项目办所有人员腊月二十九才放假过春节，大年初三又回到工作岗位，不分昼夜，加班加点，经过项目办48名专业技术人员10个月的不懈努力，一期项目规划顺利通过了省市及中央项目办的审定。共完成小流域实施规划25条，流域面积714.95平方公里，项目总投资11394万元。其中，世界银行贷款6555万元，国内配套资金4339万元。惠及驿马、熊家庙、赤城、白马铺、安家寺、桐川、土桥、翟家河、卅铺、蔡家庙、高楼、庆城、葛崾岘13个乡镇。

争取二期投入　治理成效惠民

按照世行和中央项目办要求，我县继续实施黄土高原水土保持世界银行贷款二期项目。成立了以政府常务副县长张建新任指挥，项目办主任辛连文任副指挥，计委、财政、土地、审计、水利、法制、林业、农业、畜牧9个部门负责人为成员的项目指挥部，指挥部下设办公室，辛连文任项目办主任。后因人事变动，王积聪县长、田宇副县长（已故）先后任指挥部指挥。为了确保项目规划工作顺利开展，项目办成立了以主任辛连文同志任组长，业务副主任赵光禄、陈喜元任副组长，规划股股长谭秀英和专业技术干部张雪宁参加的五人领导小组，抽调39名工程技术人员，组成13个规划小组，于1998年3月开展了黄土高原水土保持世行贷款二期项目区选定，土地利用现状摸底，农、林、牧、副业生产状况调查，农民群众生产、生活调查，以及评估点的规划和施工。典型小流域的规划，次年元月完成外业调绘工作。共规划小流域13条，流域面积400平方公里，项目总投资5206.27万元，其中世行贷款3922.75万元，国内配套1283.52万元，涉及驿马、安家寺、桐川、土桥、蔡口集、太白梁、冰淋岔7个乡镇。3月初完成了整个世行二期项目小流域实施规划的工作任务并顺利通过审定。

黄土高原水土保持世行贷款一、二期项目立项后，采取以小流域为单元，以乡镇为实施单位，以农户贷款的方式组织实施，年初下达治理计划任务，乡镇组织农户严格按照规划施工，下年度根据监测验收结果兑付经费。世行每年度对实施进展情况进行一次年度检查，检查后对项目实施中存在的问题形成《备忘录》，以便在项目实施中对照改进。项目实施中，县委县政府直接指挥，水保、农、林、牧、水利等部门紧密配合，县乡政府将项目实施情况作为考察班子工作能力的一项重要内容。县政府和13个乡镇都将项目实施纳入目标管理序列，实行目标管理责任制。全县上下逐级形成了四大班子领导分片抓、县直部门负责人联乡包点抓、乡镇干部和技术人员包村抓、村组干部包户包地块抓的齐抓共管局面，每年都将目标、计划、时间、质量、奖罚列入刚性考核范围之内，责任到人。机修梯田建设由县项目办编制施工设计，向社会公开招标；人工造林由乡、村群众集体整地，专业队承包栽植，苗木验收合格方可进地；果园建设由农户个人申请，县上技术部门统一供苗，农户个人栽植；治沟骨干工程由项目办统一招标，与中标单位签订合同后方可开工建设。四项措施要求每年每乡镇都要有示范点，有的乡镇建起综合示范点，收到了很好的效果。在梯田建设方面，我县在认真分析县情的基础上，把项目梯田建设作为发展项目区，改善农业生产基本条件，振兴经济的奠基工程，坚持人机结合、机修为主，采取"地随人走、围庄就近、适度规模"方法修筑。项目实施期间，翟家河、熊家庙、驿马三乡镇已实现梯田化。庆城县清水沟流域在植被建设中，坚持原面治原、护原、保护农田为目的，营造农田防护林；村庄附近、避风向阳的缓坡地和湾掌发展经济林和果园，坡耕地逐步退耕还林还草，荒山、荒地发展耐寒水保林，沟底营造乔灌混交的防护林。在大旱年份，采取了泥浆蘸根、浸水造林、容器苗造林和 ATP 生根粉等造林新技术，组织专业队栽植，确保了造林成活率，使该流域林草覆盖率达到 35.8%。赤城乡果园建设规模大、质量高、效益好。项目实施期间，该乡共建成果园 687 公顷。据调查，2000 年全乡仅果园收入达 410 万元，亩均 667 元，是当年传统种植小麦等农作物收入的 4.8 倍。该乡果园主栽品种是红富士，辅助授粉或配载品种有秦冠、乔纳金、红星等。果农普遍采用"大水、大肥、壮苗"的管理模式，使果实产量和质量逐年提高，经济效益不断提高。2001 年赤城乡麻芋自然村人均果品收入达 1970 元，该村王存孝一家 7 口人，果品收入 7 万元，成为全县闻名的果农。如今，在水土保持世行贷款项目果园建设措施的带动下，庆城县成为全国闻名的无公害苹果生产基地，形成了以园区为主的三条果带，"赤诚"牌无公害苹果供不应求，畅销国内外。

1994 年 10 月 3 日至 2002 年 9 月，实施黄土高原水土保持世行一期贷款项目，经过 8 年的治理，共完成治理面积 327.75 平方公里，其中建成梯田 5500.3 公顷、坝地 154 公顷、完成造林面积 15462 公顷、新建果园 2305 公顷、人工种草 9353.3 公顷；新建苗圃 1 处 7 公顷；骨干坝 10 座、淤地坝 19 座、果库 40 孔、养畜 447 个羊单位。治理程度由 15.95% 提高到 51.42%，拦泥量由 69.46 万吨增加到 251.07 万吨，拦泥效益达 45.63%，林草覆盖率由 9.4% 提高到 38.9%，净增 29.5%，人均纯收入由 265.11 元提高到 1028 元，增长 3.9 倍，人均产量由 276.7 公斤提高到 542 公斤，增长 95.9%。

世行二期项目于 1999 年由中央项目办批准立项，2000 年开始实施。2004 年底结束。项目共投入 5438 万元，其中世行贷款 3420 万元，国内匹配 2018 万元。至 2005 年，该项目共完成治理面积 148.16 平方公里。其中，新修梯田 2660.02 公顷、造林 9174.36 公顷、坝地 29 公顷、种草 1399.94 公顷、果园 1353.11 公顷、新建苗圃 1 处 7 公顷；骨干坝 5 座、淤地坝 3 座、果库 3 孔、水窖 730 眼。治理程度由 21.1% 提高到 53.4%，拦泥量由 33.84 万吨增加到 107.95 万吨，拦泥效益由 12.1% 提高到 38.6%，拦蓄总量由 164 万立方米提高到 444.69 万立方米，林草覆盖率由 13% 提高到

38.7%，人均纯收入由 693 元提高到 1210 元，增长 74.6%，人均产量由 383.3 公斤提高到 519.6 公斤，增长 35.6%。

2002 年 9 月 8 日至 15 日，受世界银行委托，联合国粮农组织组成项目验收团，对世行一期项目进行了检查验收，验收团一致认为：黄土高原水土保持一期贷款项目，由于扎实细致的前期工作，科学严密的组织实施与管理，高起点、高质量、快速度的建成了一大批综合治理典型，验收团对整个项目评价的主要指标都给予了"特别满意"的最好评价，验收团团长刘雪明先生认为该项目无愧于世界银行农业项目"旗帜工程"的称誉。2005 年初，世行二期项目结束，世界银行对我县项目终验予以免验。

黄土高原水土保持世界银行贷款项目的成功实施，开创了黄土高原水土保持生态建设的新局面，取得了显著的经济效益、社会效益和生态效益；建成了一批高质量、高效益的治理水土流失的样板工程；引进了先进的技术和管理水平；培养了一批高素质的管理人才，为黄土高原的生态建设、促进区域经济社会的可持续发展，提供了好的示范，对黄河的治理和开发产生了积极的影响和推动。

（李德波整理）

草原生态保护的重大举措

彭新军[*]

我任甘南州退耕办主任以来，从事退耕还林工作已 8 年了。这期间，我参加过退耕还林省州级检查验收、国家级检查验收，负责全州退耕还林工程监督管理等工作。自西部大开发以来，我州退耕还林工程对农牧民增收、大地增绿发挥了很大作用。这不仅是一项利民富民的德政工程，更是一项造福千秋的世纪工程。

退耕还林工程从 2000 年开始试点以来，已在我州进行了 15 年。截至目前，全州实施退耕还林工程 62.9 万亩（退耕还林 16.15 万亩、荒山造林 38.15 万亩、封山育林 8.6 万亩），工程涉及全州除玛曲以外的七县（市）81 个乡（镇、林场、街道办）485 个行政村 4.4 万户 20 多万人，占全州农牧村总人口的三分之一多。同时，完成了 2008—2012 年巩固退耕还林成果林业建设项目：补造 3.122 万亩；薪炭林建设 0.508 万亩；林产品基地建设 6.6644 万亩；经济林改造 794.4 亩。

从我多年参与退耕还林省、州级联合年度检查验收及平时对退耕还林工程管理掌握的实际情况来看，我州各工程县市成立了退耕还林领导小组，层层签订了目标责任书。各县市实行乡与乡、村与村、户与户三级监督；依据公开、公正、公平、及时的原则，在每轮政策兑现前，县上对退耕还林（草）面积逐块、逐山头、逐图班拉网式排查。坚持四项指标考核、"六不

* 作者系甘肃省甘南州退耕办主任。

兑现"政策,即:考核退耕面积、初植密度、苗木成活和管护抚育四项指标,面积不实的不兑现、补植不彻底的不兑现、管护不到位的不兑现、未封山禁牧的不兑现、未公开张榜公布的不兑现、有问题未解决的不兑现。每个村基本都有护林员。

在我州这样一个自然条件恶劣、群众生活困难的地方,退耕还林怎样做到既突出生态效益、保证林木的成活,又追求长期的经济效益,保障农户的生活不受影响?为此,州林业局主要领导和分管领导多次带领我深入退耕户家中,在和退耕户亲切交谈的过程中,了解到了实际情况,探索出了一些好办法和好措施。要求各工程县市在退耕还林工程中紧紧围绕"大地增绿、农民增收"的目标,统筹兼顾,进行了积极的探索,培育出了一批生态效益显著又兼顾经济效益的后续产业,初步做到了"退得下、保得住、不反弹、能致富",受到省林业厅、国家林业局等有关部门的充分肯定。

在舟曲、迭部两县调研时,听到一位村干部感慨地道出:"山青了,雨多了,有粮吃,有钱花。这是退耕还林取得的显著变化。农民们从过去的土地上解放出来,种草养畜,种经济林,搞劳务输出,使农业产业化逐渐形成。比过去种粮食不知要强多少倍。"过去,舟曲县种植业单一,群众生活困难。通过退耕还林工程的实施,农民不仅从政策兑现中收到了效益,同时,大量的劳动力从繁重的土地耕作中解放出来,从事劳务输出和其他产业。这对增加农民收入,加快小康社会建设步伐起到了有效的推动作用。

舟曲、迭部两县,在退耕还林工程建设中结合花椒、核桃经济林建设,加快了林果产业的建设步伐,为退耕还林后续产业的发展打下了坚实的基础。目前两县经济林面积达到 13 万亩。如曲瓦乡城马村退耕还林承包大户王森(承包荒地退耕还林建设桃基地 309 亩),他现在仅核桃一项,年收入就达到 10 万元,加上林下药材、林下养鸡、养羊等,年创收达 30 万元。

退耕还林以生态换保障。在国家全面停止安排退耕还林任务的情况下,仍多渠道筹集资金,坚持实施生态脆弱区域退耕还林。我州自行重启实施退耕还林 7.72 万亩,其中合作市 3.7 万亩;舟曲县 3.54 万亩(2012 年实施 2 万亩,2013 年计划实施 1.54 万亩);迭部县 0.18 万亩;临潭县 0.3 万亩。

特别是合作市，在 2006 年以来国家停止安排退耕还林任务的情况下，仍多渠道筹集资金，坚持实施面山退耕还林，并探索出了一套退耕失地农民安置、社会保障办法和生产发展机制，收到了良好成效。

近几年，我对退耕还林工作有了更深的理解，全州大多数退耕户由过去的"我不退"到"我要退"，要求重启新一轮退耕还林的呼声越来越高，农民从退耕还林工程实施中真正尝到了甜头。今后几年总体奋斗目标是，将全州 25 度以上坡耕地、沙化严重耕地全部实施退耕还林，使全州水土流失得到有效控制，生态环境全面改善，土地利用结构趋于合理，绿色产业形成品牌，区域经济稳定持续发展，人居环境质量显著提高，初步实现富裕甘南、生态甘南、和谐甘南的目标。

甘肃退耕还林工程纪实

丁学德　石学强[*]

退耕还林工程是党中央、国务院从中华民族生产和发展战略高度出发，为合理利用土地资源、增加林草植被、再造秀美山川、维护国家生态安全、实现人与自然和谐共进而实施的一项重大战略工程，是国家也是我省生态建设史上投资最大、涉及面最广、政策性最强、群众参与程度最高、群众直接受益最多的一项系统工程。我省是全国退耕还林工程3个试点省份之一，1999—2014年，共完成退耕还林工程建设任务2851.3万亩，其中退耕还林1003.3万亩，荒山造林1611.5万亩，封山育林236.5万亩。工程建设累计投资185.7亿元，其中：退耕农户补助资金168.9亿元，种苗费16.8亿元。涉及农户167万户，人口728万人。根据国家林业局退耕还林阶段验收检查结果，全省已完成的1003.3万亩退耕还林面积保存率在99%以上。甘肃省林业厅在2008—2013年连续六年被国家林业局授予"全国退耕还林阶段验收先进单位"称号，2010年同时还被国家林业局评为"全国退耕还林工程检查验收工作先进单位"、"全国退耕还林工程效益监测工作先进单位"。我们二人长期在林业系统工作，有幸见证了退耕还林工作的全过程。

甘肃省的退耕还林工程经历了以下几个阶段。

---

* 作者丁学德系甘肃省政协委员、甘肃省林业厅退耕办主任；石学强系甘肃省林业厅退耕办主任科员。

试点先行（1999—2001 年）

1999 年 8 月 6 日，国务院总理朱镕基在延安视察时，提出了"退耕还林、封山育林、以粮代赈、个体承包"的生态环境治理措施。10 月在甘肃实地察看了定西地区小流域治理和兰州市造林绿化工程后，要求甘肃进一步宣传和落实政策，加大退耕还林和荒山造林工作的力度。省委、省政府立即安排部署，组织各市（州）开展退耕还林工作。当年，全省有 7 个市（州）、41 个县（市、区）完成退耕还林任务 65 万亩。2000 年初，国务院有关部门下发了《关于开展 2000 年长江上游、黄河上中游地区退耕还林（草）试点工作的通知》，正式启动了退耕还林试点工作，将甘肃、陕西、四川三个省列入试点省，先行启动。退耕还林还草补助标准为：还生态林补助 8 年、还经济林补助 5 年、还草补助 2 年；长江流域每亩补助粮食 300 斤、黄河流域每亩补助粮食 200 斤；每亩退耕地补助现金 20 元。退耕还林以生态林为主，以县为单位，生态林比例不得低于 80%。

2000 年 3 月 20 日，省政府在兰州召开全省绿化暨退耕还林广播电视动员大会，会议由省委副书记、省长宋照肃主持，省委书记孙英、副省长贠小苏作了动员讲话。会后，全省上下掀起退耕还林工程建设的热潮。1999—2001 年全省共完成退耕还林工程建设任务 275.7 万亩，其中退耕还林 185.7 万亩、荒山造林 90 万亩，涉及 10 个市（州）60 个县（市、区）。

在退耕还林实施之初，少数农户对退耕还林政策心存疑虑，害怕退耕还林后不兑现补助资金，处于观望中。对此，广大基层林业干部职工放弃了周末休息，进村入户，向农户宣传政策，并动员村干部带头。不少地方村干部响应国家号召，带头退耕还林，并于第二年领取了粮食补助。在村干部的带领下，在基层林业职工细致入微的劝导下，不少农户逐渐转变了观念，开始退耕还林。

为总结交流全省退耕还林示范试点经验，分析研究当前全省林业工作形势，进一步完善政策，落实措施，为今后退耕还林工程顺利实施积累经验，树立典型，省政府于 2000 年 9 月下旬召开了全省退耕还林试点示范工作现场会议。试点期间实施退耕还林的 10 个地（市、州）林业处（局）长、退耕还林试点县林业局局长等参加了现场会，现场观摩了秦城、北道、秦安、庄浪、平凉、泾川、灵台、崇信 8 个县（区）的 19 个作业现场，听取了天水市和平凉地区的情况介绍。在现场会的总结会上，时任省林业厅厅长马尚英对全省试点期间退耕还林工作进行了总结，他指出，全省退耕还林工作概括起来有三个方面：一是树立了四种精神，即领导加群众艰苦创业的精神、集体加农户团结奋斗的精神、苦干加科技开拓创新的精神、规模加效益求真务实的精神；二是创造了五种模式，即山顶梁圈集雨坑乔灌草立体配置防护林模式、缓坡地营养坑林药草结合名优特新经济林模式、梯田台地水平沟林果锁边地缘生态经济林模式、陡坡地连荒山鱼鳞坑乔灌为主生态用材林模式、沟坡地连沟壑水平台植树种草水保林模式；三是走出了六条路子，即以县统一规划、乡村联合作业、前期集中管护、后期分户经营的路子、由大户承包、谁承包谁造林谁受益、促进发展非公有林业经济的路子，整流域退耕、按山系布局、整山整沟推进、山水田林路综合治理的路子，地边退耕还林、地中精作农业、林粮兼顾、生态效益和经济效益一起抓的路子，群策群力共建工程、专业队统一栽植和国有场圃承包造林的路子，公路部门筹措资金、林业部门技术服务、沿公路乡村农户大苗造林、分段承包管护建设绿色通道的路子。

正式启动（2002 年）

通过三年的试点，退耕还林工程取得了初步的成效，引起了全社会的广泛关注和高度赞誉，得到了广大干部和群众的普遍认同。在此基础上，国务院决定在 2002 年正式启动退耕还林工程。当年安排我省退耕还林工程建设任务 370 万亩，其中：退耕地还林 170 万亩、荒山造林 200 万亩。工程涉及全省 13 个市（州）的 79 个县（市、区）。

为做好全省退耕还林工程管理工作，2002 年 1 月 31 日省政府第 48 次常务会议上，研究决定成立甘肃省退耕还林工程建设领导小组，由分管省长任组长，发改、林业、财政、粮食、监察、审计、国土、水利、农牧、农发行、西部办等部门负责人任副组长。4月27日省政府决定成立甘肃省退耕还林工程建设办公室，设在省林业厅。之后，各市（州）陆续成立退耕还林工程建设办公室，从上到下建立了退耕还林工程管理机构。

自我省退耕还林工程实施以来，各地总结出了一套行之有效的工程建设管理和实施办法，成效显著，也成立了专门管理机构，在工程管理和建设质量上都走在了全国前列。国家于2002年5月、9月在我省召开了全国退耕还林工作座谈会、全国退耕还林工作现场经验交流会。在全国退耕还林工作现场经验交流会上，时任国务院西部办副主任、国家计委副主任李子彬，国家林业局副局长雷加富到会，并作重要发言。

为总结经验，掀起全省退耕还林工程建设新高潮，省委省政府于当年12月24日召开了全省退耕还林工程建设工作会议。时任省委副书记、省长陆浩，省委副书记马西林，省政府副省长贠小苏在会上作了重要讲话，明确了今后一个时期全省退耕还林工程的任务与重点，对全省退耕还林工程建设进行了一次再动员、再发动。

大规模推进（2003年）

2003年，全国大规模开展退耕还林工程建设，下达我省退耕还林工程建设任务800万亩，其中退耕还林和荒山造林任务各400万亩，工程涉及除玛曲县外的所有县（市、区）。1月初，举办了退耕还林工程培训班，向各市（州）退耕还林工作者解读了国家有关退耕还林政策，培训了实施方案和作业设计编制、档案管理、检查验收等有关退耕还林工程规章制度。

3月初，为顺利完成当年工程建设任务，保障工程建设质量，省林业厅组织了10个检查组，对实施方案和作业设计的编制、审查工作进行了检查，并对种苗供应、档案管理、政策兑现、管护措施、林权颁证、机构设置等情况进行了检查指导。

6—8月，省退耕办对1999年退耕还林工程实施以来的文件资料进行了梳理，编印了《退耕还林文件资料汇编（一）》和《退耕还林经济效益典型模式60例》，以指导各地退耕还林的组织实施。8月中旬省政府召开了全省退耕还林工程现场观摩会，全省14个市（州）政府主管领导和林业局长及相关县（区）和单位主管领导参观了宁县、泾川、灵台、崆峒、静宁、会宁、安定、景泰等县区的30个退耕还林点，省政府贠小苏副省长做了总结发言。12月10日，举办了全省退耕还林工程建设管理培训班，对14个市（州）林业局分管局长、退耕办主任以及86个县市区林业局局长和业务骨干就退耕还林政策、工程管理方面进行了培训。

结构调整（2004年）

2004年国家对退耕还林工程建设任务进行结构性调整，退耕地建设任务锐减，安排我省485万亩，其中退耕还林45万亩，荒山造林440万亩。国家的年度建设任务在秋季下达，为了提高建设质量，各县区在当年对下一年度任务提前进行整地，因此，大多县区按照2003年任务量的一半对2004年的任务进行了预整地，部分雨水条件较好的地区还栽植了苗木。2004年我省退耕还林任务比2003年减少了89%，各县（区）的任务量也锐减，许多地方地已整好，合同已签订，退耕农户对任务骤减意见很大。对此，省政府召开紧急会议，决定对已整地的农户每亩给予10元的青苗补偿，继续耕种；已经栽植的地块，由相关部门争取在以后年度纳入计划。省发改委、省林业厅多次向国家有关部门说明情况，争取将各地超造面积纳入计划。同年，国家将粮食补助按每公斤1.4元折价现金，向退耕农户直接补助现金。

为了保护森林资源，巩固退耕还林工程建设成果，2003年1月10日，省政府批转了省林业厅《关于在全省重点区域实施封山禁牧的意见》，对封山禁牧的范围、原则、要求、措施等方面做了明确规定。3月，省退耕办总结了各地退耕还林工程实施中总结出的管护模式，编印了《退耕还林典型管护模式70例》，具有很强的可读性、实用性和可操作性，用以指导各地实践。

5月15日至18日，中共中央政治局常委、书记处书记、国家副主席曾庆红到我省视察，深入安定区巉口镇赵家铺村实地察看了万亩退耕还林工程，并在示范点栽下了侧柏。9月21日，国家林业局退耕办到我省调研退耕还林补助到期后农民生计等若干问题。我们在座谈会上重点汇报了全省超造的情况。根据国家调研组的要求，省退耕办于10月底组成两个调研组，分赴14个市（州）调研退耕还林后续产业开发情况。

解决遗留问题（2005—2006年）

经过多方汇报争取，2005—2006年国家下达我省退耕还林面积202.6万亩，重点解决2003年的超造面积。此外，为了研究解决历年退耕还林工程建设中存在的问题，2005年6月省退耕办组织了解剖式检查，即在每个市（州）抽取一个县，从计划下达、组织施工、技术指导、资金下达、后期管护、档案管理等全方位进行解剖式检查，找出问题，分析原因，举一反三，指导全省工程建设。

随着补助资金的陆续到期，到期后退耕农民生计如何保证、工程建设成果如何巩固引起了中央和省上高度关注。2005—2006年，全国人大、国家发改委、国家林业局、省人大先后7次，对全省退耕还林建设情况、后续产业开发等进行了调研，为国家退耕还林政策补助到期后的后续政策制定进行摸底。

2005年，根据多次的调研和借鉴部分县（区）经验，省退耕还林领导小组向各市州退耕还林领导小组下发了《关于在退耕还林补助资金兑现中推行存折发放方式的通知》，率先在全国推行由金融机构制发存折的方法兑现补助，有效地避免了资金兑现中冒领、抵扣、挪用等现象。

巩固成果（2007—2013年）

2007年起，国家暂缓安排退耕还林任务，只安排配套荒山造林和封山育林。与此同时，国务院召开了2次、国家林业局召开了1次退耕还林后续政策座谈会，征求了各省就退耕还林补助政策到期后的意见。8月9日，国务院下发了《关于完善退耕还林政策的通知》，对现行补助政策再延长一个周期，并将延长期的粮食补助资金拿出一半作为巩固退耕还林成果专项资金。接到文件后，省政府立即召开常务会议，传达学习了全国延长补助政策座谈会议的精神，并召开了"全省完善退耕还林后续政策电视电话会议"，安排部署了全省巩固退耕还林成果专项规划编制工作。6月，国家发改委中咨公司专家评估组对《甘肃省巩固退耕还林成果专项规划》进行了评估。11月7日国家发改委批复了《甘肃省巩固退耕还林成果专项规划》。《规划》从基本口粮田、农村能源建设、生态移民、后续产业建设、补植补造五个方面安排资金，从2008年起分8年集中安排，每年72059万元。

2007年，为总结经验，表彰先进，进一步推进全省退耕还林工程建设，省林业厅召开了"全省退耕还林工程总结表彰大会"，对在全省退耕还林工程建设中作出突出贡献的5个市（州）、20个县（区）、55个单位和200名个人进行了表彰。

2008年7月，国家林业局召开了"全国退耕还林工程阶段验收工作启动暨培训会议"，决定对到期面积自2009年开始阶段验收，合格后兑现补助资金。8月，"全省退耕还林工程阶段验收工作启动暨培训会议"召开，安排部署了省级阶段验收工作。

2008年，省政府将退耕还林补助资金纳入"一折统、一册明"，县级财政部门根据林业部门提供的兑现花名册，通过农村金融机构向退耕农户兑现补助资金，进一步规范了政策兑现工作。

重启退耕还林（2013—2014年）

自党的十八大以来，党中央、国务院对退耕还林工作高度重视。2014年，中央1号文件《中共中央国务院关于全面深化农村改革加快推进农业现代化的若干意见》要求，"从2014年开始，继续在陡坡耕地、严重沙化耕地、重要水源地实施退耕还林还草"。习近平总书记在中央财经领导小组第 5 次会议上强调，要扩大退耕还林、退牧还草，有序实现耕地、河湖休养生息，让河流恢复生命、流域重现生机。李克强总理在 2012 年底视察湖北、2013 年视察甘肃、2014 年视察陕西时，都强调要下决心实施退耕还林，使生态得保护，农民得实惠。

2013 年，国家发改委、财政部、国家林业局分别多次召开有关新一轮退耕还林还草会议，听取相关省区意见建议，并到甘肃、陕西、四川等省区调研。省委、省政府非常重视新一轮退耕还林，刘伟平省长多次做出批示并听取任务进展汇报。分管副省长亲自参加了国家发改委、财政部、国家林业局等部门召开的新一轮退耕还林座谈会，并召集省上有关部门多次专题研究部署退耕还林工作。

2014 年 6 月下旬，国务院正式批准了由国家发改委牵头，财政部、国家林业局、农业部编制的《新一轮退耕还林还草总体方案》，8 月，该方案印发各省。《方案》提出：到 2020 年，将全国具备条件的 25 度以上陡坡耕地、重要水源地 15—25 度坡耕地和严重沙化耕地约 4240 万亩实施退耕还林还草；补助标准为：还林每亩 1500 元（含 300 元种苗费）、还草每亩 800 元（含种草费 120 元）；新一轮退耕还林政策兑现不再区分林种、流域，坚持农民自愿，政府引导的原则，由农户自己因地制宜地选择树种、草种，政府提供技术服务。接到《方案》后，省发改委牵头，林业部门起草，发改、林业、农牧、财政、国土 5 个部门向 14 个市（州）印发了《关于启动实施新一轮退耕还林还草建设任务的通知》，要求各市州政府根据国家的要求，抓紧编制市、县级新一轮退耕还林还草实施方案，经市（州）政府批准后报省上有关部门汇总编制全省实施方案。目前，各地正在深入村社和农户，对实施新一轮退耕还林还草工作进行调查摸底，广大农民群众热情高涨，准备借新一轮退耕还林还草的实施，建立致富产业，早日脱贫致富。9 月 25 日，发改委、财政部、国家林业局等有关部门下达了 2014 年退耕还林还草计划任务 500 万亩，分配我省 65 万亩任务，同时，国家林业局召开了"全国退耕还林还草实施工作电视电话会议"，安排部署 2014 年退耕还林还草工作。以此为标志，新一轮退耕还林正式启动。

退耕还林工程的实施促进了全省生态林业和民生林业快速发展。一是促进了局部生态环境明显改善。监测数据显示，退耕还林工程使我省森林覆盖率提高了 4.09 个百分点，实现生态效益总价值约 849 亿元，工程区水土流失和风沙危害明显减轻。二是促进了农业结构战略性调整。大面积坡耕地还林后，带动了特色林果业、草食畜牧业的迅速发展，全省特色林果业已达到 1200 多万亩，草食畜牧业增加值占到农业增加值的 25% 以上。三是促进了农村劳动力有序输转。退耕还林使广大农民从世世代代"广种薄收"的传统农业生产中解放出来，从事二、三产业。据统计，退耕农户中每年近 300 多万人（次）外出务工，务工收入占到家庭总收入的一半以上。四是促进了扶贫开发工作进程。全省退耕农户户均政策补助 9704 元，人均 2226 元。退耕还林不仅增加了农民收入，还使贫困山区、革命老区和民族地区退耕农户的生活质量明显改善，加快了脱贫致富的步伐。

民勤县退耕还林工程建设的生态效应

姜莉玲*

民勤县现辖 18 个乡（镇）、249 个村，总人口 27.43 万人，总土地面积 2385 万亩，各类荒漠化土地面积 2142 万亩，占全县总土地面积的 89.8%，是甘肃乃至全国荒漠化面积较大、危害最严重的县份之一。在地理和环境梯度上，处于全国荒漠化监测和防治的前沿地带，是西北风沙线上的一座桥头堡，在生态环境建设中具有举足轻重的战略地位。实施退耕还林工程，加快防治荒漠化，改善生态环境，不仅具有保护绿洲、维护局部地区生存和发展的现实意义，而且具有维护国家生态安全的重要战略意义。我有幸参与了这一伟大工程的实施并见证了退耕还林工程建设给民勤带来的巨大变化。

健全组织　完善规划

2002 年，民勤县被列为全省退耕还林工程建设区，当年下达全县退耕还林工程建设任务 2.5 万亩，其中退耕地造林 1.5 万亩、配套荒沙滩地造林 1 万亩。为确保工程顺利实施，保质保量完成建设任务，县上成立了由政府县长任组长，县委、县政府分管领导任副组长，林业等有关部门主要负责人及承担工程建设任务的各乡（镇）乡（镇）长为成员的退耕还林（草）工程建设领导小组，下设办公室（办公室设在林业局）。通过多次召开专门会

＊ 作者系民勤县林业局干部。

议，学习宣传有关政策规定，细化工作措施，制定下发了《民勤县人民政府关于退耕还林（草）工程的实施意见》，确定以绿洲西线风沙沿线的昌宁、昌盛、薛百、大坝、大滩和湖区贫困区的红沙梁、西渠、东镇8个乡镇为建设重点，分解下达了计划任务，层层签订了责任书。

由于当时退耕还林工程在本县首次启动实施，无现成的经验可借鉴，为保质保量完成工程建设任务，林业局派当时负责退耕办工作的绿委办副主任李发宏和当时退耕办工作人员姜有恒赴先期开展退耕还林工程建设的泾川县学习工程建设做法和经验。借鉴泾川经验，结合民勤实际，绘制了民勤县退耕还林工程项目运作程序图，编制了《民勤县退耕还林（草）工程项目作业设计说明表》，安排技术人员赴各工程实施乡（镇），指导农户进行整地、开沟、栽植、抚育管护等工程，当年完成工程建设任务2.5万亩，其中退耕地造林1.5万亩（生态林1.4828万亩，草0.0172万亩），配套荒沙滩地造林1万亩。并于2002年7月组织技术人员对各乡镇工程实施和林木成活保存情况进行了验收，当年退耕地造林合格率为95.6%，配套荒沙滩地造林合格率为90.6%。对造林验收不合格的乡（镇）、农户发放了限期整改通知书。于当年12月由各乡镇牵头、有关部门配合，按照验收结果向退耕农户兑现了粮食和现金补助。

突出重点　加强验收

2003年，民勤被列为全省退耕还林工程建设省级示范县，也是河西地区唯一的省级示范县。省、市下达民勤退耕还林任务为13万亩，其中退耕地造林6.5万亩、配套荒沙滩地造林6.5万亩，占全市退耕还林任务23.5万亩的55%。为保证全县退耕还林工程的顺利实施，县委、县政府将退耕还林工程作为当时全县农村四项重点工作之一，从各部门抽调309名干部组成农村重点工作组，分赴各乡（镇）、村社，帮助落实退耕还林任务，提出了面积1亩不能少、株数1株不能缺的要求，并在民勤电视台设立专栏，每天通报工程进度、排名次、搞评比、促落实。县上四大班子领导牵头组成6

个督查组，巡回督查。县纪检委专门制定下发了全县农村重点工作纪律，为退耕还林工程任务落实提供了组织和纪律保障。同时，全县上下认真落实"退耕还林、封山绿化、以粮代赈、个体承包"的方针和国务院颁布的《退耕还林条例》，切实把握"林权是核心，给粮是关键，种苗要先行，干部是保证"几个关键环节，坚持"严管林、慎用钱、质为先"的林业工作方针，合理布局，统筹规划，加快实施，注重实效。全县完成退耕还林 13.2 万亩，占下达计划的 101%，其中退耕地造林 6.7 万亩（其中经济林 0.051 万亩，生态林 6.649 万亩），配套荒沙滩地造林 6.5 万亩。因为各县区都有超造面积，省林业厅对超造部分进行了统计，承诺等来年国家下达退耕还林任务后，将超造面积纳入退耕还林工程建设范围内，予以政策兑现。

2003 年 7 月，林业部门组织工程技术人员对 2002 年工程保存情况和 2003 年工程成活情况进行了县级检查验收，经验收统计，面积核实率为 100%，2002 年保存率为 100%，2003 年造林合格率为 91.9%，其中退耕地造林合格率 92.8%，配套荒沙滩地造林合格率为 91%，工程涉及 20 个乡（镇）、156 个村、8722 个农户。2003 年底，根据检查验收结果向退耕农户兑现了当年粮食和现金补助，并补兑了 2002 年补植合格部分政策补助。

2003 年 8 月 17 日，省上组织召开了全省退耕还林工程示范县现场观摩会，会议历时 9 天，民勤县作为退耕还林示范县参加了观摩会，时任县长助理何承仁、武威林业局局长何永基、民勤县林业局局长张有佳参加了会议，何承仁在会上作了交流发言，省林业厅、省退耕办对民勤县退耕还林工程给予了高度评价。

2004 年，省上下达民勤退耕还林工程建设任务 3.2 万亩，其中退耕地造林 1.2 万亩、配套荒沙滩地造林 2 万亩。县上按照历年成功经验，由林业部门组织技术人员进行了现场勘察，确定了造林地块，编制了年度工程实施方案和作业设计，组织工程技术人员指导退耕农户严格按照工程作业设计进行了造林，完成退耕地造林 1.2 万亩（其中生态林 1.185 万亩，经济林 0.015 亩）。当年 7 月组织林业技术人员进行了县级验收，依据验收结果向退耕农户发放了退耕还林补助。

2005 年，依据各县区上报的 2003 年超造退耕还林面积和 2004 年退耕还林计划，省上下达民勤县退耕还林工程退耕地造林任务 1.33 万亩、配套封沙育林（草）任务 5 万亩。全县以沙化耕地和沿线宜林沙荒地治理为重点，全部完成了工程建设任务，经县级自查验收，工程合格率均为 100%。

2006 年，省上下达民勤县退耕还林任务 1.7 万亩，其中退耕地造林 0.3 万亩，配套荒沙滩地造林 1.4 万亩，县上以西渠镇沙化耕地和沿线风沙口治理为重点，完成退耕地造林 0.3 万亩、配套荒沙滩地造林 1.4 万亩。经当年县级自查验收，造林合格率为 100%，依据验收结果向退耕农户兑现了补助。

2007 年 2 月 11 日，甘肃省退耕还林工程总结表彰大会在兰州召开，会上，民勤县被评为"全省退耕还林工程建设先进县"，民勤县林业局被评为"全省退耕还林工程建设先进单位"，退耕办工作人员王吉贤被评为"全省退耕还林工程建设先进个人"，受到了表彰。

自 2007 年以来，国家对退耕还林工程进行了结构性调整，再不下达退耕地造林任务，每年退耕还林工程建设只下达荒沙滩地造林和封沙育林（草）任务。2007 年至 2013 年，我县以绿洲沿线宜林荒沙滩地治理和外围植被保护为重点，累计完成省上下达的荒沙滩地造林任务 2 万亩、封沙育林（草）3.9 万，经省、市检查验收，面积核实率、成活保存率、作业设计率均为 100%。

2008 年，林业局组织 30 名工程技术人员对全县退耕还林进行了全面检查，从档案管理、成活保存、补植补造等方面进行了全面整改。其中 2003 年栽植的 410 亩经济林由于立地条件差，成活保存率不达标。为确保退耕还林任务不缩水，县林业局向省退耕办、市林业局逐级上报了"关于申请变更民勤县退耕还林工程作业设计的报告"，申请将 410 亩酿造葡萄（其中蔡旗乡 100 亩、夹河乡 200 亩、苏武乡 110 亩）由经济林变更为生态林。2008 年 8 月 25 日，经省退耕办《关于对武威市民勤县退耕还林工程变更作业设计的批复》，同意我县将 410 亩经济林变更为生态林，并通过了国家和省、市验收。

扩大规模　注重实效

截至 2014 年，民勤县共完成省、市下达工程建设任务 32.63 万亩，其中退耕地造林 10.83 万亩、配套荒沙滩造林 12.9 万亩、配套封沙育林（草）8.9 万亩。工程涉及全县 17 个乡镇、11 个单位、171 个行政村、434 个社、10048 个农户、44359 人。经国家、省、市检查验收，各年度工程作业设计率、建档率、合格率、抚育管护率均为 100%。

在建设布局上以湖区和坝区风沙沿线乡镇为重点，建设绿洲内部高效农业经济带、绿洲边缘锯齿状退耕还林带、绿洲外围封沙育林（草）带。在树种选择上，以大地增绿、农民增收为目的，以节水、低耗、高效为原则，因地制宜、适地适树，宜乔则乔、宜灌则灌、乔灌结合，突出沙区特色，大力推广优良乡土树种和生态经济兼用型树种，增强退耕还林工程建设的长期性、稳固性、高效性，推进工程建设的长期发展。在发展模式上，大力推广林草、林药间作模式，兴建林果、牧草、药材精深加工生产线，走产、加、销一体化的路子，实现生态和经济效益的"双赢"目标。

为确保退耕还林政策落实到位，调动农民退耕还林的积极性，林业部门按照《退耕还林条例》和《国务院关于进一步做好退耕还林政策措施的若干意见》《甘肃省退耕还林工程检查验收办法》等有关规定，实行严格的检查验收制度，按照国家退耕还林检查验收的标准要求，对每年参加工程质量检查验收人员进行验收前培训，编制验收小组，确定各自的工作职责，签订验收责任书，公布举报电话；在工程技术人员分赴各工程区验收过程中，林业局验收督查工作小组随时对验收情况进行抽查；在提交验收结果时，按照"谁验收、谁签字、谁负责"的办法，推行验收责任追究制，杜绝了虚报、瞒报现象。

2008 年底，巩固退耕还林成果项目启动实施，民勤县在县政府的统一领导下，由农牧、林业、畜牧、科技、扶贫办等部门衔接沟通，在深入调查研究的基础上，从农村能源建设、农户接续产业发展、生态移民、补植补造、退耕农民就业创业转移技能培训等核定规划项目内容、建设规模、建设任务、投资及相关基础资料，编制上报了《民勤县巩固退耕还林成果巩固专项规划》，指导实施年度建设项目。

2008年至2013年，根据省、市下达建设任务，民勤县共完成巩固退耕还林成果项目经济基地建设55493.78亩，其中红枣18003.8亩、葡萄37489.98亩，完成投资1151.679万元，其中中央投资1130.829万元、自筹20.85万元；完成种苗基地建设任务2674.69亩，完成投资574.974万元，其中中央投资481.989万元、建设单位自筹和投工投劳折资92.985万元；完成补植补造26472亩，完成中央投资58.53万元。通过巩固退耕还林工程项目的实施，一是对控制区域荒漠化、恢复和保护生态环境，加快区域生态可持续发展发挥了积极作用；二是优化调整了经济结构，对促进农业产业化发展进程，培育脱贫致富支柱产业起到了辐射带动作用；三是为农村经济发展培植了新的增长点，加快了农村经济发展步伐；四是为全县林业建设提供了强有力的苗木保障，同时为全县苗木引进、培育、实验、推广奠定了基础。

种草种树发展牧业是改变甘肃面貌的根本大计

李子奇[*]

中央要求我们，经过二三十年或再长一些时间的努力，把甘肃建成全国第一流的林业基地和牧业基地。这是摆在我省全体党员、干部和各族人民群众面前光荣而艰巨的任务。中央领导同志指出的这个战略方针，指明了我省经济建设的方向，提出了明确的奋斗目标。对我们甘肃来讲，抓住这个战略问题，就是抓住了改造山河、治穷致富的关键。我们一定要把党中央为我省制定的这个战略方针，作为我们农业建设的长期指导思想。

一、充分认识战略转变的伟大意义，把工作重点放在种草种树上来

我省农业的主要威胁是干旱。改造山河，减轻干旱，促进农业发展的根本措施和根本出路在哪里？主要在于实现生态系统的良性循环，第一位的工作就是种草种树，发展畜牧，改造山河，治穷致富，努力实现农业建设指导思想上的这一战略性大转变。

要实现这个战略转变，必须来一个思想大解放、大动员。这就要求各级党组织和党员，认真总结历史的经验教训，清除"左"的思想影响，冲破

---

* 作者时任中共甘肃省委书记。

老路子、老办法、老套套、老框框的束缚，冲破"以粮为纲"和旧的习惯势力，树立现代化大农业的思想，调整农业结构，正确认识和处理农林牧副渔的关系，尽快消除历史上带来的严重后果。要从眼睛只盯着现有人均2.7亩耕地转变到人均34亩田土山水上来，从单纯抓粮食转变到种草种树、发展牧业的道路上来，从单纯依靠国家投资兴办一些工程转变到主要依靠政策，调动千家万户的积极性上来。在人力、物力、财力的计划安排上，要保证种草种树这个重点。全省每年用于种草种树的资金大体要占到农业建设资金的三分之一左右。在水利建设上要重点抓好现有工程的挖潜配套和在建项目的建设。同时，对那些条件好、工期短、投资少、见效快的项目，要积极去搞，为种草种树创造条件。各行各业都要围绕种草种树、发展畜牧这个战略重点，坚持"一盘棋"的思想，按照统筹兼顾、全面安排的原则，念好"草木经"，部署好各项建设事业。机关、学校和企事业单位，都要积极行动起来，思想上要适应这个转变，工作上要积极配合这个转变，千方百计地为种草种树作出贡献。

二、明确近期和远期的奋斗目标

实现我省农业建设战略性转变，涉及国民经济的各个方面，必须对全省的财力、物力的安排，各项工作的部署，以及"六五"计划、"七五"计划和到本世纪末实现工农业年总产值翻两番的设想，做出相应的规划和布局。无论进行近期的还是远期的规划，必须坚持以下原则，这就是：全面规划，统筹安排，因地制宜，实事求是，依靠群众，自力更生，先易后难，分期实施，落实措施，讲求实效。规划的重点要放在近三五年上。规划的指标和措施，都要从实际出发，研究新情况，总结新经验，解决新问题，做到既积极又可靠。近期的奋斗目标是：三年停止破坏，五年解决温饱。从1984年到1988年，每年种多年生草不少于250万亩，当年生草200万亩，5年内力争保存多年生草1000万亩左右；1984年到1985年，每年种树200万亩以上，1986年到1988年，每年种树300万亩，争取5年内保存造林面积900多万亩。远期的目标是：把我省建成林牧业基地。也就是经过二三十年或再长一些时间的努力，全省林地面积达到 1 亿 5 千万亩；每个农户平均达到 10 亩草 2 亩林，2 头牲畜 10 只羊。实现这个目标以后，全省森林覆盖率将达到 20%以上，相当于现在森林覆盖率的 3 倍。林业产值加上工业、畜牧业、农业、农副产品加工业等方面的产值，翻两番的目标是可能实现的。到那时，一个生态良好、草丰林茂、牛羊满山、五业兴旺的新甘肃，将会展现在我们面前！

三、重视抓好"两西"建设

"两西"建设，一个是开发，一个是治穷。不论河西河东，都要大力种草种树，发展畜牧，逐步实现生态的良性循环。各地一定要从实际出发，因地制宜，分类指导，逐步创造条件，区别轻重缓急，分阶段、有步骤地实施。

河西地区，要坚持做到一手抓粮，一手抓多种经营，大力开展种草种树活动。要充分挖掘现有水土资源的潜力，发展水利建设，增产更多的商品粮，以支持中部地区调整农业结构，不能只停留在现有水平上。各级党委一定要把种草种树放在重要议事日程中，这对开发河西，同样具有战略意义。这里，人们把祁连山的水源涵养林比作一条"青龙"，由于乱砍滥伐，林线逐年后退；把北部的沙漠比作一条"黄龙"，它正在逐年南移，使一部分宜农地走向沙化，如果我们不大力种草种树，保护和发展水源涵养林，巩固和发展防风固沙林带，加快农田林网建设，增加植被，那么，祁连山的水源就有枯竭的危险，"黄龙"就有淹没大块良田的威胁，那时候，河西走廊的绿洲也可能变为恶性循环。因此，河西地区必须大力种草种树，普遍推广草田轮作，扩展"青龙"，锁住"黄龙"，建设绿洲。在这个问题上，我们一定要高瞻远瞩，要用战略眼光来开发和建设河西。

中部地区，一定要把种草种树放在第一位，从解决"三料"（燃料、饲料、肥料）入手，进行综合治理，三年停止破坏，五年解决温饱，积极创造条件迎接恶性循环停止、良性循环开始这个历史转折。解决温饱，就是解决这一地区群众的生路问题。具体措施是：首先要把破坏植被坚决制止下来，尽快解决"三料"俱缺问题。要放开手脚，把所有能够划下去的"三荒地"（属于农村集体经济组织所有的荒山、荒坡、荒滩的简称）全部划包到户，科学种草种树，草灌先行，草灌乔结合。切实保护现有的天然林和次生林，坚决刹住毁林开荒歪风。瘠薄山地要有计划地逐步退耕还草还林。认真解决林牧矛盾，有计划地封山育林，划区轮牧，提倡舍饲，以利林草生长。大力推广旱农耕作制度，加强"三田"建设，特别要大力兴修沟坝地，蓄水保墒保肥保土，实行草田轮作，因地制宜推广耐旱作物和抗旱品种，提高粮食单产，为退耕还草还林创造条件。有水利条件的地方，还要有计划、有步骤地搞些水利工程。要多能互补，大力发展薪炭林、草木樨，积极推广炉灶改革，因地制宜地推广供煤、电炊、太阳灶、沼气、风能等。还要扶持发展专业户、重点户，积极开展多种经营，采取切实可行的扶贫措施，以及在自愿基础上进行适当移民等办法，尽快改变中部地区的面貌。上述措施的实施，要把河西的开发和中部的生态恢复联系起来，捆在一起加以妥善安排。

陇南地区，要大力发展经济林和用材林，逐步建成以经济林为主的多种经营基地。在陇东、陇南地区，都要走种草种树、振兴林牧的道路。在陇东的塬区、陇南的小盆地和中部的水川地，要千方百计把粮食搞上去，逐步建成一批小片商品粮或其他商品生产基地。

牧区和一部分高寒阴湿地区，近期的奋斗目标是：三年调整，五年发展。主要是搞好草原建设，改良牧草，积极扩大人工草场，能种树的地方要大力种树。要把扩大草场、种草种树，同改变牧区生态系统恶性循环为良性循环紧密结合起来。在牧区，同样是一靠政策，二靠科学。要继续完善牲畜包干到户责任制，逐步推行草场大包干责任制。同时，要大力开展科学养畜，调整畜群结构，加强疫病防治，改良畜种，提高商品率和出肉率。

加强老区建设，使老区人民富裕起来，最根本的还是要走种草种树、发展畜牧的道路。为了改变老区面貌，除采取一些灵活的、适合老区情况的政策和措施外，还要在物力、财力的安排上给老区以适当照顾和支援。我们一定要把老区建设摆到议事日程上来，三年初见成效，五年改变面貌，经过十年、二十年的努力，使老区面貌得到根本的改观。

四、实现农业战略转变的主要办法和措施

第一，广泛动员群众，依靠千军万马的力量。要做到这一点，必须切实解决各级领导干部，特别是县以上领导干部的认识问题。各级党委要把种草种树作为一件大事来抓，列入自己的议事日程，认真讨论，统一认识，统一安排。省、地、县都要分期分批举办种草种树学习班。要在全省范围内采取各种形式，利用各种场合，继续组织党内党外、各行各业、各族人民，联系实际，开展种草种树、治穷致富的大讨论。使广大群众都能真正认识到，要改变甘肃面貌，就要靠走种草种树、发展畜牧的路子，要靠自己勤劳的双手改造山河，建成林牧业基地。

第二，进一步放宽政策。要把种草种树活动深入持久地开展下去，必须坚持谁种谁有，收益自己，长期不变的政策。各地的"三荒地"，要在统一规划的前提下，放手划包给农民、牧民种草种树。凡是有技术、有劳务的农户、牧户，承包荒山荒坡数量不要过多地限制，使用权、收益权、林草继承权归农户、牧户，并发给使用证，长期不变。县、社的国家干部和地处农村的厂矿企事业单位的职工，利用工余和假期，在当地政府划拨的"三荒地"上种草种树，也实行谁种谁有、收益归己的政策。国营农牧场的"三荒地"和国有林区边缘的成片次生林，通过订立承包合同、建立责任制的办法，也可以承包到农户管护，实行增值分成或全额分成。要全面落实护林、护草承包责任制，大力发展林业专业户、重点户。对毁林、毁草和盗贩木材的犯罪行为要进行坚决打击，刹住毁林、毁草歪风。

第三，搞好智力开发和技术引进。要十分重视运用现代科学技术知识武装干部、群众，指导种草种树，让群众掌握草种、树种、种植、栽培、养殖、管护、防治病虫害等科学技术基本知识。大力提倡技术人员到种草种树

的第一线，与社队挂钩，同农民结合，把科学试验同技术承包结合起来，有效地发挥指导和推广作用。要制订一些具体政策，吸收更多的科学工作者和具有各种专长的知识分子，同我们一起开发、建设甘肃，逐步建立起一支种草种树、科学养畜的科技大军。

第四，抓好种苗建设。要十分重视优良草种树种的培育、引进、推广和发展，特别要注意抗旱、耐寒、易活、速生、经济价值高的乡土草种树种。引进的品种要经过试验，择优推广。要继续开展全民性的采种献种活动，搞好种子收购、调运和保管工作。各地都要建立苗木草种繁育基地，发展一批苗木草种专业户、重点户，尽量做到就地供应，适地适种，提高成活率。

第五，干部带头，层层实行责任制。各级党委要加强对种草种树活动的领导，摆到党委的议事日程，教育广大党员干部，树立气吞山河，战天斗地，开拓前进，奋发进取的气魄，树立全心全意为人民谋福利的思想，要有努力掌握现代科学技术的钻劲，要有脚踏实地，埋头苦干，百折不挠，持之以恒的毅力，动员群众，组织群众，胜利完成种草种树、治穷致富的任务。各级领导干部都要层层建立承包责任制，以身作则，作出表率。各级党组织，都要根据本地区、本单位的实际情况，对各级领导干部提出种草种树的具体要求，明确应当承担的具体责任，作出一年种多少亩草，种多少株树，抓好多少专业户、重点户的规定。要互相监督，开展评比，表彰先进，促进落后，把种草种树完成任务的好坏，作为考核干部的一项重要内容。

（本文摘自作者所著《实践之路》）

阳关国家级自然保护区发展历程

赵庭伟[*]

敦煌位于生态最脆弱的西北干旱区，保护好敦煌的生态环境，就保住了敦煌。甘肃省环境保护厅积极申请成立甘肃敦煌阳关国家级自然保护区，经过不懈的努力，甘肃敦煌阳关自然保护区于2009年经国务院批准正式晋升为国家级自然保护区，隶属省环保厅管理。

甘肃敦煌阳关国家级自然保护区（简称"阳关保护区"或"保护区"）位于甘肃省最西端的敦煌市阳关镇境内，面积8.8178万公顷。保护区西隔甘肃敦煌西湖国家级自然保护区而见一望无际的库姆塔格沙漠，东邻党河水库，南接阿克塞哈萨克族自治县，北为大面积戈壁荒漠。

甘肃敦煌阳关国家级自然保护区是我国河西走廊最西端有人群聚居的一块绿洲，地处河西走廊坳陷之西端、祁连山褶皱带，位于安（西）——敦（煌）盆地西南边缘的南湖小盆地，是阿尔金山东南边缘山前阶地和冲积洪积山前砾石戈壁平原的一部分。南湖小盆地为东、南、西三面隆伏的带状小盆地，盆地内分布着大小泉眼近200个，汇集形成了山水沟、西土沟两条较大的内陆泉水河流和渥洼池这一曾在历史上享有盛名的内陆湖泊，并以山水沟、西土沟和渥洼池为中心，在荒漠中，镶嵌形成了地表总径流长度达146.38公里、年径流量达0.99亿立方米的湖泊、沼泽以及泉水河流为主的

---

* 作者系甘肃敦煌阳关国家级自然保护区管理局保护管理科科长。

珍贵内陆河流生态系统。保护区属湿地与荒漠复合生态系统类型，拥有荒漠中特殊成因的内陆河流生态系统，具有极高的保护价值和科研价值。保护区现有的三大水系中，西土沟和渥洼池的主要水源均来自于阿尔金山冰川融水。这些冰川融水因特殊地质构造而在保护区内形成了众多泉眼，泉眼不断向上涌水，会水后形成了西土沟和渥洼池，并在向北不断延伸的过程中，经途中大小泉眼不断涌水补充，最终形成比较完整的水系，并在水系周边形成大面积沼泽湿地。而另一水系山水沟的主要水源则来自于两个方面：党河地下渗水和阿尔金山冰川融水。由于山水沟所在区域位于党河冲积扇西沿，地势低而地下水位高，海拔较党河河口低 100 米，故党河中、下游渗入地下的水和南山沟系渗入地下的水以及冰川融水形成潜流，在保护区内溢出，形成了大大小小数量极多的泉眼，进而形成地表径流，并在河沟两侧形成了大面积的沼泽湿地。

保护区内镶嵌于荒漠中的内陆河流生态系统为 87 种鸟类、数十种珍稀濒危哺乳类动物的生存和繁衍提供了良好的生活环境，使保护区成为我国西部荒漠区重要的候鸟栖息地和迁徙驿站，为我国西部极干旱地区生物多样性等方面的科学研究，提供了极好的样本。此外，保护区中心距离敦煌市区 70 公里，其东侧边界距离敦煌市区仅 46 公里，区内良好的植被对阻挡风沙东侵、促进水源涵养、调节区域小气候发挥着极为重要的作用，不仅为下游地区尤其是敦煌市的人民生活、生产和生态安全提供了重要保障，还对甘肃河西走廊乃至我国西部的生态安全，莫高窟、月牙泉、阳关遗址等著名文化古迹和自然景观的保护，以及甘、青、新三省（区）交界处生物多样性保护都有着重大的意义，是敦煌的天然生态屏障。

与此同时，由于保护区处于西北干旱荒漠区，其独特的湿地与荒漠复合生态系统也表现出了对外界干扰的敏感性及维持自身平衡的脆弱性。近年来，由于受到地下水位下降、沙化、火灾、虫害、采掘、放牧等自然和人为因素的干扰，保护区的内陆河流生态系统有所萎缩和退化，不仅影响了区内野生动植物的生存繁衍，更对敦煌市的生态安全和诸多文化古迹的保护产生了较大的威胁。

为加强对这一珍贵的内陆河流生态系统和珍稀濒危野生动植物资源的保护，甘肃省人民政府于 1994 年批准建立了面积为 1106.67 公顷的敦煌南湖湿地及候鸟省级自然保护区。自保护区自成立以来，得到了上级主管部门以及地方政府的高度重视和大力支持，经过保护区全体职工的艰苦奋斗与不懈努力，在资源保护和本底调查等方面做了大量工作，并初步建立了管理体系和运行机制。保护区自 1991 年起，联合省环保局，以及兰州大学、北京大学、复旦大学、西北师范大学等高校一批中青年科学家，进行了多次不同规模的科学考察，获得了大批珍贵资料，初步摸清了保护区内的自然资源和生态系统概况，为保护区建设提供了重要科学依据。但就全面、科学、系统、有效的保护与管理而言，还存在着许多不足之处。由于保护区基础比较薄弱，资金投入不足，保护管理技术手段和基础设施建设都相对落后；保护区科研、管理专业人才十分缺乏，科技水平不高，难以针对保护区珍贵独特的生态系统开展高水平的国际、国内的技术合作与交流；保护与利用的矛盾仍很突出，保护区周边地区对土地和水资源存在一定的不合理利用状况，对保护区内湿地生态系统造成了威胁，急需采取合理措施及时抢救，并利用加强管护、监测等手段加以有效控制。为了扭转落后局面，必须加快保护区建设发展的步伐，以适应新形势的需要。

近年来，党和国家领导人多次作出批示，强调敦煌生态保护工作的重要性与迫切性。2006 年 3 月 31 日，中共中央政治局常委、国务院总理温家宝对此作出重要批示：敦煌生态保护工作，必须高度重视，科学规划，综合治理，加快进行。请甘肃省政府研究，发改委、水利部、环保总局予以指导和协调，绝不能让敦煌变成第二个楼兰古国。2007 年 3 月 6 日，温总理在与甘肃省全国人大代表一起审议政府工作报告时，再次关注敦煌生态问题，提出甘肃自然条件较差，生态环境十分脆弱，要在实施西部大开发战略中特别重视生态环境建设和保护，并要求坚决保护好敦煌的生态环境和文化遗产。长期以来，甘肃省、酒泉市与敦煌市政府也对敦煌的生态环境保护和治理工作高度重视，采取了多项措施，包括出台并严格落实"三禁（禁止开荒、禁止打井、禁止移民）政策"，编制《敦煌市节水型社会建设试点实施方案》，多方面开展节水工作，进行大面积封沙育林育草建设，更新和改造农田防护林，加快农田水利基础设施建设，加强各类自然保护区建设管理，制定了《敦煌市地下水开采暂行办法》，改造城市供水网络系统和城市污水处理厂建设，等等。2007年3月，敦煌市人民政府编制了《甘肃敦煌国家级生态功能保护区建设规划》，其中，甘肃敦煌阳关自然保护区由西至东，跨三大类型的生态功能区，即西南部库姆塔格沙漠防风固沙区，沼泽湿地生物多样性保护、水源涵养区，以及中部戈壁荒漠风蚀控制区。

因此，甘肃敦煌阳关自然保护区的建设，对于合理维护和加强"敦煌第一生态屏障"的生态服务功能，深入研究我国西部荒漠区生态系统的变迁和演替，保存野生动植物种质的遗传多样性和栖息地、保护和拯救濒危物种、开展生态学研究，贯彻国家西部开发战略部署和西部生态脆弱地区可持续发展模式的建立，有着重大的战略意义。

为了对保护区自然环境、生物资源、生态系统现状、区域经济文化等有更为全面系统深入的了解，进一步加强综合保护，2006年6月，经敦煌市人民政府及敦煌南湖湿地及候鸟省级自然保护区业务主管部门——敦煌市环境保护局研究决定，启动将甘肃敦煌阳关自然保护区升格为国家级自然保护区的工作。由敦煌市环保局主持并聘请相关专家和技术人员对保护区进行了综合考察，考察内容主要涉及地质地貌、气象、水文地理、土壤、湿地、植物、脊椎动物、昆虫及社会经济文化等。参加考察的单位有西北师范大学生命科学学院、甘肃敦煌市环保局（即敦煌南湖湿地及候鸟自然保护区管理局）相关领域的专家和专业技术人员。在考察过程中得到敦煌市人民政府、南湖乡政府、敦煌林业局、农牧局、水务局等单位的大力支持。参加《甘肃敦煌阳关自然保护区科学考察报告》编写的人员有西北师范大学生命科学学院的孙坤、龚大洁、苏雪、蔡正旺、牟迈、杜玉娟、吴海燕和地理与环境科学学院辛存林等同志。2007年1月编制完成《甘肃敦煌阳关自然保护区科学考察报告》。

在《甘肃敦煌阳关自然保护区科学考察报告》的基础上，根据《中国自然保护区发展规划纲要（1996—2010年）》《国家级自然保护区总体规划编制大纲》《自然保护区工程设计规范》《国务院办公厅关于加强湿地保护管理的通知》等文件的要求，受敦煌市人民政府及甘肃敦煌阳关自然保护区业务主管部门——敦煌市环境保护局的邀请，复旦大学城市环境管理研究中心结合保护区多年建设和管理经验，2007 年编制完成了《甘肃敦煌阳关自然保护区总体规划》。甘肃敦煌阳关自然保护区总体规划期限为 9 年，即 2007 年至 2015 年。规划期分两期，近期为 2007 年至 2010 年，远期为 2011 年至 2015 年。

2007 年 5 月，经省政府批准，将南湖湿地及候鸟自然保护区更名为甘肃敦煌阳关省级自然保护区，并将保护区面积扩大到 8.817 万公顷，其中，核心区面积 27321.96 公顷。保护区内常年和季节性湿地面积共约 15353.04 公顷，约占总面积的 17.41%。至此，保护区完成了所有资料的准备，并于 2008 年 5 月上报到国务院国家级自然保护区评审委员会。经过十余年的建设和发展，保护区的生态效益和社会效益得到明显的改善，极大地促进了当地人与自然和谐健康的发展，在一定程度上维护了当地和周边地区的生态安全。

2009 年 9 月 18 日，国务院办公厅批准甘肃敦煌阳关自然保护区晋升为国家级自然保护区。保护区晋升为国家级自然保护区还存在着基础设施薄弱、管护手段落后、科研监测困难等问题，难以适应新形势下自然保护区建设和发展的需要，根据国家级自然保护区建设管理的有关规定，受保护区管理局的委托，甘肃省林业调查规划院承担了对甘肃敦煌阳关国家级自然保护区进行总体规划的任务，2010 年 1 月，完成了《甘肃敦煌阳关国家级自然保护区总体规划（2010—2019 年）》（以下简称《总体规划》），《总体规划》依据国家有关标准，结合《甘肃敦煌阳关国家级自然保护区科学考察报告》和当地实际情况，针对保护区目前资源状况和管理现状，从亟待解决的问题入手，对保护区功能区进行了合理划分确定，并从自然资源保护恢复、科研监测和基础设施建设三个方面进行了科学规划。《总体规划》在 2010 年 3 月 21 日通过了由甘肃省环境保护厅在兰州市召开的评审会。甘肃敦煌阳关国家级自然保护区建设总体规划期限为 10 年，即 2010—2019 年。

规划期分两期，近期为 2010 年至 2014 年，远期为 2015 年至 2019 年。2010年 4 月，甘肃省机构编制委员会以《关于调整甘肃敦煌阳关国家级自然保护区管理局隶属关系的通知》确定保护区管理局为副处级单位，核准编制20 名。

（杨静整理）

实施绿色工程　建设美好家园

聂　斌[*]

张掖市林业工作坚持"南保青龙，北锁黄龙，中建绿洲"的建设方针，以祁连山和黑河等重点生态区位治理为依托，以三北防护林、退耕还林、防沙治沙等重点生态工程建设为载体，以黑河湿地保护等重大生态项目实施为抓手，统筹谋划，综合治理，共完成营造林面积402.49万亩（其中：人工造林344.54万亩、封育57.95万亩），年均营造林面积12.98万亩，是新中国成立后至1982年33年间累计造林面积147.67万亩的2.7倍，全市国土绿化成就辉煌，生态环境明显改善。截至2013年，森林总面积820.03万亩，活立木总蓄积量1446万立方米，森林覆盖率13.04%；城市建成区绿化覆盖率41.25%，人均公共绿地面积12.23平方米。张掖市2010年被全国绿化委员会授予"全国绿化模范城市"，2012年被全国绿化委员会表彰为"全国国土绿化突出贡献单位"，被国家发改委、财政部、国家林业局列为"全国生态文明示范工程试点市"。我长期在林业部门工作，也亲历了张掖生态林业建设的历程。

构筑生态安全屏障

祁连山孕育了黑河、石羊河和疏勒河三大内陆河33条大小支流，养育

---

* 作者系张掖市林业局局长。

了甘肃河西地区和内蒙古西部 500 多万各族人民，被誉为河西走廊的"生命线"和"母亲山"，是西北干旱地区重要的水源涵养区和生态功能区，也是西北乃至全国重要的生态安全屏障。祁连山张掖段占祁连山保护区总面积的 74.6%，占张掖市土地总面积的 47.2%，是祁连山水源涵养林保护的核心区和黑河主要径流形成区。1988 年 10 月被国务院批准为国家级自然保护区，总面积 49.9 万亩。张掖健全完善保护机制，设立国有林场（植被保护站）11 个，森林公安分局（林区派出所）10 个，管护人员达 800 多人，占到祁连山资源管护力量的 60%以上。1992 年 8 月 12 日江泽民总书记来张掖视察工作时为祁连山题词"祁连松柏挺拔俊秀，各族人民情深意长"。1997 年省人大制定印发了《甘肃祁连山国家级自然保护区管理条例》，张掖召开贯彻落实《条例》座谈会，成立贯彻《条例》领导小组，将祁连山保护列入了重要日程。1999 年，国务院批准实施天然林保护工程，祁连山国家级自然保护区被列入工程建设范围。张掖市政府将祁连山生态环境保护与建设纳入全市经济社会发展战略规划，启动实施天然林保护、封山（滩）育林、重点公益林管护、林区移民搬迁等工程，强化林地、草地、湿地及野生动物的保护与管理，持续开展生态保护、植被恢复等方面的定点观测、科学研究和技术推广。截至目前，累计完成祁连山封山禁牧 2246 万亩，人工造林 6.5 万亩，天然林保护工程封山育林 24.65 万亩，培育各类苗木 1.2 亿多株，草场补播改良 508 万亩，搬迁深山林区农牧民 2283 户 9658 人，有效缓解了水土资源矛盾和生态压力，使林草植被得到恢复性增长，水源涵养能力不断提升。2012 年 12 月 28 日经国务院批准，国家发改委印发了《祁连山生态保护与建设综合治理规划》。

在西部大开发过程中，结合当地生态实际，本着综合治理、因害设防、科学规划的原则，开展了大规模的群众性防沙治沙活动，在北部风沙线营造起总长 440 公里的 15 条大型防风固沙基、支干林带，沙区人工造林 140 多万亩。1995 年林业部、中国科协、甘肃省人民政府联合在张掖地区召开了"甘肃河西走廊沙产业开发工作会议"，著名科学家、沙产业理论奠基人钱学森向大会发来书面发言。会议之后，按照钱学森的治沙理念，将防沙治沙与沙产业开发有机起来，形成了防沙治沙向纵深发展的新格局。2006 年张掖市被列为全国防沙治沙综合示范区 6 个地级综合示范区之一，红沙窝荒漠化综合防治试验站被国家林业局纳入荒漠化定位监测研究网络，全市防沙治沙速度和质量得到了提升。8 年来按照"高起点、高标准、高科技、高效益"的原则，突出重点，落实措施，创新机制、制度、科技和模式，累计完成人工造林 47.9 万亩，荒漠植被封禁保护 368.2 万亩，治理沙化土地 416 万亩，建设防沙治沙示范林 4.56 万亩，建立科技治沙型、沙产业效益型、生态防护型、机制带动型等典型示范区近 20 个。据 2009 年甘肃省第四次荒漠沙化监测成果表明，与 2004 年相比，张掖市荒漠化土地面积减少 8.6 万亩，沙化土地面积减少 17.2 万亩，有明显沙化趋势的土地减少 23.7 万亩；轻度沙化土地减少 1.45 万亩，极重度沙化土地减少 131.62 万亩；封禁保护区沙生植被平均覆盖度由原来的 20% 以下提高到 30% 以上，为构筑绿洲外围生态屏障、阻挡风沙南侵、维护绿洲生态安全提供了有力保障。2013 年 10 月 30 日临泽、民乐两县被国家财政部、国家林业局批复为国家沙化土地封禁保护补助试点县。

按照国家西部大开发的生态建设规划和林业部"三北"防护林建设局在张掖召开甘肃、宁夏、内蒙古三省（区）灌区农田林网建设现场区，肯定并推广了张掖农田林网建设经验，推动张掖农田防护林建设进入了一个新的阶段。坚持以渠、路、埂林带建设为线，以速生丰产林、特色林果基地、林木种苗基地建设为面，点线面相结合，多树种搭配，至 2000 年年底全市绿洲内 150 多亩保护农田，65% 的道路和 80% 的渠道实现林网化，9 处较大的沙漠得到治理改造，保护农田近 100 万亩。新世纪以来，按照"树种优、结构新、效能高、抗性强"要求，依托三北防护林、退耕还林、中央财政补贴造林等重点工程，调整优化林网树种结构，重点实施缺行断带林网和成过熟林、残次林的补缺完善及更新改造工程。截至 2013 年，13 年累计完成人工造林 173.31 万亩，森林抚育 3.1 万亩，新建和更新恢复农田林网 10 多万亩，在 312、227 国道、213 省道、县乡道路和重点渠道等建设绿色通道 1100 多公里，形成了健全完善的绿洲农田防护林体系，为绿洲现代农业发展提供了生态保障。

在构建城市防护林的实施当中，张掖市先在县府街搞试点，把拓宽街道与街路两旁栽植国槐、垂柳的任务，纳入统一规划、同步进行，一次完成绿化，当年栽植国槐 365 株，绿化带内种植花草 2905 平方米。自 1985 年以来，城区的东街、南街、西街、马神庙街和东环路、南环路、西环路、北环路等 10 多条街路，都按上述要求进行绿化。从 1987 年开始，各县积极学习张掖经验，一条街、一条路地搞绿化美化，使城市园林绿化经历由弱到强的发展历程，城市环境面貌发生了较大的变化。特别是 2004 年 1 月成立"张掖市园林绿化局"以来，市区在编制报批《张掖市城市绿地系统规划》的同时，以构建具有"金张掖"特色的生态园林城市为目标，坚持高起点规划、高标准设计、高质量建设、高效能养护，采取规划建绿、拆墙透绿、退硬还绿、见缝插绿等措施，大力实施道路绿化精品工程建设，加大公共绿地和防护绿地建设力度，狠抓单位庭院和居住区绿化美化，广泛开展"园林化单位"、"花园式单位"达标创建活动，城市建成区绿化覆盖率达到41.25%，人均公共绿地面积达到 12.23 平方米，形成植物多样、景观优美、特色鲜明的城市园林绿化格局。村镇绿化伴随着城镇绿化的发展而推进。20世纪 90 年代之后，全市农村住宅、庭院、门前街道，种草种花的数量有较大的增加，质量不断提高。有些村社还坚持统一规划，搞门前果树街，院内零星果，院后花果园，有的村民还培育大量盆花盆景，搞绿化美化，使村镇面貌有了明显变化。特别是 2002 年以来，林业生态村镇建设按照省上生态小康村镇建设规划和标准，以"森林城市、森林乡镇、森林村庄"为目标，整合项目资金，编制规划方案，多方筹措资金，示范样板带动，以省、市级新农村建设示范点绿化为重点，加快村镇周围、房前屋后造林绿化步伐，有效改善农村的生产生活环境。全市村镇绿化面积 3.65 万亩，其中乡（镇）绿化面积 0.88 万亩，绿化率 28%；行政村绿化面积 1.82 万亩，绿化率24.4%；乡（镇）周围面山绿化面积 0.697 万亩，人均公共绿地达 3.87 平方米以上。山丹县大马营乡花寨村陈大德和位奇镇十里堡村王福于 2008 年在全国创绿色家园建富裕新村活动中被评为"全国绿色小康户"。

2006 年，以黑河湿地生态安全屏障为核心，成立了张掖市黑河流域湿地管理局，制定出台了《张掖市黑河流域湿地管理办法》。2008 年，张掖市委、市政府以湿地保护与恢复为切入点，以建设生态家园为目标，提出了实施"中国黑河流域（张掖）湿地保护工程"，湿地保护与建设迈出了新步伐。截至目前，全面完成"甘肃黑河流域湿地保护""甘肃黑河流域湿地恢复与治理工程"项目建设任务，新建保护点 9 处，科研中心用房 710 平方米，宣教中心用房 1200 平方米，标本室 200 平方米；修建野生动物救护站490 平方米，建设观鸟塔 1 处、瞭望塔 6 座、候鸟观测点 2 处；完成围堰蓄水 200 公顷、生态补水 30 公顷，退耕还泽 90 公顷，实施湿地恢复与保护8750 公顷、湿地草场综合治理 2000 公顷、湿地资源管护 39088 公顷。2009年 12 月国家林业局批准建立了张掖国家湿地公园，城乡住房和建设部批复命名了中国离城市最近、特色鲜明的张掖国家城市湿地公园；依托国家湿地公园，建设 20 平方公里水天一色的滨河生态新区。2011 年 4 月 16 日国务院批准建立了张掖黑河湿地国家级自然保护区，把整个长 300 公里的黑河流域中游全部纳入了保护区，成为国家战略性的生态公益项目，得到了国家支持。自 2010 年以来，成功举办四届"绿洲论坛"和两届"全国湿地生态保护高级研修班"，开展了湿地专项治理行动，营造了保护湿地资源的良好氛围，提高了人们对保护湿地的认识。

"三北"防护林建设

1978 年张掖被国家列入"三北"防护林体系重点建设地区之一，为从根本上改变本地生态面貌，改善人们的生存条件，促进农牧业稳产高产，维护粮食安全，按照"因地制宜、因害设防、先易后难、由近及远"和"林跟水走、林跟渠走、林跟路走"的建设原则，集中力量建设绿洲农田防护林体系。1978—1985 年，8 年完成人工造林 54.45 万亩。张掖市（现甘州区）、高台县分别被国务院三北防护林领导小组和林业部联合授予"三北防护林体系一期工程建设先进单位"。

1986—1995 年（二期工程），为保护和调动人民群众投身工程建设的积极性、主动性，按照"增资源、增活力、增效益、绿起来、活起来、富起来"的方针，工程由过去单一防护型转向生态经济型。10 年间累计完成人工造林 78.71 万亩，封育 109 万亩。1990 年甘州区（原张掖市）被国务院三北防护林领导小组和林业部联合授予"三北防护林体系建设二期工程先进单位"称号。

1996—2010 年（三、四期工程），以防沙治沙为核心，按照"带片网齐抓、乔灌草结合、渠路林配套、三大效益并重"的发展模式，采取生物和工程措施，在沙漠、戈壁地带营建大型防风固沙林、绿洲内部营造"大林带、小网格"的农田防护林。15 年累计完成人工造林 84.29 万亩，封育142.47 万亩。

35 年来全市累计完成三北工程 480.42 万亩，其中：人工造林 220.45万亩、封育 259.97 万亩，森林覆盖率由 1978 年的 5.97% 提高到 13.04%；林木总蓄积量达 1446 万立方米，工程净增 434 万立方米。据统计，全市人工林总蓄积量中，农防林蓄积量达到 308.4 多万立方米，林分材积年均生长量约 19.8 万立方米，年增值近 4000 万元，受益区农民人均增收 32 元。林种结构得到调整，防护林、用材林、经济林协调发展，林业生态体系和产业体系发展格局基本形成。有效带动了全市林果产业的发展，截至目前，全市建成以葡萄、红枣、红梨为主的特色林果基地 75 万亩，其中工程新建44.09 万亩，果品总产量达 20.83 万吨，产值达 8.60 亿元，农民人均林果增收 900 元，成立葡萄协会、专业合作社及红枣专业合作社 53 家，建立专业运销组织 63 家，非公有制果品贮藏企业 13 户，果品贮藏龙头企业 3 户，形成了"市场牵龙头、龙头带基地、基地连农户"的产业化发展格局。2008 年临泽小枣被国家质量监督检验检疫局确定为地理标志保护产品。区域性气候发生了明显改善，据气象资料表明：张掖市平均风速由 80 年代的2.2m/s 降低到当今的 1.6m/s，平均沙尘暴天气（日数）由 20.6 天减少到7.5 天，平均降水量由 119.7 毫米增加到 135.2 毫米，平均蒸发量由 2037 毫米增加到 2963 毫米，强度干热风未出现，中度干热风由平均 2 次减少到

0.7 次，早晚霜冻由 9 月 20 日左右推迟到 10 月上中旬。

湿地保护与建设

20 世纪 90 年代中期张掖市就建立了甘肃高台黑河省级自然保护区，拉开了湿地保护与建设的帷幕。2005 年，张掖市率先在甘肃组织开展了湿地资源普查，完成了《张掖市黑河流域湿地资源调查》。2006 年 7 月成立了张掖市黑河流域湿地管理局，11 月市政府出台了《张掖市黑河流域湿地管理办法》，黑河流域湿地保护步入规范化管理轨道。2008 年，张掖市委、市政府按照"顺应自然，建设生态张掖，塑造张掖新形象"的工作思路，以湿地保护与恢复为切入点，以建设生态家园为目标，提出了实施"中国黑河流域（张掖）湿地保护工程"，并把"张掖黑河流域湿地保护工程"列为全市的"十大工程"之首。编制完成了《中国黑河流域（张掖）湿地保护工程工作大纲》《张掖市湿地保护"十二五"规划》和滨河新区修建详细规划等八个规划，申报建立了张掖黑河湿地国家级自然保护区、张掖国家湿地公园、张掖国家城市湿地公园。2009 年 11 月 20 日张掖黑河湿地自然保护区通过了国家级自然保护区评审委员会评审；12 月 3 日张掖国家湿地公园被国家林业局批复命名为甘肃唯一、黑河流域首家国家湿地公园，张掖国家城市湿地公园被国家住房和城乡建设部批复命名为国家城市湿地公园。2010 年组织开展了第二次湿地资源普查，绘制了《张掖市北郊湿地资源分布图》《张掖市北郊湿地土地利用现状图》，针对群众对湿地资源的认识不足、随意破坏、污染湿地等问题，宣传《甘肃省湿地保护条例》《张掖市黑河流域湿地管理办法》，开展湿地专项治理行动，加大了湿地保护力度。2011 年 4 月 16 日张掖黑河湿地国家级自然保护区被国务院正式批准建立，是此次国务院批准新建的 16 处国家级自然保护区全省唯一被列入的国家级自然保护区。

截至 2013 年底，先后争取批复立项基础设施建设和资金补助项目 17 项，批复计划投资额 19247.43 万元。完成了甘肃黑河流域中游湿地恢复与治理一、二期工程建设，国家湿地公园、滨河生态新区、湿地博物馆建设等 11 项工程，总投资 12632.26 万元，新建保护点 9 处。在保护区设置大型界碑 20 个、指示标志牌 100 块、界碑 300 块、界桩 1550 个、标志牌 3 块；修建湿地生态系统定位研究综合实验站 1 处，建立了较为完善的保护区地理信息系统和生物多样性数据库及资源档案。全市湿地面积比 2008 年以前增加了 120 多万亩，湿地博物馆成为西北地区第一个城市湿地博物馆，滨河生态新区已成为提升城市品位、扩充城市承载力、吸引项目投资、聚集生产要素、配置资源的有效平台和推进城乡一体化，有力带动循环经济的支撑点。张掖黑河湿地国家级自然保护区的综合管理被国家七部委评定为"优秀"奖，张掖国家湿地公园、张掖国家城市湿地公园也先后创国家 4A 级旅游景区，并被国家和省科协认定为"生态文明教育基地"。

退 耕 还 林

2002 年 1 月 10 日，国务院西部开发办公室召开退耕还林工作电视电话会议，确定全面启动退耕还林工程，从此，退耕还林工程正式在张掖拉开帷幕。提出了"退耕还林不仅要退出一片蓝天碧水，更要退出产业化生产基地"的目标，成立了市、县、乡三级退耕还林工程建设领导小组，配备 15 名专职人员。市、县（区）政府每年组织召开专题会议研究退耕还林工作，并从涉农部门及乡镇抽调干部、技术人员，开展工程建设和行政执法检查，确保工程质量。

11 年来，全市累计完成工程建设任务 114.58 万亩，其中：退耕地还林 49.88 万亩、荒山造林 36.20 万亩、封山（沙）育林面积 28.50 万亩。截至 2013 年年底，80% 的工程林地已成林，全市新增林地面积 91.66 万亩，沿山、浅山区的坡耕地和川灌区沙化耕地、盐碱地全部变为林地，通过工程实施使森林覆盖率提高了 1.21%。区域生态环境得到初步改善，据监测，山丹县实施退耕还林工程后，局部小气候得到改善和调节，霍城河、马营河等流域内部分断流多年的小溪重新开始流水。林地土壤储水能力提高 7.1%，多年不见的国家一、二类保护野生动物已频繁出现在山丹、民乐、肃南的部分退耕还林区，白天鹅、黑鹳、白鹳等已安家落户，麻鸭、猫头鹰等种群数量不断加大。后续产业蓬勃发展，山丹、民乐两县建成42.22万亩沙棘基地，年产沙棘4420万公斤；甘州、临泽、高台、肃南四县（区）建成了以枣、梨、杏、葡萄为主的特色果品生产基地32.78万亩、林草药综合经营生产基地14.48万亩，年产特色产果品20.38万吨、紫花苜蓿3.5万吨、药材3500吨。非公有制林业迅速发展壮大，流转林地1.3912万亩，流转金额2569.7万元；组建农民林业专业合作社44个，成立各类林业协会8个；农户投资372.65万元、造林3.9082万亩；参与林下经济发展的农户8596户，林下经济总产值达到6.56亿元。

誓让荒漠变绿洲

段凤银*

作为甘肃人，多次去外地出差大都有这样的经历，和别人提起甘肃，他们就会谈到沙漠、骆驼和望不到尽头的戈壁沙砾、漫天肆虐的黄沙风暴……

甘肃省45万平方公里的版图上，荒漠化土地就占了近20万平方公里。每年因土地荒漠化和沙化造成的经济损失约5.1亿元。严酷的自然条件和脆弱的生态环境，不仅严重地威胁全省的生态安全，而且严重制约着全省经济社会的发展，使我省的荒漠化治理责任更加重大，任务更加艰巨。

严酷的荒漠化治理现状

据甘肃省第四次荒漠化和沙化监测工作结果显示，截至2009年底，甘肃省荒漠化土地总面积19.21万平方公里，占全省国土总面积的45.12%，沙化土地面积为11.92万平方公里，占全省国土总面积的28%，极重度和重度沙化土地占沙化土地面积的80.6%，分布在武威、金昌、张掖、酒泉、嘉峪关、甘南、庆阳等10个市（州）的37个县（市、区）。每年因土地荒漠化和沙化造成的经济损失约5.1亿元，间接损失高达16—64亿元。目前，全省还有2.18万平方公里土地具有明显沙化趋势，尤其是玛曲县黄河沿岸

---

* 作者系甘肃省政协提案委员会办公室调研员。

等局部地区沙化土地仍在扩展。

生活在陇原大地的 2600 万人口、狭长的 45 万平方公里甘肃版图，沙化土地面积大、分布集中、危害严重、扩展迅速，这是我省沙化土地现状。在北部，从东到西分布着腾格里、巴丹吉林、库姆塔格三大沙漠，还有柴达木盆地沙漠与风蚀地，主要风沙口就达 846 处，沙化土地面积列全国第五位。甘肃省河西地区的沙化土地面积为 1174.88 万公顷，占全省沙化土地总面积的 97.63%，土地沙化直接危及河西地区 400 万人的生存和经济社会的发展。

据统计，全省受风沙直接危害的耕地达 21.34 万公顷、占沙区耕地的43.4%，风沙危害草场 406.37 万公顷、占沙区草场的 55.3%，受害村庄4366 个、占 15.6%，公路 2813.9 公里、占 41.1%，铁路 713.9 公里、占52.6%，渠道 8749.8 公里、占 37.1%。

笔者了解到，甘肃省沙化土地从新中国成立初到 20 世纪 90 年代末均呈递增态势，年均递增率为 0.38%、递增面积达 4 万多公顷。我省的河西沙区是全国四大主要沙尘暴源区之一，由于河西走廊特殊的地形地貌，造成其沙尘暴多发，并极易向东输送，与巴丹吉林、腾格里等沙漠共同造成华北地区范围较大的沙尘暴天气。在我国，自 20 世纪 80 年代以来，荒漠化平均每年扩大 2100—2460 平方公里，每天就有 5.6—6.7 平方公里的土地荒漠化。我国每年荒漠化造成的直接经济损失达 540 亿元，平均每天损失近 1.5亿元。

与其说荒漠化是一个严重危害人类的生态问题，更不如说它是一个严重的经济和社会问题，它给人类带来了贫困和社会的不稳定。

恶劣的自然环境，迫使赖以生存在这块热土上的祖辈几代人们努力去改造它，捍卫自己的家园。

国家重视 省上狠抓 矢志不渝扼黄龙

荒漠化严重威胁着我国经济社会的可持续发展。党中央、国务院领导历来都十分重视我省形势严峻的荒漠化和治理工作。20 世纪 80 年代中央倡导

"种草种树、治穷致富、反弹琵琶"的思路，全省迅速掀起了一场绿化陇原大地的热潮，林业、草业大发展对防沙治沙起了巨大作用。在 90 年代提出"植树种草、治理荒漠，再造秀美山川"的号召，国家实施了"退耕还林、退牧还草"工程，荒漠化势头得到一定遏制。党的十六大、十七大以来中央反复强调生态文明建设。中央特别关注我省石羊河、黑河、民勤、敦煌四大生态环境问题，"决不能让民勤成为第二个罗布泊"、"决不能让敦煌成为第二个楼兰"的治理思路启动了甘肃荒漠化治理工程。

2010 年，国务院在《支持甘肃经济社会发展的若干意见》中，将我省定位为全国生态安全的重要屏障和战略通道。十八大以来，再次强调加强生态文明建设。2012 年中央提出"加快建设经济发展、山川秀美、民族团结、社会和谐的幸福美好新甘肃，到 2020 年和全国一道同步进入小康社会"。

我省历届省委、省人大、省政府、省政协领导高度重视荒漠化治理工作，带领全省广大干部群众，战天斗地，着力实施了多项生态保护工程，决心一定要扼住黄龙的侵害。2007 年，省政府曾召开了全省防沙治沙大会，全面安排部署了防沙治沙工作，明确了防沙治沙目标任务和责任措施。2008 年省政府出台了我省防沙治沙纲领性文件《甘肃省人民政府关于进一步加强防沙治沙工作的意见》等。特别是近年来，加快了治理荒漠化的步伐、加大了治理的力度。省第十二次党代会报告指出："努力走出一条具有甘肃特色的生态文明发展之路，把我省建成西北乃至全国重要的生态安全屏障。要大力发展沙产业，有效促进防沙治沙和荒漠化治理。"省第十一届人代会强调："要加强生态与环境保护，继续推进石羊河流域综合治理及防沙治沙、敦煌水资源合理利用与生态保护和甘南黄河重要水资源补给生态功能区生态保护与建设。"

党的十八大将生态文明建设作为全面建设小康社会的奋斗目标，纳入了中国特色社会主义建设"五位一体"总体布局，推向了前所未有的新高度，赋予了我们生态文明建设的历史使命。2013 年底，国务院通过了《甘肃省加快转型发展建设国家生态安全屏障综合实验区总体方案》等，这些都对生态文明建设和环境保护，对于早日建成经济发展、山川秀美、社会和谐、民族团结的幸福美好新甘肃，具有重大的现实意义与深远的历史意义。省政协将荒漠化治理列入建言献策的重点内容。"希望各级政协及委员们要高站位认识，准确把握甘肃作为西北乃至全国重要生态安全屏障的战略定位，牢记这样的重托和群众的期待，自觉把生态文明建设作为一项重要的政治任务和民生工程，充分利用政协的参政议政职能，提议案、搞调研、建言献策，改善生态环境。"

在中央和省委、省人大、省政府、省政协领导的高度关注下，先后颁布出台了《甘肃省实施〈中华人民共和国防沙治沙法〉办法》《甘肃省草原条例》《甘肃省森林生态效益补偿基金管理实施细则》《关于进一步加强防沙治沙工作的意见》《甘肃安西极旱荒漠国家级自然保护区管理条例》《关于加快发展全省非公有林业经济的意见》等近 20 个鼓舞人心的治沙决策，使治理荒漠化工作步入了法制化轨道。

我省的黑河、石羊河、疏勒河流域综合治理和甘南黄河重要水源补给生态功能区生态保护等项目得以顺利实施；河西及沿黄主要灌区 1000 万亩农田节水工程增效明显；国家"三北"防护林工程建设完成任务 5000 多万亩；退耕还林、还草建设累计完成近 3000 万亩；自然保护区建立了 58 个等，这些治理工程都是得益于国家和省上政策的大力支持，才取得了如此成效。

积极探索　建立稳定的防沙治沙投资保障

荒漠化治理，是一项长期而艰巨的奋斗工程。既需要"雄关漫道真如铁，而今迈步从头越"和"抓铁有痕、踏石留印"的恒心，也更需要稳固的资金投入支持。

2008 年 5 月，"甘肃省治理荒漠化基金会"批准成立。治理基金会多方调研、视察、东奔西走、积极倡导、动员、组织、筹措募集资金，在治理荒漠化的道路上孜孜寻求、辛勤耕耘着。

基金会负责同志在政协甘肃省十届五次全委会提交了"关于加强我省

荒漠化治理工作的提案"，提出了扩大宣传，树立全民参与荒漠化治理的社会公责意识，加强领导、政府主导，制定"十二五"全省荒漠化、盐碱化治理规划。每年计划列出各市州、县市区治理荒漠化、盐碱化的项目任务。积极探索，建立多方投资荒漠化治理模式的建议。紧紧围绕"政府主导、社会参与、科技支撑、产业拉动"治理荒漠化的指导思想，以"治理荒漠、人人有责、利在当代、功在千秋"为己任。通过理顺关系、多方联络、整章建制、募集资金、开拓项目等，使基金会工作走上健康发展的轨道。特别是近年来，基金会以社团组织、公益性事业为基准，实行企业化发展运营模式，促进了荒漠化治理工作的新进展，创造了新业绩。为了使治理荒漠化生态建设工作深入人心，基金会首先狠抓新闻宣传工作，不断扩大宣传力度和覆盖面。与省市各媒体合作及时报道全省荒漠化治理进展情况和先进典型事例；开通了甘肃省治理荒漠化基金会官方网站；出版了《绿潮》双月刊内部刊物，力求在全社会营造全民动员、治理荒漠、保护环境的舆论环境。其次，基金会作为社会法人组织，致力于治理荒漠化资金的筹集、募捐和投资。他们积极探索发展企业、金融部门、民间团体为理事单位，弥补治荒投入不足的问题。在基金会的不懈努力下，六年来已募集资金 979 万元，资助项目 402 万元，投资 350 万元建立 4 个育苗基地。为发挥四两拨千斤的作用，基金会把募捐到的资金拨付给理事单位和治荒企业，资助他们发展，用典型引路，形成省治理荒漠化示范基地。

为支持荒漠化治理，以甘肃省烟草专卖局，省农村信用社联合社为代表的社会各界，在 4 年多时间内为省治理荒漠化基金会募捐到位资金共 1000 万元。同时，治理荒漠化基金会还特别注重凝聚海内外的力量，共谋我省治理荒漠化事业，在 2011 年 9 月，举办了海外华人、华侨治理荒漠化座谈会。来自美国、澳大利亚、西班牙等 9 国的部分科学家、企业家和知名人士出席了座谈。又于 2012 年 1 月，在省政协十届五次会议期间召开了"省治理荒漠化基金会部分港澳台委员座谈联谊会"，吸引更多的国内外友人参与到我省治理荒漠化、建设生态文明的事业中来。如省治理荒漠化基金会的常务理事单位，敦煌飞天生态产业科技公司投资 2 亿多元，历时 10 年在敦煌搞生态治理，他们在沙漠中开凿分洪河道 20 余公里，修筑梳流堤坝 13 条，在风口筑起了 20 多公里"沙漠长城"，拦蓄洪水救活防风林、保护了水资源，化水"害"为水"利"，形成了被称为"沙漠都江堰"的生态治理工程，并带动了当地特色农业发展，凸显治沙、驯洪、富民等多重效益。还有理事单位"甘肃菁茂公司"作为农业养殖种植企业，在 2012 年 3 月，于天津股权交易所成功挂牌交易后，成为我省首家在天交所挂牌的企业，先后融资 1286 万元，投入资金 4000 多万元，种植近 1 万亩经济林草等，做到了既改善生态环境，又致富于民。

基金会想方设法，采取多种形式，大力发展非公有制林业，增强了治沙工程建设的后劲和活力，壮大了我省的治沙队伍。

产业拉动成效喜人　科技治沙沙变金

基金会按照省上"政府主导、全民参与、科技支撑、产业拉动，打一场防沙治沙、治理荒漠化伟大战役"的指示，对我省的荒漠化治理、水土保持、生态恢复、旱作节水农作物等进行了艰苦卓绝的探索、研究、利用、开发和生产，终究取得了令人欣喜的成果，让沙子变成了金子。

"甘肃绿潮治理荒漠化研究所"是省治理荒漠化基金会专门的科研单位，多年来，他们组织科研人员不懈努力，研制出了适合我省省情的高能营养合剂、高治性生物营养保水剂、高治性生物保水盐碱土壤改良剂等 5 大系列 20 多个品种的产品，获得国家发明专利 10 项项目授权，部分技术属国内外首创，为治理荒漠化、生态恢复和建设提供了一整套生物化学科技支撑，这些发明在兰州、白银、武威、张掖等地进行了大面积试验、示范、推广，成效喜人，沙地、盐碱地苗木移栽成活率提高了 30% 以上，农产品产量提高了 20% 以上。

总之，在政府主导、全民参与、科技支撑、产业拉动、全省上下、各方齐心努力下，我省的治理荒漠化工作取得令人振奋的成果：

——土地荒漠化和沙化趋势整体得到初步遏制。目前我省沙区已有 500

多万公顷的沙化土地植被平均覆盖率由 2004 年的 14.56% 提高到 16.87%。民勤县荒漠化土地与上次监测相比,总面积减少 764.6 公顷,年递减率 0.01%,敦煌市荒漠化土地面积减少 3816.8 公顷,年递减率 0.038%。荒漠化和沙化重点保护治理区动植物种类明显增加,群落稳定性有所增强,局部地区水土流失得到有效控制。

——沙区植被得到有效保护。建立了祁连山、民勤连古城、敦煌西湖、盐池湾、安南坝野骆驼、安西极旱荒漠及张掖黑河湿地等 7 个国家级自然保护区,重点区域沙区植被和自然生态系统得到有效保护和恢复。

——治沙技术得到普及推广。由于"坚持分类布局、分区施策",遵循"北治风沙、南保水源、中建绿洲"的建设方针,以治沙造林、农田防护林、水源涵养林为重点,做到了带片网结合、造封管结合、乔灌草结合,显著提高了治沙效果。以科技为支撑,开展多层次、多形式的人才培养、培训,有效提高了治沙工程的科技含量。多次成功举办了中国治沙技术国际推广培训班,拓宽了甘肃省防沙治沙技术交流与合作的发展空间。

——沙产业得到发展壮大。我省沙区已初步形成、开发出了以中药材、保健品、食品、饮料、灌草饲料、经济林果、日光温室、沙漠养殖、沙产业产品加工、沙漠生态旅游等一大批沙区特色的产业。同时带动了当地加工、贮藏、包装运输等相关产业的发展,有力促进了地方农村经济结构调整、生产方式转变、农民增收和经济社会可持续发展。目前我省已发展沙产业企业、基地 1000 多家,规模较大的 100 多家,全省沙产业开发利用投资达 30 多亿元,年产值 11 亿元。

——治沙责任得到有效落实。各级政府对铁路、公路、河流和水渠两侧以及城镇、村庄、厂矿、水库周围的沙化土地,全面实行单位治理责任制。如酒泉钢铁(集团)有限责任公司在落实单位治理责任制过程中,每年投入 500 万元以上资金,累计绿化面积达到 600 公顷;玉门石油管理局先后建设了花海、东湖、戈壁庄等农场,开发土地 4000 多公顷,配套大型骨干林带 100 多条,面积达 476.98 公顷,有效改善了周边生态环境。

——群众治沙观念发生了根本性改变。在"谁投入、谁治理、谁所有、谁受益"，允许继承和转让以及拍卖、租赁、股份合作、联合联营、承包经营、以奖代补、择优扶持、集体林权制度改革等政策引导下，充分调动了群众参与防沙治沙及生态保护的积极性，实现了由行业治沙向全社会治沙的转变，由被动固沙向主动积极治沙用沙转变；由单一在风沙线上植树造林向采用科学技术发展"阳光"农业转变，有力促进了防沙治沙的快速发展。

——社会参与治沙队伍不断壮大。各沙区充分发挥市场机制在资源配置中的基础作用，按照"分沙到户、承包治理、开发经营、收益归己"的原则，在工程建设中大力推行专业队、专业公司造林，农民承包治沙成沙区植树造林的主要形式。目前我省治沙队伍中，股份制企业占27%，国有企业和集体企业各占6%，私营企业占61%。荒漠化治理的社会效益展示了基金会的新作为。

科 教 文 卫

西部大开发在甘肃覆盖面之广、参与行业之多前所未有，取得的成果之大也前所未有，惠及方方面面的成就也前所未有。本篇收录的科技、教育、文化、卫生只是行业的一个分支，也是花絮中的几朵花瓣。坚信随着国家西部大开发政策的持续发力，惠及行业的措施会更加务实，促进社会事业发展的力度会越来越大，西部大开发后 10 年的明天会更加灿烂辉煌。

华夏文明传承创新区之花
在陇原大地绽放

张 娜[*]

　　华夏文明传承创新区自 2013 年 1 月获批以来，甘肃省坚持一手抓总体思路的完善拓展，一手抓"十三板块"的深化破解；一手抓基础平台的构建提升，一手抓重大项目的策划实施，推动建设工作取得重大进展和成效。

　　我作为一名专管宣传的干部，成为华夏文明传承方面的亲历者和见证者。我们按照"一带"、"三区""十三板块"总体布局，在省委、省政府出台传承创新区建设《实施意见》和《总体方案》建议下，编制下发了《十三板块分方案》，把各项任务分解到省直有关部门。各板块牵头单位都制定了具体实施方案、工作推进计划等，细化了任务、靠实了责任。

　　我们首先进行了文化资源普查。制定出《甘肃省文化资源普查和分类分级评估工作实施方案》，建立了省级文化资源名录和文化资源普查信息平台，与北京大学、中国社科院等联合研发文化资源价值评估系统和云数据终端平台，逐步推进文化资源的科学评估、管理和应用。

　　根据"十三板块"建设需要，我们建立了学术支撑平台，从国内知名高校、科研院所和大型文化企业，确定由 28 位首席专家和 177 位分领域专家组成的专家库；积极发挥学术平台和专家作用，成功举办首届丝绸之路论坛、丝绸之路文化峰会、太湖文化论坛兰州研讨会。

　　我作为基层的宣传干部，做着一些细微繁琐的工作。我们集中开展社会

---

　　* 作者系中共甘肃省委宣传部办公室干部。

主义核心价值观宣传教育，以"人知人晓""人信人守"工程为重点，动员和组织全省各地各部门把核心价值观宣传教育作为一项基础工作来抓，利用新闻媒体、户外媒介、板报、横幅、标语等宣传阵地和载体，在机关、学校、企业以及主要街道、交通沿线、公共场所等，对社会主义核心价值观进行全方位、立体式的宣传，使"24 字"无处不在、无时不有，推动"三个倡导"不断深入人心。

在此基础上深入推进思想道德建设。组织开展了"我们的节日""做一个有道德的人"、中华经典诵读、"德润陇原"等道德实践活动，开展善行义举榜、最美人物、陇人骄子、道德模范、时代楷模评选表彰工作，深入挖掘和宣传柴生芳、樊锦诗、马维华、葛宝丰等重大先进典型，其中，柴生芳同志被中宣部树为"时代楷模"，在全国进行宣传。推进诚信建设和志愿服务制度化，诚信企业"红黑榜"发布制度正在形成，"邻里守望、情暖陇原"志愿服务活动有声有色，成立了我省志愿者服务联合会，学雷锋活动向常态化发展。加强改进思想政治工作，启动实施未成年人思想道德建设"金种子"工程，召开了全省高校党建工作会议。广泛开展群众性精神文明创建，开展了第十二批省级精神文明建设先进集体和先进工作者评选活动；制定了《甘肃省文明程度指数测评细则》，对全省公民文明素质、城乡公共建设和管理、群众性精神文明创建工作进行量化考核和综合评价；建成一批"文明餐桌行动示范街"，启动"魅力甘肃·文明旅游"系列创建活动，深化"文明交通行动计划""五星级文明户"争创活动覆盖全省农村，"讲文明树新风"公益广告影响广泛，道德讲坛和乡村少年宫建设步伐加快。在夏河和泾川县举办两次"三下乡"集中示范活动，捐助项目、物资、资金共计 4.67 亿元。

爱国主义教育也是我们工作的重中之重。我们完成了两当兵变纪念馆建设，举办了纪念习仲勋诞辰 100 周年暨两当兵变历史地位座谈会和研讨会，组织开展陕甘边苏维埃政府成立 80 周年纪念活动；对全省纪念馆设施进行清查、登记，建立了数据统计库；开发利用红西路军这一独有革命历史文化资源，对全省红西路军纪念馆进行重新规划设计，形成了一个总体馆、十二个主题馆的"一综十二专"总体框架。

我们努力的方向是提升文化遗产保护层次。我们对陇东南先秦文化资源进行专项调查评估，完成《陇东南地区先秦文化资源调查评估报告》，与国家发改委、文化部、文物局进行对接沟通，提出了陇东南地区先秦文化资源保护与开发的工作思路，大地湾国家考古遗址公园等重大项目启动建设，推动更多的文化遗产进入国家和世界保护范围。在此期间，"丝绸之路：长安—天山廊道路网"联合申遗获得成功，自此我省世界文化遗产点达到7处，与北京市并列排在全国第二位；58处文物保护单位晋级第七批全国重点文物保护单位，全省国家级文保单位增至131处；10处大遗址被列入国家《大遗址保护"十二五"专项规划》，礼县大堡子山遗址及墓群保护与展示工程获国家文物局批准立项；会宁、南梁、两当3个党史教育基地列入国家级教育基地；皋兰什川梨园、迭部扎尕那农林牧复合系统被农业部命名为"中国重要农业文化遗产"，科技部依托敦煌研究院组建了"国家古代壁画与土遗址保护工程技术研究中心"。

我们加大了重点文物和历史文化名城名镇名村保护工作。日前，莫高窟保护与利用工程全部竣工，游客服务中心投入试运行；嘉峪关文化遗产、拉卜楞寺文物保护等工程进展顺利，凉州区长城保护维修二期工程、永泰城址加固工程等保护项目启动实施；策划实施以建立不同投资主体、不同规模、不同类型博物馆为主要内容的"历史再现"工程，编制完成《总体方案》。天水市两个村入选中国历史文化名村，填补了我省空白；以敦煌和张掖两座国家级历史文化名城、哈达铺国家级历史文化名镇、南梁省级历史文化名镇为试点，加快建立名城名镇名村"保护更新示范区"，为全省名城名镇名村传承创新提供示范；张掖、武威历史文化名城保护规划已经省政府批复，敦煌市历史文化名城保护规划已通过省城乡规划建设委员会审查，灵台县、榆中县青城镇和金崖镇、古浪县大靖镇、临潭县新城镇、秦安县陇城镇、正宁县永和镇、西固区河口村等地保护利用规划正在编制过程中。

我们加大了非物质文化遗产保护传承力度；《甘肃省非物质文化遗产保护条例》已列入2014年省人大立法计划；7个项目获评第四批国家级"非

遗"代表性项目，我省国家级"非遗"项目增加至 68 项；一家文化企业入选第二批国家级非物质文化遗产生产性保护示范基地，两名非物质文化遗产传承人获第三届"薪传奖"；重视做好少数民族非物质文化遗产的挖掘和保护工作，23 个少数民族非物质文化遗产项目入选国家级保护名录，18 名民族地区非物质文化遗产项目传承人入选国家级传承人名录。

与此同时，我们着力发展公益文化，力促文艺创作生产、文化事业更加繁荣。首先加强了公共文化服务体系建设。金昌建成首批国家级公共文化服务体系示范区，张掖入选第二批创建市，兰州市"群众自发文艺团队建设机制"、定西市"百姓舞台活动机制"分别被文化部、财政部批准列入第一、二批创建国家公共文化服务体系示范区（项目）；省直文艺院团"一院一场"建设稳步推进，黄河剧院完成重建并投入使用，13 个市（州）级图书馆、文化馆、博物馆开工建设，建成 8 个市级数字图书馆；省博物馆获评国家一级博物馆，实现我省零的突破；以"千台大戏送农村""精品剧目惠民演出季""百姓文化广场惠民演出""图书漂流"等为主题的流动文化服务项目蓬勃开展，流动舞台车实现县级艺术院团基本覆盖。二是继续实施文化惠民工程，在全国率先完成 290 万户"户户通"建设任务，彻底解决农村群众看电视难的问题，特别是甘南州通过"户户通"工程实现了广播电视在农牧区、寺院全覆盖，为藏区稳定作出了重要贡献；深入实施西新工程，开办了甘南州藏语广播节目，印发《甘肃省县级城市数字影院建设实施意见》，一批县级城市数字影院建成并投入使用；启动实施 38 座高山无线发射台站基础设施建设任务。三是不断提高优秀文化产品供给能力，全面实施"十个一"文化品牌建设工程，制订出台戏剧大省建设规划和影视剧品牌建设规划纲要；"敦煌画派""西风烈·绚丽甘肃"原创歌曲、"纪录片大省""西部影视剧本工程"等品牌建设有效推进，文艺精品不断涌现；电影《甘南情歌》、陇剧《西狭长歌》、歌曲《老百姓的爱》入选 2014 年全国精神文明建设"五个一工程"奖，我省作家叶舟创作的短片小说《我的帐篷里有平安》获得第六届鲁迅文学奖，数字电影《锁麟囊》、秦剧《麦积圣歌》、话剧《天下第一桥》获华表奖等国家级大奖，电视剧《射天狼》、纪录片《两当兵变》《丝路花雨》在央视播出，剧目《鼓舞中国》《貂蝉》广获好评，原创动画片《敦煌传奇》填补了我省数字动漫产业的空白，《腊月的春》《卓尼土司》《甘露》等一批主旋律小制作励志片反响良好；大型纪录片《河西走廊》完成拍摄，将在央视播出；以"双联"行动中涌现出的先进人物和感人事迹为素材，拍摄完成"中国梦·凡人善举天天看"微纪录电影65部，从2014年6月1日起在甘肃电视台各频道黄金时段播出，第二批100部摄制工作基本完成。加强古（典）籍整理出版工作，出版了《甘肃秦汉简牍集释》《陇右金石录校注》《甘肃石窟志》《中国少数民族古籍总目提要·东乡族·裕固族·保安族卷》等重要文献，特别是出版的《甘肃青海四川民间古藏文苯教文献》，是迄今为止首次系统抢救出版甘青川民间苯教文献的重大学术工程，在李克强总理出访英国时作为国礼赠予牛津大学波德林图书馆，这也是甘版精品图书首次作为国礼赠予国外研究机构；银艺合作实现突破，甘肃演艺集团与兰州银行、省歌舞剧院与省农村信用社分别达成合作协议，开启了演艺院团与金融企业双赢发展的新模式。2014年7月开始，在兰州银行的大力支持下，省直文艺院团将我省近20年来在全国和省内获奖的55台优秀精品剧节目，以超低票价面向广大百姓举行惠民演出活动，共演出126场。

我们不断完善产业体系，积极推进产业融合，加快文化产业发展。一是培育合格市场主体。组建省文化产业发展集团、飞天出版传媒集团，成立文化创业投资基金。整合省广电总台经营性资源，积极组建西北影视集团、甘肃飞天艺术拓展公司、甘肃飞天新传媒公司。省广电网络公司已形成与浙江华数集团及周边省份网络公司跨区域整合方案。甘肃文化产权交易所已获中宣部改革办同意，正在加快筹建。发布全省100家骨干文化企业名录和民营文化企业30强榜单，实施领导干部联系100个重点文化项目和100家文化企业的"双百"工程，在每个市（州）培育至少1个龙头文化企业。二是深入推进文化与旅游等产业深度融合。以丝绸之路甘肃段重点城市为依托、旅游精品景区为核心、周边知名景区为辐射，策划实施大景区建设，组织力量进行广泛调研和考察，拟定了《加快推进甘肃丝绸之路大景区建设的意见》，编制了《丝绸之路经济带大景区建设规划纲要》，成立了由国内知名专家组成的大景区规划指导咨询专家组。各市（州）积极行动，张掖、酒泉、平凉、敦煌、天水、陇南等地率先启动大景区建设。2013 年全省接待国内外游客首次突破 1 亿人次，实现旅游总收入 620 亿元，较 2012 年增长 31.6%；2014 年前三季度，共接待游客 1.06 亿人次，实现旅游综合收入 660.21 亿元，同比增长分别为 24.8%、25.4%。加强文化与科技融合，推动兰州国家级文化和科技融合示范基地建设，在文化遗产数字化、智慧旅游云联网互动平台等高科技型文化产品研发生产方面取得突破。加强文化与体育融合，建成中国·金昌国际青少年生存训练营。加强文化与中医药、养生等融合，陇东南地区获批"国家中医药养生保健旅游创新区"。加强文化与生态融合，甘南当周草原和兰州市兴隆山获批首批国家级生态旅游示范区。加强文化与金融融合，在调研的基础上，提出了加强我省文化金融工作的意见，积极探索创新文化金融工作体制机制。三是努力推进文化项目建设。继续实施项目带动战略，按照 2014 年全省项目观摩"看高不看低"的要求，加快华强文化科技产业基地、丝绸之路文化旅游小镇等已落地项目建设进度，指导敦促各市（州）筛选确定一批重点项目及早开工并集中力量加以推进。全省 69 个文化产业项目入选《2014 中国文化产业重点项目手册》。甘南州藏族文化千幅唐卡建设、夏河藏文化产业园、卓尼"老坑洮砚"创意文化产业园等 8 个项目入选《藏羌彝文化产业走廊总体规划》。据统计，2013 年实施重大文化产业项目 329 个，完成投资 324.42 亿元；实现增加值 105.8 亿元，增速 35.6%。2014 年前三季度，全省文化法人单位 9496 家，从业人员 18.38 万人，总资产 523.64 亿元；实现增加值 87.56 亿元，增速 24.52%，占全省 GDP 比重 1.98%。

通过全力实施首位工程，集中打造战略项目，以点带面整体推进的良好局面日渐显现。首先，全力推进敦煌国际文化旅游名城建设。汇集各方智慧和力量，编制完成《规划纲要》，积极申办丝绸之路（敦煌）国际文化博览会。省政府出台支持敦煌名城建设若干政策意见和省直部门任务分解方案，领导小组办公室先后 4 次召开调度会，督促各项建设任务取得实质性进展。

航空口岸经国务院同意列入 2014 年度口岸开放审理计划，国家口岸办就敦煌航空口岸对外开放事宜正式向国家海关总署等征求意见，并对敦煌境外临时包机业务表示支持。申报国家级现代农业示范园区获得农业部同意，列入增补名额。文化产业园区主干道路先行用地手续获批，城市建设用地制约问题逐步解决，农转征手续上报工作正式启动。敦煌文化发展投资基金已完成名称核准，丝路文化产业基金已进入审核阶段。敦煌学院建设完成了基础设施改造提升、基础教育规划布局等工作，与省内 3 所高校建立了战略合作关系，运行工作基本就绪。敦煌自然历史文化资源保护利用、智慧城市平台、世界敦煌学中心、博物馆聚落等战略工程顺利推进。

其次，突出抓好乡村舞台和文化集市建设。"乡村舞台"建设计划用 5 年左右时间，整合农村各类文化资源和阵地，建成 16023 个民间自办文化社团，建设农村综合性文化服务中心。这项工作于 2013 年 11 月全面启动，省上成立省委、省政府分管领导任组长的领导小组，下发《甘肃省"乡村舞台"建设方案》，在白银、金昌、平凉召开现场推进会，不断部署和推动建设工作。各市（州）高度重视，成立相应的领导机构，制订具体方案或办法，对主体责任、规划建设、职能服务、经费保障、检查考核等作出安排，召开专门会议部署和启动建设工作，并在人力、物力、财力上给予大力支持。2014 年试点和推广任务 5228 个，前三季度已完成 4819 个。各地整合并投入资金 2 亿多元，省财政统筹整合中央农村文化专项 3000 万元，为全省 1228 个乡镇购买 5000 场公益演出。这项工作也得到中宣部高度关注，派员来我省作了专题调研。"文化集市"依托农家书屋和新华书店发行网点，采取"公司+协会+农户"、线上线下相结合的方式建设"文化集市"，构建农村文化产品现代流通商贸网络，发展劳动密集型文化产业，打造"富民"产业，探索促进农村文化产业发展的新路子。这项工作起步良好，目前已成立了甘肃新华文化集市商贸有限公司和平凉、庆阳、天水、兰州、定西 5 个分公司，与中国传媒集团、庆阳凌云服饰集团公司、平凉何霞民俗文化产业公司、甘谷大漠行麻编鞋业公司、静宁成记文化传媒公司、陇西李唐文化传播公司等企业建立了合作关系，初步搭建了覆盖全省的生产销售网络。2014

年9月，成功举办了首届"甘肃省文化集市"，实现销售额392万元，有20多个国家和地区参加。前三季度，文化集市相关产业销售总额约2.5亿元，带动农户1.2万户。

第三，精心做好规划编制工作。指导兰州市编制兰州都市现代文化产业区规划纲要，多次研究论证、修改完善。天水文化与旅游深度融合发展、丝绸之路经济带大景区建设、国家级陇东南中医养生保健旅游创新区建设等规划纲要已通过专家评审。

坚持突破巩固并举，深化文化体制改革，文化发展的活力动力得以不断增强。一是完成顶层设计。成立文化体制改革专项小组，召开5次工作会议，传达学习中央和省委精神，研究部署我省文化体制改革工作。根据省委总体部署，经广泛调研，制定《甘肃省深化文化体制改革实施方案》《2014年全省文化体制改革和发展工作要点》，明确了新一轮改革的任务书、路线图和时间表。二是加大简政放权力度。省文化厅除保留涉外演出等5项行政审批事项外，其他审批一概下放到市、县文化部门。省新闻出版广电局取消13项行政审批事项、下放4项，保留的36项全部进入政务大厅，实现一个窗口服务。三是加快推进文化企（事）业单位改革。广电网络整合实现省市县三级贯通，在全国率先建成100G省干网。省广电网络股份有限公司、甘肃新华书店集团有限公司等完成股份制改革。读者出版传媒股份有限公司上市工作已经完成预披露。省广电总台整体改革效果显现，甘肃卫视全天收视率排名由31位升至29位。甘肃日报社整体改革工作已拟定改革方案。读者集团改革已开展前期调研。省属文化企业加快去行政化步伐，党政领导不再兼任文化企业负责人。积极稳妥解决改制单位遗留问题，进一步巩固改革成果。

全面向外宣传推介，广泛开展战略合作，建设工作外部环境日趋优化。我们认真组织全方位、立体化的宣传，以省委、文化部、国务院新闻办名义召开了新闻发布会；策划设计对外宣传名片"绚丽甘肃"Logo；邀请中央媒体、港澳媒体、国外媒体，组织省属主要媒体开展多角度、深层次的宣传报道；组织开展了"香港文化高层甘肃行""世界华文媒体甘肃行""全国党报看甘肃""发现亚洲之美——丝路寻梦·绚丽甘肃"等大型采访活动；在北京首都机场举办了"文化国门·绚丽甘肃"宣传月，在兰州市区至中川机场公路沿线制挂了一批大型主题宣传牌，形成了强大舆论声势。据不完全统计，2013年以来，《人民日报》、新华社、中央人民广播电台、中央电视台等中央主要媒体共刊播有关传承创新区建设稿件1500多篇（条、幅），港澳和境外媒体刊播稿件640多篇（条、幅）。积极举办高层次、多样化节庆活动。成功举办了中国·嘉峪关国际短片电影展、"张芝奖"全国书法大赛、"西狭颂"全国书法大展、"朝圣敦煌"全国美术作品展、中国·通渭国际书画艺术节、中国西部花儿艺术节、中国·西和乞巧文化旅游节等节会，弘扬了优秀传统文化，扩大了甘肃知名度。并先后与《人民日报》、北京大学、《大公报》、《文汇报》、广东励丰集团、北京四达时代公司、华数集团等达成战略合作框架协议，一些具体项目合作已逐步展开并初见成效。成立了"甘肃省文化翻译中心"，启动了厦门"敦煌大视窗"、北京"盛世南宫"两个对外文化交流展示窗口建设，在迪拜建立对外文化经贸平台。舞剧《丝路花雨》先后在英国伦敦、法国巴黎、德国法兰克福三地成功商演7场。在韩国首尔成功举办"甘肃文化周"活动，推动文化走出去取得突破。

西部大开发　卫生大发展

刘 维 忠[*]

2008—2013 年，我在甘肃省卫生厅任职期间，亲身参与了全省卫生工作的开展过程，见证了全省卫生工作在这六年中取得的显著成效。

甘肃省经济总量小、人均水平低、财政收入少、医疗条件差的省情决定了甘肃医改不能走对高新技术和昂贵检查设备、昂贵药物无限追求的西方高消费医疗模式，也不能走发达地区的医改路子，必须走"农村为重点、预防为主、中西医并重、卫生工作与群众运动相结合"的医改道路。用尽可能少的费用维护居民健康，走"中医特色的甘肃医改之路""用最简单的方法解决最基础的问题"，要求医疗机构用尽可能简单实用的检查和药物进行治疗，用尽可能简单的方法解决监管制度问题。如乡以上医疗机构每月召开医疗事故分析会，请医务人员从技术找原因，让管理人员从管理找原因，使医疗事故和患者投诉减少 40%，采用招标加谈判的模式，各用 20 万元设计费和每年 50 万元维护费完成软件，节约农合和健康档案软件费 3000 多万元，同样方法，用 20 万元设计费和每年全省 50 万元维护费解决每个县级医院需要 200 万元才能解决的一卡通改造软件费，节约上亿元。"用尽可能少的费用维护居民健康"，在治理过度医疗的基础上，加强疾病的预防工作，坚持中西医并重，大力发展中医药。如，舟曲泥石流用中医"二妙散（由黄柏、苍术两味药组成）"煮水外涂患处后撒滑石粉，4 天治愈群众湿疹，

---

* 作者时任甘肃省卫生厅厅长，现任卫生和计划生育委员会主任。

每人平均0.8元。"走中医特色的甘肃医改之路"，建立了"党政领导、部门参与、全社会推动"的发展中医新机制，把中医工作渗透到疾病预防、妇幼保健、卫生监督、医保、农村、社区和各级医院，取得较好效果，被国家中医药局确定为全国唯一的中医药综合改革试点示范省。

我们依照"管理机构下基层、疾控机构进医院、健康教育进家庭"的思路，在乡（镇）设立了卫生办公室，乡以上医疗机构设立公共卫生科，开展疾病谱排序工作，建立了突发公共卫生事件预警机制。开展了健康教育进家庭、进基层、进学校、进企业、进大学、进机关活动。减少大病是保证能把更多大病纳入医保报销的前提，2013年，省卫生厅联合有关部门组织专家对疾病谱排序靠前，群众看病负担较重的高血压、糖尿病、高血脂等大病进行流行病学调查，提出预防干预的有效方法，在2014年发动群众和社会预防和干预，减少了患病人数，减轻了群众看病负担。

当时，我们在村级主要抓了三方面工作：一是健康教育知识、急救知识、中医适宜技术（包括食疗技术）进家庭，让村民学会防病治病的方法。如粗盐、茴香、艾叶、花椒加热后装入布袋热敷治疗咽炎、肩周炎、颈椎病、胃病等13种疾病。二是设立健康文化墙，将预防和治疗常见病的相关知识及民间单验方写在健康文化墙上，方便村民学习。《人民日报》对此发表长篇文章《健康文化墙，犹如医生站一旁》。第三是在农村由村医定期组织村民开展"健康沙龙"，提高农民健康保健素养，有效推动健康教育知识的普及工作。要求乡（镇）卫生院突出中医特色，医护人员要熟练掌握推拿、按摩、熏蒸等15项中医适宜技术和农民已经掌握的6项防病治病方法并对当地村医进行指导。

发展西医的同时，为什么要强调发展中医呢？从甘肃长远考虑，我们当时认为，只有用尽可能少的费用维护居民健康，医疗卫生才可持续。通过健康教育，让人们养成良好的生活习惯，减少或推迟疾病的发生。即便是发生疾病也能用非西药治疗手段，如针灸、火罐、按摩、体育锻炼、心理治疗、食疗等，不得已时才用较高费用的医疗措施。我们增加中医药使用，减少了抗菌素、激素的用量，避免了一些西药带来的医源性疾病。发展中医药还有一个目的就是发展民族医药，减少对外国药物和设备的依赖，促进民族工业发展和国家药品安全。

甘肃把中医渗透到了综合医院、公共卫生机构和基层医疗机构。确定在医院设中医管理科，制定有利于中医发展的分配政策，在西医科设中医综合治疗室，重症监护室中西医联合救治等。在公共卫生机构设中医科，监督各个医院的中医发展情况。疾控中心成立中医科，搞突发事件的中医预防。建立和落实了食品安全、药品质量、药品配送、医疗广告四个黑名单制度，计划免疫、食品安全、院内感染三个责任追究制度，重点工作内、外两个月通报制度，一个重点工作排名制度。2008 年的三鹿奶粉事件、2012 年某奶粉汞超标事件和 2013 年的某婴儿食品汞超标事件都是甘肃第一个发现并报告的，两次受到原卫生部和国家卫计委的通报表扬。

同时，全省建立并落实了医疗事故月分析会议制度，医疗事故减少40%。有 179 个县级医院在全国率先推行县级医院药品零差率销售，受到卫生部领导的肯定，国家把甘肃省作为县级医院综合改革试点省之一，全国纳入试点的 300 个县中，甘肃有 22 个，中央给每个县每年平均 300 万元试点费。推广了公立医院"315"模式，即加强 3 个机制建设。一是完善监管机制。包括，落实医务人员的四排队制度、医疗机构的八排队制度、医疗机构及医务人员不良执业行为积分管理制度、医生处方权管理制度等 22 项核心制度，防范过度诊疗，实施单病种付费，控制医疗服务费用，降低医用耗材价格，开展医疗安全质量专项检查治理，控制公立医院特需服务规模。二是完善政府财政补偿机制。包括政策补偿、人才补偿、项目补偿、设备补偿和资金补偿，加快医疗保障体系建设，加快区域卫生规划的制定，完善医疗机构分级分工制度。三是完善服务机制。实行中西医并重的综合临床路径标准化治疗模式，推广优质护理服务、宾馆式护理经验、推广省中医院和中医学院附属医院中医护理经验。开展"三好一满意"活动，开展无假日门诊服务，实施远程会诊、预约诊疗及转诊，落实医疗机构间检验、检查项目结果互认制度，建立巡回医疗机制，解决边远贫困地区群众就医，维护医院正常秩序，完善患者投诉处理机制。发挥 1 个特色优势即突出中医药特色。综合医院设中医科和中医管理科，建立中医师每周到西医科查房 2 次制度，考核西医科中药消耗量、中医诊疗人次、中医病历书写等，要求综合医院中医参与治疗率达到 80% 以上，重症监护室中西医结合抢救率达到 90% 以上。加快中医医院建设和综合医院中医服务能力建设，促进中医药进社区、进基层、进农村；加强中医重点专科建设，提高中医临床疗效；对公立中医医院和综合医院中医科的床位补助，按同级综合医院床位补助标准的 1.5 倍给付；充分发挥我省丰富的中药资源优势，带动中药材种（养）植产业。实现 5 个目标：一是实现群众就医费用基本稳定、自费比例下降。二是服务质量提高、医德医风好转。三是服务流程合理、群众看病更方便。四是医务人员积极性得到提高。五是医疗机构得到健康和可持续发展。

通过医生四排队（医生用药量、抗菌素使用量和门诊输液人次占该医生门诊总人次比例、自费药使用量、青霉素占抗菌素比例）、医疗机构八排队（平均门诊费、住院费等）等 22 项监管制度的落实，防范过度诊疗，全省 5 年因为过度医疗等给 5000 多医生给予处方权监护、限制、停止或记录不良业绩、罚款、降低职称、纪律处分等处理，使各项医疗费用保持基本稳定，使甘肃平均住院费、门诊费达到全国平均数的一半左右，据卫生年鉴统计连续 4 年除西藏外甘肃平均住院费、门诊费保持在全国最低水平。

我省卫生部门还与有关部门合作排演了陇剧《医祖岐伯》、秦腔剧《百合花开》、京剧《草原曼巴》及其他综合文艺节目。其中，《百合花开》获中宣部"五个一工程奖"和文化部精品工程奖。省卫生厅推荐的先进人物王万青获感动中国十大人物。省卫生厅官方微博被北京零点集团等授予"与民沟通奖"和人民网全国十大政务微博。动员一万多名医务人员开微博，建立了全国最大的微博矩阵。开发了血液指数、寻医问药服务平台、12320 微博问询平台等微博产品，取得社会好评，卫生厅两次被邀请参加全国政务微博大会并发言介绍经验。

我们相继与 10 多个有关厅局联合，下发推动甘肃中医药产业发展的文件。其中与农业厅下发的药菜两用蔬菜产业发展的通知已经被多个市、县采纳实施。与省旅游局等下发的中医生态养生旅游产业的通知，已经在庆城县、麦积区、敦煌市、凉州区、和政县等形成大产业，有的已经被列入省委省政府观摩的大项目。农业厅发了牛奶安全的草业文件，比如养牛厂的牛得了乳腺炎之后就给牛打激素抗菌素，喝了这种牛奶之后容易造成孩子性早熟。中医学院给我们做了规划，通过草药的方法解决了抗生素带来的不良影响。与《读者》集团联合出版 100 种中医读物。包括《中医启蒙读物》《中医口袋本》《话说中医》等。与省旅游局筛选中医旅游纪念品，包括家用拔罐器、针灸铜人、艾灸器、特产中药等。利用丝绸之路经济带平台发展中医服务贸易。与乌克兰首都基辅州卫生厅、乌克兰国立医科大学分别签订了合作协议，在乌克兰国立医科大学建立了岐黄中医学院，甘肃中医学院已经开始讲中医课。甘肃 13 名县级医院口腔科医生正在乌克兰国立医科大学进修，乌克兰 14 名医生正在甘肃中医学院附属医院学习中医适宜技术，甘肃佛慈 20 种中药已经在乌克兰成功注册。中国卫计委和乌克兰卫生部合作协议把甘肃确定为中医项目执行单位。与新西兰卫生部高级顾问大卫和新西兰针灸工会合作成立了中医文化交流中心、出口中药材 5 吨，签订合同 108 吨。

当时，卫生厅还协调各局和县市州卫生厅直属单位对口支援藏区卫生工作，各部门在资金、设备、技术等方面支援藏区卫生工作。全省抽出 20 名干部在甘南各级卫生部门挂职，每年抽调 50 名妇产科医生帮助甘南乡（镇）卫生院建起了妇产科，大大提高了全州住院分娩率，降低了孕产妇和婴儿死亡率。卫生厅投资 600 万元为甘南各县医院配备了重症监护设备。一系列措施的实施有力带动了藏区医疗卫生事业的发展。

在我亲历的这六年中，经过全省卫生系统的不懈努力，全省医疗工作者在努力的探索和不断的实践中克服困难，开创出适合甘肃省情的医疗改革发展之路，为进一步推动全省医疗事业的长足发展打下了坚实基础。

实施西部大开发战略
助推教育跨越式发展

白继忠[*]

当历史进入 20 世纪 80 年代，陇原大地上掀起了一场举全民之力、兴旷世伟业，惠及全省人民的"普九"大会战。在 20 多年的"普九"历程中，秉本执要的科学决策、回肠荡气的感人业绩，弥足珍贵，可歌可敬。"普九"是我几十年工作生涯中最重要的一段经历，也是我最为关注、付出心血最多的一项工作。我有幸亲历了这段饱经艰辛、风雨坎坷的"普九"之路，感受了陇原儿女感天动地、造福桑梓的奋斗史。20 多年，在人类历史的长河中虽是短暂的，但我省"普九"光辉历程，铸就了甘肃教育发展史上一座永远的丰碑。

"普九"之路，坚实的创业足迹

回眸我省 20 多年的"普九"之路，从艰难起步到全面实施，从改革管理体制到建立义务教育经费保障机制，从"人民教育人民办"到"人民教育政府办"，普及九年义务教育的坚冰一层层被打破，航向一程程被探明，道路一步步被开通，正迎着 21 世纪的春风，迈向新的发展征程。

1980 年 12 月，《中共中央国务院关于普及小学教育若干问题的决定》

---

* 作者时任甘肃省教育厅厅长。

下发，提出："本世纪80年代，全国应基本实现普及小学教育的历史任务，有条件的地区还可以进而普及初中教育。""经济比较发达、教育基础较好的地区，应在一九八五年前普及小学教育，其他地区一般应在1990年前基本普及。极少数经济特别困难、山高林深、人口稀少的地区，普及期限可延长一些。"《决定》提出，普及小学教育"必须坚持'两条腿走路'的方针，以国家办学为主体，充分调动社队集体、厂矿企业等各方面办学的积极性。鼓励群众自筹经费办学"。1983年5月，《中共中央国务院关于加强和改革农村学校教育若干问题的通知》进一步明确提出："普及初等教育，是培养现代化建设人才的奠基工程。""力争1990年前在我国除少数山高林深、人口特别稀少的地区外，基本普及初等教育。"中央《决定》和《通知》的下发，标志着我国进入普及初等教育，进而普及初级中等教育阶段。

我省认真贯彻落实中央的《决定》和《通知》精神，从改革农村教育管理体制入手，明确了县、乡、村三级办学，县、乡两级管理的体制，将普及小学教育的责任落实到乡、村两级。坚持"两条腿走路"的办学方针，充分调动和挖掘乡村办学的积极性和潜力，调整、撤并村办的七年制学校和乡办的九年制学校，实行县校县办，乡校乡办，村校村办，叫作"谁家的娃，谁家抱"。采取全日制、半日制、隔日制、巡回制、早午晚班、马背小学、帐篷小学、窑洞小学等多种办学形式普及小学教育。

1981年，省教育厅首批组织对敦煌县，兰州市城关区、安宁区、白银区等4县（区）普及初等教育进行了验收。到1985年，全省有23个县（市、区）实现了普及初等教育，占全省县（市、区）总数的26.44%。全省小学适龄儿童入学率达到89.22%，在校学生270.29万人，普通初中在校生达到80.72万人。这一阶段普及初等教育的积极实践和取得的成果，为全省普及九年义务教育奠定了较好的基础。

1985年5月，《中共中央关于教育体制改革的决定》提出"有步骤地实行九年制义务教育"。1986年4月，第六届全国人大四次会议通过了《中华人民共和国义务教育法》，并于当年7月1日起在全国正式实施，这标志着我国普及九年义务教育制度的正式建立。

普及九年义务教育的主战场在农村，硬仗在贫困地区、民族地区。甘肃自然条件严酷，经济发展落后，教育基础薄弱。1985 年，全省地方财政收入仅为 16.38 亿元，农民人均纯收入 257 元，人均纯收入 200 元以下的农户占 1/3。全省 85% 的县没有解决中小学"一无两有"（校校无危房，班班有教室，学生人人有课桌凳）问题。

我们本着实事求是、因地制宜、分步实施、分类指导的原则，有计划、有步骤地务实推进九年义务教育。全省分为四个类区，一类地区：经济文化基础好的省辖市 8 个城区，有 143 万人口，占全省人口的 6.5%，1985 年前普及初等教育，1990 年前基本普及初级中等教育。二类地区：经济文化基础较好的 24 个县（市、区），有 760 万人口，占全省人口的 33.9%，1990 年前普及初等教育，1995 年前基本普及初级中等教育。三类地区经济条件一般、文化基础薄弱的 24 个县（市、区），有 670 万人口，占全省人口的 29.9%，在 1995 年前后普及初等教育，2000 年前后基本普及初级中等教育。四类地区：经济落后、文化基础差的 30 个县，有 664 万人口，占全省人口的 29.7%，2000 年前后普及初等教育，2010 年前后基本普及初级中等教育。

为实施这一规划，主要采取了三项大的措施：一是进一步调整农村学校布局，完善农村教育管理体制。实行农村小学、八九年制学校由乡（镇）办，独立初中、完全中学、职业中学由县（市、区）办，市校市办、省校省办的管理体制。省、市、县、乡四级成立教育委员会，加强教育行政管理职能，进一步明确了"三级办学，两级管理"的体制，调动了乡村办学积极性，有效地促进了农村义务教育的发展。二是贯彻"调整、改革、整顿、提高"的方针，按照每 6 万至 8 万人口设一所高中、1.5 万至 2 万人口设一所初中、每个行政村办好一所小学的原则，对乡办高中、村办初中及小学附设初中部进行了适当的调整撤并，提高了小学和初中的办学效益和教育教学质量。三是广泛开展集资办学，大力改善办学条件。省政府从 1988 年到 1990 年，召开了 6 次大规模集资办学现场会议：1988 年 6 月，在平凉地区召开改善贫困山区教育落后面貌现场会议，推广静宁县集资办学经验；1989 年 8 月，在兰州市召开集资排危现场会议，推广永登经验；1989 年 11 月，在武威召开了高速度、高标准建校现场会议，推广武威市（现凉州区）的"双高"建校经验；1990 年 1 月，召开全省集资办学表彰大会，唱响了"排危、配套、管理"三部曲；1990 年 5 月，在酒泉地区召开了中小学教学设备配套现场会议；7 月在庄浪县召开了贫困县集资办学、实现"一无两有"现场会，形成了抓点带面促全省的波澜壮阔的生动局面。

1983—1990 年，全省用于改善中小学办学条件的总投资达 9.01 亿元，共新建校舍 236.67 万平方米，维修改造危房 446.39 平方米，添置课桌凳 57.82 万双人套。全省中小学危房面积由 1985 年的 155 万平方米减少到 1990 年的 48.56 万平方米，D 级危房比例由 14.7% 下降到 4.36%。一些原来学习条件很差的农村学生走出了黑窑洞、破庙宇，用上了新校舍；牧区学生走出了帐篷，下了马背，上了寄宿学校。群众高兴地说："砖瓦房、白粉墙，五星红旗迎风扬，娃娃进了新学堂。"到 1990 年，全省有 44 个县（市、区）普及了初等教育，8 个县（市、区）基本普及了九年义务教育。

1992 年 10 月，党的十四大提出："到本世纪末，基本扫除青壮年文盲，基本实现九年义务教育。"这标志着我国进入全面普及九年义务教育阶段。全省认真贯彻落实《义务教育法》，进一步完善"三级办学，两级管理"体制，并建立了省、市、县"两基"督导评估和验收制度。在经费投入上，逐步建立起了以财政拨款为主，辅之以教育费附加、教育集资、杂费、校办产业收入、社会捐资和设立教育基金等各种渠道筹措教育经费的体制。"用明天的钱，办今天的教育"，调动了广大人民群众办学的积极性，挖掘了社会各界支持教育的巨大潜力。

"人民教育人民办，办好教育为人民"成为这一历史阶段的时代强音，从各级党政领导到一般干部；从当地干部群众到在外工作的公职人员和打工者；从本县企业家和经营户到县外、省外、国外的仁人志士；从宗教上层人士到信教群众；从古稀老人到稚幼孩童，全社会都为教育献计献策，捐资出力，人人为教育尽了应尽之力，作出了无私奉献。一箪食、一瓢饮、一元钱、一个蛋、一根木、一片瓦，都凝聚着人民群众对教育的关心和支持，镌刻着各级领导、教育工作者对教育事业，对孩子的感情和责任，都体现着

"人民教育人民办"的巨大的社会凝聚力，体现着人民对教育最质朴的责任心。"领导苦抓，教师苦教，家长苦供，亲友苦帮，孩子苦学"，送上一程又一程，满怀希望和深情。

这10年，全省办学条件发生了翻天覆地的变化，共修建中小学校舍684.83万平方米，农村最漂亮的建筑是学校，最优美的环境是校园。这10年，义务教育普及程度大幅度提高，小学适龄儿童入学率由94.4%提高到98.83%；小学毕业升初中的升学率由81%提高到90.98%。全省扫除青壮年文盲约150万人。到2000年，全省实现了"普初"的县（市、区）达到81个，占全省县（市、区）总数的94%；"普初"地区人口覆盖率达到97%。有50个县（市、区）实现基本普及九年义务教育、基本扫除青壮年文盲的目标；全省"普九"县（市、区）达到58个，占全省县（市、区）总数的57.47%，"两基"地区人口覆盖率达到70.68%。

2001—2005年进入新的世纪，国家在"十五"期间先后下发了《国务院关于基础教育改革与发展的决定》《国务院关于进一步加强农村教育工作的决定》《国家西部地区"两基"攻坚计划（2004—2007)》等一系列文件，我省义务教育发生了四大新变化：一是实行"以县为主"管理体制，推行农村税费改革，取消农村教育费附加和教育集资，把义务教育管理的重心由乡镇移至县级政府，实现了从"人民教育人民办"向"人民教育政府办"的历史性转变。二是实行"一费制"，开始实施"两免一补"政策。三是国家通过转移支付解决了贫困地区教师基本工资的发放，安排了部分危房改造资金，并在农村实施中小学现代远程教育工程。四是国家开始实施西部地区"两基"攻坚计划，大力推进"两基"攻坚。中央给甘肃省每年的转移支付资金中用于教育的达4.5亿元，其中2.5亿元用于危房改造；远程教育项目中央投入2.48亿元；二期义教中央投入2.8亿元；中小学危房改造工程中央投入4.05亿元；在西部地区"两基"攻坚计划中，中央为我省安排农村寄宿制学校工程专项资金8亿元。在实施项目中，省市县安排一定的配套资金，近几年是农村教育投入最多的时期。

为推动"两基"攻坚，省政府每年召开一次"两基"攻坚会议，省政府与各攻坚市、县签订责任书。省教育厅每年召开一次现场汇报交流会，全力推进"两基"攻坚工作。在上上下下、方方面面的共同努力下，2003年，随着碌曲、东乡、积石山县"普初"通过验收，全省全面实现了普及初等义务教育的目标。从2002—2005年，有10个县（市、区）实现了基本普及九年义务教育和基本扫除青壮年文盲的目标，使全省实现"两基"的县（市、区）达到68个，人口覆盖率达到83.04%。

2005年12月，《国务院关于深化农村义务教育经费保障机制改革的通知》下发，将农村义务教育经费纳入公共财政保障范围，建立中央和地方分项目、按比例分担的农村义务教育经费保障机制。按照新机制，全部免除农村义务教育阶段学生学杂费，资金由中央、省财政按8:2分担；对贫困家庭学生免费提供教科书并补助寄宿生生活费，免费提供教科书资金由中央全额承担，补助寄宿生生活费资金由市、县分担；提高农村义务教育阶段中小学公用经费保障水平，所需资金由中央和地方按照免学杂费资金的分担比例共同承担。

2006年，全省87个县（市、区）农村义务教育阶段16692所学校的406万中小学生享受到免除学杂费这一阳光政策，262万贫困家庭学生免费领取了教科书，53万名贫困寄宿生得到了生活补助。本年度平均每个小学生减免各项费用186元，初中生减免264元。农村中小学生人均公用经费明显增加，小学阶段人年均180元、初中240元，除部分规模偏小的学校外，大部分农村中小学保证正常运转。实现新机制对保学控辍是强有力的促进，全省有3.8万多名辍学学生重返校园。全省小学适龄儿童入学率达到98.89%，小学毕业生升学率达到99.61%。生均校舍建筑面积小学达到4.13平方米，初中达到5.62平方米。全省6个县（市、区）顺利实现了基本普及九年义务教育、基本扫除青壮年文盲的目标，使全省实现"两基"的县（市、区）达到74个，人口覆盖率达到89.42%。

2010年，全省全面实施建设寄宿制学校、建立健全义务教育经费保障机制、调整中小学布局结构、实施对口帮扶、加强师资队伍建设等措施，将我省义务教育推进到一个全新的阶段。到2010年底，全省86个县（市、区）"两基"工作全部通过省政府评估验收，"两基"人口覆盖率达到了100%。

2011年，全省上下紧紧围绕"两基"迎国检，严格对照"两基"国检指标体系，深入开展自查自纠和查缺补漏工作，打响了迎检"百日会战"。截至9月30日，全省小学适龄儿童入学率达到100%，其中女童入学率达到100%，小学毕业生升学率达到100%。初中阶段入学率达到107.7%，初中毕业率为99.55%。青壮年非文盲率为99.35%，脱盲人口巩固率为99.25%。全省小学专任教师学历合格率达到99.60%；初中学校专任教师学历合格率达到98.92%；小学生均校舍建筑面积6.11平方米，初中生均校舍建筑面积6.36平方米；国检标准规定的D级危房全部消除。我省义务教育进入到一个全新的阶段。

"普九"成就，辉煌的历史丰碑

1. 实现基本普及九年义务教育、基本扫除青壮年文盲的目标，甘肃教育发展进入新的历史阶段。普及九年义务教育是关乎国民素质提高、经济社会发展和中华民族复兴的伟大事业，是造福桑梓、惠及子孙后代的民心工程。党中央、国务院相继出台了一系列政策措施，大力推进初等义务教育和九年义务教育。特别是1986年7月1日《中华人民共和国义务教育法》的颁布实施，对普及义务教育提供了法律支撑。在全国普及九年义务教育的热潮中，甘肃义务教育发展迎来了千载难逢的历史机遇。省委、省政府始终坚持"两基"重中之重地位不动摇，加强领导、强化措施、健全机制、落实责任、加大投入、真抓实干，带领全省人民掀起了一个接一个"两基"攻坚高潮，取得了一个接一个的胜利。2003年，全省86个县（市、区）全部实现了普及初等义务教育这一艰巨而伟大的历史目标。普及九年义务教育的县从无到有，从艰难起步到突破性进展，从坚实到登顶，又是何等壮举。2007年，全省实现普及九年义务教育的县（市、区）将达到79个，实现"两基"的地区人口覆盖率将达到95%。2011年11月底，全省86个县

（市、区）"两基"工作全部通过国家"两基"督导检查组评估验收，至此，我省全面实现普及九年义务教育和基本扫除青壮年文盲的目标。这在甘肃教育史上是一座辉煌的丰碑，是值得人们永远铭记和骄傲的。

2. 九年义务教育的普及，有力推动了甘肃各级各类教育全面协调发展。义务教育的健康快速发展，对其他各类教育的发展起到了强有力的推动作用，使全省教育资源总量和受教育人数持续增加。2006 年与 1985 年相比，全省普通高等学校从 17 所增加到 34 所，在校生从 2.72 万人增加到 26.37 万人；高等教育毛入学率提高到 16.5%，进入了大众化的发展阶段；研究生规模从 912 人增加到 18069 人。中等职业教育规模从 9.02 万人增加到 26.14 万人。普通高中教育规模从 19.32 万人增加到 60.35 万人。幼儿教育稳步发展，4—6 周岁幼儿入园（班）率达 60%。中小学教师队伍建设得到加强，从事九年义务教育的教师 21 万人，小学、初中教师学历合格率分别达到 97.34%、93.98%。普及九年义务教育这一历史时期，正是我国经济社会快速发展的历史阶段，甘肃教育实现了跨越式发展，取得了世人瞩目的历史成就，站在了新的历史起点上。

3. 九年义务教育的普及，为我省经济社会发展提供了强有力的智力支持和人才保障。要把经济社会发展的着力点放在开发人力资源和提高劳动者素质上，要把巨大的人口压力转化为人才资源优势，必须大力发展教育事业。九年义务教育的普及以及对其他各类教育的有力推动，大大提高了国民整体素质，为经济社会发展培养了数以千万计的各级各类专门人才。在农村，广大农民学文化、学技术，有的在当地致了富，有的转移到城镇就了业。中等职业教育和高等教育，仅 2006 年一年，就为社会培养合格毕业生 13.32 万人，普通中等职业学校和各类成人教育培训机构开展农村劳动力转移培训 130 多万人次。普通高等学校科研项目共获授权专利 81 项，技术转让合同 4 项。现在，甘肃高等学校已建成国家大学科技园 2 个，国家级、省部级重点研究室和工程技术中心 16 个，国家级、省部级重点学科 97 个；博士、硕士授权学科 71 个，博士、硕士授权点和专业硕士授权点 659 个。高等教育事业与经济社会发展联系日益密切，高校正在成为培养高层次人才和技术创新体系的重要基地和生力军。这些成绩的取得，与普及九年义务教育所打下的坚实基础是密不可分的。要进一步巩固扩大这一成绩，为甘肃经济社会发展提供强有力的智力支持和人才保障，也必须以义务教育的健康快速发展为支撑。

4. 九年义务教育的普及，为社会主义精神文明建设作出了积极贡献。我省九年义务教育的普及，在甘肃经济社会发展中产生了巨大影响，同时也使人们的思维方式有了新的转变。20 年的"普九"历程，是广大人民群众参与教育活动、支持教育发展的过程，也是人民群众追求现代文明、实现自身发展的过程。义务教育的普及和发展，使现代文明逐步渗透到人们的生活当中，改变了封闭落后的状态，打开了陈腐观念的禁锢，使人们以新的思维方式认识世界，用先进的技术改造世界。如阿克塞、肃北、肃南等牧区由以前的"逐水草而居到逐学校而居"，出现了建设文明新区、文明环境的喜人景象，牧民积极接收先进文化的辐射与传播，努力吸收和接纳新技术，将其运用于生产生活中，使经济社会有了前所未有的大发展，并焕发出巨大的生机和活力。

"普九"经验，弥足珍贵的财富

1. 领导重视是普及九年义务教育的根本保证。我省能够取得普及九年义务教育这场战役的胜利，最基本的一条经验就是各级党政重视教育、支持教育。20 多年来，党中央、国务院和甘肃各级党委、各级政府大力实施科教兴国、兴省、兴市、兴县战略，全力确保教育优先发展的战略地位不动摇，在思想认识上高度重视教育，在经济社会发展上优先安排教育，在经费投入上优先保证教育，在政策优惠上优先考虑教育，特别把"普九"作为重中之重，相继出台了一系列法律法规和促进义务教育发展的重大政策措施。层层签订责任书，实行"双线三级"责任制。坚持"宣传、组织、扶持、考核"八字方针，有关部门各负其责，通力合作，变压力为动力，变难点为亮点，强力推进了义务教育的普及、巩固和提高。

2. 人民支持是普及九年义务教育的坚强后盾。甘肃教育事业能站在新的历史发展起点上，也是人民苦心、甘心支持的结果，是千百万人民的艰苦创业为甘肃教育的发展奠定了坚实的基础。在经济发展的特殊时期，"人民教育人民办、办好教育为人民""集万民之力、兴千秋大业"成了义务教育发展的主旋律。今天想起来那些场景，依然历历在目。群众集资办学，是历史的需要，也是党的群众路线在特定历史条件下的体现。为了让子女接受良好的教育，为了追求更高的理想境界，人民群众投入到普及九年义务教育这场历史洪流中，捐资金、出劳力，为学校建设提供方便，用自己最质朴的行动为教育奉献爱心。

3. 广泛参与是普及九年义务教育的社会基础。实施"两基"攻坚，普及九年义务教育，是一场涉及千家万户、牵动整个社会的系统工程。良好的社会氛围和社会各界的积极参与，是普及九年义务教育的社会基础。在"普九"工作中，各级政府和教育行政部门广泛深入宣传党的教育方针政策和《义务教育法》，使社会各界对普及九年义务教育的重大意义有了深刻认识，"治穷先治愚、治愚办教育""再穷不能穷教育、再苦不能苦孩子""还深情于人民、献终身于教育"等观念深入人心。甘肃省直机关、甘肃省内大中城市和甘肃省教育系统分别建立了对口支援项目，省教育厅"三位一体"（教育厅机关一个处室、一个直属事业单位、一所高校，三家联合对口支援一个县）支援"两基"攻坚县。社会各界纷纷伸出援助之手，本着有钱出钱、有物出物、有力出力、有智献智的原则，支持老少边穷地区大力发展教育事业。天津市政府及教育部门给甘肃教育多方面的支持和帮助。著名企业家邵逸夫、李嘉诚、王永庆等慷慨解囊，不惜重金支持甘肃贫困地区改善办学条件。宗教界人士动员信教群众送子女上学，劝返适龄儿童入学，为普及义务教育发挥了不可取代的作用。毫不夸张地说，没有社会各界的大力支持和积极参与，甘肃普及九年义务教育的历史进程就有可能要推迟，就没有今天的"普九"。在兴教助学中表现出的迎难而上、不畏艰险、无私奉献的动人景象，既是陇原儿女品格的展现，又是甘肃精神在教育战线的弘扬。

4. 项目实施是普及九年义务教育的有力支撑。发展抓项目，是推动甘肃教育发展的一条基本经验。普及九年义务教育是全省人民努力奋斗的结果，也是国家教育项目强力支撑的结果。"九五"以来，甘肃抢抓西部大开发的大好机遇，多方争取国家教育项目和国际援助，先后实施了贫困地区义务教育一二期项目、危房改造项目、"世行贷款"项目、国债项目、援藏教育项目、中欧项目、中英项目、联合国教科文项目、联合国儿童基金会项目、现代远程教育项目、寄宿制学校建设工程、农村初中校舍改造工程等大项目 20 多个，总投资约 24 亿元。各类国家教育工程项目、教育贷款项目和海内外资助项目的实施，使甘肃贫困地区义务教育阶段学校的办学条件得到了极大改善，教师队伍素质有了明显提高，学校发展迈向了一个新的时期，撑起了甘肃教育的一片蓝天。各类教育项目的实施，有力地调动了地方教育财政投入和改善办学条件的积极性。中小学校舍面积由 1986 年的 1048.24 万平方米增加到 2006 年的 2381.83 万平方米，为普及九年义务教育提供了良好的硬件支撑。

5. 深化改革是普及九年义务教育的强大动力。甘肃实现普及九年义务教育的过程，是不断深化管理体制改革的过程。1985 年，中央作出了义务教育"在国务院领导下，实行地方负责，分级管理"的决定。在特定的历史条件和经济、文化发展基础上，这一体制极大调动了县、乡政府和广大农民对义务教育的责任投入、经费投入、工作投入、情感投入、劳动资源投入等多重投入的积极性，有力地促进了农村办学条件的大改善和义务教育事业的大发展。在新的历史时期，随着社会经济和教育的进一步发展和形势的不断变化，国务院就义务教育管理体制又作出了重大调整，开始实行"在国务院领导下，由地方政府负责，分级管理，以县为主"的管理体制，并启动了"两免一补"政策，实现了"人民教育人民办"向"人民教育政府办"的历史性转变。2003 年，全省农村中小学教师上收到县管理，工资由县统发改变了拖欠教师工资的现象。从 2006 年春季开学实施农村义务教育经费保障新机制，确保了义务教育发展，农村义务教育的面貌正在发生根本性的变化。由于体制、机制的不断创新，才有今天教育发展的蓬勃生机。

6. 依法治教是普及九年义务教育的可靠保障。事业要发展，从根本上要靠法治。1986年7月1日，国家颁布实施了《义务教育法》。2006年6月29日，第十届全国人民代表大会常务委员会第二十二次会议对其进行了修订。《义务教育法》颁布实施以来，甘肃各级地方政府和教育行政部门认真贯彻落实，出台配套法律法规，用《义务教育法》的规定指导思想和行动，不断增加教育投入，大力改善办学条件，加强教师队伍建设，高度重视并切实解决进城务工农民子女、残疾儿童和女童受教育问题，维护了适龄儿童、少年接受义务教育的权利，促进了教育公平，推动了义务教育在不同地区和不同人群之间的均衡发展和义务教育的普及。在贯彻落实"义务教育法"中，我省努力建立完善并有效落实了义务教育目标责任制度、"义务教育入学通知书"及"义务教育证书"制度、"两基"督评验收和表彰奖励制度、义务教育监测和"两基"年检复查制度等一系列工作制度和钢性工作措施，始终坚持"提前介入、务实指导、全程跟进、动态验收、整体推进"的工作方针，有效地推动了"普九"进程，巩固了"普九"成果。

时光如驰，抚今追昔，回顾20多年艰难而辉煌的"普九"之路，我心潮澎湃，思绪难平。再多的文字，也难以表达我对陇原大地的挚爱；再美的语言，也难以表达我对教育事业的深情。"衙斋卧听萧萧竹，疑是民间疾苦声"。创造教育公平，让陇原大地的每一个孩子都能受到良好的教育，是我萦绕心头、殚精竭虑的一件大事，也是我不懈努力、为之奋斗的目标。

在民族地区播撒希望的种子

俞　正[*]

　　2002 年，甘肃省确定临夏县为民革甘肃省委会的定点扶贫县。当时，我担任民革甘肃省委员会主委，多次带领社会服务处的同志，深入扶贫点了解情况。通过调研，我们认为，临夏地区经济落后主要是教育落后导致的。造成教育发展滞后的原因很多，主要有两方面，一方面家庭困难收入低，另一方面受落后旧观念影响，家长不愿意让孩子就学，急于让孩子挣钱，因此辍学率高，尤其是女孩子的辍学率更高，许多女孩子就是等到一定年纪嫁为人妇。整个临夏地区经济落后与教育发展有很大关系。因此要扶贫，改变这种落后的状况，教育是不容忽视的大问题。我提出将民革甘肃省委会原来的扶贫工作指导思想进行调整转变：由面上巡回式转为点上固定式；由不定期转变为长年扶贫；由科技讲座、技术咨询服务转变为科技项目扶贫、实用技术培训及教育扶贫。当时，我们从《河北日报》上发现了一则消息，报道小尾寒羊繁殖快、易饲养、好管理、能较快产生经济效益。我们考虑将小尾寒羊作为助学的一个媒介。指导思想转变后，我带领民革省委会领导班子提出了"以点代面，辐射带动，滚动发展"的工作思路，使得我会的扶贫工作更切合实际。通过调研，从几个乡（镇）中确定了临夏县韩集镇为民革省委会在临夏县实施扶贫的扶羊助学项目的示范点。

　　从 1998 年开始，我们向民革中央、甘肃省民委、省财政厅争取资金 37

　　* 作者时为全国政协常委、甘肃省政协副主席、民革甘肃省主委。

万元，同时挤出 5 万元省委会办公经费，在韩集镇实施了扶贫与助学相结合的"扶羊助学工程"项目。该项目由民革甘肃省委会筹措资金，购买小尾寒羊作为基础母羊，资助因家庭困难而辍学的贫困学生。该羊由学生和家庭共同饲养。因为小尾寒羊产羔率高，滚动快，产生的经济效益较好，完全能够支付该学生的学费，并于 2 年内在所产后代小羊羔中贡献 2 只小母羊，传递资助给另一名学生及家庭，以此形成滚动发展，产生"造血"式扶贫效应。经过我和民革省委会社会服务处的同志多次挨家挨户的摸底调查，我们确立了"优先照顾纯女户、独生子女户"的原则，实行一名女童扶 2 只羊，以期能更多地帮助少数民族女童接受教育。回、汉、东乡、保安等各民族的孩子们由于加入了"扶羊助学工程"的行列而顺利地完成了自己的学业，许多家庭不但因此摆脱了贫困，甚至开始逐步迈向小康。

在项目实施中，有的农户不愿意养羊，或者受旧观念制约不愿意让孩子上学，我们多次下乡做思想工作，帮扶农户。受助农户每年基本上收益 5—6 只羊，每只 2000 元，每年的收入较为可观，这样也可以解决孩子上学的学费问题。为了搞好"扶羊助学工程"项目，我又 20 多次深入扶贫点指导和监督项目的实施情况，与当地党委、政府和受助群众进行沟通，及时提出改进意见。我也跑遍了我们确定的 120 户帮扶农户家，有的农户家我去过多次做工作。我会部分领导班子成员和职能部门的同志们由于经常深入临夏县的田间地头开展调研，定期普查，与当地的农民成了好朋友。有的同志长期在临夏蹲点摸底，早出晚归，一天要走几十里山路，饿了吃干饼子，渴了到农户家喝碗水，脚上磨出了泡，脸上晒破了皮，调研过后回家被孩子戏称"黑包公"，其中的艰辛不为人知。

2003 年 10 月，民革中央在临夏县召开了由 14 个省级民革组织和国家有关部委参加的"扶羊助学工程"现场会。会上，时任全国政协副主席、民革中央常务副主席的周铁农的评价至今声犹在耳。他肯定了民革甘肃省委会结合当地实际情况，把有限的启动资金以实物滚动信贷的形式投入扶持贫困家庭经济的造血式扶贫模式。现场会的召开，不仅是给民革全国各级组织总结和推广我会的扶贫先进经验，同时也为能争取到省、州有关部门对这个项目的更大支持而继续做工作。2003年以来，我多次主动与甘肃省扶贫办联系，建议将该项目纳入全省"整村推进"计划，并争取20万元资金，使这一具有明显造血功能的扶贫项目能够在有条件的贫困地区大力推广。

2004年全国"两会"期间，周铁农向时任全国政协副主席的马万祺先生介绍了在甘肃开展的"扶羊助学工程"项目。马万祺听了介绍后很受感动，非常重视。随后，马万祺及其子、杨光等三位澳门同胞捐款30万元港币，表达了对民革扶贫工作的大力支持，献上了对贫困地区人民的一片爱心。"扶羊助学工程"项目的实施，也产生了良好的社会影响，其成功的扶贫模式，吸引了北京、香港一些慈善机构的目光，他们先后四次向临夏州捐助135万元，采用"扶羊助学工程"的模式，实施了"爱心助学工程"等扶贫救助项目。2005年初，国务院扶贫领导小组要求甘肃省扶贫办对该项目给予支持，同时建议在宁夏、内蒙古等地推广。1999年和2005年在第三、四次全国民族团结进步表彰大会上，民革甘肃省委会被国务院授予模范集体称号，这些荣誉与我们长期以来全力支持和帮助民族地区群众脱贫致富是分不开的，更与我们在临夏县韩集镇这个少数民族地区成功实施的扶贫与扶教相结合的"扶羊助学工程"是密不可分的。

"扶羊助学工程"前后实施了七年之久，作为甘肃民革在西部大开发当中开展的重大扶贫项目影响深远。至今，临夏当地群众提起民革就会说起扶羊助学工程，这也令我这个曾经的参与者感到无比欣慰。

藏乡百年大计　同心攻坚"两基"

王德忠　张颢腾[*]

2000 年，我分配到天祝县教育局工作，先后从事基础教育管理、教育事业年报统计、项目建设等工作，亲历了天祝县"两基"攻坚的全过程。

天祝县经济基础相对薄弱，由于受自然、经济条件的制约，教育发展相对滞后。用"逢狭径不拘一格辟大道，无路处披荆斩棘拓荒行"来形容天祝县近几年的教育发展史，再恰当不过了。有苦难就有奋斗，有痛苦就有追求，在通向文明的征途中，天祝人将追求的砝码压在了教育的天平上，响亮地提出了"创一流民族自治县，办一流民族教育"的口号。县委、县政府动员全县人民打响了一场波澜壮阔的"两基"攻坚战。

2003 年，县上召开全县"两基"攻坚工作动员大会，吹响了"两基"攻坚的冲锋号。2004 年 4 月，县政府在朵什乡召开全县"两基"攻坚现场会，进一步统一思想，凝聚力量，掀起了"两基"攻坚的高潮。

天祝县教育基础薄弱，办学条件差。县、乡两级政府把学校危旧房改造工作作为教育基础设施的重点工程来抓。县上将排危和建设资金纳入财政预算之中，同时先后争取到一、二期"国家贫困地区义务教育工程"和"农村寄宿制学校建设工程"等 8 个项目，投入资金达 10209 万元，对 110 所中小学进行了改扩建，中小学危房由 1998 年的 26.9%降至目前的 1.23%，生均面积也由原来的 4.5 平方米增加到现在的 5.1 平方米。天祝县大部分乡

＊ 作者王德忠系天祝县教育局干部；张颢腾系天祝县发改局干部。

（镇）山大沟深，交通不便，有许多学生住在学校学习。县上加大工作力度，加强寄宿制学校建设，现有 54 所寄宿制学校，10101 名学生寄宿，有效地保证了学生进得来、留得住、学得好。

尽管在学校硬件建设方面，通过争取项目使全县教育面貌有了很大的改观。但这还不足以弥补全县各学校在办学条件上的诸多短板。于是，全民齐动员，大家同行动，充分挖掘各种社会资源，能出力的出力，能出资的出资。

石门镇中小学校发动全校全体教师自己动手粉刷墙壁，油漆门窗、顶棚、封檐板，维修顶棚，硬化篮球场。这些平时面对黑板、手握粉笔的文化人纷纷拿起铁锹、提起油漆桶当起了建筑工人。学校校长叶多杰跟村委会主任王金柱找到夏玛林场厂长张忠禄，给学校解决了 500 株杨树苗、80 株松树苗、10 株柏树苗，价值一万多元，从而缓解了学校绿化的压力，学校绿化和办学品位得到了质的提升。俩人还三上武威找到市委宣传部长曹永建和教育局局长高怀忠，解决学校在软件上的困难。曹部长和高局长又联系市教育局和市体育局领导，给学校配备了价值近一万元的乒乓球台 1 副，箱式篮球架 1 副，价值四万多元惠普电脑 8 台。建起了活动室和篮球场，孩子们一天一小时的阳光体育运动得到了保证，同时也极大地丰富教师的业余活动，学生的精神面貌得到了极大的改善。

打柴沟镇下河东村党支部书记李明虎，在"两基"攻坚阶段，毅然放下手中的活奔波于田间地头，做宣传、跑单位、走路子、拉赞助，希望取得各方面的支持，尽快改善办学条件。2004 年 5 月，学校进入"两基"验收的攻坚阶段，他干脆住进学校，同老师、同学们一起平整校园。体弱多病的老伴病了，他只能晚上匆匆过去陪一会儿。全家不忍心看他人都累得消瘦了，劝他别认真了，他却坚持如故。这一切都算不得什么，最让老书记发愁的是经费问题。该村自然条件差，自筹有困难，也不能只向政府伸手，而校园建设需要大量资金，老书记没有被困难压倒，他提出"以工代资"，动员群众尽义务工 120 多个，为学校争取地价款 19000 元，在 2004 年"六一"儿童节为学校筹措资金 7800 元，"教师节"向学校筹措资金 6000 元，在村办公经费中给学校 1000 元，雇用推土机平整校园 12 小时（每小时 150 元），给外地教师做案板 8 块，为学校修桌凳 180 多套。在老书记和全校师生的努力下，学校面貌变化很快。为了筹措更多的资金，老书记经常奔波于中铁各局之间。他明白，要充分利用铁路工程的便利条件为学校办点事。道路是艰难的，每一个日日夜夜老书记都像一个上足了发条的钟，总不间断地工作，他全然忘记自己的年纪是否能支撑这样的劳累，实际支撑他的是"跑钱办学"。2004 年 5 月 20 日，他病倒了，连续 4 天高烧不退，他硬是挂着液体去学校工作。5 月 28 日，当他听到铁路局领导回来时，就断然拔掉针头直奔办事处。几经周折，2004 年 6 月 1 日，老书记终于拿到了 7800 元钱，全校师生、乡亲们都为他的行动感动地流下了眼泪，他憔悴的脸上也有了笑容。2004 年 7 月，"两基"攻坚进入高潮，学校还有很多困难急需解决，硬化、绿化、美化等方面不够条件，体育器材缺少，都需要花钱，老书记硬着头皮再次敲响中铁办事处的门，在多次"碰钉子""冷面孔"下老书记又一次成功了，他又一次为学校筹集水泥 20 吨、钢材 1 吨、砂 200 方（每方 32 元）。老书记怕在拉运中花这来之不易的钱，便亲自开着农运车到距学校 60 多里路的中铁十六局把 20 吨水泥运到学校。稍有时间，他走门串户，在家家户户炕头上讲政策、做宣传。群众的工作是个细活，在他的多次解释下全村人同意从 20% 的提留款中拿出 11000 元用作学校建设。短短的时间内，学校建设初具规模，硬化 1860 平方米，绿化 2040 平方米，平整校园 2050 平方米，粉刷教室 2572 平方米。一座花园式学校呈现出它动人的娇姿，白墙红瓦、草坪如茵、绿树成荫、鸟语花香、书声琅琅，这一切无不倾注着老书记的一番心血。

今天，我们可以骄傲地说：在乡村最好的房子是学校，信息高速公路畅通无阻的地方是学校。

人心齐，泰山移。"两基"达标是一项系统工程，需要攻坚的强大合力。县上四大班子多次召开联席会议，解决"两基"攻坚中的具体问题；县上领导经常深入教育一线督促检查；教育行政部门和督导部门为实施"两基"，夜以继日地工作，教育系统干部、教师掀起了"学'两基'方案、懂'两基'业务、干'两基'工作"的热潮；县直有关部门、单位尽职尽责，积极配合；全县广大干部职工慷慨解囊，捐献了大量图书；乡村干部走村串户动员失学儿童入学，农牧民群众捐款赠地、献工献料，洒下了汗水，付出了辛劳，奉献了真情。

一分耕耘，一分收获。在自治县各族人民的不懈努力下，全县的"普九"工作进展顺利，取得了显著成效。教育教学质量进一步提高，特别是"双语"教学迈上新台阶。708 名高中毕业生被普通高等院校录取，其中少数民族学生 345 名，占总录取数的 49%，升学率为 76%，比 1997 年提高了49.7 个百分点。

当昔日那种"泥巴屋，泥巴台，里边坐着泥巴孩"的破旧校舍，被现在一幢幢窗明几净的花园式学校取而代之的时候；当天祝的莘莘学子圆了清华、北大等一流高等院校梦想的时候，我们不能不为天祝"普九"大业呕心沥血、日夜操劳的人们讴歌和礼赞，更不能不为那些关心支持天祝教育事业发展的仁人志士表示崇敬和感谢！

甘肃城市电影产业发展经历

马志鸿[*]

  电影是城市文化中不可或缺的部分，也是人们日常生活中一道靓丽的风景。我作为一名城市电影管理工作者，10多年来见证了我省城市电影的发展历程。从全省电影票房不足300万元，发展到今天票房过2亿元。国家新闻出版广电总局、总局电影局、国家电影专项资金管委会对城市电影给予了大力支持，在"电影发行放映院线制""新建影院国家电影专项资金先征后返""影院安装计算机售票系统补贴""影院改造资助""数字放映设备补贴""县级城市数字影院补贴"等一系列优惠政策的引导和支持下，我省城市影院基础设施建设方兴未艾，城市电影产业呈现出快速向上的发展态势，特别是近年来更是取得了飞跃式发展。

"院线制"撬动终端市场　创新产业发展谋划出路

  电影院线制改革历经10余年，我省电影市场票房从2003年前的不足300万元到2013年的16261.1万元，增长了54倍。"院线制"改革最终成了撬动终端市场的强大引擎，给电影产业的发展带来一波又一波高潮。

  2002年，甘肃省广电局党组在认真调研分析我省电影市场的基础上，本着"借船出海"的思路，大胆创新，决定14家影院加入外省院线，在全

---

* 作者系甘肃省新闻出版广电局电影电视剧处主任科员。

国率先打破地域限制进行院线制改革。此举在当时虽有不同看法，但在一定程度上刺激了我省电影市场，各影院能与北京、上海等大城市首轮同步上映影片，当年票房即比上年同期增长近 30%，使我省院线制改革迈出了坚实的一步。目前，我省拥有一条省内电影院线——甘肃新视界电影院线（暂由广东金逸珠江电影院线托管），下辖影院已达 11 家；进入我省的跨省区电影院线 16 家（另有四川峨眉电影院线、北京翼达九州电影院线由于不同因素退出我省电影市场），其中四川太平洋、深圳南方新干线、上海联和、广东金逸珠江、广东大地、北京万达和浙江横店等 7 条位列全国前 10 强。在 16 条跨省区电影院线中，所辖影院最多的是四川太平洋和南方新干线院线，分别有 10 家影院、62 个影厅和 6 家影院、31 个影厅。2013 年全省票房也主要集中在四川太平洋（33.91%）、深圳南方新干线（18.09%），这两条院线的票房占 16 条院线总票房的 52%。

新型现代化影院快速发展　惠及民生覆盖全省各地

自 2008 年数字影院建设以影院增幅 50% 和影厅增幅 140% 实现突破之后，我省数字影院建设步入快速发展的轨道。截至目前，我省数字影院已达 57 家、影厅 258 个。除省会兰州拥有 21 家影院、129 个影厅外，其他市（州）所在地相继建成新型影城并投入使用，市级城市覆盖率达到了 100%；在县级城市中，已有 19 个县数字影院先后加盟电影院线开展放映活动。近三年来数字影院建设的发展速度最为显著，2012 年新建影院 11 家、影厅 44 个，2013 年新建影院 11 家、影厅 43 个，2014 年（至目前）新建影院 18 家、影厅 87 个。

城市电影票房快速提高　辐射带动产业不断发展

随着院线制改革的深入推广和现代数字化影院建设的快速发展，我省城市影院票房和观影人次取得了飞跃性提高。从 2007 年的 1250 万元票房、39

万人次到 2013 年的 16261 万元票房、522 万人次，分别提升了 13 倍；2014 年票房有望突破 2.4 亿元。票房收入实现了从千万元到亿元、亿元再到 2 亿元的成功巨变。其中，2008 年票房突破 1500 万元，增幅 21.6%；2009 年票房突破 2500 万元，增幅 70.3%；2010 年票房突破 5000 万元，增幅 107.1%，为历史最高增幅；2012 年突破亿元，增幅 47.9%；2013 年突破 1.5 亿元，增幅 47.0%；2014 年 11 月底突破 2 亿元，同比增幅 48.5%。华联电影城分别于 2009 年、2011 年和 2012 年先后成为我省第一家票房超千万元、超两千万元和超三千万元的影院。2013 年票房超千万元的影院有 4 家，2014 年 11 月底票房超千万元的影院已达 6 家，全年将达到 7 家。

促进文化与影视业持续壮大　创造更加辉煌的未来梦想

电影市场的日趋活跃，不仅有效地提升了商业地产的文化品位，常年聚集大量人气，拉动了周边餐饮、娱乐、商贸等其他商业共同繁荣，而且已经成为银行、通信、网络等产业合作的最佳伙伴，达到了互惠互利双赢的效果。

目前，中央、省级财政相继出台县级城市数字影院建设补贴政策，我省城市数字影院建设已迎来千载难逢的发展良机，城市电影产业的发展前景将更加辉煌。

农村电影公益放映工程惠民生

田　欣[*]

为农民办实事，将电影带进农村千家万户，满足广大农民群众的精神文化生活，这就是我省自 2008 年开始开展的农村电影放映工程。作为一个农村电影放映工程的管理者，近 6 年来，我不仅亲身参与了这项惠农工程的建设，也感受了这项国家惠农政策给农民带来的喜悦，我的心中时常因为为农民办了好事、实事而充满了成就感。

我省农村电影公益放映工程在省委省政府正确领导和高度重视下，在国家广电总局引导和支持下，坚持"企业经营、市场运作、政府购买、群众受惠"的指导原则，围绕"一村一月一场"电影的服务目标，积极探索政府搭建平台、市场引导发展、企业参与运作的新机制，通过体制、机制、技术、服务创新等四位一体的综合改革，甘肃农村电影放映工程创出了一条符合自身发展的农村地区放映之路，被全国农村院线誉为"飞天模式"。

培育市场主体，推动管理体制创新

2007 年 6 月，国家广电总局在陕西省延安市召开了全国农村电影工作会议，针对"我国农村电影整体发展水平依然较低，投入不足、机制不活、

＊　作者系甘肃省新闻出版广电局电影电视剧处主任科员。

队伍不稳等问题"，明确了"企业经营、市场运作、政府买服务、农民得实惠"的农村电影改革发展新的指导方针，确立了国家"十一五"农村电影改革发展的指导方针、原则、措施、目标和任务，为我省进一步搞好农村电影的改革发展提供了前所未有的机遇。

2008 年初，按照"企业经营、市场运作、政府买服务、群众得实惠"的指导原则，在省发改委、财政、纪检等部门共同参与下，通过公开、公平、公正的竞标，我省知名电影民营企业——兰州金利文化娱乐有限公司中标，组建了甘肃飞天农村数字电影院线有限公司，实现了全省农村电影一条院线、一个平台、一个标准、一个品牌和统一规划、统一部署、统一组织、统一实施。形成了以国有设施设备、场次补贴为依托，以数字放映为龙头，县、乡为重点，村为基点，政府扶持与市场服务相协调，集约化经营和规模化发展的农村电影发行放映新体系。彻底打破条块分割、过小过散旧的经营方式，形成规模化、集约化经营。在管理上，明确了广电行政管理部门和院线公司的职能，广电主管部门主要是制定政策、宏观指导、强化监管、协调服务，院线公司主要以公益放映为主导、企业经营为模式、市场运营为手段，具体承担全省农村公益性和非公益电影的发行放映，代理全省农村电影广告经营业务，真正实现"管""办"分离。从根本上改变了政府行政主管部门既"管"又"办"的局面，使"政府购买、群众受惠"落到了实处。

新组建的飞天院线公司经过统一培训、考试，重新组建聘用了新型放映队 730 个。在新型体制机制的运行下，数字、胶片放映并行，全面覆盖了我省 16786 个行政村。当年就实现了让广大农牧民看上电影看好电影的初期目标。目前我省农村电影放映队从 2008 年初期的 730 个发展到 924 个，数字放映队也从 2008 年初期的 160 个发展到了现在的全部数字化放映，放映质量得到了极大的提高。目前，我省农村公益电影覆盖全省 16391 个放映点，其中：行政村 15946 个、农林马场 388 个、藏传佛教寺院 57 个。年放映公益电影 196692 场次，全面实现了国家提出的"一村一月一场"公益电影的目标。

实行院线经营，推动运营机制创新

放映人员实行聘任制，对放映人员实行竞争选拔，择优录用，真正做到"养事不养人"。

根据国家广电总局、财政部、发改委等部委有关文件精神，我局和省财政厅联合印发了《甘肃省农村电影放映工程公益放映场次补贴专项资金管理使用办法》《甘肃省农村电影公益放映场次补贴管理实施细则》等管理办法，对各级广电部门和院线公司的责、权、利作了明确规定，为我省农村电影体制机制改革创新提供了强有力的政策支持。开通了放映补贴"直通车"。在放映场次补助管理办法的顶层设计上，坚持国家补助的70%用于放映员补贴和先放后发的直补原则，为每个农村电影放映员建立了放映补贴专用账户，补贴发放不通过市、县广电部门，通过银行按月直接发放到放映员手中，保证了放映补贴及时、足额、按月发放，有效激发了农村放映员的工作热情，为农村电影放映工程注入了新的活力。

应用网络技术，推进科技监管创新

积极探索利用高新技术武装文化产业，飞天院线公司投资自主研发了GPS/GPRS监测系统，搭建了我省农村电影放映监测平台，实现了高新技术与文化产业的有机结合。监测系统按照不同的授权，分别接入省、市、县广电行政管理部门，对每场公益电影的放映时间、地点等情况进行实时监控，为我们及时准确地掌握放映场次提供了强有力的技术支撑，增强了监管的准确性和实效性，彻底杜绝了虚报场次、冒领补贴等现象。

坚持科学发展，推进服务项目创新

实施节目点映，提高选片质量。利用我省86个县级工作站的点映设施，将农民群众喜爱的影片,通过县级工作站汇总到总公司,整理后提交省级电影管理部门确认后订购,将影片选择权留给广大群众,真正让群众喜闻乐见的影片走进千家万户。

更新放映设备,提高硬件水平。自 2008 年农村电影公益放映工程实施以来至今,农村流动放映设备已进入更新换代阶段,为确保农村电影公益放映可持续发展,利用农村电影可持续发展资金 708 万元,通过政府招标,集中采购农村流动放映设备 300 套,配发放映队,进一步提高放映设备质量。

建设固定放映点,改善观影条件。在 2012 年改造 72 个农村电影固定放映点的基础上,2013 年、2014 年与省财政厅积极协商,投资 6155 万元下达固定放映点建设指标 158 个,使我省固定放映点达到 222 个,乡、镇覆盖率 18%。为我省农村电影公益放映工程的持续发展打下了良好的基础。

农家书屋丰富农村文化生活

廖健太[*]

自调入省新闻出版局农家书屋建设管理办公室以来，我通过翻阅资料、多次深入调研和日常工作的开展，对这项工作的建设历史和目前运营情况有了更全面的了解。

2005 年，甘肃省新闻出版局在深入农村调研时发现，农户家中除了几本学生课本外几乎看不到其他任何方面的书；我省农村图书发行网点覆盖率仅 4%，且都设在乡（镇）一级，行政村一级则是空白；虽然每年都开展"三下乡"活动，但农民"买书难、借书难、看书难"的问题依然存在。许多村民表示，他们的孩子为找一本课外读物发愁，很担心娃娃们的出路；他们认为乡亲们之所以贫困，关键在于缺文化、缺知识、缺致富门路。农村文化资源极度稀缺严峻的现实和农民朋友对图书的迫切渴望，促使责任油然而生，我们决定将资源下沉、资金下沉、服务重心下沉，在农民最方便的地方建立起一个农民看得懂、用得上、留得住的农民自己的读书看报场所，以解决农民群众"买书难、借书难、看书难"的问题。

同年，我们率先在兰州、定西、天水的 15 个行政村开展试点，创造性地启动了农家书屋这一文化民生工程。

到 2007 年，我省陆续建成 60 家农家书屋。

随后，农家书屋以星火燎原之势在全国迅速推广，被列为国家五大公共

---

* 作者系甘肃省新闻出版广电局农家书屋建设管理办公室主任。

文化服务工程之一，成为我国推进农村文化建设的重要平台和有效抓手。这一工程的实施，不仅找到了一个政府与社会共同服务新农村文化建设的新载体，而且为乡村文明形态的构建探索了一个新空间，为繁荣发展农村文化开辟了一条新途径。

农家书屋工程自实施以来，得到了各级党委政府的重视与支持，农家书屋工程先后 13 次写入中央有关文件，3 次写入全国"两会"的政府工作报告，中央领导同志多次就相关问题进行批示，刘云山专门视察过甘肃农家书屋建设情况。

甘肃省委、省政府对农家书屋工程建设高度重视，2008、2011 和 2012 年，农家书屋建设被列入我省为民所办实事之一，2009 年和 2010 年连续被列为省委省政府重点惠民工程。省委书记、省长等省上主要领导先后多次就抓好农家书屋工程作出重要批示，省委、省政府分管领导先后多次深入工程建设第一线指导工作，并积极协调有关部门解决了工程建设中的一系列重要问题。同时，我们逐步构建完善了省委省政府统一领导、省新闻出版局牵头、各有关部门全力配合支持、各市州县区全面推进落实的工程建设领导机制。14 个市（州）成立了农家书屋工程建设工作领导小组，为农家书屋工程建设提供了有力的组织保障。

2007 年，我省专门成立甘肃省新闻出版局农家书屋建设管理办公室，为县级事业单位，具体负责全省农家书屋工程建设规划、出版物选配、考核验收、管理员培训等工作。建立正式编制的农家书屋工程办公机构，甘肃是全国第一家。

2008 年，我省建成农家书屋 4000 家；2009 年建成 5940 家；2010 年建成 3000 家；2011 年建成 1930 家；2012 年上半年建成 1930 家。截至 2012 年 5 月，我省共建成农家书屋 16860 个，覆盖全省所有行政村，惠及 1634 万农民群众。

按照中央财政支持 80%，省级财政配套 20%，市（州）、县（区）统筹解决书屋用房及其相关配套设施的原则，整个工程设施过程中，中央财政共支持我省资金 2.7 亿元，省级财政配套资金 6744 万元，市、县两级财政配套资金 7000 多万元。我省每个农家书屋平均配备出版物 1550 册（盘），共计 2613.3 万册（盘），农村人口人均拥有农家书屋藏书量为 1.6 册（盘）。

农家书屋建成后，我们在健全管理制度、规范管理流程、提升管理水平等方面进行了大量实践。先后多次召开全省农家书屋工程建设专题会议，认真分析研究各种问题，先后制定了《农家书屋管理规定》《图书借阅制度》《农家书屋管理员职责》等规章制度，在农家书屋张榜公开管理员姓名、联系电话、开放时间和监督电话等"四公开"制度，用制度确保书屋按时开放，为书屋规范运行提供了制度保障。

农家书屋建成后，在农村文化建设中发挥了智力支撑作用，在农村精神文明建设中发挥了主阵地作用，在帮助农民群众提高科学文化素质中发挥了教育引导作用。经过近十年的努力，我们进一步拓展了农家书屋的学习平台、信息窗口、基层阵地、培训基地和文化娱乐场所五项基本功能。

同时，我们还积极探索，将农家书屋建设向人口较多的自然村、城市社区、宗教场所（主要是藏传佛教寺庙和清真寺）、农林场、无线传输高山台站等延伸。

惠农民生

改革依靠人民、改革为了人民，改革成果惠及全体人民，是改革开放探索之路的出发点和落脚点，也是中国共产党人对全体人民的庄严承诺。围绕为民、利民、惠民、富民的目标，西部大开发15年的点点滴滴，给西部各族各界群众带来了实实在在的变化，惠农补贴、产业转型、母亲水窖、农村安居工程的改观随着西部大开发的实施，使陇原人民感受到了党的关怀和政策给予的最大温暖。

国家扶贫开发　甘肃受益最大

黄选平[*]

我省是全国最贫困的省区之一。长期以来，贫困一直困扰着甘肃的发展。为了彻底解决甘肃农村的贫困问题，1982年底，党中央、国务院决定，将甘肃省以定西为代表的中部地区20个县和河西19个县列入"三西"建设范围，按照"兴河西之利，济中部之贫"的战略方针和"有水走水路、无水走旱路、水旱路不通另找出路"的三条路子，开始了新中国成立年以来我省规模最大的农业建设和扶贫开发。在党中央、国务院的亲切关怀和大力支持下，在省委、省政府的正确领导下，在全省贫困地区广大群众的共同努力下，农村贫困地区面貌发生了翻天覆地的变化。经过30多年的努力，全省有近1000万贫困人口解决了温饱，实现了祖祖辈辈梦寐以求的脱贫愿望。

我省扶贫开发工作至今先后走过了"四个阶段"。第一阶段：1982—1993年，即"三西"农业建设时期。主要开展了以"三西"农业建设为重点的农村扶贫开发，主要任务是限期解决在一些最贫困地区农村"食不果腹、住不避风雨"的绝对贫困问题。第二阶段：1994—2000年，即实施《国家八七扶贫攻坚计划》时期。我省提出《四七扶贫攻坚计划（1994—2000年）》，确定到2000年底实现贫困人口"双三百"（人均300元钱，300公斤粮）的目标。到2000年底，全省农村贫困面由1982年底的74.8%下降

---

　　* 作者系甘肃省政协党组成员、副主席。

到 3.36%，基本解决了"一方水土不能养活一方人"的问题。第三阶段：2001—2010 年，即实施《中国农村扶贫开发纲要》的 10 年。瞄准 756 万贫困人口，以 51 个扶贫开发工作重点县的 919 个重点乡、8790 个贫困村为重点，强化以工代赈、整村推进、易地扶贫搬迁、劳动力培训转移、产业化扶贫五大重点，加大对口帮扶和社会扶助力度，扶贫开发整体上从以解决温饱为主要任务转入巩固温饱成果、加快脱贫致富、改善生态环境、提高发展能力、缩小发展差距的新阶段。通过这个 10 年的扶贫开发，基本建立了贫困地区最低生活保障维持生存、扶贫开发解决贫困群众发展的工作机制，形成了扶贫开发工作长效机制。第四阶段：2011 年至今，即新时期扶贫攻坚时期。主要是推进"1236"扶贫攻坚行动和"联村联户、为民富民"行动。"1236"扶贫攻坚行动主要是紧扣持续增加收入这一核心，确保扶贫对象年均纯收入增幅高于全省平均水平 2 个百分点，到 2016 年贫困地区农民人均纯收入达到 7000 元以上，到 2020 年达到 12000 元以上，进一步缩小与全国的收入差距；做到不愁吃、不愁穿；落实义务教育、基本医疗和住房三个保障；在基础设施建设、富民产业培育、易地扶贫搬迁、金融资金支撑、公共服务保障和能力素质提升等六方面实现重大突破。其中，"一个核心""两个不愁""三个保障"是攻坚目标，既明确了脱贫致富的根本任务，也体现了全面建成小康社会的基本要求；"六大突破"是攻坚重点，既抓住了贫困地区加快发展亟须破解的瓶颈制约，也切中了脱贫致富亟须解决的要害问题。"联村联户、为民富民"行动主要以全省 58 个贫困县、8790 个贫困村为重点，由 40 多万名干部联系 40 多万特困户。各级单位、广大干部都有联系帮扶的对象，贫困县、贫困村、特困户都有联系的单位和干部，从参与范围到联系对象，均实现了"全覆盖"，在干部和特困户之间形成了"直通车"。这两大行动形成我省新时期扶贫攻坚的总体战略。

　　积极探索、创新路子是我省扶贫开发工作的一大特色。在探索中进步，在创新中发展，始终保持了扶贫工作的生机与活力，走出了一条符合贫困地区实际、具有甘肃特色的扶贫开发路子。

　　一是走特殊贫困片带扶贫难点进行集中攻坚的路子。党的十七大明确提出了"到2020年绝对贫困现象基本消除"的奋斗目标。我省贫困面大，贫困人口多，贫困程度深，要确保党和国家扶贫战略目标的实现，最关键的就是要把我们自己的工作做好。总结多年扶贫开发工作的实践，在充分调查研究的基础上，针对不同贫困类型和特点，我们提出了"特困片带"的概念，并对"特困片带"的扶贫攻坚进行了探索。省委、省政府高度重视对我省特困片带扶贫难点实施集中攻坚的工作。省委、省政府主要领导和分管领导分别以不同形式对此作过重要批示、指示，提出了明确要求。我们在统筹安排，全面推进全省扶贫开发工作的同时，把民族地区、革命老区和河西特困移民等作为优先重点，加强了调查研究。从2008年到2010年，连续三年坚持每年制定出台一个"特困片带"扶贫攻坚专项政策文件。先后制定出台并实施了民族地区特困片带扶贫攻坚、河西特困移民扶持攻坚、庆阳革命老区特困片带扶贫攻坚等政策。同时，制定出台了"县为单位、整合资金、整村推进、连片开发"扶贫试点《项目实施管理办法》、民族地区特困片带扶贫攻坚《资金整合办法》和河西特困移民扶持工作《检查考评办法》等配套性文件，确保了"特困片带"扶贫攻坚路子的创新和各项攻坚任务的完成。特困片带扶贫攻坚措施的落实，给扶贫特困片带带来了明显的变化，深受贫困地区干部群众的欢迎和赞许。

二是走培育发展贫困地区产业增效、农民增收的路子。贫困地区的粮食安全和农民增收始终是首要的问题。提高粮食生产能力、增加农民人均纯收入都需要大力扶持发展种植业、养殖业、加工业、流通业以及旅游等贫困地区行之有效的各类扶贫产业。全省扶贫系统围绕"农民增收六大行动"，在如何做大做强草畜产业、马铃薯产业、林果产业、蔬菜产业、中（藏）药产业等方面进行了不断探索，着力建立区域主导性特色优势产业。截至2010年，贫困地区马铃薯面积累计达到802万亩，果树经济林面积达到349万亩，新建日光温室5万座，发展优质瓜菜258万亩，中药材201万亩，引进良种畜禽1690万个羊单位，新建暖棚圈舍16万座。同时，把扶持加工、销售、储藏等龙头企业作为带动和促进特色优势产业开发的重点，强化招商引资、金融信贷等措施，带动产业增效和农民增收。目前，贫困地区龙头企业达到 132 家。扶贫工作重点县农民人均纯收入中来自产业的收入比重达到60%以上。

三是走整村推进与连片开发相结合的路子。整村推进扶贫方式是甘肃实践经验的总结，并在全国得到了推广，至今发挥着重要作用。但随着扶贫工作的不断深入，流域性、片带性问题进一步凸显。针对扶贫工作机制和方式带来的新情况、新问题，从 2007 年开始，我省先后在东乡、清水、环县等扶贫重点县开展了"县为单位、整合资金、整村推进、连片开发"试点，探索整村推进与相应流域、片带整体推进的模式。目前，国家和省级安排的流域"连片开发"试点累计达到 48 个。连片区域内按照"统一规划、统一实施"和"渠道不乱、用途不变、各司其职、各记其功"的原则，有效整合相关财力、物力、人力资源，整村推进项目效益实现了最大化，并逐渐形成"大扶贫"工作格局。

四是走贫困地区扶贫开发与新农村建设相结合、与贫困村灾后恢复重建相结合的路子。建设新农村是扶贫工作的方向和目标，同时也是贫困地区实现新农村建设目标的重要前提和基本基础。省上高度重视贫困地区的新农村建设工作，努力探索贫困村扶贫开发与新农村建设相结合的有效途径和方法。按照《甘肃省社会主义新农村建设试点工作意见》的有关要求，先后在 6 个扶贫工作重点县和 50 个实施过整村推进项目的村部署和开展了扶贫开发与新农村建设相结合试点工作。从试点项目实施几年的情况看，各试点县的生产得到新发展，村容村貌不断改观，农民人均收入不断增长。新农村建设试点为贫困地区在稳定解决温饱问题后如何逐渐进入新农村行列，步入小康社会发展轨道探索了路子。

2008 年以来，我省先后遭遇"5·12"大地震和"8·8"舟曲特大泥石流等自然灾害，给特困地区的扶贫工作造成重大创伤，多年工作成效顷刻之间付诸东流，贫困群众一夜之间一贫如洗。因此，贫困地区同时面对着扶贫工作重建和灾后恢复重建双重任务。根据国务院扶贫办的统一部署和省委、省政府的要求，我们以陇南、甘南为主，在认真调研和规划的基础上，开展了扶贫与灾后重建相结合试点，探索灾区扶贫工作重建，灾后基础条件和产业恢复等统筹推进的经验和路子。在国家支持、社会帮扶和贫困地区干部群众的艰苦努力下，扶贫开发与灾后恢复重建试点工作进展顺利，"三年任务，两年完成"目标如期实现。

五是走贫困地区劳动力大规划培训转移的路子。国家提出并实施了"雨露计划"，加大了对贫困家庭劳动力的中短期转移就业技能培训。对贫困地区劳动力转移培训，不仅关系到增强劳务市场竞争力、创造更多劳务创收机会，而且关系提高素质、改变贫困地区贫困家庭贫困现象代际传递的问题。省直相关部门十分重视农村劳动力技能培训工作。省扶贫办结合自身工作特点，把自己的培训对象定位在了贫困家庭中初中和高中毕业后返回到农村的有文化的新生劳动力这个群体上。把对初、高中毕业后（简称"两后生"）返乡的贫困户子女进行职业教育和技能培训，作为本系统贯彻"雨露计划"的重要形式和主要特点。共培训"两后生"11.3万人，转移就业率达95%。建立"培训一人，输转一人，脱贫一户，带动一村"的培训和转移就业模式。现在"两后生"已成为甘肃的劳务品牌，培训机制已建立，管理制度也不断完善。

六是走扶贫开发与农村"低保"有效衔接的路子。按照党的十七届三中全会关于农村"低保"和扶贫开发政策"两项制度有效衔接"的精神，以科学识别和监测扶贫工作对象和农村"低保"对象为目标，开展了"两项制度有效衔接"试点，建立了与相关部门信息资源共享平台。2008年，在定西市漳县和甘南州临潭县分别部署了"两项制度有效衔接"试点工作。之后，根据试点工作经验，逐渐在国家扶贫开发工作重点县（市、区）扩大了试点工作。试点采取进村入户，对农户财产、劳务收入等内容的登记、测算，并在全村范围内评议公示等各项程序，比较真实地掌握了扶贫工作对象的生产、生活状态，与民政、财政、残联、统计等相关部门共同建立了贫困人口识别和动态管理机制，实现了对贫困人口资源信息的共享。目前，有318万农村贫困人口及时纳入了农村低保范围，其中有劳动能力的困难户纳入了扶贫工作规划。从而实现了扶贫部门对扶贫工作"对象瞄准到户、情况掌握到户、项目扶持到户、措施落实到户、效益体现到户"的新要求，建立了低保维持生存，扶贫促进发展的扶贫工作基本制度。

七是走实施精准扶贫与全社会参与的路子。干部下乡怎么帮？"双联"明确了干部帮扶的6大任务：宣传政策、反映民意、促进发展、疏导情绪、强基固本、推广典型。"双联"不光强调经济发展，还关顾农村工作的方方面面，从最基础处入手，从最长远处谋划，从最拿手处发力，让干部都有作为，让群众都能受益。为了破解农村发展资金不足和农民贷款难题，甘肃省财政厅与农业银行甘肃省分行合作，开展了"双联惠农贷款""群众不实现脱贫、双联单位干部不脱钩"，这就是给全省贫困群众的郑重承诺。

"七条成功路子"创造了我省扶贫开发工作的最大亮点，显示了我省扶贫开发工作的新实践、新进步。

为了进一步提升扶贫开发工作水平，我省通过不断探索和研究，逐步总结并形成了一些行之有效的工作机制。一是群众参与机制。让群众真正成为选择项目、实施项目、管理项目、监督项目的主体。二是资金滚动发展机制。加强对项目的后续管理，建立滚动发展机制，如"投牛还犊""投羊还羔"等，经过两三年的滚动，覆盖大多数项目户。三是竞争激励机制。安排当年整村推进的项目村时，在同等条件下哪个村积极性高、前期准备工作做得好，就安排哪个村。省上对工作成效显著的整村推进项目村给予一定的后续项目奖励，用激励办法推动整村推进的发展。四是工作协作机制。扶贫部门积极配合妇联、劳动保障部门大力开展农村贫困劳动力培训转移工作，配合人口委开展"少生快富"项目扶贫工程，配合农行开展扶贫龙头企业的认定和扶持工作。通过各方面的努力，为扶贫开发创造了有利的条件。五是监督检查机制。采用重点县工作考核等多种形式，加强对项目执行情况的跟踪检查。坚持扶贫项目和资金公示、公告制，广泛接受群众监督，严肃处理违纪违规问题，保证扶贫项目落实。

几十年的风雨兼程，我省可以说既是扶贫开发的直接实践者，也是扶贫开发的最大受益者。围绕基本解决温饱和稳定解决温饱两大工作目标，重点实施了基础设施、整村推进、扶贫产业开发、劳动力转移培训、易地扶贫搬迁、科技推广培训等扶贫项目建设。贫困地区富民产业基本形成，农民收入逐年提高，自我发展的能力不断增强。

总体来看，我省 30 多年来的扶贫开发工作取得了三大历史性突破。一是彻底解决了贫困人口的生存和温饱问题。以"两西"地区为代表的我省贫困地区农民人均纯收入年均增长率达 8%，比 1983 年增长了 13 倍。2011 年，全省农民人均纯收入达 3909 元，比 2001 年 1509 元增长了 159%；贫困发生率由 2001 年的 37% 下降到 2010 年的 14.8%；国家扶贫开发工作重点县生产总值、财政收入、城乡居民收入等主要经济指标实现翻番。二是较大幅度地改变了贫困地区基本面貌和生产生活条件，提高了自我发展能力。2010 年，全省 58 个片区县梯田覆盖面积达 70%，产业收入占农民年收入 60% 以上，外出务工收入占年收入的 30% 以上，农村"低保"人口占贫困人口 30%，新型农村合作医疗参合率达 93%，人均受教育比 10 年前提高约 1 年。三是探索形成了一套行之有效、科学配套的扶贫开发工作体制机制，扶贫开发走上科学发展的轨道。我们始终坚持党委领导、政府主导、扶贫开发领导小组协调组织，建立了开发式扶贫与社会保障有效衔接，专项扶贫与行业扶贫、社会扶贫相互支持，努力争取中央和兄弟省（市）及有关单位的对口帮扶、东西扶贫协作和群众自力更生相结合等工作机制和队伍体系；形成了依法扶贫和中长期规划指导、年度计划安排、专门督查考核等行之有效机制和手段；发扬"人一之、我十之，人十之、我百之"的甘肃精神，自力更生，艰苦奋斗，全力推动扶贫开发任务的全面落实。近年来，我省经历多次特大自然灾害，但贫困地区绝大多数群众有饭吃、有水喝、有衣穿、有房住，安居乐业，情绪稳定，生产生活秩序正常。

"十一五"期间，甘肃省扶贫开发工作紧紧盯住改善贫困地区基本生产生活条件、稳定增加贫困农民收入两个核心，扎实推进"1236"扶贫攻坚行动和"联村联户、为民富民"行动，扶贫开发更有深度、广度和热度。启动实施我省六盘山片区、秦巴山片区和藏区区域发展与扶贫攻坚规划，58 个县（市、区）纳入新一轮国家集中连片特殊困难地区扶贫开发范围。中央和甘肃省累计投入各类扶贫资金 135.1 亿元，全省累计减少贫困人口 280 万人，贫困发生率由 24.3% 下降到 16.7%。2013 年，城乡居民收入快速增长，城镇居民人均可支配收入由 10012 元增加到 17237 元，年均增长 11.5%；农民人均纯收入由 2329 元增加到 4495 元，年均增长 14.1%。

新阶段我省扶贫开发工作将深入贯彻落实科学发展观，以中央扶贫工作会议精神为指导，全面贯彻落实《纲要》精神，按照《实施办法》的要求，把国定我省"三大片区"（六盘山片区、秦巴山片区、藏区）中 58 个县（市、区）作为主战场，统筹安排好国定片区之外的 28 个县"插花"分散的 100 多万贫困人口的扶持。把加快农民增收步伐、稳定解决扶贫对象温饱、实现"两不愁、三保障"作为首要任务，坚持政府主导、分类指导、突出重点、片内片外统筹推进。更加注重贫困地区基础设施改善和产业开发，更加注重贫困地区劳动力转移培训和贫困人口自我发展能力提高，更加注重基本公共服务均等化，着力解决制约贫困地区发展的突出瓶颈问题，推进贫困地区经济社会更好更快发展。

我省第十二次党代会提出了到 2020 年与全国同步进入全面小康社会的宏伟目标。实现这一目标，全省农民人均纯收入必须要在现有的基础上（2979 元）保持年均增长 15% 的速度，实现翻番目标。对我省这样一个贫困比重大、程度深的省份来说，任务异常艰巨。我们坚信在党的西部大开发和扶贫开发政策的照耀下，在省委、省政府的坚强领导下，通过全省各族人民的共同努力，我们与全国一道进入全面小康社会的"甘肃梦"一定能够实现！

一次感受颇深的调研琐记

李沛文[*]

十一届省政协换届后，根据工作分工，由我分管农业和农村工作。回顾这两年的履职经历，尽管时间很短，但通过用脚丈量民情民意，用心感受群众冷暖，使我受益良多，感触颇深。记忆最深的是 2014 年 5 月，根据省委安排，围绕贫困地区"加快推进农村基础设施建设，进一步弥补小康建设短板"的调研主题，由我带队深入陇南、天水的贫困乡村开展调研活动。围绕到 2020 年我省与全国同步实现小康这个总目标，怎样去弥补短板？从哪入手？大家都在进行着思考。我省之所以落后，是因为基础设施建设严重滞后，历史欠账太多。只有下功夫解决好这些基础性、紧迫性、根本性的民生难题，才能真正帮助贫困地区和贫困群众"换穷貌""改穷业""挪穷窝""拔穷根"。带着对上面诸多问题的思考，我作为调研组长，先后两次主持召开了调研前工作座谈会，安排部署调研工作，讨论完善和细化调研方案，邀请省扶贫、交通、水利、财政等部门负责同志介绍有关情况，并就农村基础设施建设方面的有关问题听取意见和建议，最后选择"路、水、房、电"四个方面作为这次调研的切入点和突破口。

陇南康县是我的双联点，一直有个愿望要到最贫困、最偏僻的高山区走一走、看一看。5 月 26 日一早，天下起了小雨，我们一行由青林沟村党支部书记张明道领路，沿着上山的一条崎岖泥泞的羊肠小道，冒着雨走了近

＊ 作者系政协甘肃省第十一届委员会副主席。

10公里，来到石家沟这个僻静的小山村，该村现有10户43人，主要种植小麦、玉米、洋芋、黄豆及一些蔬菜，经济作物有核桃、木耳、松子等，这10户人家分别悬挂在这山头、那山坡上，召集开个会都很困难。马永政是毛家山的能人，养了50只羊、1头牛，屋后还有几十亩的板栗林，这两年修了现浇房，还从山外购置了木质沙发，当问到当前生产生活中还存在哪些困难时，马永政说，这两年养了牛羊，日子好过了，就是山上没有路，取水也不容易，干啥都不方便。是啊，这就是贫困山区农村基础设施存在的短板。接着就在马永政家小院里邀请村民开起了座谈会，大家围坐在一起合计村里群众今后的生产生活。从马永政家出来，我们又去了另一个贫困村。住在高山顶的王永发老人今年59岁，患有严重的哮喘病，平时走路都很困难，听人说，省里有领导进山来，他专门跑来看看。我拉他坐下，了解到他们老两口居住在最远的山顶上，常年害病，又无子女时，我们调研组一行的心情都是沉重的，并与带路的乡村干部商议，在深山里交通不便看病就医是个麻烦事，遇有急事可不得了，要想想办法，尽快将这些独居深山的老年人搬出去，通过农村养老院解决他们的后顾之忧。与王永发老人攀谈毕，附近的老百姓听说是省交通、扶贫、水利、财政部门的领导来了，他们自发聚笼到一起，争先发言，要求尽快为他们修一条通往乡镇的路、一座桥，架一条农电线路，铺设一条引水管等等，我们都一一铭记在心，群众那种期盼和渴望的眼神深深感动了我们调研组的每一个成员。我们感到基础设施落后是高山半高山群众贫穷落后的根本原因，路、水、房、电的建设是制约贫困山区经济社会发展的关键所在。我们要结合扶贫攻坚行动，坚持从实际出发，深入研究政策措施，整合各类资源，分类分户指导，下功夫解决高山半高山区群众易地扶贫搬迁问题。要顺应群众意愿，在宅基地选址、搬迁补偿标准方面与群众多沟通多商量，充分尊重群众的意愿和诉求。要在解决好迁入地道路交通、饮水安全、农电线路、文化体育等基础配套设施的同时，加快培育发展以经济林、特色种养殖和乡村生态旅游等优势富民产业，进一步拓宽群众的增收渠道，从根本上解决他们的后续发展问题。

这次调研之所以记忆深、感触多，是因为我们走了别人没有走过的崎岖泥泞的路，了解到了别人掌握不到的情况，身临其境感受到了不通电、不通路、信息闭塞、世居深山贫困群众的所思所盼。调研行程中每天中午一点前，晚上七点前没有吃过正点饭。6天的调研结束了，通过边走、边看、边思考，大家集思广益，多方征求意见，使我们对弥补贫困地区农村基础设施建设短板的思路愈加清晰，最后提出了以下五条建议，一是对接小康标准，突出问题导向，进一步完善农村基础设施建设规划；二是以村社道路建设为突破口，着力解决群众出行的交通难题；三是充分考虑地域差别和贫困状况，制定差别化的投入机制和补助标准；四是建立政府主导，多层次多渠道多元化的投入机制；五是加强农村安全饮水工程后续管理，确保工程长期发挥效益。这些建议上报省委后，有的已吸收进省委全面建成小康社会有关问题研究总报告之中，有的被有关部门在工作中采纳。我也坚信，只要我们紧紧抓住西部大开发、"1236"扶贫攻坚行动以及"联村联户、为民富民"行动等重大政策机遇，坚持从实际出发，真正树立为民务实的情怀，从基础设施建设入手，真心诚意为群众办实事、解难题，"人便其行、货畅其流"的愿望一定会在贫困地区实现。

十万移民走脱贫致富路

沈 国 伟[*]

20世纪80年代中期至21世纪初，我在临夏的县、乡工作，2001年至2007年在临夏州扶贫办工作，2007年进入州政协后，又联系农村工作，其间，我参与和见证了扶贫开发工作中"有旱路走旱路、无旱路走水路，水旱路不通另找出路"的扶贫开发移民工作。

"一方水土养活不了一方人"是甘肃省临夏回族自治州最大的州情。这里人多地少，人均耕地不足一亩，而且70%是山旱地或阴湿地区。这里自然条件严酷、生存环境恶劣，在多年的扶贫攻坚工作中，我们把向州外、省外移民工作作为贫困干旱山区和人地矛盾非常突出地区群众脱贫致富的有效措施来抓，积极开展两西移民、疏勒河移民和省外（新疆、青海）劳务移民，取得显著成果。截至2013年底，全州共完成向州外、省外移民23076户、106311人。其中向州外移民16671户、77696人。向省外（新疆）劳务移民6405户、28615人。历时近28年的扶贫移民工作，在自治州历史上写下了浓墨重彩的一页。

宏大的历程

一、两西移民

我州的两西移民自1986年以东乡、永靖两个县群众的自发迁移开始，

＊ 作者系临夏州政协副主席、州工会主席。

1989年省上正式将这两个县的移民工作列入"两西"建设项目，统一规划，规模迁移，集中安置。1989年11月，临夏州副州长妥文胜带领东乡、永靖县领导等考察酒泉地区玉门市，与当地协商决定，花海小金湾为首个移民开发基地，迁移0.6万人，建成后，在这里设立了玉门市小金湾东乡族民族乡。1991年9月，我随妥文胜副州长在参加完在武威市召开的全省庭院经济会后赴移民基地检查工作，通过走访、座谈、开会，鼓励移民树立信心、克服困难，扎根玉门、建设家园，并对移民搬迁困难的问题，由州、县派车无偿义务运送。到1994年又把移民任务扩大到积石山县。20多年来，特别是1989年以来，州委、州政府把移民工作作为脱贫致富的大事，列入主要议事日程，在省上业务主管部门的重视支持和安置地区的配合帮助下，有移民任务的县、乡开展了多渠道、多形式的移民工作，取得了明显成效。据统计，截至2003年底，全州累计向河西的武威、张掖、酒泉、引大入秦等地移民10595户、47795人，其中东乡县2162户、11608人，永靖县8073户、34622人，积石山县360户、1565人。1992年，我参加州、市组织的计生考察组到酒泉学习计划生育工作先进经验，与当地计生部门的同志探讨了搞好移民区计生工作的问题。

二、疏勒河移民

疏勒河移民项目是河西走廊疏勒河农业灌溉暨移民安置综合开发项目建设的组成部分，该项目利用世界银行贷款从我省中南部干旱、高寒阴湿山区向疏勒河灌区移民，建设工期为10年，涉及我州东乡、积石山、永靖、和政和临夏县五个县，原计划给我州安排移民任务8万人，2001年开始重新调整计划，安排给我州的移民任务由8万人调整为3.84万人，2005年起又调整为2.52万人。该项目自1996年开始启动，我州的东乡县、积石山县首先在项目实施区分别设立扎花、向阳示范点，截至2001年底，共向两个示范点移民801户、4187人。2002年省疏管局统一安排计划，我州五个县的疏勒河移民项目开始全面启动。通过州、县移民办的共同努力和扎实工作，截至2006年底，全州五县累计向疏勒河灌区移民6076户、29901人，占全州疏勒河移民总任务的 118.65%，在项目结束前超计划完成了任务。分县完成情况是：东乡县 1907 户、9849 人；积石山县 910 户、4588 人；永靖县 1781 户、7991 人；和政县 959 户、4583 人；临夏县 519 户、2890 人。2005年，疏勒河移民区遭受特大风灾，群众受损严重，我们组织州、县有关单位前去慰问，送去了价值 6 万元的生产生活物资。回来后，我们协调州委、州政府领导与疏勒河管理局领导在兰州召开了协调会，对移民区有关问题进行了深入协商，提出了加快移民区健康发展的具体措施。

三、省外（新疆、青海）劳务移民

我州的东乡、永靖等县属干旱半干旱山区，缺乏基本的生存条件，"一方水土难养一方人"。从 20 世纪末开始，利用"两西"资金，对州内部分县土地资源贫乏，自然条件恶劣，生活条件差的干旱山区贫困群众进行了有组织、有计划的移民搬迁。截至 2012 年底先后向新疆生产建设兵团农四师、农五师、农六师、农七师、农八师、新疆昌吉州芳草湖农场、库尔勒和青海同仁、共和、湟源等地搞劳务移民累计达到 6405 户、28615 人。分县完成情况是：东乡县 3081 户、15012 人；永靖县 3211 户、13103 人；积石山县113 户、500 人。通过实施省外劳务移民工程，取得了明显的经济效益和社会效益。2013 年，我参加了青海省海北州成立 60 周年庆典活动后分别到海西州、海东地区走访了一些移民户，他们通过办企业、承包农场等落户到了当地，收入稳定，成功实现了脱贫致富。

艰难的工作

十万余人的移民工程是一个艰难而又复杂的过程，其间，各种困难、矛盾、冲突接踵而来，州、县（市）党委、政府及各级干部做了大量艰苦细致的工作。

一是强化组织领导。多年来，临夏州始终把抓扶贫劳务移民工作当作解决"三农"问题、减少贫困人口的有效措施来抓，按照"内抓扶贫开发，外抓劳务移民"的思路，历届班子一届跟着一届干，始终坚持不放松。近几年来，我州又把扶贫劳务移民和劳务输转培训、整村推进、社会帮扶、产业开发、科技扶贫作为进行扶贫开发、减少贫困人口的六条重要路子，给予高度重视，结合雨露计划的实施，实现扶贫劳务移民的跨越式发展。为了加强组织领导，在州扶贫办设置科级移民办公室专抓扶贫劳务移民工作，东乡县、永靖县设置正科级建制的移民办，保证了移民工作的组织力量。同时在新疆移民比较集中的地方设立了劳务移民工作站。在每年年初都召开专门会议，对移民工作进行安排部署，分解任务，确定措施，层层签订目标责任书。州县扶贫办、移民办和有关移民乡镇把劳务移民工作摆在扶贫开发的重要位置，纳入重要日程，全力以赴抓落实。

二是做好宣传动员。州、县移民部门紧紧抓住移民季节性强、时效性短的特点，当年底就对下一年劳务移民工作进行专题安排部署，做到早安排、早部署、早动员。县上与有关移民乡镇签订目标管理责任书，分解任务，强化责任和措施。采用印发简报、办展板、发放宣传单、张贴宣传标语、出去宣传车、召开动员会、播放宣传片等宣传手段，运用广播、电视等新闻媒体大张旗鼓地进行宣传移民的意义和移民群众致富事例，切实提高群众自发自愿移民的自觉性、积极性和主动性。同时，充分利用冬季农民工返乡的大好时机，抽调专人组成工作队，深入到乡村进行调查摸底，召开村干部和群众会议，帮助群众算资源账、人口账，大力进行宣传动员，提高群众对劳务移民的认可程度，鼓励居住在自然条件、生活条件较差的干旱山区的群众大胆走出去，在外发家致富，建设新家园，起到了良好效果。

三是稳妥安全输送。州、县移民部门把安全有效输送当作整个工作的重点、难点和关键环节来抓，详细制定输送批次计划，并根据输送路途遥远，运送途中困难大，不安全因素多等实际情况，制订了应急预案。在移民组织输送中，各县充分发挥移民协调领导小组的作用，对移民输送的时间、车辆、物资保障、护送人员统一安排部署。运送前进行造册登记审核，严格把关；运送时，派人提前订购车票，并从公安、交警、运输、医疗部门和各乡镇抽调工作人员，组成车辆运输、财务后勤、组织联络和移民护送小组，真正做到了"有序输送、安全到达"。

四是拓展移民空间。州、县移民部门不等不靠，充分发挥主观能动性，在巩固以往移民团场的基础上，不断加强与省扶贫办驻疆办及新疆生产建设兵团的联系衔接。县上每年都派考察慰问团赴新疆考察调研本县新疆移民安置和劳务输转工作，同兵团团场、地方企业进行座谈，看望慰问移民群众，座谈了解他们的生产生活状况，协调解决移民群众生产生活中的困难问题，送去党和政府对移民群众的关怀和温暖。积极联系接收单位，利用电话或信函主动邀请新疆团场有关人员来本地考察，千方百计为我州劳务移民顺利赴疆，妥善安置，创造有利条件。同时，积极探索，拓宽移民渠道，通过多方面的请示、汇报、协调，把我州永靖县的省外劳务移民由原来的新疆地区扩展到了青海地区，使移民空间和领域得到进一步的扩展。

可喜的变化

宏大的移民工程，给我们临夏州的贫困群众，以及移出地区其他群众带来了实实在在的效益。

一是贫困群众走上了脱贫致富奔小康的道路。贫困群众通过移民，在异地他乡通过辛勤劳动，重建家园，稳定走上了脱贫致富奔小康的道路。移往新疆生产建设兵团的群众基本实现了"一年安家，二年脱贫，三至五年致富"的目标。以新疆建设兵团一三〇团和一八四团两个基地为例，移民的人均纯收入达 3323 元、人均占有粮 680 公斤，家家粮满仓，户户有存款，大部分移民群众买了新房，普及了家电，购置了摩托车及其他农机具。目前，移民户有的承包经营土地、种植棉花、蔬菜、瓜果，有的搞起了规模养殖，有的搞运输经商，有的从事建筑和劳务服务，收入都比较可观。移民群众深深体会到了党和政府的移民政策好，使他们走向了幸福路。有的移民每年从家乡组织带领邻里乡亲、亲朋好友去新疆打工，甚至安家落户，形成了"移出一户，宽松两户，带动一片"的良好效果。

二是彻底改变了传统落后的思想观念和生产生活方式。通过坚持实施劳务移民工程，世世代代固守在穷山沟里抱着"穷家难舍""故土难离""小富即安"观念的农民，如今树起了异地开发求生存发展的新观念。群众在新的环境里不但锻炼了才干，增长了见识，而且积极转变生产生活和思维方式，努力学习新的生产技能，发展机械化、特色化农业，在异地过上了新生活。如永靖县新寺乡朱克辉，全家四口人，2008 年迁到新疆建设兵团一八四团，承包土地 20 亩。他一改过去死守一地，固守一业的经营方式，农商并举，在种好经济作物的同时，积极务工经商。2009、2010 两年种植棉花收入 7 万多元，2009 年搞长途贩运收入 5 万多元。移民群众在新疆务农务工，子女在团场学校上学，毕业后在新疆就业，与迁出地相比，他们的思想观念和生产生活方式发生了历史性变化，彻底改变老家"晴天一身土，下地两腿泥"的生活现状。

三是有力推进了迁出地经济社会的快速发展。实施异地移民有效地缓解了迁出地人口、土地、资源压力，对保护生态环境，促进地方发展有很大的作用，在一定程度上减轻了地方政府扶贫攻坚压力，更好地聚集物力、财力，加快经济社会发展。同时，异地移民可以带动乡村邻里、亲朋好友外出务工，增加农民收入，还可以移风易俗，促进思想观念的大转变。我州农村贫困地区农民人均占有耕地不足 1.3 亩，移出部分群众后留下来的耕地由留居者耕种或退耕还林，使留居者占有的土地相应增加。我州永靖县东西山区近年来迁出移民 1 万多人，可留出耕地 3 万多亩，迁出地群众人均占有粮和人均纯收入都比以前明显增加。同时，移民迁出后，迁出乡、村及时调整产业结构，把 25 度以上的山坡地实施退耕还林（草）、封山育林，保护了植被、控制了水土流失。通过异地移民的逐年开展，初步缓解了迁出地人多地少的矛盾，减轻了不堪负的生态压力，促进了全县经济社会发展，加快了脱贫致富步伐。

下山入川天地宽

马 国 荣[*]

2011 年秋，我卸任天祝藏族自治县县长，赴古浪县担任县委书记。从一个国扶贫困县县长调任另一个国扶贫困县县委书记，心情是复杂的，一种无形的压力始终笼罩着我，挥不去、理还乱。在此前一天，市委书记火荣贵找我谈话时讲："组织决定调你到古浪县委去工作，古浪县是一个国扶贫困县，发展基础差，经济总量小，贫困人口多，贫困程度深，尽管经过多年的扶贫开发，但这一面貌并未得到根本改观，与其他县（区）比，发展差距仍在拉大，而且因发展不足、老百姓生活贫困等因素导致的各类矛盾纠纷增多，一些问题解决起来很复杂、也很棘手。"寥寥几句，把县情和存在的困难讲得一清二楚。接着，他又语重心长地对我说，在全市三县一区中，最担心的是古浪县的发展，最关注的是古浪的贫困人口，特别是在南部山区有很多老百姓，大都居住在海拔 2800 米的高深山区，其生产生活水平比陇东一些贫困山区还要差。你是组织培养多年的藏族干部，必须做到能干事、干成事，又不出事。到古浪去，要认真抓好三件事，首先，集全县之力，实施好"下山入川"工程，经过三至五年的时间，将南部山区 5 万多贫困人口搬迁到黄花滩生态移民区，大力发展"设施农牧业+特色林果业"主体生产模式，组织、引导贫困农民一步到位进入发展现代设施农业的轨道上来，当年入川、次年脱贫、三年致富，从根本上实现整体脱贫；其次，要大力实施

---

* 作者时任古浪县委书记，现任武威市政协副主席。

"工业扶贫"，加大招商引资力度，确保固定资产投资大幅增长，增加地方财力，以工业反哺农业，促进贫困村、贫困户向工业园区、城镇转移，减少贫困人口；第三，要特别注意关注民生，尤其要做好困难群众的民生保障工作，落实好各项强农惠农政策，下决心整顿好干部队伍的纪律作风，为扶贫开发、经济社会发展创造良好的环境。书记说完后，我只作了简要而重点的表态，在没有任何心理准备的情况下，大脑像一团乱麻似的走出了办公室。从市委书记找我谈话，到宣布赴古浪任职仅1天时间。次日便匆匆走马上任。

山重水复疑无路

2011年9月21日，在宣布任职的第二天，我做的第一件事就是通过各种渠道，尽快熟悉县情、掌握实情，理清制约发展的各类矛盾和问题。一上班，也顾不上认识、熟悉县四套班子成员，便一头扎进办公室，开始认真研阅历届县委、县政府的工作报告，《古浪县国民经济和社会发展第十一个五年（2006—2010年）规划纲要》《古浪县国民经济和社会发展第十二个五年（2011—2015年）规划纲要》，以及《古浪县"八五"期间扶贫开发工作重点规划》等发展规划，翻阅了《古浪县志》等大量资料，在近一米高的资料堆里整整钻进去三天三夜，初步掌握了古浪县经济社会发展现状、30年扶贫开发工作的历史进程和取得的成果。尽管所掌握的县情大都是宏观的、表面的东西，但透过一系列的数据所反映的客观现状，仍然使我始料不及，喜忧参半，忧大于喜。从大量的资料中反映，总体上，古浪县情可以概括为"四大优势、四大劣势、三大瓶颈制约"，但同时也面临着不少好的政策机遇。一是国土面积大，可垦荒地多。全县国土面积5103平方公里，耕地面积109万亩，县域内荒滩、荒地、沿沙区闲置的沙土地达到270多万亩，水资源极度匮乏，大部分土地撂荒，全县可用水资源量仅2.24亿立方米，其中地表水1.18亿立方米、地下水0.06亿立方米，加之调入黄河水1亿立方米，人均占有水资源量仅为全市的50%、全省的33.3%、全国的

14.3%。这是几十年制约古浪经济社会发展的最大瓶颈。二是沙区和川区的土地平坦宽广，用于发展现代农业，尤其是节水高效农业的基础条件好，但处于祁连山浅干旱山区自然条件恶劣、贫困人口多，贫困程度深、返贫率高，且缺乏稳定脱贫的产业、机制和可行的路子。2011年，贫困人口20.29万人，贫困面高达52.17%。其中南部山区贫困人口达10万多人，严重制约着全县的扶贫开发和经济社会整体发展的速度和质量。全县山、川、沙三个区域自然环境、基础设施条件、水利保障等差别很大，农业内部种植结构大体相同，诸如小麦、玉米、洋芋、豆类等高耗水、低效益的大田作物，广种薄收、遍地开花，专业化、规模化程度低，山区、川区和沿沙区上述四种作物的收入差别，主要在种植面积和产量的多少上。三是过境铁路、公路纵横穿越，形成了四通八达的路网结构，县内通乡油路、通村道路及基础设施、民生保障水平低。自古以来，古浪就是河西走廊的咽喉，素有"金关银锁"之称。新中国成立以来，国家投资兴建了干武、兰新两条铁路，省道308线；近三年来又建成了G30线、营双高速、金色大道三条公路，铁路、公路从东西、南北穿越全境，交通区位优势明显。但农村道路通畅、通达不足，2011年底，全县农村通畅公路不到400公里，仅仅覆盖了120多个行政村，还有一半的行政村没有通公路，百平方公里公路密度只有28公里左右。在民生保障方面，全县城乡低保人口达6.74万人，占全县总人口的16.9%。不足四万人口的县城还没有一座有足够水源保证的自来水厂，停水停电的事经常发生。全县有100多个村的10多万人存在人畜饮水困难，老百姓就医、上学、出行等问题十分突出。四是人力资源充足，剩余劳动力多，但自主创业能力、创业技能低，创业人才严重不足。古浪是河西走廊人口第一大县，全县近40万人，农业人口达到35.45万人。全县有剩余劳动力11.83万人，每年外出务工人员达到85%左右，大都属苦力型务工，人力资源优势没有转化为人才优势，就业观念上等、靠、要的思想比较突出。极度缺乏的水资源，十分薄弱的工业基础，缺乏技能和创业后劲的人力资源，加上恶劣的自然条件，成为制约古浪多年发展的"四大瓶颈"，导致长期发展不足。集中表现在四个方面：一是经济总量小，发展后劲不足。2010年全县实现生产总值 23.72 亿元，人均 GDP6006 元；完成全社会固定资产投资 24.31 亿元，人均 6104.6 元。"十一五"期间，全县社会固定资产投资五年总和 84.61 亿元。二是工业经济发展滞后，财力严重不足。2010 年，工业化水平仅为 0.75，财政收入 1.07 亿元，人均财力只达到 275.1 元。三是贫困人口多，农民人均纯收入不足。2011 年全县人均纯收入 2966 元，而南部山区只有 1500 元左右。四是矛盾纠纷多，干部群众信心不足。全县信访量始终居高不下，多年来一直居全市三县一区首位，各级干部大量的精力被消耗在调处矛盾纠纷和化解信访案件上，部门和乡（镇）主要领导成为各类矛盾纠纷的"灭火队"，难以全身心投入到抓落实、促发展上。一些干部和群众墨守成规，思想僵化，维持现状，加快发展的决心和信心不足。

但令我欣慰的是，就在我去古浪任职之前，中央、省市扶贫政策密集出台，使古浪与全国其他扶贫县一样，迎来了第二轮扶贫开发政策叠加的历史机遇。在市委、市政府主要领导和县委、县政府的大力争取下，古浪被列入六盘山扶贫开发区总体扶贫规划，实施的扶贫项目数量、资金额度都有了大幅度提升。2011 年，市委、市政府又作出了将天祝、古浪及凉州区张义镇近 7.8 万名高深山区农牧民"下山入川"发展现代农业的重大决策，这是改革开放以来最大的生态移民扶贫开发工程，将为山区农民脱贫致富找到一条根本出路。同时，经过"三西"建设、"八五"扶贫攻坚、"十一五"扶贫开发，全县已整体解决温饱，绝对贫困人口大幅下降，基础设施建设在近 10 年也有了很大改观，为全县经济社会发展，尤其是扶贫开发工作奠定了坚实的基础，这些都是古浪难得的发展机遇和已经具备的现实条件。

三天三夜，坐在办公室阅读、分析和研判的县情现状。生活在古浪南部山区的 10 万多名农民既是脱贫的重点对象，更是参与扶贫开发，改变自身命运的主力，他们现在生活得怎么样？他们有什么愿望和要求？作为县委书记，如何结合古浪县情尽快组织实施好市委、市政府"下山入川"工程？这是我必须首先要心知肚明的重大问题，似乎走到了山重水复的无路境地。带着这些问题和困惑，我第一次走进古浪，到最困难的村庄和农户家中……

秋入祁连问苍生

我生长在祁连山深处一个牧民家庭，那里森林茂密、水草丰美、草原广阔，童年的记忆被深深地复制在脑海之中，多少年来魂牵梦萦，难以忘怀。后来回到家乡工作，每次路过古浪，映入眼帘的是从祁连山流向古浪的涓涓河流，碧波荡漾的中小型水库，广袤平坦的耕地和四通八达的铁路公路交通网，怎么也想不到古浪县是一个国扶贫困县，过去耳闻目睹有关古浪的贫困，也觉得十分遥远。

2011年国庆节前夕，已换届到位的县上四大班子领导分头下乡，围绕市委书记交代的"三件大事"开展调研，开始谋划全县工作。新任县长去了企业和工业园区，人大、政协领导开展惠民政策落实情况的调研，我带领乡（镇）和部门负责人到古浪南部山区7个乡（镇）的30多个贫困村调研。当时计划力争在一个多月时间内进一步吃透县情，摸清家底，找准问题，上任的第一把"火"，就从南部山区的扶贫开发"烧"起。

时值深秋，古浪南部山区秋风瑟瑟，寒意阵阵，海拔在3600米以上的祁连山已是白雪皑皑，海拔在2800米左右的祁连山浅干旱山区，老百姓正在忙碌着收割旱地小麦、洋芋等一些大宗农作物。未开垦的山坡上稀疏低矮的植被已经枯萎，光秃秃的丘陵、坡耕地裸露在秋天的阳光下，给人以荒凉和沉寂的感觉，看不到丰收的繁忙和喜悦的景象。就在这光秃秃的山坳里，陡峭险峻的山顶上，刀刻斧凿般的纵横沟壑中，村庄密密麻麻，居住着2.2万多户10万多名农民。这些农户中大多是20世纪60年代遭受自然灾害时，逃荒至此的川区农民。这些农户迁居山区后，靠天吃饭，当地人叫"种撞田"，"三年不开张，开张吃三年"，过着吃不饱、饿不死、更富不了的自给自足生活。我带领扶贫、发改、交通、建设、卫生等八个部门领导先上铁柜山，再过萱蔴河，走进庙台子和西庄子等离县城最近的几个贫困村。十八里堡乡铁柜村，地处古浪峡腹地，重峦叠嶂，岭险沟深，石灰岩构成的大山，像一座巨大的铁柜横亘在兰新铁路、甘新公路一线，与西边跌泪崖东西雄峙，相距不到 20 米，史有"峡路一线，扼甘肃之咽喉"之称。就是在这个海拔 2600 米左右，距县城 9 公里的山顶上居住着铁柜山、中团、孟家窝铺三个村共 1862 名贫困群众。人均耕种坡度 45 度以上的旱地 3.8 亩，主要种植小麦、豆类和马铃薯，人均纯收入不足 1200 元。站在铁柜山，放眼望去，山脚下国道 312 线、兰新铁路，车水马龙、熙熙攘攘的景象尽收眼底，直线距离不到 1000 米，但连接铁柜山的村道却蜿蜒曲折、陡峭险峻，足足有七八公里，遇到雨雪天气，路断水断的情况经常发生，吃水要到县城附近买水；向南一条陡峭的山路，弯弯曲曲通向铁柜山脚下一所小学，大雨大雪天，山上的孩子只能待在家里。我走进农民白天俊家，年近 50 岁的白天俊，中等个子，看上去比实际年龄要大很多，左腿四级残疾，全家 5 口人，两个女儿读高中，一个儿子在新疆上技校，耕种旱地 25 亩，主要种植洋芋、小麦和豆类作物，一年到头，面朝黄土背朝天，辛勤劳作，人均纯收入只有 900 多元，五间低矮破旧的土坯房是 20 世纪 50 年代他父亲和爷爷辈盖的。家里倒是收拾得干净整洁，但值钱的家具只有一台老式电视机和一台轰隆作响的电冰箱。据他介绍，这些家电，还是城里淘汰的旧家电，有的是亲戚朋友送的，也有的是花少量的钱买的，家里全部家当价值还不到 2000 元。接下来我走访了王彦、蔡琪、蔡忠、白建平、张振龙等几户群众，家境大体相当，人均纯收入大多都在 800—900 元之间。在走访中，我感到大多数群众都处于一种希望走出大山、渴望富裕生活、向往美好未来与信心不足，家境十分贫困与资金缺乏的焦虑和矛盾之中，走出大山、下山入川，斩断穷根是绝大多数贫困群众迫切的心情和多年的夙愿。

第二天早上八时，我又匆匆赶往离县城近 40 公里的黑松驿镇萱蔴河和庙台子两个村调研，一路东颠西簸，尘土飞扬，进入纵深 10 多公里的河谷地带。萱蔴河村就坐落在河谷地上游，在海拔近 4000 米的毛毛山（祁连山支脉）脚下，这里居住着 420 户 1961 名农民，年平均气温只有 4℃，无霜期 100 天左右，正常年景降水只有 200 毫米左右，4198 亩耕地都是坡度在 45 度以上的旱地，土地贫瘠，水资源匮乏。我和镇党委书记、县直部门领导和村委会干部一起在刚刚盖好新房的农民王学文家中召开座谈会。我向他们讲解了中央和省上扶贫开发的政策，市委、市政府下山入川工程的决策部署，问他们想不想搬迁至县内黄花滩生态移民区，在生产生活条件好的地方去搞现代设施农业脱贫致富。一听到搬迁，情绪低落的老百姓个个来足了劲头，情绪也高涨了许多，许多农民都异口同声地说，搬出去好，搬出去天地宽了，路好走了，孩子们上学、家里人看病不用愁了。赞成搬出去、走出大山生活的约占九成。但也有的对生态移民担心，说一来没有钱气力不足搬不下去，二来尽管条件好，但分配的土地没有山上耕种的面积大，担心再吃不上饭，多年的积蓄花光了，老了日子不好过；有的希望在搬迁中政府多补贴一些，自己少出一点，更多的钱用在发展产业上；还有极个别的群众，因刚刚盖起新房，花了不少钱，不着急搬迁，先看一步再做打算。半天座谈会，原本十多个人参加，后来陆续来了二三十个人，我感到群众搬迁热情很高，致富的愿望强烈，但各种困难因素也非常多。

迎着祁连山深秋的寒风，下午我又来到坐落在萱蔴河下游的庙台子村、西庄子村。庙台子村与萱蔴河、西庄子两村毗邻，气候、土壤、自然环境与萱蔴河大体相同，全村有 6 个村民小组，225 户 1148 人，3215 亩山旱地，饲养牛、羊、猪家畜 2018 头，品种多，规模小，效益却不高，2011 年农民人均纯收入在 1800—2000 元左右。实行农村联产承包责任制后，地多了，自主权大了，但收入始终上不去，30 多年来，这个村的农民左邻右舍投亲靠友，亲朋好友相互提携，每年都相互联络大批农民外出务工，务工收入是其主要收入来源。20 世纪 80 年代初，古浪县黑松驿镇庙台子、萱蔴河两个村 100 多名村民在肃北县金矿、外地一些煤矿务工。30 多年后，有 157 人患上了尘肺病，平均年龄 43.9 岁，最大的年龄 70 岁，最小的年龄只有 31 岁，有 11 人相继离开了人世。此事被各类媒体炒作得沸沸扬扬，在省、市领导的关怀下，最终得以解决。当时务工没有像现在这样规范的劳动合同，也没有健康保障的施工环境，只有一件破旧的行囊，一颗拼命挣钱的心，在当时恶劣的施工环境中，钱是挣了一些，有些甚至一夜之间成为当地的暴发户，但时隔 30 年后，却落下了一身的病，大多又变成了贫困户。我先后到尘肺病患者马江山、刘文德、刘善德、赵文海、徐长德等 7 户农民家走访，除少数劳动力强壮的家庭，靠政府救助盖起了新房外，其他生活都十分困难。因耕地大都在山顶，行走时都感到呼吸困难，何谈春种秋收。赵文海一家四口人，妻子俞小红小时候一次在铁路边上捡煤渣时，火车轧断了右腿，从此一副拐杖从婚前一直伴随她走过了几十年的艰辛岁月，靠一条腿抚养着两个子女。赵文海患病后，政府曾组织他们多次到北戴河洗肺，病情是稳定了，但鼻孔里一直插着输氧管，24 小时离不了，因在山区无法生活，已搬迁至县城。一家 4 口人拥挤在不足 8 平方米的房间，靠政府救济，供 2 个孩子上学。我隐约地看到，这些人的目光，似乎已到了绝望的程度。我鼓励他们增强生活的信心，建议他们搬下去，走出大山，在川区搞现代设施农业，不上山、不扶犁，劳动强度小，搞好了收入是山旱地的好几倍，看病治疗也很方便。他们用迟疑而又充满期待的目光看着我，一声声叹息后，便是长时间的沉默。我又对镇党委书记说，组织他们到川区收入高的农户家看看，并让其尽快摸清 157 名患者的家庭生活情况，"三期"尘肺病患者一律由县级领导干部帮扶救助。当我从他们家里出来时，已到傍晚，深沉的夜色早已覆盖了整个祁连山。他们一直送我到村口，这时才握住我的手充满期待地说："马书记，我们何尝不想搬，钱都用于治病了，若政府能再帮一把，我们搬迁的大困难就解决了。"

近 15 天的时间，我先后调研了南部山区 7 个乡（镇）中 5 个乡的 18 个村，被老百姓困难的生活现状、落后的生产方式、恶劣的自然环境所震撼。那连绵的祁连山原本就是下游川区的水源涵养区，一座天然的绿色水库，而今却因开荒种地，满目疮痍，走到人与自然两败俱伤的境地，走完这段路，出了这座山，我更加坚定了贯彻市委、市政府决策部署的信心和决心。山区群众捉襟见肘的日子，破败不堪的住房，急于下山入川过上好日子的心愿，像无声的呼唤，更像扬起的鞭子，抽打在我的身上，已不容我半点迟疑和退却了。

黄河之水天上来

古浪县是闻名中外的甘肃 18 个干旱县之一。从新中国成立以来，历届县委、县政府始终把解决"水"的问题,作为全县工作的重中之重,一系列有关经济社会发展、民生保障的重大决策和实践行动都在围绕"水"来展开,始终没有放弃过,也从来没有懈怠过。在中央、国务院,省委、省政府的亲切关怀和大力支持下,从 20 世纪 60 年代开始,特别是改革开放近30 年来,先后实施了大靖峡、十八里堡、曹家湖、柳条河等 8 座中小型水库,景电二期黄河调水,石羊河流域综合治理,小型农田水利建设等一系列重大水利工程,这些重大水利骨干工程的建成和运营惠及川区、沿沙区 12个乡(镇)26.89 万人,极大地改善了全县农业生产的基础设施条件,发挥了前所未有的经济效益、社会效益和生态效益,从根本上解决了以往灾害年景讨吃要饭的历史,全县整体解决了温饱。

就是这样一个极度缺水的干旱县,农业灌溉水系构成却十分复杂。全县地势南高北低,山、川、沙各占三分之一,南部是祁连山浅山干旱区和涵养林区,是河西走廊东端石羊河流域的源头,高山林立,沟壑纵横,海拔在2500—3600 米之间,属山水灌区,与天祝藏族自治县插花毗邻。走出高山峡谷,沿祁连山麓东西两侧呈放射状扇形地带,广阔平坦,与素称银武威的凉州区接壤,属井灌区和井河混灌区;北面沿腾格里沙漠边缘,沙质土地和荒地多,但干旱缺水,属井水灌区。

全县贫困人口主要分布在南部山区和部分沿沙区,从 20 世纪 70 年代开始,实施的许多重大水利工程只解决了川区和部分沿沙区的灌溉用水,但居住在海拔 2800 米左右的南部祁连山高深山区,至今还有 10.54 万人靠天吃饭,徘徊在贫困线以下,是当今古浪扶贫开发的重点区域,也是全省全市扶贫的难点。解决好这些人的贫困问题就演好了古浪扶贫开发的"重头戏",扭住了制约古浪发展中各类矛盾的主要矛盾;而演好这出"戏",必须首先解决水从哪里来,人往哪里去的问题。

早在 2009 年 9 月,我还在天祝县政府工作时,市委、市政府已安排古浪县委、县政府调研、论证和规划了古浪县生态移民暨扶贫开发黄花滩水利骨干工程。2009 年 9 月,时任甘肃省水利厅厅长康国玺、副厅长栾维功,带领省水利厅有关处室负责同志来古浪县黄花滩调研水利工程。这位在古浪土生土长，甘肃农业大学水利专业科班出身，又在基层一线长期工作过的水利厅长，曾担任过古浪县水利局局长、景电二期工程古浪指挥部总指挥，组织指挥过 20 世纪七八十年代的景电二期古浪段调水工程。他对古浪县情了如指掌，对古浪缺水有切肤之痛。他比任何领导都清楚，实施这一宏大的水利工程意味着什么，会给家乡带来什么，他明确表示省水利厅将坚决支持古浪县开发黄花滩，千方百计支持水利骨干工程。2010 年 7 月 12 日，时任甘肃省政府分管农业农村和扶贫开发工作的副省长泽巴足带领省政府副秘书长石卫东、省水利厅厅长康国玺、省发改委副主任常正国、省财政厅副厅长陆代森、省水利厅总工程师崔志宏等组成的工作调研组到古浪，在市委书记、市人大常委会主任火荣贵，时任市委副书记、市长郭承录的陪同下赴古浪县西靖乡黄花滩移民区现场调研，之后明确表态，要求省上有关部门大力支持，并做好前期的调研论证工作。在省水利厅、省发改委的大力支持和精心指导下，经过市委、市政府主要领导多次一线调研，组织专家科学论证，古浪县委、县政府和市水利局扎实开展了项目前期工作与争取工作。2011 年 11 月 10 日，在我担任古浪县委书记不到两个月，省发改委正式批复了《古浪县生态移民暨扶贫开发黄花滩项目水利骨干工程初步设计报告》，批复同意立项建设，修建渠道总长 78.64 公里，改建及新建黄花滩干渠 30.56 公里；新建分干渠 3 条共 48.08 公里；改建、新建各类渠系建筑物及管道井 339 座；新建总扬程 188.7 米的提水泵站 3 座，配套水利机械电气及金属结构设备；新修随水渠道路 61.75 公里，从原景电二期调水工程古浪段渠首，年延伸调水 3000 万立方米。工程概算总投资 3.75 亿元，省水利厅、发改委各投资 1.5 亿元，市县自筹 0.75 亿元，建设工期 3 年。

2011 年 11 月初，瑞雪飘飘。武威市党代会、市第三届人民代表大会相继召开，两个重大会议都将古浪县黄花滩生态移民暨扶贫开发下山入川工程作为当年全市扶贫工作的重中之重，再次重申，向古浪县委、县政府提出了明确要求。参加完"两会"后，我就骨干工程招标、黄花滩生态移民暨扶贫开发工程领导小组、指挥部的组建工作，向火荣贵书记作了汇报。这次向市委书记汇报工作，虽在事前用一个晚上时间准备了汇报材料，其实准备还是不充分的，方案也极不成熟。当我低头念汇报材料时，被火书记马上制止，他严肃地说道："你再不要念稿子了，直接讲这项工作下一步如何抓起来。"接着连续向我询问了三个问题："一是工程委托哪里去组织招标，如何确保工程质量？二是县上如何去组织指挥并实施好这个项目？三是工程何时开工，如何确保工程进度，按期完成工程建设任务？"这三大问题都直面工程招标、施工质量、建设进度等关键环节，容不得半点含糊，但我的回答却因心中无底而闪烁其词、含糊不清。看得出他对实施这一工程可能比我更担忧，对古浪下山入川扶贫开发生态移民的事更焦虑。他十分严厉地批评道："实施如此重大的工程，至今心中无数，糊里糊涂，工作拖拖拉拉，怎么能担当重任？我提出的这三个问题，特别是组织工程招标和尽快开工建设的事，必须按期迅速解决。由你担任工程总指挥。这些问题解决不了或解决不好，县委书记你就别当了！"书记口气十分严肃，态度十分坚决，此时我感到担子更重，压力更大了。但他最后还是耐心地交代了解决上述问题的思路和办法。被书记"猛击一掌"后，一直困惑的诸多问题，此时似乎有了一个清晰的解决思路和办法，看来对这项工程绝对马虎不得。

走出市委书记的办公室，已近中午，也顾不了吃午饭，便同县委常委、统战部长王英东，带领县水务、发改、监察、景电二期古浪工程指挥部主要负责同志，赶赴兰州，考察已报名的多家委托招标公司。我们认真考察了这些公司曾经组织招标后实施的大型水利工程项目。经过反复对比，最终确定委托甘肃省招标中心组织对古浪县黄花滩水利骨干工程的设计、施工、设施和材料组织招标。2011 年 11 月 10 日，县上成立了由县委主要领导任组长，县长、县委副书记、纪委书记、常务副县长任副组长，县检察院、景电工程古浪指挥部（古浪县生态移民暨扶贫开发黄花滩项目指挥部）、县发改局、水务局、财政局、监察局、审计局为成员单位的古浪县生态移民暨扶贫开发黄花滩项目水利骨干工程招标领导小组，同时在甘肃省经济信息网上发布了项目施工及监理招标公告。11 月 14 日下午，各项组织招投标工作就绪后，省水利厅厅长康国玺电话通知我，省委、省政府主要领导近期到河西调研工作，途经古浪调研生态移民暨扶贫开发黄花滩项目。为了使这项工程能得到省委、省政府的关心和支持，先举行开工奠基仪式，请省委书记、省长调研后一并参加仪式。这一重大消息，令我兴奋不已，连日来的疲惫和烦恼一扫而空。我第一时间向市委、市政府主要领导作了汇报，感到机会难得，必须认真对待，牢牢抓住。当时我正在兰州与委托招标的省招标中心领导商议下一步工作重点，接到电话后，我一边通知县长迅速组织开工准备仪式，一边匆匆连夜赶回县上。

11月16日上午11时左右，时任省委书记、省人大常委会主任陆浩，省委副书记、省长刘伟平，省委常委、省委秘书长刘立军，省委常委、副省长石军，省政府秘书长李沛文，在市委书记火荣贵、市长李志勋的陪同下出席工程奠基仪式。11时20分，市委书记火荣贵主持开工仪式，由我介绍工程项目情况，市上有关部门、县直部门、各乡（镇）主要负责同志及南部山区群众代表共1200多人参加了开工奠基仪式，省、市、县领导培土奠基。如此宏大的工程，开工奠基仪式不足一刻钟就结束了，但开工仪式结束后省、市领导与群众却进行了较长时间的交流。省委书记陆浩握着一位白发苍苍老人的手问道："家里条件怎么样，愿不愿意搬下来？"那位农民拉着书记的手，颤抖着高兴地说："愿意，愿意，我们那里山大沟深，走路没路，吃水没水，如今政府这么关心，我一定得搬。搬下来，天宽了，路通了，生活肯定会越来越好。"省长刘伟平与在场的几个农民交谈，亲切地询问："搬迁有什么困难吗？目前生活怎么样？"围上来的老百姓喜上眉梢，七嘴八舌，抢着回答省长的询问："有政府的关怀支持，给我们指的脱贫路，再难也要走下去，走到底。"临行前，省委、省政府主要领导语重心长地向我和县长孙伟同志叮咛："一定要把黄花滩生态移民工程建设成德政工程、民生工程，全省的样板工程。你们要在一线组织领导抓落实，确保工程进度和质量，从根本上改变全县贫困面貌。"

省委书记、省长在百忙中参加一个县的工程开工奠基仪式，并与移民现场交流，倾听意见，使我深深地感到这个项目工程的重要性、必要性，这项任务的艰巨性和复杂性，看到了党和政府对古浪贫困群众生活的关注度，也更加增强了我们打好这场扶贫攻坚仗的信心和决心。几天前市委火书记对这一工程提出的问题和工作上的严格要求，再次回响耳边，也使我意识到对这项宏大的移民工程，任何懈怠、马虎、敷衍塞责，甚至退却将会造成什么样的后果。作为县委书记应承担什么样的责任，工程的成败对仍在贫困线上徘徊的古浪数万多贫困群众又意味着什么？在面对国家巨额投资，人民切身利益时，个人的兴衰荣辱似乎已变得十分渺小了。项目开工奠基仪式只不过是一个多年、多少地方延续的惯例和形式，但却标志着"开弓从来没有回头箭"，开工就意味着已经吹响了奋进的号角，也昭示着从此这项工程将迅速拉开大幕，在这广袤的沙漠里，上演一场又一场如火如荼的扶贫创业史剧。

接下来的工作，矛盾和问题一个又一个接踵而至，我仿佛在一个工厂的流水线上作业，紧紧盯着每一个过手的产品，来不得半点懈怠，一旦一个产品停滞，其余的便马上堆积如山。先是整个工程实施缺乏一个一线统一协调指挥的内行，高效而又确保廉洁的组织领导机构和一线盯办的工作执行机构，更缺乏一线组织施工的水利工程专业干部队伍。开工仪式结束后，我带领县委组织部长迅速向时任市委常委、组织部长李明生作了详细的汇报，并恳请市委能够选配2名能力强、能吃苦、懂技术的干部，担任景电工程古浪指挥部副总指挥，到一线组织指挥施工。几天后，市委从石羊河流域综合治理水利工程一线选拔了2名优秀中青年干部，担任景电二期工程古浪指挥部副总指挥，主要负责生态移民暨扶贫开发黄花滩项目水利骨干工程的组织施工。当时，我到古浪县工作仅有3个多月时间，对整个干部队伍现状两眼摸黑，"不知有汉，无论魏晋"。我白天下乡，晚上向县人大、县政协主要领导，原县委和县政府班子成员，还有乡（镇）领导，县直部门甚至到村组干部群众当中征求意见。集中三四个夜晚，与组织部长一起，几乎把全县农牧、水务、发改和部分乡镇干部的花名册翻了个遍，也未找到足够的合适人选，最后听取各方面意见和建议后，才初步确定指挥部中层领导、工程技术人员、财务管理人员人选。12月中旬，在原景电二期工程古浪指挥部的组织构架下，很快组建了领导小组和项目指挥部，并向市委市政府主要领导作了汇报。市委书记说，龙多不治水，领导小组和指挥部要精干高效，把能干事、干成事的干部抽调进去，旋即提笔画了几个圈，最后确定的领导小组，由我担任组长，县人大常委会主任薛华，县委副书记、政府县长孙伟，县政协主席倪天祯，县委副书记李健斌，县委常委、县纪委书记徐国鸿，县委常委、常务副县长褚勇，县委常委、统战部部长王英东担任副组长，县直相关部门单位和相关乡（镇）为成员单位。项目指挥部由我担任总指挥，县委副书记李健斌，县委常委、县政府常务副县长褚勇，景电工程古浪指挥部副指挥马聪远，郑志峰担任副总指挥，县委农办（扶贫办）、县发改局、水务局、农牧局、林业局等相关部门主要负责同志为成员，景电二期工程指挥部与古浪县黄花滩移民指挥部合署办公，实行两块牌子、一套班子，指挥部下设办公室、规划建设、质检、产业、财务和综治 7 个科室，又从县发改委、水务、财政、林业、交通等有关部门及有关乡（镇）抽调了水利工程业务内行、作风扎实、工作吃苦的 30 名工作人员、工程技术人员在一线组织施工，并确定了法人和法人代表。至此，工程实施的前期准备工作已进入快车道。2011 年 11 月 15 日至 19 日公告发出 5 天后，有 23 家施工单位、8 家监理单位参与投标；25 日开始，利用一周时间分四个组，对投标单位进行实地考察；最后有 11 家施工单位和 4 家监理单位中标，第一批工程招标圆满结束。期间，县人大、政协、纪委（监察局）、检察院自始至终参与招投标的全程监督。

2012 年的春天似乎迈开大步，早早地来到了黄花滩。正月初七，黄花滩项目指挥部 30 多人，由 2 个副总指挥带队，在黄花滩项目区高峰村安营扎寨，为节约资金，指挥部用彩钢板在沙漠里搭起了 7 间办公室，2 间会议室，一个小餐厅兼操作间。就在距离彩钢房 10 多米远的地方，在省道 308 线旁边就是开发商已开发建成并投入运营的商业小区，水电等设施一应俱全，租费也不是很高，但考虑到工程建设一开始，必须在高效节俭上做出榜样，县委、县政府明令将工程指挥部建在项目区，领导吃住在项目区，协调解决重大问题在项目区，三个副指挥，除财务科外，其余六个科室及工作人员都在一线办公，一线生活，随时协调解决重大问题。

4 月的腾格里沙漠南缘区，万物复苏，沙漠在沉睡中苏醒。在 70 多公里的风沙线上，39 个标段 11 个施工队开始全线施工，机声隆隆，风沙肆虐，沙漠仿佛像被开肠破肚的妖魔，狂吼着扑向机械设备，扑向施工人员，扑向现场工作人员，刚刚开挖的上口宽 8 米、下口宽 4 米、深 5 米的渠沟，瞬间被流沙淹没，大型挖掘机、推土机被掩埋在沙土中，无奈地叫喊着，一小时满负荷作业，只能推进二三米。特别在春季施工作业，能见度只有 3—4 米。施工人员、工程监理人员、现场组织施工的工作人员在风沙线上风餐露宿，回到驻地，首先是挖耳朵、掏流沙，再去弄头发，抖落藏在头发的沙粒，洗一次头半盆泥水、半盆沙。一些年轻人嫌每天洗头发麻烦，干脆剃成了光头。我多次到工地察看施工进度，吃饭碗里有流沙，回来几天感觉嘴里还有沙，还怪炊事员洗菜不干净。就是在这样艰苦的施工环境中，施工人员、监理人员和指挥部干部职工发扬了"战黄沙、截黄龙，造福古浪，工程进度不在我这里延误，工程质量不在我这里葬送"的精神，实行了"三严格"（严格规划设计、严格施工组织、严格质量规范）、"四到位"（责任到位、管理到位、督查到位、服务到位）、"五紧盯"（紧盯施工进度、紧盯合同条款、紧盯监理单位、紧盯督查考核、紧盯技术规程）的工作制度和工作方法，并实行了严格的工程监理、群众监督、专门组织督查三位一体的质量监督机制和旬报告、月督查，严格奖惩、严格处罚的督查推进制度，经过 480 多天的艰苦奋战，三年工程提前一年半完成，得到了省水利厅的好评。

2013 年 5 月 19 日，我陪同市委火荣贵书记和市委副书记李明生第六次到古浪南部几个山区乡（镇）调研，一路颠簸，查看了留居山区农民设施农牧业建设情况和下山入川搬迁村的情况。下午 5 时，至黄花滩生态移民区已建成入住的感恩新村社区，黄河水跨过千山万水，走过茫茫沙漠，在一座 7 万多方的高位蓄水池沉淀过滤后，通过节水管道，欢快地流进了 170 多座钢结构日光温室，300 多名移居黄花滩的山区农民在忙碌着浇地、打坝，给已定植的番茄灌溉，一个个脸上挂着喜悦而又充满憧憬的微笑，人随水走，一派繁忙的景象。火书记一口气走进 16 个温室大棚，察看了灌溉定植情况，并与正在劳作的农民亲切交谈，算账对比，鼓励他们大力发展特色林果业和设施农牧业，发展高效节水农业，力争达到"当年入川、次年脱贫、三年致富"的目标。听了火书记的话，一位农民大声说："书记您放心吧，有了水，有了地，有了党和政府的关怀帮助，我们一定能创出一方天地来。"至此，生态移民暨扶贫开发黄花滩项目，最大的水利骨干工程正式通水试运行。这一功在当代，利在千秋的工程，为下一步5万人下山入川、定居乐业、脱贫致富提供了可靠的水源保障。

在返回县委的路上，一路感慨系之，从2011年11月走进火书记办公室聆听教诲，到2013年5月19日陪火书记现场调研察看，一年半的时间，为这"水"，呕尽了多少人的心血，一路抛洒了多少汗水。

下山入川天地宽

翻开古浪扶贫开发的历史，30多年来，历届县委县政府紧紧围绕"水、人、地"三大要素做文章，调水（水利工程、打机井）、移民（县内县外）、开发（荒漠、沙漠、荒地）三件大事像一辆驶向远方的列车，动力、旅客、路轨三者缺一不可，缺乏动力，没有路轨，再伟大的旅客也只能永远停留在站台，从20世纪六七十年代开始，争取国家项目支撑和多项扶贫政策，全县重点从贫困人口密集的南部山区向县内外展开了多次移民，先是实施了投资规模最大，投入劳力最多，影响深远的景电二期工程。

1976年10月17日，腾格里沙漠南缘风沙滚滚，千里荒原上集结了全县4000多劳动力，车水马龙，人头攒动，打响了一场史无前例的征山战水，引黄入川的战斗。就在这一天古浪人民企盼已久的景电二期工程破土动工，工程从景泰县境内提引黄河水到古浪，建设一个新型高标准的灌区，从根本上解决古浪30多万贫困人口的温饱问题，从此，古浪数十万老百姓的命运似乎与黄河之水紧紧地连在了一起。但这项大型水利工程，因国家资金投入不足，却一路坎坷，命运多舛，建建停停。直到1984年7月，省、地、县抢抓"三西"建设的历史机遇，在中央和省、地委的亲切关怀和大力支持下再度开工。1990年10月15日，99.6公里的总干渠全线通水，国家累计投资4.88亿元。15年期盼等待，15载雨雪风霜，经过30个春秋的艰苦奋斗，先后开发了腾格里沙漠南缘东端的海子滩、大墩滩、直滩、鸡爪子滩等9个滩，使30万亩亘古荒原焕发了活力，成为阡陌纵横、粮丰林茂的良田，安置县内山区移民和原地居民9.37万人，山区乡（镇）实现了"搬迁一人、宽松两人、解决三人"的目标，近30万农民的温饱得以解决，全县经济社会发展也步入了一个新的阶段。

20世纪80年代初，"三西"建设对甘肃的扶贫工作提出有水走水路、无水走旱路、水旱路不通另找出路的方略，鼓励农民自愿开发"三荒地"、开办家庭农场，在永丰滩、马路滩、黄花滩部分地段打井开荒搬迁了一批山区移民。进入90年代当地和外地一些有钱人、小老板抓住机遇，在沿沙区撂荒地先打井，后开荒，办农场，再卖地，南部山区一些家境好一点的农民纷纷下山置地、盖房，一批生活相对宽裕的农民在各农场自行找门路、下山入川。至21世纪初，当时县委、县政府又组织千名干部动员贫困群众"让人走出去，把钱拿回来"，掀起了向新疆、内蒙古、甘肃河西走廊先劳务，后移民的大潮，10多年的时间，先后向县外移民5300多户2.24万人，重点是南部山区各乡（镇）的农户。四次大的移民，都将家境不同，个人致富技能不同的农民移向四面八方，走向了一个新的生产生活环境。但截至2013年底，全县仍有贫困人口14.23万人，贫困面下降为39.87%（按照国家新一轮扶贫开发2300元的扶贫标准测算）。但全县经济总量小，贫困人口多，贫困程度深，产业结构单一，整体发展缓慢，开放程度低的基本县情仍未从根本上改变，特别是脱贫返贫率居高不下，区域性贫困问题更加突出，过去扶贫工作中下达的"整村推进"项目，因实施项目内容多，资金量少，大都撒了"胡椒面"，在如此贫困程度深，自然条件恶劣的地域，这些项目的实施，也只能是杯水车薪。居留在南部山区7个乡（镇）95个村2.32万户近10万贫困群众生产生活状况更为严峻，日子更加窘迫，让这些群众再度下山入川，势在必行、过去"输血式"扶贫模式似乎已经走到了尽头。

早在2011年9月前，我担任天祝县县长时，市委、市政府就作出了在全市实施"下山入川"扶贫开发生态移民工程这一重大决策，要求古浪县率先开发黄花滩闲置荒地8.6万亩，实施黄花滩水利骨干工程，三年至五年搬迁 4 万人，大力发展"设施农牧业＋特色林果业"的主体生产模式，一步进入现代农业发展轨道，当年入川，次年脱贫，三年致富，实现搬得下，稳得住，能脱贫，再致富，与全国、全省一道步入全面小康的目标。这是改革开放三十多年来市委、市政府治理贫困的一剂猛药，是惠及全市十多万贫困群众生产生活的德政工程、民心工程。

2011 年 11 月 18 日下午和 19 日上午，就在省委、省政府主要领导参加黄花滩水利骨干工程奠基仪式的第三天，为全面迅速地贯彻市委、市政府的决策部署，我组织召开了县委常委（扩大）会议，县委常委，人大、政协主要领导，分管副县长，发改、水务、农牧、景电指挥部和有关乡（镇）60 多人参加会议。经过充分讨论，作出了将水利工程（骨干工程和田间配套）、移民搬迁、产业培育、公共服务设施配套四大工程同步建设的决策，并从有关部门抽调得力干部，配合甘肃农业大学、甘肃城乡规划设计院、省水利水电工程设计院迅速组织编制了项目区移民规划、移民住宅规划、田间工程及现代设施农业发展等五个规划，要求举全县之力高起点谋划、高质量建设、高速度推进、高强度落实，领导力量向一线倾斜，工作力量向一线集中，涉农项目向一线整合，各种要素向一线聚集，项目建设的一系列任务目标，由县级领导挂带，列出清单，倒排工期，挂图作战，逐项有序推进。

黄花滩因在沙漠上长年生长一种苦豆类植物，盛开黄色花朵而得名。几百年前这里水草丰美，滚滚石羊河欢快奔腾的跃出祁连山，途经黄花滩，流向腾格里沙漠，形成了约 227 平方公里的冲积扇平原。但由于历代战乱和人为破坏，生态恶化，沙进人退，每年从腾格里沙漠吹来的风沙掩埋了昔日的美丽和辉煌，变成了如今的荒原和沙丘。在连绵的沙丘下，沉睡了千年的沃土，如今仍依稀可见。这里年平均降水 200 毫米左右，海拔 1680—1700 米，比南部山区低 1000—1200 米，土壤属沙壤土和灰钙土。省道 308 线横穿南部，武威市城乡融合发展核心区主干道——（武威市凉州区金太阳园区至古浪县大靖镇）宽 26 米，长 126.5 公里的金色大道，由东向西横越全境，位于武威市城乡融合发展核心区。这里从金色大道向西至市区只有 40 多分钟行车路程，离古浪县城 15 公里，交通十分便捷，只要解决好农业用水，人畜饮水，发展农业尤其是特色林果业和设施农牧业的前景十分广阔。

从 2011 年冬天至 2012 年春节前后的一个多月时间，为确定移民定居选址、设施农牧业选址，充实各项规划设计，勘查人畜饮水线路，我带着县国土、住建、水利、农牧、林业、发改、景电指挥部负责同志和统战部长（分管一线工作），每天早上九时左右进入沙漠，晚上十时左右返回县上，踩着流动的沙丘，深一脚浅一脚地几乎走遍了可垦利用的近 9 万亩沙漠、沙丘和荒漠，大多数时间的午饭推迟到下午两三点以后，渴了喝瓶纯净水，饿了只能返回指挥部后才解决，回到县城半身泥土半身沙，有时来不及换干净的衣服、裤子，只好在公寓楼墙上甩打掉尘土后，第二天再穿。至第二年春天，经过数次实地调研察看，基本弄清了项目区土壤结构，产业布局，种养品种，开发面积和 10 个中心村（社区）的建设选址。近期一万人左右的房屋套型和内部结构，五个规划经过论证，实地查看经反复论证修改后，也已正式出台：黄花滩 8.6 万亩荒沙地开发后，建设 10 个移民中心村（社区），安置南部山区及祁连山水源涵养林区 4 万多人，一步到位发展"设施农牧业+特色林果业"主体生产模式，同步推进新型农村社区建设和水、电、路等基础设施及公共服务设施配套，实现移民、定居、产业、公共服务一体化，最终实现南部山区贫困群众治穷致富目标。2011 年春，率先开发 5000 亩土地，建设"6 号移民点"，搬迁 2000—3000 人，按"322"的种植结构（户均 3 亩经济林、2 亩棚、2 亩饲草地），大力发展"设施农牧业+特色林果业"主体生产模式。带着这些成果，我和县长分别向市委书记、市长作了汇报，市委市政府领导肯定了我们的规划和建设方案，要求保证质量，加快进度，尽快开工建设，让山区老百姓及早受益。市委火书记反复叮咛："这次搬迁要汲取以往的教训，整村整组搬迁，不留死角，不留尾巴，已搬迁的村庄要断水断电，不留后路，搬迁后退出土地全部封育，自然恢复植被，改善生态环境。"为体现党和政府的关怀，激发贫困群众的创业热情，市委火书记旋即提笔，将原定"6 号移民点"，改为"感恩新村社区"，并指示我，要专题向省扶贫办、国务院扶贫办汇报，下决心将古浪生态移民暨扶贫开发黄花滩项目列为国家整村搬迁移民项目示范区。

2012年2月13日下午，我和县扶贫办、发改局的负责人与市扶贫办主任一道，陪省扶贫办张森副主任飞往北京。次日，我们一行拜见了时任国务院扶贫办范小建主任。听说是甘肃贫困县来的同志，范主任便放下手头的工作，腾出时间，十分热情地把我们引进了办公室。我怀着急切而期盼的心情，在其办公桌前摊开了项目区水利骨干工程的规划设计、10个移民中心社区建设规划，还有设施农牧业建设和特色林果业扶贫产业发展规划，一项项作了简要而重点的汇报，并提出了我们的请求。张森副主任一并将这个项目的重大意义、发展前景、扶贫效果作了介绍，范主任听得十分仔细，问的问题也很多。我一一作了回答。他最后说："国家整村整组扶贫开发移民搬迁工作目前正在全国南方和北方选择两个不同区域的县试点，以后根据试点情况予以支持，但关键是这么多群众下来，产业发展必须先行，要能搬得下，更要稳得住。最后他跟我讲，你回去先抓紧去建，待产业培育起来，老百姓搬下去后，我再去你们那里调研。"中央和省、市领导的亲切关怀和支持，给我们以极大的鞭策和鼓舞，像温暖的春风吹遍古浪千山万壑，原计划从南部山区移民500户、2000人，开发整理土地5000亩，先行试点，总结经验后，再扩大规模搬迁的设想，被干部群众高昂的热情，急于入川发展的迫切愿望给颠覆了。政府将搬迁方案、补助标准、住房结构、村庄规划、产业培育方案向群众公布后，报名搬迁的南部山区农民迅速猛增到900多户4000多人。有的托关系，写信给领导，甚至集体上访县政府、市政府要求搬迁。2012年3月17日，县委、县政府召开会议再度调整了方案，决定满足群众需求，克服一切困难，在原计划的基础上再翻一番。

2012年5月29日上午，古浪县黄花滩生态移民暨扶贫开发项目"下山入川"工程感恩新村社区（即6号移民点），在经过大量前期准备工作后，在武威市城乡融合发展核心区120多公里的金色大道边，迎着暖暖的春意，破土动工了，与六个月前已经开工的水利骨干工程一样，彩旗飘飘，车水马龙，从前来参加开工仪式的南部山区农民挂满笑容的脸上，使我看到了他们对未来生活又多了一份希望，又增添了一股激情和干劲。武威市委书记火荣贵，市委副书记、市长李志勋，市委副书记、市政协主席何伟，市委常委、常务副市长王扎东，市人大、市政协联系农业农村工作的领导出席开工奠基仪式，全县干部群众近500多人参加了开工仪式。从1984年夏景电二期工程二次上马开工建设到今天，整整过了28个年头，古浪历史上规模最大的第二次扶贫开发，生态移民的战斗在腾格里沙漠南缘的黄花滩上再度打响。率先在项目区建设的感恩新村社区是古浪实施"下山入川"工程的第一个移民新村，概算投资2亿元，整合国家项目资金1.3亿元，群众自筹8000万元，平整沙丘、荒地1万亩，新建住宅1000套，搬迁海拔在2800米左右的南部山区贫困农户1000户4600人，按照"322"（户均3亩经济林、2亩设施农牧业、2亩高效节水田）产业结构，发展"设施农牧业+特色林果业"主体生产模式，产业培育后户均增收达到2万元，人均纯收入达到5000元，同步配套水、电、路等基础设施，村委会、图书室、学校、村卫生所、幼儿园等公共服务设施。至此，黄花滩生态移民暨扶贫开发项目下山入川"四大工程"在黄花滩全面动工建设。

时至盛夏，建设工地上1000套住房13个标段，10000亩的农田土地整理，78.64公里的水利骨干工程，32.6公里支渠配套工程同步施工，几百台推土机、挖掘机、运输车辆，在沙漠里来往穿梭，尘土飞扬，机声隆隆，施工高峰有上千民工，上百台机械，24小时轮班作业。

与同步开工建设的水利骨干工程相比，移民搬迁和产业培育直接关乎老百姓未来的生存发展，关乎千家万户的切身利益，建设难度是空前的，诸如国家项目整合、资金管理、群众自筹、房屋造价、工程招标、工程质量监管、土地确权、边界厘清、设施农牧业建设、协调产业贷款等，任务一茬又一茬，难点一个接着一个，矛盾纠纷一批接着一批，为及时有效地解决这些矛盾和困难，我先后组织协调和主持召开了几十个部门和乡（镇）领导参加的8次领导小组会议，在工地现场办公50多次，及时协调解决有关问题。从开工的那一天起，白天在工地一线督查协调，晚上批阅文件和处理公文，双休日集中协调处理全县其他重点工作，已成为每天工作的常态。2012年夏秋两季，水利、住建、交通、农牧、林业等部门和南部山区7个乡镇的主要领导和大部分干部在黄花滩工程项目一线居住生活，靠前指挥，协调解决一系列难点问题。20世纪七八十年代，周边乡（镇）农民在黄花滩自行开荒耕种了500多亩土地，这些土地大多是一级土地并未进入二轮承包地范畴，当看到政府统一组织开发，一时间成批农民集体上访，围堵工程建设，矛盾纠纷叠起。县委、县政府及时组织工作组，由国土局牵头，对上述土地进行了勘察定界，二次确权，制定了流转和置换政策，妥善解决了移民和原项目区住户农民的土地纠纷；水务局在资金严重短缺的情况下，从73公里以外的曹家湖、十八里堡水库引水黄花滩，建设了一期日处理5000吨水的黄花滩生态移民供水厂。在不到一年的时间里，解决了5万多群众的饮水安全，下山入川农民从根本上告别了人挑畜驮车拉，在几十里外的地方掏钱买水的历史，清澈甘甜的自来水从上游两座水库，流至定宁水厂净化后，途经荒漠戈壁的输水管道，流入千家万户。这项原本应纳入生态移民项目区的重大项目，却未进入规划盘子，十分拮据的县财政抖遍了整个家底，也只拿出了2000多万元，而工程概算投资却达到1.23亿元，真是杯水车薪，从施工的难度、资金保障看，不亚于正在建设的水利骨干工程。住建局对4000套不同户型的住宅从规划设计、招标施工、工程进度和质量进行全程跟踪监督，大到规划布局，小到混凝土搅拌，一砖一瓦的建筑材料，都逐一审核把关，为给老百姓多平一分可耕土地，尽可能把房子建在了林立的沙丘，纵深1.6米的地基，刚刚开挖，就被大风吹过的流沙瞬间填埋。基础不牢，地动山摇，工作人员每天拿着标尺，眼睛紧紧盯着开挖的地基，直到将钢筋混凝土浇灌后，才来到下一栋房。为让群众住上"放心房"，乡（镇）和住建局先后组织30批150多人次南部山区的农民代表定期到工地检查施工质量，又组织农民到工地建房打工，边打工，边挣钱，边监督施工，及时反馈质量安全问题。交通局整合当年全县通乡油路和"通畅通达"乡村公路项目，率先在沙漠打通了9公里纵横道路，30公里的施工道路，20公里的通村道路。农牧局、科技局、移民指挥部踏遍荒漠，丈量土地，吃透土地质量等级，攻克在沙漠上搭建日光温室的难题，上百座钢架构日光温室和养殖暖棚在沙漠上拔地而起。

下山入川，扶贫开发工程的实施，在茫茫沙海，千里荒原，点燃了贫困农民脱贫致富的希望之火。从2011年11月16日，水利骨干工程奠基开工，至 2012 年 10 月感恩新村社区建成，古浪县各级党政领导和党员干部深入沙漠腹地，与广大农民一道，组织指挥在一线实施，矛盾纠纷在一线排查，重大问题在一线解决，各类难题在一线破解，工作节奏、效率、执行力大幅提升，黄花滩像一个大舞台、大熔炉，锻炼了干部，改进了干部作风，展现了建设者的风采，给南部山区下山入川的贫困群众筑就了脱贫致富的广阔天地。

2012 年冬天，一辆辆农用三轮车，满载着山区农民破旧不堪的家当，还有向往美好未来的憧憬，在崎岖的山路上蹒跚而行，第一批南部山区 7 乡 55 个村的农民整村整组开始下山入川，从四面八方驶向黄花滩移民区。在此起彼伏的鞭炮声中，率先入住下山入川工程第一个移民村——感恩新村社区。新建移民村，建设住宅 918 套，有 4500 多人在春节前后全部搬迁入住。同时配套建设的有 300 多学生就读的中心小学，120 多名幼儿入园的幼儿园，2000 平方米文化体育健身广场，以及集便民服务大厅、社区综合办公室、党员活动室、卫生室、农家书屋、互助老人幸福院、警务室为一体的村级综合服务中心，围绕设施农牧业加特色林果业的主体生产模式，按照户均"322"产业结构（户均 3 亩经济林、2 亩设施农牧业、2 亩高效节水田）培育发展节水增收产业，配套建设南分干渠 14.53 公里，架设高低压供电线路 16.6 公里，建成主干道 2.7 公里，次干道及巷道 20 公里。土地平整 10000 亩（住宅区 4000 亩，产业区 6000 亩），同步建成全钢架日光温室 200 座，次年栽植特色经济林 2186 亩；建成养殖暖棚 740 栋、1365 亩，其中牛羊养殖棚 716 栋、1207 亩，饲养羊 1.3 万多只；獭兔养殖棚 24 栋、158 亩，獭兔饲养量达到 1.5 万多只，设施农牧业产业已初具规模，发挥效益。放眼望去，过去荒芜、沉寂的黄花滩，如今田成方、林成网、渠相通、路相连，整洁靓丽的村庄、整齐划一的大棚、错落有致的民居，尽收眼底。昔日滚滚黄沙退了，沉睡了千年的荒原醒了，贫困群众致富的天地宽了。

万人梦圆黄花滩

2014 年春，组织安排我到市政协工作。在我离任古浪的当天上午，我在古浪最后一次陪同省委常委、省纪委书记张晓兰，省委党的群众路线教育实践活动督导组组长、省委宣传部副部长苏君，市委书记火荣贵，市长李志勋再次来到黄花滩，在腾格里沙漠南缘，宽敞笔直的金色大道两旁，一排排错落有致的民宅、学校、幼儿园、社区管委会以及广场周边的商铺拔地而起，白色的墙，红色的瓦，在空旷的沙漠衬托下，显得格外耀眼注目，村东西两侧100多米的绿色隔离带旁，几百座彩钢型养殖暖棚、钢架构塑料大棚在阳光下熠熠闪光，把整个村庄装扮得五彩缤纷，昔日的荒漠，一派欣欣向荣的景象。张晓兰书记一行先来到村西日光温室产业区。这里已建成了200多座钢架构日光温室，黄花滩感恩新村社区产业合作社党委副书记胡万年介绍到："老百姓2012年冬下山入川，次年建棚，去年7月定植，9月收购西红柿，2个月时间，一个棚平均收入在万元左右，种得好的棚收入在1.3万元，种得较差的也有5000—6000元的收入，平均是山旱地收入的30多倍。现在刚刚收获完西红柿，正在运肥整理土地，准备定植第二茬作物，按照'公司+基地+合作社+农户'的模式运行，已引进北京丰民同和农业科技有限公司提供种苗技术服务和收购销售，计划定植西瓜和种苗，预计一年定植2茬，每棚收入至少在2万元左右。"听了介绍，省、市领导都十分高兴，提出要到搬迁老百姓的家里看看，穿过硬化整洁的村道，我们来到原黄羊川镇尚家沟村民陈根元家，他家居住在感恩新村社区47号居民区，儿子、儿媳、孙子三代5口人，5间砖瓦房明亮宽敞，会客厅、主卧室窗明几净，还建了卫生间和洗盥室，屋内液晶电视、双扇门冰箱等家电一应俱全。2012年11月从海拔2800米左右的黄羊川镇尚家沟村搬迁至黄花滩后，按当初政府制定的"322"产业结构规划，先建了一座钢架式日光温室，定植西红柿，一年两茬，收入达到2万元左右。当张晓兰书记问道："搬迁下来生活过得怎么样，还满意吗？"这位年近60岁的农民神采飞扬地说："搬下来好。搬下来最大的感受是收入增加了，我们生活方式也变了，以前在山里生活，条件比这差很多，许多年轻人选择了外出务工，留下的都是老人、孩子，每天出门死气沉沉，见不到几个人，现在选择留家创业致富的年轻人多了，条件改善了，村子里也热闹起来了，最大的变化是人们的想法在变。以前我在山里种 10 多亩山旱地，天天盼着天下雨，累弯了腰，一年到头收入也就千把元钱，现在种地再不看老天爷的脸色，轻松自在，收入还过万，人们一天劳作下来，晚上还有精神在广场上跳舞唱歌了。"张晓兰又问他下一步有何打算时，他说明年响应政府号召，再种 2 亩多经济林，建一个畜棚，盖几间新房，家庭收入就能达到 4 万元左右了。从陈根元家出来，在大巴车上火书记又向省领导介绍了全市南部山区 7.2 万贫困人口下山入川，大力发展主体生产模式，从根本上改变生产和生活方式，"当年入川、次年脱贫、三年致富"的宏伟设想。省市领导充分肯定了这一做法，认为这是多少年来从根本上解决贫困问题，创新扶贫机制的大手笔，也是改变数十万老百姓贫困生活现状，与全省、全国一道进入小康社会的切实有效的路子。

岁月流逝，光阴荏苒。从 2011 年秋市委火书记找我谈话，交代三件大事，上任古浪县委书记，到今天最后一次陪省、市领导调研，时间已过去了近三个年头，下山入川工程实施也有两年有余，在这项工程建设的坎坷岁月里，我亲眼目睹和深刻感受到了党和政府扶贫开发的坚强决心，中央和省、市各级领导对古浪困难群众难以割舍的情感，对这项工程人力、物力、财力等方面的鼎力支持，对县委、县政府及党员干部的关怀和企盼。在沙漠荒原上，丛岭沟壑中，产业园区和农户家里，无不留下了他们深情的足迹、谆谆的教诲和亲切的关怀……

至 2014 年春，在 132 公里的风沙线上，以金色大道为交通轴线，先后建成了感恩新村社区、阳光新村社区、富康新村社区、金滩村、黄花滩村、马路滩村、高峰村共 7 个移民村，使南部山区 4405 户 21270 名贫困群众下山入川。62.48 公里的水利骨干工程成功通水，建设农田水利工程配套支渠8.05 公里，铺设供水管道 260.38 公里；配套主干道路 16.5 公里，硬化次干道及巷道 70 多公里；架设 10 千伏供电线路 55 公里，0.4 千伏供电线路33 公里，变压器 35 台。完成工程治沙 1000 亩，社区及周边绿化 3500 亩，通道绿化 55 公里，栽植各类苗木 85 万株。至此，3.67 万亩沙丘、荒滩变成了良田，七个移民村累计建成日光温室 490 座，养殖暖棚 7848 亩，发展特色经济林 4430 亩，牛羊存栏量 10.3 万头只，出栏量 6.3 万头只，獭兔存栏量 2.4 万只，出栏量 1.3 万只，农民人均纯收入由搬迁前的 1200—1600 元增加到搬迁后的 5000—6000 元，增长 3800 元左右，比全县平均水平 3940 元高出 27%—50%，入川群众走上了易地脱贫致富的路子，形成了全市乃至全省最大的生态移民、扶贫开发、现代设施农业产业区。

当今武威，这一曾经在几千年前向外敌耀武扬威的地方，正在掀起一股在开放、开发中前所未有的武威威武、转型跨越的建设大潮，万人下山入川工程的大幕刚刚拉开，移民搬迁、产业培育，真正实现"搬得下、稳得住、能致富"的目标，还有很多路要走，并需要坚定不移地走下去，永远走到底。

记反映西部大开发和定西
扶贫攻坚的"三新展"

石　晶[*]

新世纪伊始，我刚从团省委调任到定西工作不久，党中央、国务院作出了实施西部大开发战略的重大决策。当时定西正处在整体基本解决温饱向稳定解决温饱的关键时期。定西是甘肃乃至全国最为贫困的地区之一。1876年，陕甘总督左宗棠在给朝廷奏折中写道，"陇中苦瘠甲天下"，这句话道尽了定西之穷之苦。我到定西工作后，翻阅了一些史籍资料，历史上有关定西"禾麦无收""民大饥""积尸横道"的记载比比皆是。"种了一坡，收了一车，打了一斗，煮了一锅""穿的是黄衣裳，吃的是救济粮，喝的是黄水汤，住的是茅草房"，这些定西老百姓再熟悉不过的民谣，是定西昔日贫困面貌的真实写照。

新中国成立后，特别是改革开放以来，定西的发展翻开了崭新的一页。党中央、国务院对定西给予了深切关怀，1983年，定西被确定为"三西"建设范围给予重点帮扶，首开了全国区域性扶贫开发的先河。在省委、省政府的正确领导下，在历届班子的不懈努力下，勤劳朴实的定西人民不折不挠地向贫困宣战，走出了一条脱贫致富的新路子，成为中国西部贫困地区脱贫致富的一个缩影。

2006年，时值中国扶贫开发20周年。当时的定西，虽然发展基础还比

＊　作者现任甘肃省文史资料和学习委员会主任。

较薄弱，扶贫攻坚的任务仍然艰巨，但群众的生活水平已经有了较大提高，城乡面貌也发生了很大变化。我在参加全国人代会时，汇报了定西的发展变化之后，温家宝总理感慨地说："定西发生了很大变化，现在已经不是甘肃最穷的地方了。"胡锦涛总书记在定西视察了大坪村后说："新房盖起来了，家里存粮多了，年货也置办得多了，我感到特别高兴。"很多同志到定西考察后也认为定西的变化已今非昔比。为了把西部大开发6年成果和定西扶贫开发20年的成就，向各级党委、政府及社会各界汇报，经和几位领导同志商量，市委、市政府决定筹办"新世纪、新时代、新定西——献给中国扶贫开发20年"大型图片展览。

"三新展"的筹备工作在市委、市政府的领导下，主要由市委宣传部、市扶贫办负责，各县区相关部门配合，2006年10月底基本就绪。展览以"一个党中央、国务院深切关注的地方，一个中国腾飞的历史巨变的时代缩影，一片充满活力与发展机遇的投资热土"为主线，主要由苦甲天下、深情关爱、艰辛探索、沧桑巨变和今日定西五大部分组成。展览回顾了定西扶贫开发20年的历程，展示了扶贫开发成果，用事实说明社会主义制度的优越性，歌颂中国共产党心系群众的为民思想和不畏困难的伟大探索精神；展示了甘肃省委、省政府带领全省人民，坚持以科学发展观为指导，实事求是，因地制宜，战胜贫困所取得的巨大成就；反映了陇中人民面对贫困，自强不息，坚韧不拔，开拓创新，拼搏奋斗的高贵品质。整个展览由756幅图片组成，分布在200个展板上，给人们全景式地展现了定西人民为改变自己的命运而百折不挠，全面落实科学发展观，艰辛探索实现可持续发展之路的扶贫开发历程。

"三新展"展出前夕，定西的领导同志提出，宋平同志在担任甘肃省委主要领导期间，对定西发展倾注了大量心血，因而建议由宋平同志题写展名。我们通过驻京办与宋平同志的秘书进行了联系。11月1日，接宋老秘书电话，速赴京给宋老汇报工作。11月2日，我和王永生同志乘上午11时飞机前往北京。11月3日，我们前往宋老住处，向宋老较为详细地汇报了定西近年来经济社会发展情况和"三新展"筹备情况。宋老听后十分高兴，欣然为"三新展"题写了展名。

2006 年 11 月 15 日，"三新展"在甘肃省美术馆展出。本次展览由省委宣传部、省财政厅、省扶贫办、省文联、定西市委、定西市人民政府主办。在一幅幅老照片前，参观者都要驻足许久，看到定西农民前后别若天壤的生活变化，参观者无不为之动容。11 月 17 日下午，省委副书记、省长徐守盛参观了展览。在为期三天的展览中，有 4000 多名各界人士参观了展览。

"三新展"在兰州成功展出后，联办单位决定于年底在北京举办展览，后根据省委书记陆浩同志建议，推迟到次年 3 月份在全国"两会"期间举办。2007 年 3 月 17 日上午，"新世纪、新时代、新定西——献给中国扶贫开发二十年大型图片展览"在全国政协多功能厅举行。时任全国人大常委会副委员长许嘉璐，全国政协副主席张梅颖，国务院扶贫开发办公室主任刘坚，省委书记、省人大常委会主任陆浩，省委副书记、省长徐守盛出席开幕式。仪式由省委常委、省委宣传部长励小捷主持，省委副书记、省长徐守盛致辞。中央文献研究室副主任兼秘书长董宏，中国文联副主席杨子今、廖奔、冯远，国土资源部副部长贠小苏，国家新闻出版总署副署长柳斌杰，中纪委驻交通部纪检组组长杨利民，卫生部副部长王陇德，全国政协副秘书长卢昌华，国家行政学院副院长洪毅，中国进出口银行副行长李郡、纪检组长梁骧，民盟中央副主席李重庵，国务院扶贫开发办公室顾问杨贵，国务院扶贫办副主任高鸿斌，同济大学党委副书记马锦民以及国家有关部委级帮扶单位的负责同志，在京的甘肃省老领导陈光毅、顾金池、阎海旺、贾志杰、孙英、杨振杰、牟本理、刘恕、路明以及省委副书记陈学亨，省人大常委会副主任嘉木样·洛桑久美·图丹却吉尼玛、程有清，省政协副主席、省发改委主任邵克文以及卢克俭、李发伸，甘肃省出席全国"两会"的人大代表及部分政协委员，甘肃省有关部门领导、定西籍在京工作人员共 680 多人出席开幕式，在北京引起了很大反响。展览结束后，"三新展"的图片资料和展版全部存展在定西市档案馆，已成为甘肃省情、市情教育和爱国主义教育的基地。如今，定西贫困的面纱已经揭去，一个蒸蒸日上、欣欣向荣的新定西正朝我们走来。我相信，定西与全国、全省同步全面进入小康社会的目标一定能够实现，定西的明天一定会更加美好！

平凉市"母亲水窖"项目建设漫话

任桂霞　彭平秀[*]

讲述人：任桂霞（平凉市人大常委会原副主任，曾任市妇联主席）

主持人：彭平秀（平凉市妇联副主席）

彭平秀：最近市政协开展了西部大开发文史资料征集工作，我们妇联组织实施的"母亲水窖"项目工程作为西部大开发的重点内容被纳入进去，这个项目实施的有关文史资料征集工作由妇联完成。请您谈一谈有关这个项目的话题。

任桂霞："母亲水窖"项目在平凉妇联工作中影响力是比较大的。追溯开展这项工作的起源和历史背景，从一开始的准备阶段到推动这项工作的广泛深入开展，应该说是实实在在地为服务妇女群众办了实事好事。

这项工作从 2000 年开始准备，后来组织发动捐款，捐得多返还得多，大家都踊跃捐款，引起了很大的反响。

这个项目在全国妇联开始实施以后，将咱们甘肃作为西部的重点，当时省上、地区、县上妇女干部认识很到位，都觉得这是妇联对广大妇女群众办好事的一个重要的途径，所以大家工作很积极。这项工作的重点在"两头"，实施主要在基层，决定权在省上，咱们（原省妇联平凉地区办事处）处于中间的位置，起着宣传、组织、带动的作用。当时我们意识到这个事情

＊ 作者任桂霞曾任平凉市人大常委会副主任，平凉市妇联主席；彭平秀时任平凉市妇联副主席。

对老百姓脱贫致富和经济发展有一定的促进作用，在思想上特别重视，主要体现在两个方面：一是积极向上争取，通过几个途径来争取这个项目，一方面选点准确，工作方法创新，让省上对咱们放心，另一个方面到省上去积极主动地汇报，开专题会议，让领导认可我们对这件工作的态度。更重要的是，我们要把这个工作做"实"，让基层的县、乡妇联得到当地党委、政府的支持，工作经得起考验，就有了信心，两头工作做好，宣传好，让县、乡两级认识到这项工作的重要性。

老百姓是迫切需要这个项目的，用有限的资金投入，让老百姓得到更大的受益，经得起时间的检验。当时省上提出来，捐得多，就返还得多。为了更好地宣传这项工程，我们亲自到电信局等单位做工作，市直单位当时捐了多一半。

彭平秀：为了做好宣传，我们给全社会发了倡议书，分管领导很重视。

任桂霞：我们通过广泛宣传、重点动员等途径，扎扎实实地开展了这项工作，很有成效。各级党委、政府大力支持，咱们自己也对这项工作认识到位，工作力度和措施在全省范围走到了前面，执行得也好。省上领导对咱们很放心，看到了咱们对做好这项工作的态度和决心；咱们通过扎扎实实的工作，赢得上级的认可。这个项目2001—2002年实施，咱们地区共有10个项目，每个县都开展了这个项目，涉及资金327万多元，共修水窖1500多眼；人饮工程6处，受益的户数3500户，人口15000多，大家畜近15000。这个项目成效显著，平凉的做法得到了省上的高度肯定，在平凉召开的"母亲水窖"项目管理培训班全省现场会上，其他工作进展不太理想的、项目质量指标不达标的地区，都借鉴了平凉的做法。

与扶贫项目资金比起来，这个项目虽然钱少，但这个钱是老百姓自己掏的，是各单位自己掏钱来支持这项工程，这个钱一定要用好，不能因为小，就不重视。在执行初期，苗头性的问题被及时发现并得到纠正，咱们各级党委、政府、妇联付出了很多，崇信的妇联干部就在村上住着，崇信捐的最多，咱（原省妇联平凉地区办事处）给返还的也多。

彭平秀：当时（省上）给崇信投资了40万，修了660眼水窖，崇信也是第一个执行这个项目的，也修得最多。（省妇联）管部长验收的时候，看到这种现象很感动，妇联干部力争做好这个项目的决心以及行动感动了领导，也感动了群众。

任桂霞：我们到老百姓家里，了解情况的时候，老百姓都很渴望，很迫切地盼着修水窖。帮他们解决了饮水问题就可以改善他们的家庭环境。

彭平秀：这个项目在群众中反响很大，因为要修水窖，首先就要硬化院子，这样老百姓的院子就干净了。在静宁的时候，一个群众说："修了水窖，给娃领媳妇也方便了，以前娃领媳妇，女方家都问，你们家有几口水窖，吃水方不方便。"这是修水窖之前没想到的效果。

任桂霞：到泾川泾明乡的时候，农民一直追着问，这个什么时候修，大家都很迫切。我对静宁界石铺的印象最深，当地的水源很远，老百姓每天早上四五点钟就去水源等，要等水渗下来才能取水，去得迟了就没了。

当时我印象中最深的就是，一个小伙子和老大娘牵着毛驴驮着两个桶，往返一次要一个多小时，有时出点问题，就剩半桶水。咱们得到了省上信任，每个项目建设点都是亲自跑的，筹备着的点远远多于执行项目的点，情况了解得全面，省上还为此专门（在省电视台）做了一期周末沙龙。

咱们为了把这个项目做圆满，做了大量的准备工作，乡镇、村里都去，咱们实实在在地为老百姓做事，得到了省上的大力支持，工作很到位。回头想想，这项工作的开展也为妇联工作开拓一个新的领域。

回想咱们妇联在这个项目上面，付出了很多，同时也收获了很多，这项工作对妇联干部成长来说也是一个起点。以前在大家的心目中，妇联就是一个群众团体，只能搞搞配合，做不了什么实事，通过这件事，妇联的影响力提升了，大家都很认可，打下了扎实的基础。各级妇女干部为此付出了很多努力，尤其是县、乡两级妇联干部人少，吃了不少苦。同时也把妇联干部的综合能力提高了。

做这个工作一方面使老百姓在吃水、灌溉、养牲畜方面得到了实惠，同时对妇联干部来说，也学会了做群众工作。

彭平秀：这个项目让咱们没想到的是不仅解决了老百姓吃水难的问题，

同时在新农村文明建设、美德在农家活动开展等方面，也起到了整体性的辐射带动作用。

任桂霞：这个项目对咱们妇联干部来说是一个很好的平台，怎样在这个平台上挥洒笔墨，怎样利用这个平台为老百姓办实事，这都是我们要认真考虑的。工作的成效和付出是成正比的，自己的收获，很充实，很有意义，

在这个项目实施中我们没辜负老百姓，面对相关单位，我们也问心无愧，因为他们捐的钱我们花到了有用的地方，心里面踏实，经得起考验。这个项目让我们自身得到了提高。十五年前的事了，这些母亲水窖现在仍然还在起作用，虽然人已经不饮用了，但是可以用来喂牲口、浇地，目前小水工程还在用，这些项目发挥了很大的作用。

（李宝峰注录整理）

关于开展商会对口帮扶贫困县
工作的回忆

姬书平[*]

我在工商联工作二十多年了，长期从事促进非公经济发展的工作，也就是说围绕服务非公企业做点事，如：参政议政、宣传教育、经济服务、商会建设等。回顾往事，感到最值得一提的还是从前年开展的商会对口帮扶贫困县的工作。

2012年5月22日，甘肃省委书记王三运、省长刘伟平、副省长郝远专程赴京拜会了全国工商联领导，在商谈"民企陇上行"专项行动有关事项的时候，刘伟平省长提出，甘肃省有58个国家级贫困县，其中27个县没有对口帮扶单位，希望全国工商联发动商会对口帮扶18个。由于工商联对商会领导权主要体现在引导、服务、协调上，不能也无法对商会直接下达这种重大的社会服务任务，这件事在全联内部意见分歧很大，当年，中央统战部整合统战系统所有资源才对口帮扶了全国两个贫困县，面对如此众多的贫困县区，全联领导压力也很大。我们呈送的报告在全国工商联领导的案头放了很久。

为了使此项任务落到实处，我们首先动员省工商联所属商会和商会联席会议成员单位的45家商会，对口帮扶18个贫困县，向他们介绍，重点是向他们说明这次帮扶主要是项目投资为主要内容，在扶贫的同时也为企业发展

---

* 作者系甘肃省工商联副主席。

寻求新的发展空间和渠道，其结果将形成双赢的局面，通过宣传动员，省上各个商会非常认同我们提出的这种新的扶贫模式，很快与景泰、永登、安定等18个贫困县区先后签订对口帮扶战略合作协议。

为了得到全联的支持和各个商会的配合，副省长郝远、省工商联领导一次次赴京拜会全联相关领导，做工作，我和其他会领导在两个月中就跑了八次北京，到全联一个部门一个部门地做工作，慢慢打动了全联领导，但是对商会是否支持他们也有顾虑，要求我们自己做商会的工作。我们提出了"产业引领带动、项目扶持发展"新的造血式的扶贫模式，经过对商会登门拜访反复做工作之后，各商会对我们这种扶贫模式也表示了认可和支持，最终形成了一致意见。

我清楚地记得，中共十八大闭幕的那天，我们在北京飞天大酒店召开了商会对口帮扶贫困县签约仪式，签订了合作框架协议，确定按照"3+2"模式，由扶贫办统筹规划、工商联组织引导、商协会配合实施、企业家自愿投资、贫困县配合落实和"一会一企带一县"或"多会多企带一县"的形式展开工作，建立产业带动、资源共享、合作共赢、造血式扶贫开发机制，帮助18个贫困县区增强产业增收和项目发展能力。这种以商招商、合作共赢的合作发展新模式在全国成为首创。原政治局委员、全国政协副主席、中央直属机关工委书记王刚，全国政协副主席、全国工商联主席黄孟复，全国工商联副主席黄小祥，甘肃省委书记王三运、省长刘伟平参加见证了大会签约。会后，省工商联迅速组织18个县区领导再次赴京拜访商会，趁热打铁与商会进行了座谈，邀请他们来甘肃实地考察对接。2012年底至2013年初，全联旅游业商会、新能源商会、水产业商会、房地产商会等赴对口县区进行了对接考察和项目洽谈。

2013年4月，经过向全国工商联请示后，全国工商联党组副书记、副主席黄小祥带领30余家行业商会的会长、秘书长到甘肃实地对接考察，各商会又分头赴对口县区多次考察对接，签订了一批合作项目。随后，各个县区也赴北京进行了拜访和互动。

2014年，为了进一步深化对口帮扶工作，我们再次向全联提出请求，把全联商会会长联席会议作为第二十届兰洽会的一项重要内容放在兰州召开。经全联同意后，会议如期在兰顺利召开，并在靖远县召开了水产业商会项目开工仪式，全联副主席黄小祥等领导出席典礼。截至今年 6 月底，全省共签约项目 1233 个，合同资金 2937.68 亿元，协议资金 779.78 亿元，到位资金 478.73 亿。

我们所提出的这种推动社会组织力量对口帮扶贫困县的新模式得到了中央领导的充分肯定，在全省形成了巨大的影响，由此进一步开拓了省委省政府动员全省社会各界力量扶贫开发的新模式。

（崔明瑞整理）

忆民建参政议政二例

贾光明[*]

执政党虚怀若谷，从谏如流，一心为民；参政党自觉担当，建言献策，求实进取。这样一种富有中国特色的基本政治制度的优越性，我在甘肃工作的40多年间，特别是在民建甘肃省委工作的20年中，体会深切。许多事例，经常浮现在眼前，令人感怀和振奋。

"南有广交会，西有兰交会"意见建议的提出

1991年，正值第二条亚欧铁路贯通之际，民建甘肃省委发挥密切联系经济界，成员中多经济专家、学者的优势，以"第二条亚欧大陆桥贯通后，兰州乃至甘肃的地位与机遇"为专题，展开深入调研。兰州大学政治经济学教授徐创风、国际贸易学教授李玉良、经济管理学教授贺恒信、地理学教授马曼丽、新闻学教授张大雷、老一代海归教授郑维汉、省社科院研究员司俊等20多位资深学者、专家组成课题组，按照集体拟定的课题纲目，分组分头调研，然后由李玉良教授（民建甘肃省委副主委、省政协常委）统稿。我作为课题组成员之一，负责成员间的联络和配合李玉良教授统稿。

课题组主要成员大多已白发苍苍，年轻点的也都已两鬓斑白。实地考

---

    * 作者系民建甘肃省委调研部部长。

察，不辞辛苦；集体讨论，深研细究，特别是对意见建议的可行性都要一一严抠。调研报告稿经过数次集体讨论，几易其稿，基本定稿已近年底，但在呈报方式上又出现分歧。一种意见认为调研报告是一个系统严谨的整体，应该在仔细修改后完整呈报；另一种意见认为修改尚需时间，时值年底，省委、省政府相关方面都忙，未必能够及时细阅、采纳我们上万字的长篇报告，而将最紧要意见建议先行提出，然后在省"两会"前呈上调研报告，较为妥当。大家不讲客套、执着己见地争论，知识分子执着坚守、自觉担当的可贵传统和精神，令我感动也深受教益。

经过争论，意见统一，先提建议，后呈报告。以民建甘肃省委红头文件的形式直接报送省委、省政府。建议举办"兰州经济贸易交流会"，南有广交会，西有兰交会，借助第二条亚欧大陆桥贯通的大好机遇，招商引资，促进甘肃经济大上快上。文件内容单一，简短明了，引起省委、省政府高度重视，采纳了建议，自 1992 年起举办"兰交会"，至今已举办 20 届。这期间，民建甘肃省委在积极动员、支持会员企业参与和利用民建网络配合招商的同时，始终密切关注着办会的方法和实效。分别于 2003 年和 2004 年，针对一些部门、一些地方存在和出现的以政代商，政商政企不分，人力财力花费不少，收效却不理想的问题，提出了关于"改革各种招商节会活动的提案"和"改革'兰洽会'办会方式，提高实际效益的建议"。提出招商节会是商商、企企间的市场行为，主体是社会经济实体和民间商会、行业协会等，应该用商的思路、商的渠道、商的方式和市场规则去做商前商后的事，政府要做的只是整体策划、搭建平台和协调服务，其他的都不能越俎代庖，这样做才是更合理、更快捷、更实惠的招商引资的途径和方式的意见建议。省委、省政府采纳了这些意见建议，办会理念、思路和方式不断改进，有效促进和繁荣了甘肃经济。

以碳换林和设置"植树周"建议的提出

1998 年夏，为响应省委、省政府打一场扶贫攻坚战的号召，民建甘肃省委安排领导带队，分组深入贫困区调研促进。民建副主委、省政协常委李玉石和我、范承祖（调研部干部）前往陇南市调研。在海拔 2000 米上下的马营乡，面对光秃秃的叠嶂山峦，人们顿觉凄凉。尽管海拔高一些，但毕竟是处在北纬 33 度的亚热带，年降水在 400 毫米上下，何以山秃地灰、毫无生机呢？在一户村民家里，村民抱了一捆干柴给我们烧水喝，令人惊奇的情况出现了。问："你这柴禾怎么都是带根的？"答："现在山上乔木已经砍完了，剩下的灌木砍了不够烧，就连根刨了背回来烧。"出门看码得高过人头的柴垛，全是带根的灌木。问："一日三餐，都是用这柴禾烧火做饭？"答："是。"让村民把三餐用的柴禾分别从柴垛上拿下摆放在院里，扒拉了数。早茶需五六棵，午、晚饭各需十二三棵，每天要烧掉 30 棵左右。侧眼看，柴垛旁还有高过人头的块状的草根垛。问："这是什么？"答："是从沟底湿地铲来的草皮，晾干了冬季烧炕。"问："每年大家都种树吗？"答："政府规定每人每年种 5 棵，上学的娃娃大人代种。"连访数户，户户如此。再访数村，村村如此。我们算账，五口之家，一年要烧掉上万棵树，每年种的不够一天烧的。人们刀砍铣铲，剥光了植被，耕地挂在光瘠的山坡上，一遇大雨，水土流失，地毁禾亡，人自然是贫困交加。如此下去，不仅脱不了贫，还会陷入绝境。

返回兰州，汇总其他组调研情况，我们立即向省委、省政府提交调研报告，提出将陇南市作为全省扶贫攻坚重点，加大帮扶力度；对一些山大沟深地区，将部分帮扶资金转变为实物，低价甚至免费送碳，解决群众燃料困难，以碳换林、以碳保林等建议，被省政府采纳，缓解了这些地区生存与生态的矛盾。

2000 年，国家开始实施西部大开发战略，推行大范围退耕还林还草举措。省委、省政府不失时机地发出了再造山川秀美新陇原的号召，民建甘肃省委积极响应，再次组织专家学者调研讨论，形成了专题调研报告。于 2001 年初，在省政协八届四次全委会上，针对种植单一现象，提出了重视区域规划，促进粮林草畜综合发展的意见；针对整体部署中，对沙漠化严重的河西地区安排退还面积偏少的现象，提出了加大比重的建议；针对重种轻管，一些地方病虫、鼠兔等害严重的问题，提出了加强管理防治的建议；针对3月12日全国植树节与甘肃多数地区气候不相适宜，更与甘肃绿化任务重不相切合的实际，提出了将清明节起的一周定为"甘肃植树周"，长期坚持，加大绿化力度的提案，受到省政府高度重视和充分肯定。省林业厅作了专题回复，省绿化委员会全体会议讨论一致同意，省政府发布了《甘肃省人民政府关于设立甘肃植树周的决定》（甘政发〔2001〕16号）。2005年11月，省人大审议通过《甘肃省全民义务植树条例》，进一步以地方法规的形式，将清明节后的第一周，规定为"甘肃植树周"。十多年来，通过全省上下努力，全省森林覆盖率由不到9%，提升到现在的13%以上，提升了近5个百分点。看着甘肃山川一天天秀美，我在感念人民群众辛勤劳作的同时，也感怀是党领导的多党合作制度催生了这利在当代、功在千秋的实绩。

党领导的多党合作制度，是我国的一个法宝、一个政治优势。这已被实践所证实。在今天和明天，在引领实现民族伟大复兴的征程中，必将放出更加灿烂的光辉。

（崔明瑞整理）

创劳务品牌　走致富之路

康　伟[*]

"礼贤大嫂""礼贤妹"在全国家政服务行业是一个品牌商标,它是礼县成千上万劳动妇女通过 20 余年的辛勤劳动集体创造的著名劳务品牌。我当年曾担任县劳务移民局局长,亲自参与了这两个劳务品牌的注册工作。

注 册 缘 起

礼县是国列贫困县,改革开放后,许多丁壮劳力都陆续离家到城市打工挣钱。80 年代初,外务打工以中青年男子为主。由于当时市场机制不健全,有些民工挣了点钱,有些人却受骗上当没挣下钱,劳务输出回报效益不高。90 年代初,通过县妇联的动员和组织输送,部分妇女开始涌入北京、天津等大城市当保姆,起初外出当保姆的大多是一些已婚妇女,这些妇女由于能吃苦,会照顾老人和孩子,洗衣做饭样样在行,深得雇主欢迎,给的工资也比较高,许多村子出现了"男人空手回,女人赚满包"的现象,一些家庭开始调整思路,男人留家种地看孩子,女人外出打工挣钱。因为身边打工妇女的示范带动,一些未婚女青年甚至是个别还在上学的十几岁女孩都加入了进城当保姆的行列,这样亲托亲,邻帮邻,到 2000 年左右,礼县妇女外出务工成为一支庞大的群体,也成为家庭脱贫致富的主要力量,其对社会和家

＊ 作者时任礼县劳务移民局局长、礼县人口计生局局长,现任礼县政协副主席。

庭的贡献甚至超过了男子。

2002 年我调任县劳务移民局局长，当时全县统计外出务工人员约 6.54 万人（其中妇女 3.1 万人），劳务经济已是我县发展经济和扶贫攻坚的主导产业。到 2005 年，全县统计外出务工人员又猛增至 9.63 万人（其中妇女 4.92 万人），民工从外地汇入礼县的资金达 2.4 亿元，比县财政收入还高。这引起了省、地、县、乡各级党委、政府的重视，从上到下开始由群众自发变为政府组织与群众自发相结合，多渠道拓宽就业门路。我们也搞了许多期家政、电焊、气修等技术培训班，初步改变了男子做苦力妇女当保姆单一的劳务工种，尤其是妇女开始涉足家政、宾馆、医院、工厂等多领域务工挣钱。

礼县的劳务队伍虽然十分庞大，尤其是家政服务在北京、天津等大城市有一定的知名度，但都没有正式"名分"，从业人员始终处于单打独斗、各自为政的状态。当时在劳务方面向国家申请注册品牌的地方已经很多，比如四川的"川妹子"、山东的"山东大妈"、安徽的"皖嫂"、天水的"白娃娃"等劳务品牌已经叫响，而我们却没能想到这一层，更没有想到劳务工还能像商品一样注册"品牌"。为了了解劳务市场行情，学习外地培育劳务市场、提高劳务工素质和工资待遇的有效经验和办法，我曾 10 次去北京等地外出考察学习。在考察时发现，凡注册了劳务品牌商标的，务工人员工资往往比无商标品牌的高，许多家政服务公司也注重宣传推介有注册商标的务工人员，注册与未注册明显不一样。尽管礼县的保姆深受雇主欢迎，但在求职和工资报酬上明显吃了大亏，这件事在我的内心引起很大触动。考察学习回来后，我立即向县委、县政府领导汇报了外地申报注册劳务品牌的情况，并提出尽快向国家申报注册我县劳务品牌的建议，这个建议得到了当时县委书记司跃宁和县长任登宏的肯定和支持，他们指示我马上联系办理相关申办事宜，注册劳务商标的事就这样定了下来。

品牌注册经历

县委、县政府对申请注册劳务品牌的事定下来后，我赶紧与地、县工商局的同志联系，他们说要在省工商局注册。我到了兰州后又打听到了一个新消息，要注册在全国范围认可的品牌，还必须由国家商标公司注册，兰州就设有"国家商标注册公司甘肃分公司"这个机构，我赶紧到国家商标注册公司去办理注册相关手续。办理注册手续的工作人员问我注册什么名称的商标，我说就以"礼县大嫂""礼县妹"名称进行注册，既突出了地名，也突出了妇女家政服务这个特点，没想到办手续的工人员告诉我，地名（尤其是省、市、县名）是不允许注册商标的，让我换一个名称注册。由于事先没有考虑到这一层，一下子给我出了个难题，实在想不出更妥帖满意的名称，我就请该公司的人员提供给我几个名称作参考。他们提供了诸如"红花妹""红花嫂"等名称，我感到都不满意，于是就告诉办业务的人员，等我想好名字后再来注册，然后就离开了注册公司。

在离开注册公司回宾馆的路上，我一边走一边想，到底起一个什么名称，既能把礼县的地域名称包含进去，又能体现商标的内涵，还要听起来文雅响亮呢？想着想着忽然有了灵感，我想能不能取"县"之谐音相近的"贤"字，把"礼县"变成"礼贤"两字，以"礼贤大嫂""礼贤妹"为商标名，这样人们听起来似乎就是"礼县大嫂""礼县妹"。我把这一想法打电话与县委书记司跃宁进行沟通商量，他说这个想法好，可以按这个名称注册，于是我就又折回商标注册公司，就以"礼贤大嫂""礼贤妹"名称注册。注册手续办完后，公司人员告诉我，受理注册只是一个开始，完全审核过关还需等待一年。

回县后我一边抓工作一边等消息，到2006年年底我调任人口计生局局长时还没有批下来，直到第二年才得到正式注册成功的批文，国家商标注册公司还颁发了相关证书。20余年的艰苦创业，我县"娘子军"终于成功打造出了自己的劳务品牌。

这个品牌的成功注册，给我县扶贫开发和千家万户脱贫致富带来了实实在在的效益。从2007年注册以来，我县在北京、天津等大城市从事家政服务的妇女工资明显提高。现在我县在京务工的家政服务员工作满一年后，月工资约2800元，三年以上在3800元左右，大部分人的待遇都超过了山东、四川、安徽等地的家政服务人员，成为北京等地家政公司抢手的"香饽饽"，这其中也涌现了许多成功创业的典型。如国家领导人刘琦家的保姆是石桥镇二土村人，全国人大副委员长雷洁琼的家庭保姆是永坪乡平泉村人，中国驻美副大使世界银行参赞家的保姆万小兰是永坪乡苏河村人，著名演员濮存昕家的保姆是城关镇唐坝村人……

为了强化示范带动作用，平时我们也重视了解和塑造一些典型。大约有40人受到各级组织的实名表彰和宣传，这些妇女不仅是家庭的顶梁柱，也是我县妇女创业的标兵，其示范作用不言而喻。通过妇女自主创业，政府助推，我县曾连续五年被中国就业促进会和甘肃省"星火之星"组委会评为"创业之星"家政著名品牌，我和县委书记司跃宁及地区的领导参加过多次表彰会。甘肃省人民政府《关于支持陇南市加快经济社会发展的意见》第二十一条有这样一段话："大力发展劳务经济……支持陇南市与省内外地区开展合作交流，拓宽劳务输出渠道，扩大'礼贤大嫂''礼贤妹'等劳务输转品牌影响力。"可见省政府已把礼县的这两个品牌作为劳务输转典型，纳入全省扶贫开发的大盘子中统筹规划，其示范带动作用不言自明。

"输出一人，致富一家；输出万人，致富一县"。目前，全县劳务大军达13.2万人（其中妇女已约6.5万人），收入近19.6亿元，妇女收入超劳务总收入的半数以上，真正成为全县扶贫增收的主力军。礼县因劳务而脱贫致富是不争的事实，所以老百姓形象地将劳务称之为旱涝保收的"铁杆庄稼"，愿这块"庄稼"在"礼贤大嫂""礼贤妹"品牌的带动下苗壮成长。

九甸峡库区移民安置工程点滴记忆

董 玉 徐 静

董 玉 徐 静[*]

九甸峡水利枢纽工程是省委、省政府实施西部大开发战略，加快少数民族贫困地区经济发展的一项标志性工程，也是全省水利建设史上移民任务最重、规模最大的大型引水与发电相结合的水利枢纽工程，是从根本上解决甘肃中部地区 11 县、280 多万人饮水灌溉问题的民心工程、德政工程、扶贫工程。笔者亲历、亲见了移民工程的点滴过程。

2005 年 8 月，甘肃省政府将瓜州县白旗堡城区域确定为九甸峡水利工程移民安置区，根据项目实施总体规划，项目区拟建一个整建制农业综合开发乡镇，安置甘南州临潭县、卓尼县、定西市岷县等库区移民 12000 人，规划新建乡政府、乡医院、乡初级中学各 1 所，村委会、村小学、村卫生所各 6 所，并配套建设部分公共服务设施。

按照省政府安排，瓜州县成立了九甸峡水电工程瓜州移民项目建设协调领导小组，下设办公室（简称"九建办"），张才善同志任主任。县上制定了《九甸峡水利枢纽工程瓜州白旗堡移民安置项目实施方案》。2006 年 11 月 15 日，瓜州县召开了"瓜州白旗堡移民安置区专用输水渠工程开工动员大会"，标志着甘肃省九甸峡水利移民工程在瓜州县的正式动工开建。

专用输水渠工程是移民安置区的命脉工程，工程总投资 2931 万元，2006 年 11 月 15 日正式开工，经过八个月的紧张施工，衬砌渠道 40.1 公里，

---

* 作者董玉系瓜州广至藏族乡统计员；徐静系瓜州县农机局局长。

修建渠系建筑物 67 座。

支渠及田间配套工程是安置区农经开发的重点工程，总投资 5634 万元，2007 年 4 月 20 日工程开工，经过六个月的紧张施工，10 月 30 日全部完工。支渠工程共衬砌支渠 4 条 26.1 公里，修建渠系建筑物 48 座。田间配套工程共完成平田整地 32918 亩，衬砌斗渠 64 条 71.3 公里，开挖农渠 917 条 412 公里，修建量水堰 51 座，农口 861 座，桥涵 397 座。

道路工程是安置区内外沟通的纽带，工程项目总投资为 748.63 万元。2007 年 3 月 28 日路基工程正式开工，7 月 28 日路基工程完工，完成土方开挖 71245 立方米，土方夯填 62848 立方米，特殊路基清换土方 3743 立方米，修建桥涵 4 座，完成 16.6 公里的基础工程。

35 千伏供电工程是安置区的电源工程，工程总投资为 701.52 万元，2007 年 3 月 11 日正式开工，2007 年 6 月顺利完工。共计完成线路架设 20.8 公里，杆塔组立 102 基，新建 35 千伏/10 千伏，容量 4000 千伏安变电所一座，改扩建瓜州县城 35 千伏开关站预留的出线间隔、系统增容配电装置，并完成了开关站至项目区 ADSS 光纤通信。

10 千伏供电工程总投资为 420.33 万元。2007 年 7 月 1 日开工，经过 3 个月的紧张施工，共计完成线路架设 26.6 公里，安装成套变压器和多功能配电计量箱 49 台，各村提接点安装组合式分段断路器开关 6 台，开挖土方量 1418 立方米，回填土方 1285 立方米。

移民住宅建设一期工程，2007 年 4 月 26 日，酒泉市政府与甘南州、定西市政府签订委托建房协议，经过招标，省内 13 家建筑企业参与施工，共修建移民住宅 1427 套 13.4 万平方米，完成投资 7995 万元。

社区供水工程，新打人饮机井 6 眼，全部完成水质化验工作，符合人饮标准。配套工程 9 月 20 日开工，开挖安装主管线 4.17 公里，开挖安装次管线 30.4 公里，砌筑检查井 838 口，修建变频房 6 座，均占计划的 100%。

村镇入户供电工程架设 380 伏线路 20.36 公里，架设 220 伏线路 231 公里，入户线路安装完成 1427 户；修筑村村道路 8.7 公里；修筑村内道路主街道 7.7 公里，修筑次街道 37.5 公里；广播电视线路工程埋设光缆 64.7 公里，架空电缆 44 公里；通讯线路工程已完成铁塔组立工作，完成光缆架设 34 公里，电缆架设 27 公里。

项目区周边防风林带建设工程，完成东西两条防风林带 46 公里，2600 亩。

2008 年 2 月份，我负责广至乡的田间配套工程及供水、供电、通讯、广电工程，同时，还参与了村委会、村卫生所建设工程，我主要是负责在各单位之间进行协调。县上要求 2 月底田间配套工程全面开工建设，3 月中旬完成工程量的 50%，3 月底要完成所有土地复整、大地改小、农渠整修等工作。3 月中旬要将一期 1427 户住宅自来水入户、低压电入户、广播电视线路入户、各村主干通讯线路架设工程安装调试完毕，3 月底要验收并交付使用。二期住宅完工后 1 个月内完成全部自来水入户、低压电入户、广播电视线路入户工程。3 月中旬完成 6 所村委会、村诊所招投标和开工建设工作，8 月底要完工投入使用。

我们九建办的副主任刘生录当时负责的是道路工程，也是 3 月底要完成村内道路主次街道路基夯筑、修整、砂石铺垫；4 月初要在 6 个村各完成 1 条人行道硬化示范工程，8 月底完成对外道路路基整修、油面铺筑、村村道路和村内主次街道油面铺筑和一期住宅全部人行道硬化工程；二期住宅完工后，3 个月内完成村内道路铺筑及人行道硬化工程。因 4 月份首批移民要入住广至乡，我和刘主任的压力都很大，工期紧、工程量大，我们经常忙得没有时间回家，一直住在广至乡。

借助项目创新富民　壮大产业辉煌乐章

郭志勇*

徽县素有"陇上江南"的美誉，一直被外界认为是富庶美丽的福地。境内盛产小麦、玉米、大米、黄豆、西瓜、苹果、雪梨、蒜薹、蒜苗、洋芋、银杏、木耳、白酒、铅锌矿、金矿、铁矿、镁矿等多种农副产品和矿产品，野生中药材品种繁多，苗木繁育已形成规模，金徽酒业更负盛名，所有这些都给徽县人民带来了财富，为徽县人民创造了美好生活。但是，在这一张美丽的名片下面，却也掩盖了一部分地区的贫困现状，特别是北部、南部山区的近 10 个乡（镇）、70 多个村，贫困状况还很严重，2001 年这些乡村的大多数群众人均收入还在 1168 元以下，属于贫困乡村。在当时县上主要领导的重视和努力下，借助国家调整"中国西部扶贫世界银行贷款项目"的有利时机，通过多次给省、市相关部门汇报，终于将徽县列为"中国西部扶贫世界银行贷款项目"县，2001 年底确定了项目乡镇 8 个（即麻沿乡、榆树乡、栗川乡、大河乡、虞关乡、水阳乡、东关乡、永宁乡），项目村 61 个。2002 年又将太白乡的 6 个村列为贫困村，这样全县的贫困乡（镇）为 9 个，贫困村为 67 个，贫困人口 48684 人，贫困率为 27%，当年陇南地区扶贫办就下达徽县扶贫资金 200 多万元，县上成立了"徽县扶贫开发办公室"和"中国西部扶贫世界银行贷款项目徽县办公室"，两块牌子，一套人员，从部分乡（镇）和部门借调干部 4 人，加上组建办公室时调配的 3 人

---

* 作者系徽县扶贫办副主任。

（主任马云，副主任郭志勇，干部李莎），共 7 人，开始单独实施了扶贫项目，也开始了真正意义上的、实质性的扶贫工作。

2003 年，按照省扶贫办的安排和要求，由省扶贫办副主任、外资管理中心主任任燕顺指导我们在麻沿乡麻安村开展参与式扶贫整村推进项目选择工作的试点，主要就是群众进行参与式扶贫项目的选择，我有幸亲历了全过程。

摸清底数　组织论证

麻安村地处麻沿乡北部，与天水的苏城乡相接，属于典型的高寒阴湿山区，山地面积大，群众生活困难，村民居住分散，8 个村民小组分散在 20 多个居民点上，全村 165 户、625 人，贫困户 438 人，贫困率在 70% 以上。11 月的天气，麻安村就已经是冰天雪地，寒风凛冽，地冻天寒，我们派了 4 名干部（辛建民、李莎、冉军宏、葛卫杰），到麻安村先进行摸底调研，宣传参与式的做法和好处。辛建民主要去上庙、干沟两个村民小组，李莎主要去麻安、堡子两个村民小组，冉军宏主要去亚塔、建华两个村民小组，葛卫杰主要去庙沟、干沟门两个村民小组，与乡上安排的 4 名干部一起，逐家逐户地进行走访，了解情况，征求村民的意见，倾听村民的呼声，了解村民的需求，鼓励群众要敢于说真话、说实话，敢于发表自己的意见。经过 4 天的摸底了解、宣传动员，每个村民小组都提出了 6—10 个急需要搞的项目，召开全村村民大会的条件已经成熟。

召开村民大会　找准突破口

2003 年 11 月 20 日，麻安村扶贫整村推进参与式项目选择大会正式召开。县委副书记宋小平、县政府常务副县长王瀚东、副县长肖庆康、人大副主任马建邦、政协副主席王立荣等县上领导，县发改委、农牧局、财政局、县农行、县妇联等县直单位的主要负责人，麻沿乡的领导，扶贫办全体干部，麻安村村民 170 多人，共计近 200 人参加了会议。会议由村党支部书记姜友明主持，县委副书记宋小平和扶贫办主任马云做了简短讲话之后，由每个村民小组选出的代表发言。首先，对本村本小组的贫困现状、贫困原因进行分析；其次，提出急需发展的项目；最后，由大会总结归纳。天气虽然寒冷，可是会场的气氛异常的热烈，因为这是多少年以来，召开的规模大、人数齐、领导多、能够畅所欲言，充分发表自己意见的会议，村民代表发言完毕，群众就都争着作补充发言，根据大家的发言，归纳总结了制约发展的原因和要发展的项目。制约麻安村发展的主要原因有 8 点：1. 交通不便，雨雪天气无法行走；2. 通讯不畅，无法与外界及时联系，贻误了商机；3. 土地贫瘠，粮食产量低，无法保证吃饭；4. 收入渠道单一，无法解决花钱的问题；5. 有等、靠、要的思想，靠天靠地靠政府吃饭；6. 思想观念落后，不容易接受新事物；7. 干旱缺水，人畜饮水、灌溉浇地都很困难；8. 发展缺乏资金，自己没有钱，又贷不来款，无钱发展经济。急需发展的项目有 12 个：修路、发展通讯、养牛、养羊、养猪、种植中药材、修建冬暖棚圈舍、发展沼气、科技培训、修学校、三改（改灶、改炕、改厕）、修村卫生室。我们把群众分析的贫困原因和发展项目，都写在了黑板上。

听取群众意见 选定项目内容

我们组织对群众提出来的急需发展的 12 个项目进行了投票表决，12 个项目都以图画的形式排列在主席台上（因为有的群众不识字，图画更直观一些），主持人给群众讲了投票的要求：对于自己认为急需发展的项目投票选举，由于资金有限，在 12 个项目当中只能选择自己认为急需发展的项目 6 个。每个项目图画下面放一个小盆子，每位村民自带 6 个核桃投票，每个小盆子里面只能投一次票。投票开始了，有 165 人参加了投票。大家按照村民小组依次投票，会场上吆喝声此起彼伏，都在为自己所喜欢的项目鼓劲加油，经过半个小时的投票、计票，各个项目的得票结果是：1. 修路 160 票；2. 发展通讯 55 票；3. 养牛 150 票；4. 养羊 40 票；5. 养猪 20 票；6. 种植中药材 45 票；7. 修建冬暖棚圈舍 140 票；8. 发展沼气 65 票；9. 科技培训 95 票；10. 修学校 120 票；11. 三改（改灶、改炕、改厕）88 票；12. 修村卫生室 12 票。其中得票最多的前 6 个项目是：修路（160 票）、养牛（150 票）、修建冬暖棚圈舍（140 票）、修学校（120 票）、科技培训（95 票）、三改（88 票）。最后主持人宣布，这 6 个项目确定为整村推进项目，全村掌声雷动，呼声一片，广大群众为自己能够做主选择项目感到高兴。随后，又以举手表决的方式，选举产生了项目领导小组、项目监督小组和各个项目实施小组。最后，政府常务副县长王瀚东作了讲话，对参与式整村推进的好做法表示肯定和表扬。县扶贫办将参与式整村推进的结果及选择项目的全过程，上报了省、市扶贫办，得到了充分的肯定和表扬。

多方筹措资金　培训普及推广

这次活动对麻安村产生了很大的正面效应，投资渠道增多，投资数量增加，参与式扶贫整村推进项目投资 24 万元，后来又增加扶贫专项资金 50 万元，世行贷款 40 多万元，2008 年灾后重建项目香港嘉道理基金会投资 100 万元，麻安村的整个投资超过了 200 万元。非政府组织巴迪基金会 2004 年开始对麻安村进行了为期 2 年的妇女能力建设培训，主要培训人员为：陈佩秋（女，首席代表，马来西亚人）、汤竹丽（女，志愿者，美国人）、柯山（男，志愿者，加拿大人）、郭艳明（女，巴迪基金会员工）、李宏伟（女，巴迪基金会员工）、张巍（女，巴迪基金会员工）等。分别在北京、天水、徽县麻安等地进行不同层次、不同内容、不同人群的培训。通过这一系列活动的开展，极大地改善了麻安村的生活生产条件，改变了群众的思想观念，促进了麻安村的发展，使麻安村成为全县扶贫工作的先进示范村，并创新了"以大带小、以强带弱、以富带贫、投牛还犊"的扶贫模式，省扶贫办将麻安村参与式整村推进的做法作为成功案例对全省贫困县乡村的人员进行培训，在全省推广。

2005 年 3 月，徽县扶贫办主任马云、副主任郭志勇，麻安村村主任谭秀珍，在省扶贫办副主任、外资管理中心主任任燕顺的组织和带领下，参加了在北京举行的东盟——中国"扶贫与瞄准"大会，在会上介绍了麻安村参与式扶贫整村推进的做法，得到了国务院扶贫办主任刘坚的肯定，也得到了参会的 30 多个国家的赞扬，2005 年底，麻安村被国务院扶贫办授予"参与式扶贫整村推进示范村"荣誉称号。麻安村参与式扶贫整村推进的做法，为全县树立了榜样，推动了全县扶贫工作的快速发展，为徽县扶贫事业写下了光辉的一页。

陇西县雨水集蓄工程建设记事

张 国 贵[*]

　　雨水集蓄是一项古老的实用技术。我县西北部山区的农民用水桶、瓦盆等收集降雨时屋面滴檐水饮用；水窖修筑历史也有数百年。由于我国北方干旱日益严重，水资源日益紧缺，为了寻求有效的水资源利用途径，开始了雨水集蓄技术和水资源持续利用问题的研究。进入 90 年代以来，雨水集蓄利用发展迅速。在全省范围内实施的"121 雨水集流工程"，是省委、省政府解决干旱地区群众吃水问题，发展经济，扶贫攻坚的一项重大举措，它倾注了全省人民的厚爱和心血，我县也是主要的受益县（区）。我作为县水务局的一名干部，也有幸见证和参与了此项工作。

　　我所处的陇西县有 25 个乡（镇），279 个行政村，总人口约 45 万人，其中，农业人口约 40 万人，占 89%。境内地表多被黄土覆盖，基本属黄土高原地貌，黄土梁峁沟壑地形，西北高、东南低。年降雨量 445 毫米，年蒸发量 1440 毫米，二者比值在 3 倍以上，是全省 18 个干旱县之一，西北部山区人畜饮水曾一度出现困难，甚至发生水荒。除渭河沿川及南部各临近支沟村社有比较可靠的水源保证外，其余地方均没有稳定水源，人畜饮水主要靠集蓄天然降水来解决。渭河以北地区，海拔 2000—2500 米，梁峁起伏，沟壑纵横，梁顶与沟底高差一般在 300 米左右，谷深坡陡，沟床窄狭，坡降大。主要河流有大咸河、秦祁河、鱼家沟、妙娥沟，均为季节性河流，除汛

---

　　* 作者系陇西县水务局干部。

期外,基本断流无水。而且水质差,无实用价值。当地群众饮用水主要靠传统土窖蓄存的一点雨水。但由于该地区年降雨量只有 300—400 毫米,干旱较重的年份,只有 200 多毫米,大于 5 毫米的降雨天气较少,若有零星小雨,由于土质地面的集流场内难以形成经流,蓄不上水,人畜经常缺水断水。1995 年遭遇特大干旱,北部山区天干地干、泉干窖干,群众吃水异常困难,每天都要翻山越岭去找水,常常要跑几里、甚至几十里,却往往是守候一天一夜,也舀不满一担水,大部分群众家中断水,大家畜非正常出栏近万头,造成存栏数急剧下降。如当时双泉乡的家畜出栏率高达 45.8%,有的农户家中已无畜可养,大部分青壮年劳力外出打工,在家的人口也一天只限用一碗水,有的学校到了向学生借水的困难地步。特别是西北部的云田、和平、渭阳、权家湾、宏伟、通安、种和、福星、高能、德兴、柯寨、双泉等 12 个乡,人畜饮水降到了最低限度,当地干部群众渴望解决饮水困难的心情十分紧迫。为了解决我县西北部干旱山区人畜饮水的困难,县上做了不懈的努力,几乎每年都要动员机关单位出动车辆上千辆次,为该地区送水 3000 多吨,但这只是解决了一时的断水之忧。人畜饮水困难成为解决山区群众温饱问题的主要障碍。为改变这一现状,历届县委、县政府领导班子都十分重视解决人畜饮水困难。利用山泉、沟道截引、地下水采取蓄、引、提等多种形式发展饮水工程。全省实施"121 雨水集流工程"开始,先后建成了以北川人畜饮水工程为骨干的人畜饮水工程 10 处,在云田、渭阳等 10 个乡试验推广雨水集蓄工程 1133 户,比较稳定地解决了 3 万多人、4 万多头牲畜的饮水困难。但大面积解决全县人畜饮水困难仍然面临长期而艰巨的任务。特别是遇到秋冬春三季连旱的大旱年,泉干、窖干,北部山区群众饮水频频告急,县上动员社会各界拉水抗旱,拉水高峰期县上要组织动员几十个单位的上百辆汽车给缺水农户送水,这一现状引起了各级党政部门的高度重视。中央及省、地领导在视察定西干旱灾情后指出,对无稳定水源的干旱山区群众饮水,要采取集中财力和时间通过雨水集蓄的方法解决。其指导思想是:统筹规划,合理安排,以饮为主,兼顾其他,讲求效益。力争在三年内彻底解决人畜饮水困难,改善和保障山区农民的基本生活条件,为群众脱贫致富创造条件。1995 年省委、省政府决定在全省范围内实施的"121 雨水集流工程"以及 1996—2003 年大面积实施的集雨节灌工程，成为缓解干旱山区人畜饮水困难问题的重要举措。

雨水集蓄工程是解决山区人畜饮水困难的最佳方式和途径。它是利用大气降水，通过对屋面、庭院、坡地道路进行硬化，加以防渗处理，积贮于水池或水窖内解决人畜饮水困难。该工程与其他工程相比有以下几方面的特点。一是造价低廉。二是水源保证。如一次降水在 1 毫米以上，即可产生径流蓄水。三是见效快、效益好。当年投资，当年见效。富足水量可发展庭院经济。四是管理方便可靠。"121 雨水集流工程"规划每户硬化 100 平方米的集水面积，兴建配套两眼 20 立方米的水窖，以解决 5 口人、2 头大牲畜、4 头猪的饮水；并为每户发展三分菜地、七分果园的灌溉用水提供水源。雨水集蓄工程是指人工对降雨进行收集、汇流、蓄存并进行调节利用的微型水利工程。其蓄水容积不大于 10000 立方米，灌溉面积小于 5 亩，一般由集雨系统、输水系统和蓄水系统组成。集雨系统主要是指收集雨水的场地，集雨场可以是庭院、屋面、道路、胡同、大田等，也可以是采用防渗材料铺砌的地面。常用的集雨面材料有混凝土、水泥瓦、机瓦、青瓦、沥青路面、塑膜、黄土压实面、自然土等。输水系统是指输水沟（渠）和截流沟，其作用是将集雨场中的雨水收集起来并输送至沉沙池。输水系统可以是土渠，也可以是混凝土、机砖或塑膜衬砌的小明渠。蓄水系统包括蓄水建筑物及其附属设施。其作用是蓄存雨水。在黄土高原沟壑区，蓄水建筑物主要是水窖和蓄水池。一般用于生活用水的蓄水建筑物，为了取水方便，多建于庭院和场院附近，蓄水容积在 30 立方米左右，提水设备是以人力为主（手压泵）。用于灌溉的蓄水建筑物多建于田边和地头，容积一般在 50—100 立方米，提水设备有用动力的微灌泵，也有人工的手压泵。蓄水建筑物按使用的建筑材料及形状可分为土窖、水泥砂浆薄壁混凝土盖碗窖、砖拱窖、窑窖、蓄水池等。主要附属设施有沉砂池、拦污栅和进水管。全省"121 雨水集流工程"，我县共建成混凝土水窖 14243 眼，占下达计划任务 14000 眼的101.7%，比较稳定地解决了 7.53 万人、9.6 万头家畜的饮水困难，覆盖全县西北部山区 12 个乡镇人畜饮水最困难的 100 个村。之后以人畜饮水为主的"121 雨水集流工程",主要是扶贫项目资金、农发项目资金安排的整村推进项目、新农村建设项目配套建设的水窖工程,每年实施数量较少,截至2013 年底,全县累计建成人畜饮水水窖 2.4 万眼,缓解了 23 万多人、19 万多头畜的饮水困难。1997 年—2003 年全县大面积实施集雨节灌工程 5.2 万眼,蓄水总容积 223 万方,发展集雨补灌面积 14.7 万亩,覆盖全县 25 个乡镇、179 个村。2004 年后省地没有安排集中实施雨水集蓄工程项目,解决农村人畜饮水困难转入以农村人饮解困工程、农村饮水安全工程以及目前实施的引洮供水工程,截至目前,全县农村农户自来水受益户已达 24449 户,占农村总户数的 56.6%。随着引洮一期供水工程的全面建成,将从根本上改变我县人畜饮水困难状况。

亲历"121 雨水集流工程"建设的历程,令人欢欣鼓舞,领导苦抓、部门苦帮、群众苦干,全县上下齐心协力,共渡难关,大干工程的场面让人难以忘怀。历届省、地、县领导高度重视"121 雨水集流工程"建设,我县以县委的名义成立了工程建设指挥部,设立了办公室,确立了工作人员,县委、县政府共同印发了"121 雨水集流工程"实施方案,多次组织召开"121 工程"专题会、观摩会,总结经验、研究解决问题,加大力度,加快进度,再掀建设高潮。各乡镇、各部门也成立了相应的工作机构,组织了专门的工作班子,具体抓落实。主要领导亲自抓落实,各帮乡单位也从实干求实效,地委、行署的 4 位领导在我县确定了联系点,县上四大家的 12 位领导确定了各自的联系乡,12 个地直机关,108 个县直单位和省地驻陇单位,驻陇部队都确定了各自的帮扶村,时任地委书记顾军把通安驿乡栾家川村确定为自己的联系点,经常派人检查落实,指导工作,并支援车辆向该村拉运水泥 100 多吨,行署副专员张乃先后两次深入到自己联系的高楼乡阳山村指导工作,加快了这个村的建设进度,时任地委秘书长王俊邦多方协调筹集资金 5000 元,解决了这个村的水泥运费问题,时任地农委副主任李亚东不仅为高楼乡协调筹集了 15000 元,而且长期蹲在乡上,从细、从实、从快地抓落实、促进了这个乡的工作进程,时任县委书记朱同心、县长牛兴民经常巡回检查，督促落实。时任县委副书记万腾举深入自己的联系的云田乡，召开干部大会，群众大会，做了细致生动的宣传动员工作，时任县人大副主任张继德召集帮扶福星乡的7个单位，靠实了拉运水泥的责任，他还深入到福星各村社，总结当地干部群众水窖施工的好办法，好经验，通过政府"政务快讯"，向各有关乡作了推广，时任县政府副县长韩中林多次深入到自己联系的柯寨乡，检查备沙备料情况，督促施工进度，时任县政府副县长牟爱玉召集帮扶高楞乡的8个单位，专门研究了帮助水泥拉运问题，把这项工作靠在了实处，时任县政协副主席赵勤不顾年岁已高、跑单位、跑村社，把自己联系乡的"121工程"建设工作开展得有声有色。一时间"121雨水集流工程"成为全县集中解决人畜饮水工作的重点。

社会各界积极响应省委、省政府的号召，急灾区人民所急，想灾区人民所想，慷慨解囊奉献爱心，不少退休老干部也纷纷慷慨解囊，支援"121工程"建设，灾区群众铭记在心。"121工程"建设中，省人大、兰州跌路局、国防科工办、省建材局、省水利厅、省气象局、省司法厅、省总工会、省石油总公司、省审计厅、省经济管理干部学院、省工商局、兰州阀门厂、西北地质研究所、省防疫站、省人事厅、省轻防总会、玉门石油管理局、省工商行、铁道部第一勘测设计院、省引大工程指挥部、省农垦总公司、有色兰州公司、省水电设计院、中科院化物所、省经贸委、省环保局、省测绘局、省国际技术经济公司、省国税局和省民委等31家对口帮扶陇西县"121工程"单位给我县捐助资金416.8443万元。地县118个单位及13442名干部职工帮助村社拉运砂石料232方、红砖2万页，拉运水泥3873吨、支援运费18.1666万元。各级各部门、社会各界人士情系群众奉献爱心，为"121工程"建设做出了应有的贡献。

党和政府深切的关怀，社会各界的鼎力相助，群众热情之高前所未有。省委、省政府决定实施的"121雨水集流工程"不仅是一项救命减灾工程，而且是干旱山区发展水利、发展庭院经济，推动农村经济发展的新创举和新突破，深得民心。广大干部群众充分认识到了党和政府的关怀，工作的主动性和建设的积极性空前，广大干部，特别是乡上的同志，长期驻扎村社，从

一、从十、到百、到千地抓，村社干部更是责无旁贷，全身心投入，不怕苦，不叫累，任劳任怨，白天黑夜地干，体现了基层干部工作实、作风硬和高尚的品质，广大群众更是把这项工程真正当作自己的一份家业来搞，男女老少齐上阵，起早贪黑地干，真有一股不干成就不罢休的决心。县水利局是"121雨水集流工程"的具体组织实施单位，当时我和局里的好多同志都直接参与施工技术指导，经常在施工一线，和群众接触比较多，我问了好多群众，搞"121工程"愿不愿意，他们说："愿意得很，这是好事，怎么不愿意！"我又问："这项工程拉沙、挖窖都是重体力活，苦不苦？"他们说："咱庄户人还怕苦。比这苦的活咱都干，这点苦算啥，吃水太困难了，能把吃水问题解决了，即使再苦也要干，这是好事。"我问有劳务输出的农户："人力不足怎么办？"他们说："要请人帮忙，自己也给人家帮。一家帮一家，这事就搞成了。万一不行，就把到外头去的人叫回来。"群众发动起来了，他们的积极性空前高涨，发动起来的群众，就会焕发出巨大的力量，这力量就是我们成功的保证。村里形成了"互助组""辩工对"，邻里相帮、亲友互助的情况比较普遍。记得福星乡胜利村有位残疾人李强，他只有一只手，但他就用那一只手，一个人开挖并用石头砌好了一口水窖。这就是群众的力量，这力量的背后就是渴望、执着、信心，就是空前高涨的积极性。

"121工程"不仅解决了当时我县北部人畜饮水最困难群众的饮水问题，也给干旱地区稳定解决人畜饮水问题积累了宝贵经验。我县北部干旱山区群众要求修建水窖的心情一直都很迫切，近年来，雨水利用技术能够得到复兴，客观上存在两方面的原因：一是全球性气候变暖，局部地区干旱加剧的局势愈来愈严重，水资源供需矛盾更加突出。已有的水资源开发规模和能力难以满足人口增长、城镇化、工业化和灌溉面积发展等巨大的需水要求，开辟新的水源，建设跨流域调水工程是解决缺水问题的主要途径。但跨流域调水将引起一系列自然环境和社会经济问题，而且工程造价高，年运行费用大，解决问题有限，很多地区水资源的开发已达到或超过允许开采，造成严重的环境和生态问题。二是技术本身的优越性。雨水自天而降，分布极广；水质良好，无污染，转化为土壤水后，植物可直接吸收利用，收集、存贮后可直接供给生活、灌溉和工业利用；利用技术简单易行，工程投资小，维护管理方便。雨水收集、输送、存储和利用技术体系研究的深化和新型材料的应用，使得雨水利用技术得到迅速普及并为更多的人所接受。雨水资源的利用不但可以缓解干旱缺水问题，而且由于对雨水进行直接调控，减少了降雨所产生的地表径流，消除了水土流失的动力，减少了水土流失危害。雨水调控和利用被认为是干旱区旱地农业提高生产力和治理水土流失的结合点，是干旱区旱地农业发展的方向。

我县在水资源利用当中由于区内均为季节性河流，直接受降水控制，地表水主要集中在6—9月，占全年经流总量的67.1%，且多以暴雨形成，而农作物播种和幼苗生长期3—5月只占20%，地表水泥沙含量高，只能用于农业灌溉，境内无蓄水工程，无法利用，水资源开发利用难度大利用量小。不仅开发利用难，而且水资源严重短缺，属于重度缺水地区，人均水资源量不足140立方米，是全省人均水平的1/9，全国水平的1/17，干旱缺水已成为工农业生产发展的首要制约因素。充分利用当地降雨资源，发展雨水集蓄工程，提高作物的产量和质量，帮助群众脱贫致富，不单是迫切需要解决的问题，也是发展干旱地区农业生产中的一个带有战略性的问题。由于雨水集蓄工程一般规模小，分布较分散，不但不会造成淹没、移民等不利的环境影响，而且有利于环境保护和可持续发展。因此年有效降雨量在250毫米以上的地区，都可开发利用雨水资源，以解决人民生活、生产用水，实施节水灌溉，变被动抗旱为主动抗旱，这是我国21世纪水资源实现可持续利用的一条重要途径。随着节水灌溉技术的发展和节水灌溉设备的系列化生产，以及农业耕作技术进步和农村生产力水平的提高，为雨水节灌工程技术的发展提供了基本的物质技术条件和更大的推广应用空间。集雨节灌技术和集雨节灌工程在干旱半干旱地区，乃至湿润半湿润地区的推广应用不会过时，更不可终结，意义深远，前景广阔。

甘肃省农村危房改造工作综述

张晓虎[*]

甘肃是西部欠发达省份之一，城镇化水平低，经济基础薄弱，与全国平均水平相差较大。到 2013 年，全省有农村人口约 2077.97 万人，农村家庭户数约 440 万户，与全国相比，甘肃省贫困人口数量大、贫困程度深，贫困发生率为 26.56%；集中连片特困区域多、发展难度大，全省 86 个县（市、区）中有 58 个县（市、区）是国家新一轮扶贫开发重点县，分别属于秦巴山区、六盘山区和藏区集中连片特困地区。

甘肃省委、省政府高度重视农村危房改造工作，自 2009 年以来，连续 6 年作为全省为民办实事项目，同时自 2012 年以来纳入省委"联村联户、为民富民"行动"五件实事"之一全力推进，由省政府保障性住房建设领导小组统一协调部署。省住房和城乡建设厅在省委、省政府的领导下，围绕全面建成小康社会和建设幸福美好新甘肃的目标，以支持集中连片特困地区和农村特困群众为重点，以农村危房摸底核查建档、实施分类补助、整合涉农资金、加强技术指导和监督检查为手段，认真落实中央农村危房改造工作任务，严格执行政策，细化工作部署，着力工作重点，强化工作管理，较好地完成了年度农村危房改造各项任务。2009 年至 2014 年，在建设部的大力支持下，全省完成农村危房改造 122.3 万户，其中，完成中央农村危房改造任务 80.32 万户。中央和地方政府财政累计投入补助资金 96.23 亿元，其

* 作者系甘肃省住房和城乡建设厅村镇处干部。

中，中央财政补助资金 60.53 亿元，省级和市、县配套补助资金 55.39 亿元。实施农村危房改造，使甘肃省 500 万农村贫困群众住房安全和居住条件得到显著改善，全省砖混、砖木结构房屋比例明显上升，拉动农村投资和消费明显增长，为全省经济社会发展和民生改善发挥了重要作用。我作为甘肃省住房和城乡建设厅村镇处的干部，也见证了这项工作的全过程。

（一）

开展农村危房改造是一项重大的民生工程。按照省政府工作要求，各市（州）都成立了政府分管领导为组长的农村危房改造工作领导小组，建立了市、县、乡三级工作目标管理责任体系，明确了县（市、区）政府及乡（镇）的责任。县（市、区）由建设部门牵头，发改、财政、审计、监察、国土、民政等部门密切配合，及时研究解决工作中出现的新情况、新问题，做到了各负其责、协作有力。各乡镇实行领导包片、干部包村责任制，靠实任务，责任到人。通过层层建立目标责任制，做到了思想认识到位，组织领导到位，资金保障到位，工作措施到位，责任落实到位。市（州）、县（市、区）强化督导工作，适时召开现场检查评比会议，开展检查，梳理问题，形成了领导重视、部门配合、广大农民踊跃参与，合力开展农村危房改造工作的良好局面。

（二）

各地坚持规划先行、设计先行，高起点规划，精心组织建设，对改造户数较多的集中建设点首先编制规划，统筹协调整合道路、供水、沼气、环保、扶贫开发、改厕等建设项目。在建设中，坚持因地制宜、分类指导，集中建设与分散建设相结合，对位于乡镇规划区的危房改造，同乡镇建设相结合，依据乡镇总体规划，合理布局、综合配套；对基础条件较好的行政村，打破村、社行政界线，统一规划，整村推进实施危房改造。通过发挥规划的龙头作用，既保证了危房改造科学有序进行，又推动了村庄建设整体水平进一步提高，切实改善提升了农村人居环境。

（三）

加强房屋的结构安全，达到抗震设防要求，是农村危房改造的根本目的。省住房和城乡厅组织编制了《甘肃省农村危旧房改造工程建设管理办法》《甘肃省农村危旧房改造工程建设技术导则》《甘肃省村镇建设标准设计图集》《甘肃省村镇建设结构构造图集》《农房建设基本知识手册》和《甘肃省农村房屋建设质量验收标准》等制度、规范。我们组织开展农村危房改造"双百示范"工程（100 个农村危房改造集中建设点和 100 个建筑节能示范点），带动提升了全省农村危房改造水平。积极组织参加农村危房改造管理干部培训班，加强了基层建设管理力量。各地也结合当地实际设计农宅单体方案，免费提供给农户，强化危房改造建筑市场管理，严格工程竣工验收，对集中连片改造建设和农民住宅小区建设，严把规划关、设计关、材料关，认真落实工程建设各项制度，县级建设行政主管部门建立巡查制度，安排技术人员驻村入户开展质量安全检查和技术指导，保障了农户建房安全。

（四）

为了把实事办好、好事办实，最大限度发挥中央财政和地方各级财政对农村危房改造补助资金的作用，切实解决农村分散供养五保户、低保户、贫困残疾人家庭和其他贫困户的建房问题，从 2010 年开始，省住房和城乡建设厅大力推行差异化补助，最大限度地缓解了最困难群众建房的经济负担。同时，各地在资金十分紧张的情况下，按照"渠道不乱、用途不变、统筹安排、各记其功"的原则，加大项目联动和资金整合力度，将农村危房改造与生态移民、游牧民定居、异地搬迁、新农村建设等项目结合起来，有效衔接各方面的资金，建立以政府投资为引导，有关项目资金相配套、广大农民自筹为主体的筹资机制。通过项目建设，借力推动危房改造，提高了资金使用效率。

（五）

农村危房改造涉及千家万户，事关农民群众切身利益，是一项备受关注的民生工程，稍有不公，就会引发不稳定因素。省住房和城乡建设厅对审核程序提出了明确要求，要求坚持公开、公平、公正，按照"一申二评三核四批"（农民自愿申请、村民会议民主评议、乡镇审核、县级审批）的程序确定危旧房改造对象，贯彻"先危房后旧房""先困难户后一般户"的原则，严把审核关，确保让农民群众满意。各地建立健全建档立卡工作，认真实行农村危房改造"一户一档"制度，完善相关资料，对危房改造工作进行全程跟踪管理，确保了对象合适无误、资金配套及时、资金管理规范、运行公正透明。

实施农村危房改造工程使农民住房条件极大改善，农村面貌发生了较大变化，取得了明显的社会和经济效益。

一是农村住房条件显著改善了。通过政府政策引导和资金扶持，农民建房的积极性高涨，质量和安全意识明显提高。农村危房改造助推了农村住房建设，农民生活方式和理念正在向城镇化悄然迈进。

二是村庄建设整体水平有力提升。各级建设行政主管部门工作理念已由单纯完成任务向注重整体规划、整合项目、整村推进转变，涌现出了一批居住养殖分离、设施配套的农村社区化小区，城郊旧城改造与危房改造结合的农民居住小区，产业和生态建设结合的农家小院，整村连片集中新建的农民新村等，改造模式趋于多样化。

三是特困户住房问题得到有效解决。通过实施农村危房改造，尤其是在农村危房改造中实施差异化补助标准和整合方方面面的资金以及政府、企业帮扶，有效解决了一部分没有自筹资金能力的农村特困区中的住房问题，特困群体"住有所居"的目标正在逐步实现。

四是农房工程质量明显提高。新建农房无论是结构设计，还是建材使用，都坚持高标准、严要求，尤其突出了房屋结构安全这个关键。通过对农村个体工匠进行培训，加大对农村危房改造技术指导和服务，有效保证了农民住房的质量。

五是节约了土地资源。通过将现状分散分布的危房适度集中统一规划进行改造，达到了节约土地、保护耕地、集约建设的目的，节约出的土地一部分复垦发展农业生产，另一部分招商引进工业项目开发，既就地转移农村富余劳动力到非农产业，又积极促进了农村经济发展。

六是拉动了农村投资和消费。全省每年实施 20 万户农村危房改造，粗略计算直接建房投资约 150 亿元，加之基础设施配套及其他消费支出，每年拉动农村固定资产投资和消费在 180 亿元以上，政府投资成效显著。

大　事　记

2000 年

1 月 10 日　陇海铁路宝鸡至兰州段增设二线工程开工动员大会在天水举行。省长宋照肃出席了动员大会。

1 月 20—22 日　建设部部长俞正声对兰州进行了考察调研，并与省委书记孙英、省长宋照肃等省领导就西北的开发与建设进行了座谈。

1 月 23 日　省委书记孙英在兰州接受了新华社、《人民日报》、中央人民广播电台、《光明日报》、《经济日报》等新闻单位记者采访。强调，甘肃一定要在实施西部大开发战略中大有作为。

3 月 7 日　中共中央政治局常委、国务院总理朱镕基参加了九届全国人大三次会议甘肃代表团的讨论。强调，要抓住新机遇，扎扎实实做好西部大开发工作。

3 月 23—26 日　中共中央政治局委员、国务院副总理吴邦国对甘肃进行了考察。强调，要认真贯彻实施西部大开发战略，努力实现国有企业改革和脱困目标。

4 月 16—17 日　外交部部长唐家璇一行对甘肃就实施西部大开发战略的环境及对外开放情况进行了工作考察。

4 月 22 日　西部大开发与甘肃开放战略研讨会在北京举行。全国政协副主席陈锦华出席会议并做了重要讲话。

5 月 25 日　省委书记孙英等省领导在兰州会见了中组部、中央金融工委青年专家国情考察团一行，并就我省西部大开发问题进行了讨论。

7月1日　永登尹家庄至中川机场高速公路开工仪式举行，省委书记孙英、省长宋照肃出席了开工奠基仪式。

7月12—19日　由全国人大常委会副委员长、中国农工民主党中央主席蒋正华率领的党外人士"西部大开发"考察团对我省进行了考察。

8月6—9日　省长宋照肃对临夏、甘南就"实施西部大开发中民族地区如何加快发展"进行了调研。强调，要抓住西部大开发机遇，加快民族地区发展。

8月12日　教育部部长陈至立对兰州大学进行了工作考察。强调，要抓住西部大开发机遇，实现跨越式发展，争创国内一流名校。

8月30日　全国政协副主席陈锦华在兰州和在兰全国政协委员进行了座谈，为西部开发建言献策。

9月4—8日　省长宋照肃在定西就今年全省贫困地区基本解决温饱问题，如何搞好新时期的扶贫开发工作进行了专题调研。

9月5—7日　省委书记孙英在阿克塞县、敦煌市就旅游工作进行了考察和座谈。强调，要抓住西部大开发历史机遇，努力把我省建设成旅游大省。

9月8日　省委书记孙英、省长宋照肃在兰州会见了交通部部长黄镇东一行并就加快我省公路建设进行了座谈。指出，要以公路大建设推进西部大开发。

9月13—15日　全国政协副主席杨汝岱来我省就兰渝铁路项目建设情况进行了考察。

9月14日　西部地区人口与计划生育工作座谈会在兰州召开。国务委员兼国务院秘书长王忠禹强调，实施西部大开发战略，必须坚持经济发展和控制人口两手抓。

9月26—28日　全省梯田建设现场会在庄浪召开。省长宋照肃强调，要力争10年内全省基本实现梯田化。

10月1日　以"开发西部、振兴甘肃、迈向新世纪"为主题的"西部之晨"万人誓师长跑大赛在兰州举行。省委书记孙英等领导出席了大会开幕式并为运动员代表授旗。

10月17日　铁道部部长傅志寰对兰州铁路局陇海线、兰新线提速线路进行了检查。

11月1—3日　省长宋照肃在国家重点建设项目陇海铁路宝兰二线天水至兰州段建设现场进行了调研。强调，各级政府一定要从讲政治的高度，努力为宝兰二线工程创造良好的建设环境，确保宝兰二线工程顺利进行。

12月13—14日　全省经济工作会议在兰州召开，传达了中央经济工作会议精神，全面总结了2000年我省的经济工作，对2001年全省的经济工作做了研究和部署。会议指出，要以发展为主题，以改革开放为动力，加快实施西部大开发战略，实现"十五"计划良好开局。省委书记孙英、省长宋照肃等领导出席了会议。

12月20—21日　中国人民银行行长戴相龙一行就农村信用社的发展与改革问题对我省进行了调研。期间，同省委书记孙英、省长宋照肃就我省实施西部大开发和重点建设项目进展情况进行了座谈。

2001 年

2月7—9日　甘肃省实施西部大开发战略汇报会在兰州召开。会议强调，要真抓实干，狠抓落实，开创我省西部大开发新局面。省委书记宋照肃、省长陆浩等领导出席了会议。

3月23—24日　全省农村税费改革试点工作会议在兰州召开，会议的主要内容包括：取消乡统筹费、农村教育集资等专门面向农民征收的行政事业性收费和政府性基金、集资；取消屠宰税。用5年时间逐步取消统一规定的劳动积累和义务工。调整农业税、牧业税政策；调整农业特产税政策。改革村提留的征收使用办法。确保全省农民实际负担总体水平减少20%以上。

5月17日　省委、省政府召开督促检查贯彻落实全省实施西部大开发战略汇报会精神情况安排动员会，省委常委、省委秘书长洪毅出席会议并讲话。

5月20—25日　新华社总编辑南振中在省委常委、宣传部长马西林和新华社甘肃分社、省委有关部门领导的陪同下，深入兰州、定西、武威、张掖、酒泉、嘉峪关等地市和农村、企业，就西部大开发、地方经济发展等情况进行了调查研究。

5月23—27日　省委常委、省委秘书长洪毅带领省委督查室、西部大开发办公室负责同志深入陇南地区宕昌、武都、西和、成县和徽县的退耕还林示范点、厂矿企业、江武公路和重点建设项目工程开展调研。

5月25—26日　全国政协副主席钱正英来我省就西北地区水资源配置、生态环境和可持续发展战略研究课题进行调研，并听取了省委、省政府的工作汇报。省政协主席杨振杰主持汇报会。省委副书记、省纪委书记李虎林出席汇报会。省人大、省政协及有关部门领导参加了汇报会。

6月20日　省委书记宋照肃在听取了敦煌市实施西部大开发战略思路汇报后指出，敦煌市要通过实施旅游立市战略，树立大旅游观念，做好大旅游文章，以旅游业为龙头，带动经济社会全面发展。

7月8—10日　省委书记宋照肃、省人大常委会主任卢克俭、省长陆浩考察了宝兰二线（天兰段）和天巉公路、巉柳高速公路。省委书记宋照肃强调，要齐心协力做好各项工作，确保重点项目顺利进行，推进我省西部大开发战略的实施。

7月12日　省委书记宋照肃、省长陆浩在平凉市四十里铺镇进行了工作调研，强调要抓住西部大开发的历史机遇，加快经济发展，增加农民收入，提高人民生活水平。

8月25日　甘肃天津对口帮扶经济协作综合座谈会在兰州召开，"兰洽会"天津代表团团长、天津市副市长孙海麟，省委常委、省委秘书长洪毅，副省长贠小苏出席座谈会和签字仪式。

9月7日　全国信息化与西部大开发交流研讨会在敦煌召开，会议指出，要以信息化促进西部大开发。

10月9—10日　全省外资工作会议在兰州召开。省长陆浩强调，要紧紧围绕西部大开发战略，积极利用外资，加快甘肃发展。

10 月 14 日　省政府在兰州召开了第八次全体会议。省长陆浩强调，要以西部大开发统揽经济工作的全局，开拓进取，改进作风，扎实工作，努力实现全年经济社会发展的各项任务和目标。

2002 年

1 月 18 日　省委书记宋照肃在兰州主持召开了实施西部大开发战略对策专家学者座谈会，强调，要努力创造干事创业的良好环境。省长陆浩等领导出席了座谈会。

3 月 21—24 日　全省实施西部大开发战略汇报会在兰州召开。会议总结了实施西部大开发战略的经验，分析了存在的问题，讨论研究了进一步加快实施西部大开发措施。全面部署了 2002 年西部大开发的重点工作。

4 月 6 日　省委、省政府在兰州召开全省党政领导干部大会，传达了江泽民总书记在六省区西部大开发座谈会上的重要讲话精神。省委书记宋照肃强调，要认真学习、深刻领会、坚决贯彻江泽民总书记的重要讲话精神，进一步解放思想，振奋精神，把工作的定位定在加快发展上，把工作的基点放在真抓实干上，努力开创我省西部大开发工作的新局面。

8 月 31 日—9 月 1 日　中共中央政治局委员、书记处书记、国务院副总理温家宝对我省进行了工作考察。指出，要认真学习江泽民总书记"三个代表"重要思想和关于西部大开发的一系列重要论述，抓住机遇，加快发展，加强水利生态建设，实现可持续发展。同日，全国退耕还林现场会在定西召开，会议指出，要突出重点，注重实效，把退耕还林工作不断推向新的阶段。

12 月 24 日　省委、省政府在兰州召开了退耕还林工作会议。省长陆浩强调，要认真总结经验，不断开拓进取，全力搞好退耕还林工作。

2003 年

1 月 6 日　宝兰二线工程天兰段通车典礼在兰州举行。省委书记宋照肃，兰州军区司令员李乾元，省长陆浩等领导出席了通车典礼。

2月20—22日　全省实施西部大开发战略汇报会在兰州召开。会议总结交流了3年来我省实施西部大开发战略的经验和教训，研究部署了2003年全省实施西部大开发战略工作。省委书记宋照肃、省长陆浩强调，要以党的十六大精神和"三个代表"重要思想为指导，解放思想，实事求是，与时俱进，开拓创新，狠抓落实，不断开创西部大开发新局面。

3月30日　兰新铁路兰武二线在天祝县举行开工动员大会。

12月28日　兰州小西湖黄河大桥、雁滩黄河大桥、新城黄河大桥竣工通车仪式在兰州举行。

2004 年

3月22日　省长陆浩主持召开了省政府第37次常务会议，传达学习了国务院西部开发工作会议精神，研究了我省推进西部大开发的重点工作和任务。

3月29日　省长陆浩主持召开了省政府第38次常务会议，研究了贯彻国家西部地区"两基"攻坚工作会议精神的意见；研究了全省退耕还林工程建设工作。

8月31日　全国人大常委会副委员长成思危应邀在兰州作了《中国宏观经济形势与西部大开发》的专题报告，省长陆浩主持了报告会。

11月18日　在兰州召开了省直综合部门负责人座谈会，会议指出，全省各级党委、政府要牢固树立和认真落实科学发展观，以科学发展观统领经济工作，抢抓西部大开发和国家实施宏观调控政策的机遇，切实转变经济增长方式，推动全省经济持续较快协调发展。

11月18—19日　省长陆浩在广西南宁市出席了国务院西部开发办举办的2004·中国西部论坛并作了发言。陆浩指出，要认真贯彻落实党的十六大和十六届四中全会精神，坚持以科学发展观为指导，大力发展特色优势产业，推进甘肃新型工业化进程，把西部大开发不断引向深入。

11月26日　兰州至海石湾高速公路建成通车，兰州和西宁两个省城之间的高速公路全线贯通。

11 月 28 日　黄河炳灵水电站工程奠基仪式在永靖举行，省长陆浩参加了奠基仪式。

2005 年

1 月 19 日　省政府将其持有的金川集团公司部分国有股权，分别转让给了上海宝钢集团公司和太原钢铁（集团）公司，转让签约仪式在兰州举行。

1 月 23 日　省委常委会在兰州召开会议，研究了加强和改进大学生思想政治教育等工作。会议强调，高校是培养人才的重要基地，必须把培养中国特色社会主义事业的建设者和接班人作为根本任务来抓。

4 月 6 日　国务委员陈至立和科技部部长徐冠华到甘肃代表团，听取对《政府工作报告》的意见。陈至立强调，要切实采取有力措施，解决西部教育困难问题。

4 月 8 日　兰州石化 60 万吨乙烯改扩建工程开工仪式在兰州举行。

5 月 5—10 日　中共中央政治局委员、国务院副总理回良玉到甘肃视察了水利建设和农业生产，强调，要把合理利用水资源作为西部大开发的基础性工作来抓，大力加强农田水利建设，夯实粮食增产农民增收的基础，促进经济社会可持续发展。

6 月 21 日　全省县域经济发展工作会议在兰州召开。省长陆浩出席会议并强调，一定要统一思想，振奋精神，抢抓机遇，扎实工作，培育区域性优势产业，发展区域性特色经济，加快县域经济发展步伐。

8 月 5 日　甘肃省党政代表团与西藏自治区党政领导座谈会在拉萨举行。甘肃省党政代表团团长、省委副书记、省长陆浩，西藏自治区区委常务副书记、自治区主席向巴平措发表了讲话。双方一致认为，要抓住有利时机，发挥各自优势，全面加强经贸合作，促进共同发展。同日，陆浩、向巴平措在拉萨签署了《甘肃省与西藏自治区合作框架协议》。

8 月 31 日　天水至宝鸡高速公路甘肃段工程在天水正式奠基。

12 月 16 日　兰州至银川高速公路全线贯通仪式在靖远县刘寨柯举行。

2006 年

3 月 3 日　敦煌铁路开通庆典仪式在敦煌火车站举行。

9 月 22—23 日　省委书记、省长陆浩对武威市石羊河流域综合治理工作进行了专题调研。强调，要坚持以科学发展观为指导，加快石羊河流域综合治理，努力扭转生态环境恶化的趋势，实现经济社会可持续发展。

11 月 1 日　第六次全省环境保护大会电视电话会议在兰州召开。代省长徐守盛出席会议并讲话，强调，各级党委、政府要以对民族、对国家和子孙后代高度负责的态度，把思想和行动真正统一到科学发展观的要求上来，统一到中央加强环境保护的方针政策和部署上来，坚定信心，真抓实干，不断开创我省环境保护工作的新局面，加快推进全面建设小康社会和构建社会主义和谐社会进程。

12 月 15 日　天水至定西高速公路奠基仪式在天水举行。

12 月 26 日　黄河乌金峡水电站工程主河床截流典礼仪式在白银举行。省委书记陆浩、代省长徐守盛、国家开发投资公司总裁王会生等领导出席了截流典礼仪式。

2007 年

2 月 1 日　全省人口资源环境工作座谈会在兰州召开。会议总结了 2006 年全省人口资源环境工作，分析了全省人口资源环境形势，安排部署了 2007 年的人口资源环境工作。省委书记、省人大常委会主任陆浩，省长徐守盛在会上讲话，强调，要认真学习和贯彻落实中央关于人口资源环境问题的一系列重要精神，始终把经济社会发展与人口资源环境工作紧密结合起来，统筹安排，协调推进，确保经济社会又好又快发展。

2 月 4—5 日　中共中央政治局委员、国务院副总理回良玉视察了我省贫困地区扶贫开发和抗旱救灾工作。强调，要认真做好扶贫救灾优抚助残工作，妥善安排困难群众的生产和生活。

4 月 5 日　全省振兴装备制造业工作会议在天水召开。省委书记、省人大常委会主任陆浩，省长徐守盛出席会议并讲话，强调，要积极行动起来，开拓创新，扎实工作，努力推动我省装备制造业又好又快发展。

5月10日 省长徐守盛主持召开了省政府第101次常务会议，讨论并原则通过了《甘肃省石羊河流域水资源管理条例（草案）》，研究了石羊河流域"关井"补助问题。

5月11日 靖远县曹若人饮供水工程举行了竣工通水典礼仪式。省委书记、省人大常委会主任陆浩出席典礼仪式并开闸通水。省长徐守盛致辞。

9月25日 会宁县极度干旱地区农村人饮供水工程暨新堡子农村饮水安全工程在会宁县新堡子水厂举行了通水典礼。省委书记、省人大常委会主任陆浩出席通水典礼并开闸通水。省长徐守盛在通水典礼上致辞。

9月26日 省委书记、省人大常委会主任陆浩，省长徐守盛到民勤县就加快石羊河流域综合治理工作进行了专题调研。强调，要全力推进石羊河流域综合治理，决不让民勤成为第二个罗布泊。

10月1日 中共中央政治局常委、国务院总理温家宝在民勤县看望了干部群众，深入腾格里沙漠和巴丹吉林沙漠交会处，察看了防沙治沙情况，研究了民勤生态保护、沙漠治理的根本大计。强调，要有决心、信心、勇气和韧劲，发扬"人一之我十之、人十之我百之"的精神，树立长期艰苦奋斗的思想，民勤不但不能成为罗布泊，还要逐步恢复生态，成为全国节水的模范。

11月26日 省委书记、省人大常委会主任陆浩到临夏出席康临高速公路开工典礼，并宣布项目开工。省长徐守盛出席了开工典礼并作重要讲话。

2008 年

1月10日 甘肃电投大容橙子沟水电站工程开工仪式在文县举行。省委书记、省人大常委会主任陆浩宣布项目开工并奠基。

1月11日 武都至罐子沟高速公路暨礼县至武都扶贫公路奠基仪式在陇南市武都区举行。省委书记、省人大常委会主任陆浩宣布工程开工。省长徐守盛致辞。

4月24—25日 省长徐守盛在民勤县就推进石羊河流域综合治理进行了专题调研，强调，要坚持原则以科学发展观为指导，坚定不移地推进石羊河流域综合治理，实现可持续发展和人与自然和谐相处。

6月1日 中共中央总书记、国家主席、中央军委主席胡锦涛在我省地震灾情严重的陇南市亲切看望慰问了灾区干部群众和救援部队官兵，就进一步做好抗震救灾和恢复重建工作提出了指导意见。强调，要按照中央的决策部署，坚持一手抓抗震救灾工作，一手抓经济社会发展，继续把抗震救灾作为当前最重要最紧迫的任务抓紧抓实，奋力夺取抗震救灾斗争的全面胜利。

6月21—22日 中共中央政治局常委、国务院总理温家宝在我省陇南地震灾区检查指导了抗震救灾和灾后恢复重建工作，看望慰问了受灾群众。强调，要坚持一手抓抗震救灾毫不松懈，一手抓经济建设毫不动摇，举全国之力、举全省之力推进灾后重建，努力夺取抗震救灾斗争的全面胜利。

7月5日 省委书记、省人大常委会主任陆浩对敦煌市生态保护和新农村建设等问题进行了调研。强调要下工夫推进节水型社会建设，努力实现科学发展和谐发展。

7月11日 甘肃、广东两省在陇南市召开对口支援灾后恢复重建工作座谈会，共同商谈和衔接广东省深圳市对口支援我省重灾区的事宜，签署了对口支援框架协议。

8月4日 九甸峡水利枢纽建成暨首台机组投产发电庆典仪式在卓尼九甸峡水电站举行。省委书记、省人大常委会主任陆浩出席庆典仪式并宣布：九甸峡水利枢纽正式建成，首台机组并网发电成功。

9月3日 金昌至永昌高速公路工程联建协议签字仪式在金昌举行。省长徐守盛出席签字仪式。

9月11日 第三届"中国·西部法治论坛"在兰州开坛。中国法学会会长韩杼滨出席论坛并讲话。

9月26日 兰渝铁路开工动员大会在兰州举行。中共中央政治局委员、国务院副总理张德江出席开工动员大会，为兰渝铁路有限责任公司揭牌，宣布兰渝铁路全线开工建设。

10月20日　永登至古浪高速公路开工奠基仪式在古浪举行。省委书记、省人大常委会主任陆浩宣布工程开工建设。省长徐守盛在会上讲话。

10月23—25日　水利部部长陈雷对我省石羊河流域重点治理规划实施情况和敦煌生态治理情况进行了考察。强调，要不断加强石羊河流域重点治理，切实做好敦煌生态保护工作。

10月21—27日　全国政协副主席张梅颖率领全国政协委员考察团，就我省改革开放30年经济社会发展重大成就进行了实地考察。

10月27日—11月1日　省委书记、省人大常委会主任陆浩，省长徐守盛率领甘肃党政代表团到新疆进行为期6天的考察学习，实地参观了具有代表性的企业、开发区、农业发展项目和基础设施建设项目，同新疆维吾尔自治区签订了《全面战略合作框架协议》《煤炭供需和运输保障合作协议》。中共中央政治局委员、新疆维吾尔自治区党委书记王乐泉等党政领导分别陪同代表团进行了考察。

11月18日　临夏折桥至兰州达川二级公路开工奠基仪式在永靖举行。省委书记、省人大常委会主任陆浩出席开工仪式，并宣布工程开工建设。省长徐守盛出席仪式并讲话。

2009 年

3月6日　中共中央政治局常委、国务院总理温家宝到甘肃代表团，听取了代表们的意见建议，同代表们一起审议了政府工作报告，共商国是，共话甘肃发展大计。温总理非常关心甘肃经济社会发展以及涉及民生的三项任务：一是扶贫开发，二是保护生态环境，三是灾区恢复重建。

3月12日　省长徐守盛在北京与国家发改委主任张平就继续支持甘肃经济社会发展有关事宜进行了座谈。

4月7日　甘肃省、深圳市在兰州召开了对口支援座谈会，就深圳市对口支援我省灾后恢复重建工作进行进一步协商和衔接。省委书记、省人大常委会主任陆浩，省长徐守盛，深圳市委书记刘玉浦出席会议并分别讲话。

4月15—16日　省委书记、省人大常委会主任陆浩到武威进行了工作调研，强调，要坚定不移推动石羊河流域的综合治理，集中精力抓好经济社会的全面发展。

4月16日　金昌机场开工奠基仪式在金昌市金川区举行。

4月17日　华能庆阳1200万吨核桃峪煤矿奠基仪式在庆阳举行。省长徐守盛，中国华能集团公司总经理曹培玺出席奠基仪式并讲话。

4月26—28日　省委书记、省人大常委会主任陆浩，省长徐守盛率领甘肃党政代表团赴天津市学习考察。中央政治局委员、天津市委书记张高丽，市长黄兴国会见了党政代表团一行，双方就进一步加强合作交流交换了意见。代表团在天津期间，重点参观了滨海新区的开发和建设，实地考察了企业、重大产业项目建设、城市管理、港口贸易、新农村建设和特色优势产业发展情况，并签署了《甘肃天津新阶段战略合作框架协议》《甘肃天津进一步加强东西扶贫协作纪要》和八个具体协议，取得了丰硕的成果。

5月15日　我省产能规模最大的水泥生产线之一，日产5000吨新型干法水泥生产线在永登中堡镇开工建设。

5月18—19日　政协甘肃省十届七次常委会在兰州召开。会议审议通过了省政协《关于兰州、金昌、嘉峪关市率先推进城乡经济社会发展一体化有关问题的建议案》。

6月22日　省政府与中国农业银行股份有限公司银政战略合作备忘录签署仪式在兰州举行。省委书记、省人大常委会主任陆浩出席，省长徐守盛，中国农业银行股份有限公司董事长、党委书记项俊波等出席签约仪式并致辞。

6月16—23日　国家发改委副主任杜鹰率国家部委联合调研组到我省进行实地考察调研，就甘肃经济社会在发展中遇到的困难和问题，"把脉问诊"。通过现场视察，意见征询，座谈交流等多种形式，调研组对甘肃经济社会发展现状有了初步认识，并形成了10个专题报告和1个综合调研报告，上报国务院。

6月25日　省政府与国家质检总局支持甘肃优势产业促进外向型经济发展合作备忘录签署仪式在兰州举行。省委书记、省人大常委会主任陆浩出席签约仪式。省长徐守盛，国家质检总局局长、党组书记王勇致辞并在合作备忘录上签字。

8月8日　酒泉千万千瓦级风电基地一期工程开工。国家发改委副主任、国家能源局局长张国宝，省委书记、省人大常委会主任陆浩共同启动工程开工按钮。张国宝，省长徐守盛在开工仪式上讲话。

8月15日　全国人大常委会副委员长、民盟中央主席蒋树声在兰州与我省领导就进一步做好渭河源区生态保护、黄河上游坡耕地水土流失综合治理和扶贫开发等工作进行了座谈。省委书记、省人大常委会主任陆浩主持座谈会。省长徐守盛等参加了座谈会。

8月27日　金川集团公司年产10万吨钢材深加工项目竣工投产。省委书记、省人大常委会主任陆浩，省长徐守盛共同为该项目竣工投产剪彩。

9月21日　白银有色集团股份有限公司铜冶炼20万吨高纯阴极铜项目一期工程竣工投产，二期开工建设。省委书记、省人大常委会主任陆浩及中信集团领导等出席投产仪式，省长徐守盛出席仪式并讲话。

9月25日　宝鸡至天水高速公路甘肃段建成通车。省委书记、省人大常委会主任陆浩宣布通车，省长徐守盛讲话。

10月26日　甘肃省与深圳市在兰州签署了长期战略合作框架协议。省长徐守盛，深圳市代市长王荣出席签约仪式，并就双方进一步加强合作与对口支援我省灾后重建等进行了座谈。

11月4日　新建兰新铁路第二双线建设动员大会在乌鲁木齐市举行。中共中央政治局委员、新疆维吾尔自治区党委书记王乐泉出席开工动员大会，宣布新建兰新铁路第二双线开工，并与青海省委书记强卫、甘肃省省长徐守盛为兰新铁路新疆公司、兰新铁路甘青公司揭牌。

12月23日　中国铝业公司在兰州举行项目改造启动仪式，投资49.7亿元改造三大在甘项目。省委书记、省人大常委会主任陆浩，省长徐守盛，中国铝业公司总经理熊维平等出席了启动仪式。

12月24日　平凉至定西高速公路建成通车仪式在会宁举行。省委书记、省人大常委会主任陆浩宣布通车，省长徐守盛讲话。

2010 年

1月30日　我国首个重离子治癌中心在兰州开工建设。

2月26日　甘肃西南地区（临夏段）供气管道工程开工仪式在永靖县举行。省委书记、省人大常委会主任陆浩宣布工程开工。中国石油天然气集团公司副总经理廖永远等出席开工仪式。

2月6日　中共中央政治局常委、国务院总理温家宝参加了他所在的十一届全国人大三次会议甘肃代表团的审议，在听取了代表们的发言后，温家宝指出了甘肃发展的几件大事：一是不能放松农业；二是提高传统产业水平；三是保护好生态环境；四是搞好扶贫开发；五是再困难也要发展教育。

3月30日　省长徐守盛到武威调研。强调要坚定信心完成石羊河流域治理近期目标，转变方式努力实现经济社会的快速发展。

5月2日　国务院办公厅印发《关于进一步支持甘肃经济社会发展的若干意见》。

5月5日　省政府与国家开发银行在北京签订了支持甘南藏区经济社会发展战略合作协议。省委书记、省人大常委会主任陆浩，国家开发银行党委书记、董事长陈元出席签字仪式并进行了会谈。

5月7日　省委常委会在兰州召开会议，传达学习了《国务院办公厅关于进一步支持甘肃经济社会发展的若干意见》，研究部署了甘肃省贯彻落实的措施和办法。省委书记陆浩主持了会议。

5月11日　张掖军民合用机场工程建设项目在张掖正式开工。省委书记、省人大常委会主任陆浩出席开工仪式并宣布项目开工，省长徐守盛讲话。

5月17日　省长徐守盛主持召开了省政府第56次常务会议，研究了贯彻落实国务院办公厅《关于进一步支持甘肃经济社会发展的若干意见》主要任务分工方案等事宜。

5月20日　全省贯彻落实《国务院办公厅关于进一步支持甘肃经济社会发展的若干意见》动员大会在兰州召开，会议对学习贯彻《意见》进行总动员和全面部署，号召要抓住历史机遇，把学习贯彻《意见》作为一项重大政治任务，迅速在全省掀起学习贯彻《意见》的高潮，创造性开展工作，推动全省经济社会实现新跨越。省委书记、省人大常委会主任陆浩，省长徐守盛出席会议并讲话。

6月3日 甘肃发展高层论坛（第三期）"关中—天水经济区发展高层论坛"在兰州举行。省政协主席陈学亨出席论坛。

6月23日 天水星火机床工业园和天水华天电子科技产业园奠基，甘肃酒钢集团西部重工股份公司与天水锻压机床有限公司大直缝埋弧焊管及矩形管生产合作项目在天水签约。省委书记、省人大常委会主任陆浩，省政协主席陈学亨出席奠基和签约仪式。

7月1日 金昌、天水经济开发区升级为国家级经济技术开发区，授牌仪式在金昌举行。省委书记、省人大常委会主任陆浩出席仪式并授牌。

7月1—2日 省委书记、省人大常委会主任陆浩到武威，就进一步推动武威经济社会发展，加快石羊河流域综合治理等问题进行了调研。强调要抓好各项工作任务的落实，推动武威经济社会实现跨越式发展。

7月5—6日 中共中央、国务院在北京召开西部大开发工作会议。省委书记、省人大常委会主任陆浩在北京主会场参加会议，省政协主席陈学亨等以电视电话会议的形式在甘肃分会场参加了会议。

7月6日 "2010西部再出发·兰州论坛"开坛。十届全国人大常委会副委员长顾秀莲出席论坛并致辞。

7月7日 省政府与中国化工集团公司在北京签署了战略合作框架协议。省委书记、省人大常委会主任陆浩，中国化工集团公司总经理、党委书记任建新出席签约仪式并致辞。

7月5—8日 全国人大常委会副委员长、民革中央主席周铁农到甘肃调研。强调要确保引洮供水工程如期建成，让工程发挥出更大效益。

7月8—10日 中共中央政治局委员、国务院副总理张德江到甘肃考察。省委书记、省人大常委会主任陆浩等陪同考察，先后到嘉峪关、酒泉、金昌、兰州等地，实地考察工业企业发展情况，看望慰问了一线企业职工。

强调要抓住机遇促发展，调整结构促转变，努力把甘肃工业提高到一个新水平。

8月9日　中共中央政治局常委、国务院总理温家宝在舟曲灾区看望受灾群众，慰问抢险队伍，指导救灾工作。强调要继续把抢救生命放在第一位，有力有序做好抢险救灾各项工作。

8月21—22日　中共中央政治局常委、国务院总理温家宝，中共中央政治局委员、国务院副总理回良玉再次到舟曲灾区，看望受灾群众，慰问坚守救灾一线的部队官兵，实地指导抢险救灾和恢复重建工作。

9月3日　兰渝铁路兰州枢纽南坡坪黄河特大桥主跨合龙仪式在兰州举行，省委书记、省人大常委会主任陆浩，省委副书记、代省长刘伟平出席仪式。

9月7日　甘南夏河机场开工建设。省委书记、省人大常委会主任陆浩宣布工程开工。省委副书记、代省长刘伟平出席开工典礼。

9月20日　省委副书记、代省长刘伟平主持召开了省政府第63次常务会议，讨论了甘肃省《贯彻落实〈中共中央国务院关于深入实施西部大开发战略的若干意见〉的意见》《贯彻落实〈国务院办公厅关于进一步支持甘肃经济社会发展的若干意见〉实施方案》。

9月29日　省委常委会在兰州召开会议，学习了胡锦涛总书记在十七届中央政治局第二十二次集体学习时的重要讲话精神；讨论了舟曲灾后恢复重建有关问题；研究了甘肃实施西部大开发战略和贯彻落实《国务院办公厅关于进一步支持甘肃经济社会发展的若干意见》和加快推进甘肃文化体制改革等工作。省委书记陆浩主持了会议。

同日，兰州深安、金雁、元通黄河大桥开工建设。省委书记、省人大常委会主任陆浩出席开工奠基仪式并宣布工程开工。省委副书记、代省长刘伟平等出席。

10月14日　甘肃省与人力资源和社会保障部共同签署合作备忘录。中组部副部长、人力资源和社会保障部部长、国家公务员局局长尹蔚民，省委书记、省人大常委会主任陆浩，省委副书记、代省长刘伟平出席签约仪式并讲话。

10 月 20 日 "黄河上中游兰西银多民族经济区发展论坛"在兰州举行。全国人大常委会副委员长、民建中央主席陈昌智出席论坛并发表主旨演讲。

10 月 27 日 雷家角至西峰高速公路开工仪式在庆阳举行。甘肃庆阳机场扩建工程开工建设。庆阳石化公司 300 万吨炼油搬迁改造项目竣工投产。

10 月 28 日 成县至武都高速公路开工建设仪式在成县举行。省委书记、省人大常委会主任陆浩出席开工仪式并宣布开工。省委副书记、代省长刘伟平等出席仪式。

11 月 3 日 新疆与西北 750 千伏电网联网工程、甘肃千万千瓦级风电一期外送工程投运仪式同时在北京、新疆乌鲁木齐和甘肃酒泉举行。国家发改委副主任、国家能源局局长张国宝，甘肃省委书记、省人大常委会主任陆浩，国家电网公司总经理刘振亚等在北京主会场出席仪式。省委副书记、代省长刘伟平在甘肃酒泉出席了庆典仪式，下达并网启动送电命令。

11 月 10 日 金昌至永昌高速公路通车仪式在金昌举行。营盘水（甘宁界）至古浪双塔高速公路在古浪开工建设。省委书记、省人大常委会主任陆浩宣布开工。

12 月 10 日 甘肃省与国家旅游局在北京签署战略合作框架协议。省委书记、省人大常委会主任陆浩，省委副书记、代省长刘伟平，国家旅游局局长邵琪伟出席签约仪式。

12 月 12 日 甘肃省与海关总署在北京签署合作备忘录。省委书记、省人大常委会主任陆浩，省委副书记、代省长刘伟平，海关总署署长盛光祖出席签字仪式。

12 月 20 日 金昌至武威高速公路开工暨武威火车站房改建工程运营仪式在武威市举行。省委书记、省人大常委会主任陆浩，省委副书记、代省长刘伟平出席仪式。

12 月 27 日 兰州至中川机场铁路、中川机场二期扩建工程同时开工。省委书记、省人大常委会主任陆浩出席开工仪式并宣布开工。省委副书记、代省长刘伟平讲话。

2011 年

3月1日 甘肃省与交通运输部在兰州举行会谈，并共同签署了《贯彻落实国务院办公厅进一步支持甘肃经济社会发展若干意见加快推进交通运输事业发展会谈纪要》。省委书记、省人大常委会主任陆浩，交通运输部部长李盛霖参加会谈。省长刘伟平主持了会谈。

3月2日 甘肃省与中央企业战略合作框架协议和项目合作协议签约仪式在北京举行。省委书记、省人大常委会主任陆浩致辞，省长刘伟平与有关中央企业分别签订了战略合作协议和项目合作协议，国务院国资委副主任黄丹华讲话，中国华能集团公司总经理曹玉玺代表央企作表态发言。

3月4日 省政府与国务院侨务办公室在北京签署了《关于发挥侨务资源优势支持甘肃经济社会发展战略合作协议》。省委书记、省人大常委会主任陆浩，省长刘伟平，国侨办主任李海峰出席签字仪式并签字。

4月6日 第十五届中国东西部合作与投资贸易洽谈会在西安开幕，省长刘伟平出席开幕式并致辞。会后视察了甘肃馆，强调，招商引资要突出发挥全省整体优势，切实把甘肃重点产业推介出去。

4月8日 全省实施关中—天水经济区发展规划工作会议在天水召开。省委书记、省人大常委会主任陆浩，省长刘伟平出席会议并讲话，强调，要全面落实关中—天水经济区规划，推动甘肃东部地区加快发展。

4月11日 《甘肃向湖南送电框架协议》在湖南长沙签署。甘肃省领导陆浩、刘伟平、冯健身，湖南省领导周强、徐守盛、胡彪等出席签约仪式。

4月11—17日 省委书记、省人大常委会主任陆浩，省长刘伟平，省政协主席冯健身率领甘肃党政代表团赴湖南、江西两省学习考察。学习借鉴了两省抢抓中部崛起的历史机遇，加快经济社会发展取得的巨大成就。加强了同两省的合作交流，在陇电入湘以及新能源建设、有色冶金产业和旅游文化产业开发、装备制造业发展以及科技人才交流等方面达成了共识。我们将以这次学习考察为契机，紧紧围绕转变发展方式、推进科学发展，进一步拓展双方的交流与合作，推动甘肃经济社会实现科学发展。

4月19日　中国首座全超导变电站在白银并网运行。省委书记、省人大常委会主任陆浩，省长刘伟平，中科院副院长李静海出席投运仪式，并共同启动运行按钮。

4月27日　兰州新区舟曲灾后重建转移安置区正式开工建设。兰州新区综合服务中心同时开建。省委书记、省人大常委会主任陆浩，省长刘伟平，省政协主席冯健身等出席开工仪式并为工程奠基。

5月11日　省藏区工作领导小组暨全省对口帮扶支援藏区工作会议在兰州召开。会议强调，要认真贯彻落实中央决策部署，紧密结合甘肃省藏区实际，扎实开展对口帮扶支援，努力开创甘肃省藏区工作新局面。省委书记、省人大常委会主任、省藏区工作领导小组组长陆浩出席会议并讲话，省长、省藏区工作领导小组副组长刘伟平主持了会议。

5月13日　青岛至兰州国家高速公路东山坡至毛家沟段建设工程启动仪式在宁夏隆德举行。交通运输部党组书记、部长李盛霖宣布工程启动。省长刘伟平，宁夏回族自治区政府主席王正伟分别致辞。

5月31日　天水至定西高速公路全线建成通车。

6月13日　敦煌100兆瓦光伏并网发电项目开工奠基，敦煌太阳能综合利用示范项目同时开工建设。省长刘伟平出席奠基仪式并为项目奠基。

6月28日　中国铁建重工集团兰州新区高端装备制造基地等7个项目开工暨阿联酋温州商会中国国际工业园等12个项目签约仪式在兰州新区举行。省委书记、省人大常委会主任陆浩，省政协主席冯健身，中国铁建总裁赵广发出席开工及签约仪式。

7月3日　2011兰州国际马拉松赛在兰州市鸣枪起跑。省委书记、省人大常委会主任陆浩，国家体育总局副局长、中国田径协会主席段世杰出席开跑仪式并为兰州国际马拉松赛开跑鸣枪发令。省政协主席冯健身出席开跑仪式。

7月5日　国家中医药发展综合改革试点示范省建设启动视频会暨签字

仪式在兰州举行。省委书记、省人大常委会主任陆浩，卫生部副部长、国家中医药管理局局长王国强出席了签字仪式。

7月6日 第十七届中国兰州投资贸易洽谈会在甘肃国际会展中心开幕。全国政协副主席王志珍，津巴布韦共和国副总统约翰·兰达·恩科莫，中国工程院院长、党组书记、院士周济，省委书记、省人大常委会主任陆浩，省长刘伟平，省政协主席冯健身等出席开幕式。全国政协副主席王志珍宣布第十七届中国兰州投资贸易洽谈会开幕。

8月2日 国家发展和改革委员会主任张平到甘肃调研。强调，要提高发展的质量和效益，促进经济社会又好又快发展。省长刘伟平参加了调研。同日，全国坡耕地水土流失综合治理试点工程现场会在兰州召开。水利部部长陈雷出席会议并讲话。省长刘伟平出席致辞。

8月20—21日 中共中央政治局委员、国务院副总理王岐山到甘肃进行了工作考察，并召开了农村和小企业金融服务座谈会。强调，要转变金融发展方式，全面提升"三农"和小企业金融服务能力。省委书记、省人大常委会主任陆浩，省长刘伟平陪同考察。

8月29日 金昌金川机场通航暨金阿（金昌至阿拉善右旗）铁路一期工程全线贯通庆典仪式在金昌举行。省长刘伟平出席了庆典仪式。

9月14日 湖南—甘肃经济合作对接会在兰州举行。湘陇达成总金额47亿元的合作项目。

9月15日 省长刘伟平到兰州新区进行了工作调研。强调，要坚定目标信心，加快建设步伐，使兰州新区尽早发挥对全省经济社会跨越发展的辐射和带动作用。

10月26日 省委常委会在兰州召开会议，听取了甘肃"两基"迎国检工作情况汇报，并对做好此次迎国检工作，确保甘肃"两基"工作顺利通过检查验收作出了进一步部署。省委书记陆浩主持了会议。

同日，兰州（新城）至永靖沿黄河快速通道工程项目奠基仪式在兰州市西固区举行。省委书记、省人大常委会主任陆浩，省长刘伟平，省政协主席冯健身出席了奠基仪式。

10 月 31 日　省委副书记、省长、省贯彻落实中央深入实施西部大开发战略和进一步支持甘肃经济社会发展若干意见工作领导小组组长刘伟平主持召开会议，对甘肃贯彻落实《中共中央国务院关于深入实施西部大开发战略的若干意见》和《国务院办公厅关于进一步支持甘肃经济社会发展的若干意见》一年多来的工作进行了阶段性总结，并就进一步把中央的各项支持政策转化为项目，争取更多项目落地实施，推动全省经济社会跨越式发展进行了安排部署。

11 月 16 日　古浪县生态移民暨扶贫开发黄花滩项目开工奠基。省委书记、省人大常委会主任陆浩，省长刘伟平出席开工仪式，并为项目奠基。

11 月 21 日　甘肃、陕西两省在西安签署《实施关中—天水经济区发展规划战略合作框架协议》。省长刘伟平，陕西省省长赵正永出席了关中—天水经济区工作商谈会暨第一次陕甘联席会议，并在协议上签字。

12 月 2 日　临夏至合作高速公路开工建设。省长刘伟平，省政协主席冯健身出席开工仪式。

12 月 8 日　宝鸡到天水高速公路天水过境段正式建成通车，十堰至天水高速公路甘肃段徽县至天水公路项目开工建设。省长刘伟平在天水出席通车暨开工仪式。

12 月 22 日　华亭煤业集团公司 60 万吨煤制甲醇项目竣工投产和 20 万吨聚丙烯项目奠基仪式在华亭举行。省长刘伟平，中国华能集团公司总经理曹培玺出席仪式。

2012 年

1 月 11—12 日　中共中央政治局委员、国务院副总理回良玉到甘肃省考察。深入到贫困地区和受灾地区，看望慰问受灾群众、残疾人和贫困农户，考察了灾后重建、扶贫济困和民族工作。强调，要扎实推进灾后重建和扶贫开发工作，切实安排好困难群众的生产生活。

1 月 21—22 日　中共中央政治局常委、国务院总理温家宝在省委书记、省人大主任王三运，省长刘伟平的陪同下，到长庆油田陇东油区看望慰问石油工人，与石油工人共迎新春佳节；到庆阳革命老区，深入社区和农户，看望慰问了老区干部群众。

2月4—5日 省委书记、省人大常委会主任王三运到武威市就石羊河流域综合治理、节水设施农业发展、新农村建设、城乡融合发展等问题进行了调研。强调，要以开放姿态抢抓发展机遇，大力弘扬甘肃精神，在推进经济转型跨越中建功立业。

3月5日 省政府分别与国家开发银行、中国光大集团在北京签署《开发性金融支持甘肃经济社会跨越式发展合作备忘录》和战略合作协议。省委书记、省人大常委会主任王三运，国家开发银行董事长陈元，省长刘伟平，中国光大集团党委书记、董事长唐双宁出席签字仪式并举行会谈。

3月6日 中共中央政治局常委、国务院总理温家宝到他所在的十一届全国人大五次会议甘肃代表团，听取了代表们的意见建议，和大家一起审议了政府工作报告。温家宝总理一直重点关注着民勤治沙、敦煌保护、祁连山冰川保护和黑河石羊河治理等工作。强调，要把保障和改善民生作为西部大开发的首要目标。

5月9日 平凉天元煤电化有限公司增资扩股签约仪式在兰州举行。省委书记、省人大常委会主任王三运，省长刘伟平出席了签约仪式。

5月12日 兰州大学科大讯飞语音及语言云计算联合实验室在兰州大学揭牌。省委书记、省人大常委会主任王三运出席揭牌仪式并为实验室揭牌。

5月14日 甘肃省"建设华夏文明保护传承和创新发展示范区"汇报会在北京举行。文化部党组书记、部长蔡武，甘肃省委书记、省人大常委会主任王三运，省长刘伟平参加了汇报会。

5月16日 天水卷烟厂易地技术改造工程在天水开工。国家烟草专卖局局长姜成康，省长刘伟平出席开工仪式并为工程奠基。

5月31日 环境保护部与省政府《共同推进甘肃经济社会与环境保护协调发展合作协议》签约仪式和环境保护协调发展座谈会在兰州举行。环保部党组书记、部长周生贤，省委书记、省人大常委会主任王三运，省长刘伟平等出席。

6月1日　全省项目带动行动协调推进领导小组第一次会议和兰州新区规划建设协调推进领导小组会议在兰州召开。研究落实了省第十二次党代会精神，审议通过了项目带动行动和兰州新区规划建设工作规划、工作制度，安排部署了2012年的工作任务。省长刘伟平分别主持会议并讲话。

6月4日　甘肃、安徽两省政府战略合作备忘录在兰州签署。省委书记、省人大常委会主任王三运出席签约仪式，省长刘伟平、安徽省省长李斌分别致辞，并在战略合作备忘录上签字。

7月6日　第十八届中国兰州投资贸易洽谈会在兰州开幕。全国人大常委会副委员长华建敏宣布第十八届中国兰州投资贸易洽谈会开幕。

7月9日　兰州市城市轨道交通工程举行开工奠基仪式。省长刘伟平，省政协主席冯健身，中国铁建股份有限公司总裁赵广发出席奠基仪式。

7月25日　引大入秦工程兰州新区供水项目石门沟水库正式建成蓄水运营。省长刘伟平出席水库蓄水运营庆典仪式并剪彩。

8月1日　第二届敦煌行·丝绸之路国际旅游节在嘉峪关开幕。省委书记、省人大常委会主任王三运宣布旅游节开幕并和与会领导一同按下启动按钮，省长刘伟平，国家旅游局局长邵琪伟，世界旅游业理事会副主席让·克劳德·鲍姆加藤分别致辞。

8月8日　厦门市·临夏州深化东西协作和对口交流工作座谈会在厦门市召开，双方交流了两地对口协作情况，并签署了进一步深化合作协议。甘肃省委书记、省人大常委会主任王三运，福建省委书记、省人大常委会主任孙春兰，甘肃省省长刘伟平出席座谈会并见证了两市州签约。

8月20日　国务院以国函〔2012〕104号文件印发了《国务院关于同意设立兰州新区的批复》，批复甘肃省《关于设立兰州新区的请示》，同意设立兰州新区，原则同意《兰州新区建设指导意见》。

8月23日　国务院扶贫开发领导小组在甘肃省定西市召开了六盘山片区区域发展与扶贫攻坚启动会。

8月24—29日　中共中央政治局常委、全国政协主席贾庆林到甘肃考察调研。省委书记、省人大常委会主任王三运，省长刘伟平，省政协主席冯健身陪同贾庆林先后到酒泉、嘉峪关、张掖、兰州等地，深入工厂企业、科技园区、农村乡镇和文化单位，与干部群众亲切交谈，共商改革发展大计。

9月3日　省委常委会在兰州召开会议，学习贯彻了中共中央政治局常委、全国政协主席贾庆林在甘肃视察时的重要讲话精神，研究加快兰州新区建设工作。省委书记王三运主持了会议。

9月7日　国务院新闻办公室在北京举行了甘肃实施转型跨越发展暨兰州新区建设情况新闻发布会。省长刘伟平和国家发展改革委西部开发司司长秦玉才介绍了有关情况并回答了媒体提问。

9月13日　甘肃与广东两省在兰州签署经济社会发展合作框架协议。广东省人大常委会主任欧广源，甘肃省省长刘伟平，甘肃省政协主席冯健身出席签约仪式并座谈。

9月14日　金川集团股份有限公司110万吨铜炉渣选矿项目竣工投产。省长刘伟平出席投产仪式并实地察看了该项目的生产情况。

9月15日　省长刘伟平主持召开了省兰州新区规划建设协调推进领导小组会议。强调，要高标准优化完善规划，高层次进行产业布局，高强度推进基础设施建设，高质量抓好政策对接和落实。

9月29日　兰州金浦石化有限公司6万吨/年丁基橡胶项目在西固区开工奠基。省长刘伟平出席了奠基仪式。

10月20日　宝鸡至兰州客运专线建设动员大会在榆中召开。省长刘伟平，铁道部党组成员、副部长卢春房致辞并为工程奠基。

10月25日　酒钢集团榆钢支持地震灾区恢复重建项目正式试生产。省委书记、省人大常委会主任王三运，省长刘伟平出席了剪彩仪式并剪彩。

11月4日　我国陆上最大的国产3兆瓦风机示范基地在玉门昌马风电场建成。

11月29日　省政府出台《关于支持兰州新区开发建设政策的意见》，47条政策支持兰州新区开发建设。

12月21日　国家重点工程项目——敦煌至格尔木铁路和兰州至中川机

场铁路在兰州宣布开工建设。省委书记、省人大常委会主任王三运宣布项目开工，省长刘伟平，铁道部副部长卢春房分别致辞。

2013 年

1月10日　省委书记、省人大常委会主任王三运到甘南藏族自治州，看望慰问各族干部群众和宗教界人士，就做好民族地区工作进行了调研。强调，要认清形势，抢抓机遇，应对挑战，积极把握主动，开创甘南藏区跨越发展和长治久安新局面。

2月2—5日　中共中央总书记、中共中央军委主席习近平到甘肃调研考察。省委书记王三运、省长刘伟平陪同先后到酒泉、定西、临夏、兰州等地，深入乡村、企业、社区，就贯彻落实党的十八大精神、保障和改善民生、推进西部大开发、改进工作作风等进行了调研考察。调研期间，习近平听取了甘肃省委和省政府的工作汇报，对甘肃近年来的工作给予了充分肯定。强调，要贯彻落实好党的十八大精神，抓住新一轮推进西部大开发机遇，加快经济社会发展步伐。王沪宁、栗战书和中央有关部门负责同志陪同考察。

2月6日　省委常委会在兰州召开扩大会议，传达学习了中共中央总书记、中央军委主席习近平视察甘肃时的重要讲话精神，全面安排部署了我省贯彻落实的意见。省委书记、省人大常委会主任王三运主持会议并传达了习近平总书记视察我省时的讲话精神。省长刘伟平出席会议。

2月8—9日　国务院总理温家宝在省委书记王三运，省长刘伟平的陪同下到我省康县、武都、舟曲等地考察，并实地察看了舟曲灾后重建工作，看望慰问了各族干部群众。

2月19日　国务院新闻办公室在北京举行了甘肃加快建设华夏文明传承创新区，推进文化大省建设情况新闻发布会。省委书记、省人大常委会主任王三运，文化部党组书记、部长蔡武介绍了有关情况并回答了媒体提问。

2月20日　省长刘伟平在兰州主持召开了省发展循环经济工作领导小组会议，总结了2012年全省循环经济工作，研究部署了2013年主要目标任务。

2月25日 省政府与工信部在北京举行座谈会,并签署《关于加快推进甘肃工业和信息化发展及兰州新区建设战略合作框架协议》。省委书记、省人大常委会主任王三运,工信部部长苗圩,省长刘伟平出席。苗圩、刘伟平代表双方签署协议。

3月21日 全省深入开展联村联户、为民富民行动视频大会在兰州召开。会议通报了双联行动开展一年多来的进展情况,安排部署了当前和今后一个时期的双联工作。会议强调,要加快扶贫攻坚奔小康步伐,努力谱写"中国梦"的甘肃美好篇章。省委书记、省人大常委会主任王三运出席会议并讲话,省长刘伟平主持了会议。

3月22日 省委常委会在兰州召开会议,传达了全国宣传部长座谈会主要精神,研究部署了华夏文明传承创新区建设和推动民族地区加快发展等重点工作。省委书记王三运主持了会议。

3月29日 华夏文明传承创新区建设工作会议在兰州召开。会议对华夏文明传承创新区建设工作进行了全面动员部署。省委书记、省人大常委会主任王三运出席会议并讲话,强调,要全力以赴把华夏文明传承创新区建设好,谱写"中国梦"的甘肃美好篇章。省长刘伟平主持了会议。

4月5—8日 国务院副总理汪洋到临夏回族自治州积石山县调研了扶贫开发工作。强调,要充分认识推进扶贫开发的重要性、紧迫性、艰巨性和长期性,进一步解放思想,开拓思路,创新体制机制,采取有针对性的帮扶措施,切实提高扶贫成效。

4月17日 省国家循环经济示范区建设协调推进领导小组第二次全体会议在兰州召开。会议全面总结了去年我省循环经济示范区建设发展情况,认真研究了贯彻落实省政府确定的2013年循环经济重点工作,审议并原则通过了《省循环经济总体规划》中期评估方案。省政协主席、省国家循环经济示范区建设协调推进领导小组组长冯健身出席会议并讲话。

5月10日 省长刘伟平主持召开了省政府第10次常务会议。审议并原则同意了《甘肃兰白经济区承接产业转移示范区发展规划》。

6月20—24日　第十九届兰洽会暨民企陇上行活动共签约合同项目1093个，签约总额6129亿元，签约合同项目数和签约额分别较第十八届兰洽会增长45.3%和32.95%。

7月5日　省委常委会在兰州召开会议，传达学习了习近平总书记在中共中央政治局专门会议上的重要讲话和全国组织工作会议精神，研究了我省贯彻落实意见，审议讨论了《中共甘肃省委常委会深入开展党的群众路线教育实践活动方案》和《关于进一步推进全省藏区跨越式发展和长治久安的若干意见》。省委书记王三运主持了会议。

7月7—10日　中共中央政治局常委、全国政协主席俞正声到我省甘南藏族自治州调研了藏区工作，强调，要加快发展改善民生，确保藏区繁荣稳定。

8月19日　中共中央政治局常委、国务院总理李克强在兰州主持召开了促进西部发展和扶贫工作座谈会。

9月16日　省委常委会在兰州召开扩大会议，传达学习了习近平总书记在十八届中央政治局常委会、政治局第一次会议上的重要讲话，就进一步深入学习贯彻习近平总书记系列讲话精神进行了安排部署。省委书记、省人大常委会主任王三运出席会议并讲话。省长刘伟平传达了习近平总书记在十八届中央政治局常委会、政治局第一次会议上的重要讲话。

12月18日　国务院常务会议审议通过了《甘肃省加快转型发展建设国家生态安全屏障综合试验区总体方案》。

2014 年

1月13日　国家发展改革委印发《甘肃省加快转型发展建设国家生态安全屏障综合试验区总体方案》。

2月14日　兰州新区规划建设协调推进领导小组会议在兰州召开。省长、兰州新区规划建设协调推进领导小组组长刘伟平主持会议并讲话。

4月2日　省政府印发了《关于贯彻落实〈甘肃省加快转型发展建设国家生态安全屏障综合试验区总体方案〉的实施意见》。

4月17日　省长刘伟平主持召开了省政府第43次常务会议。审议了《关于贯彻落实国务院〈政府工作报告〉情况的报告》《"丝绸之路经济带"甘肃段建设总体方案》。

5月1日　省政府办公厅下发《关于印发甘肃省建设国家生态安全屏障综合试验区2014年实施方案的通知》。

5月19日　省委、省政府下发《关于印发"丝绸之路经济带"甘肃段建设总体方案的通知》。

后　记

　　西部大开发对甘肃来说是一个跨世纪的扶贫工程，历经 15 年的沧桑巨变、凝聚了几代人的心血智慧、承载着多少陇原人的希冀梦想，由规划变项目、由设想变举措、从目标变感受，件件惠及民生的生动事例、鲜活人物、真实故事叙述着西部人的开发花絮。以重大项目、重要事件、重点人物的"亲历、亲见、亲闻"为基本要素，勾勒了甘肃西部大开发纪实的壮丽画卷。《亲历西部大开发·甘肃卷》的诞生可以说是举全省之力，得多方协作的和谐之作。史料的征集从 2013 年 12 月开始至 2014 年 12 月成卷，收录了省发展和改革委员会、省扶贫办、21 个厅局（部、委、办）；省级各民主党派；全省 14 个市（州），56 个县市（区）政协；各级政协委员提供的稿件531 篇，总字数达 480 万之多，由于成卷字数受限，编辑后的《亲历西部大开发·甘肃卷》是征编史料的重大项目、重要事件、重点人物的史实提炼。与其相关的将以《西部大开发在陇原》《决战贫困》等姊妹篇记述西部人几十年的奋斗历程。在《亲历西部大开发·甘肃卷》完成之时，真诚对史料征集的各协作单位、参与供稿的各位领导、各位委员、撰稿作者、各位同仁、《民主协商报》编辑、史料采编人员表示衷心的感谢！西部大开发在甘肃实施时间长、历程跨度大、重大事件多、参与人员广，在征集过程中最大期求减少缺漏，但疏漏在所难免，不胜遗憾，敬请各位读者谅解赐教。

本卷编委会

2015 年 1 月

责任编辑:杨美艳　雷坤宁

封面设计:肖　辉

图书在版编目(CIP)数据

亲历西部大开发·甘肃卷/全国政协文史和学习委员会 编. —北京:
　人民出版社,2016.8
ISBN 978－7－01－016616－2

Ⅰ.①亲…　Ⅱ.①全…　Ⅲ.①西部经济-区域开发-成就-甘肃　Ⅳ.①F127

中国版本图书馆 CIP 数据核字(2016)第 198103 号

亲历西部大开发·甘肃卷
QINLI XIBU DAKAIFA GANSUJUAN

全国政协文史和学习委员会　编

人民出版社 出版发行
(100706　北京市东城区隆福寺街 99 号)

北京新华印刷有限公司印刷　新华书店经销

2016 年 8 月第 1 版　2016 年 8 月北京第 1 次印刷
开本:710 毫米×1000 毫米 1/16　印张:31.5　插页:4
字数:480 千字

ISBN 978－7－01－016616－2　定价:105.00 元

邮购地址 100706　北京市东城区隆福寺街 99 号
人民东方图书销售中心　电话 (010)65250042　65289539